ERNST
NOLTE
Der kausale
Nexus

ERNST NOLTE

Der kausale Nexus

Über Revisionen und Revisionismen in der Geschichtswissenschaft

Studien, Artikel und Vorträge 1990–2000

HERBIG

Besuchen Sie uns im Internet unter
http://www.herbig.net.

Schutzumschlag: Wolfgang Heinzel
Herstellung und Satz: VerlagsService Dr. Helmut Neuberger
& Karl Schaumann GmbH, Heimstetten
Gesetzt aus der 11,2/13,5 Punkt Minion
in QuarkXPress auf Macintosh
Druck und Binden: Wiener Verlag, Himberg
Printed in Austria
ISBN 3-7766-2279-2

Inhalt

Studien und Vorträge

Dankreden und Artikel

Anhang

Rezensionen

Vorwort

Erhellung eines strittigen »kausalen Nexus«: der 11. September 2001

Daß die Studien und Vorträge, die ein Wissenschaftler im Laufe mehrerer Jahre geschrieben bzw. gehalten hat, in Gestalt eines Sammelbandes publiziert werden, ist ein üblicher Vorgang. Sie haben in aller Regel ihren Ursprung in vereinzelten Ursachen: Einladungen zu Kongressen mit sehr unterschiedlichen Fragestellungen, Bitten von Zeitschriftenredaktionen um Äußerungen zu aktuellen Problemen, Aufforderungen zu Vorträgen von seiten bestimmter Institutionen usw. Häufig lassen sie sich als Ganzes nicht durch eine bestimmte Thematik kennzeichnen, sondern der adäquate Titel ist am ehesten »Studien und Vorträge« oder »Abhandlungen, Artikel, Stellungnahmen«.

Wenn ein Verfasser jedoch zu jenen »umstrittenen« Autoren gehört, die durch die Darlegung einer »unorthodoxen« Auffassung oder durch eine »politisch nicht korrekte« These für eine gewisse Zeit viel öffentliche Aufmerksamkeit hervorgerufen haben, dann ist es sehr wahrscheinlich, daß er immer wieder um Vorträge und Studien zu dem Gegenstandsbereich gebeten wird, der als Herausforderung oder wohl gar als Provokation empfunden worden war, und vielleicht wird er auch selbst von dem Wunsch geleitet sein, dasjenige genauer darzulegen und zu begründen, was viele Fragen und Kritiken hervorgerufen hat.

Eben dies war meine Situation, da ich in aller Welt als Initiator des »Historikerstreits« galt, welcher inzwischen ja als Terminus in verschiedenen nichtdeutschen Sprachen Aufnahme gefunden hat. Ich habe jedoch seit 1990 immer darauf geachtet, den Begriff nach Möglichkeit nicht in Überschriften zu verwenden. Anders stand es mit den Begriffen »Revision« und »Revisionismus«, denen insbesondere meine Bücher »Der europäische Bürgerkrieg 1917–1945« und »Streitpunkte« von Kritikern nicht selten zugeordnet wurden. Dazu mich zu äußern, war keine bloße Wiederholung und ließ Raum zu erheblichen Erweiterungen, in denen »Revisionen« und gar »Revisionismen« nur indirekt zum Thema werden. Daher lautete der ursprünglich ins Auge gefaßte Titel dieses Sammelbandes »Revisionen und Revisionismen in der Geschichtswissenschaft«. Daß einige Studien hier einen Platz finden würden, die sich weder vom Titel noch vom Inhalt her gut einfügen ließen, war wie das Faktum mancher Überschneidungen, ja Wiederholungen hinzunehmen und wich vom Üblichen nicht grundsätzlich ab. Daß einige »realhistorische« Abhandlungen wie diejenige über die »Armeniergreuel« im Ersten Weltkrieg aufgenommen wurden, ließ sich auch vom Thema her gut begründen.

Einen Titel aber wollte ich unbedingt vermeiden, nämlich denjenigen des »kausalen Nexus«. Dieser Begriff, welcher ursächliche Verknüpfung, aber nicht etwa vollständige Determination bedeutet, war ja auf der Ebene eines Zeitungsartikels als »These« über den Zusammenhang zwischen dem früheren Phänomen des Bolschewismus und dem späteren des Nationalsozialismus und damit zwischen »Gulag« und »Auschwitz« der Ausgangspunkt und das eigentliche »Reizwort« des »Historikerstreits« gewesen, während es mir schon wenig später besonders darauf angekommen war, auf einer höheren und wissenschaftlichen Ebene den Begriff »historisch-genetische Version der Totalitarismustheorie« als Merkmal einer Konzeption und nicht einer bloßen These durchzusetzen.

Aber ein völlig unerwartetes Ereignis, das die Weltsituation tiefgreifend änderte und für Monate das beinahe ausschließliche Thema von Artikeln, Stellungnahmen und Büchern in der ganzen Welt war, änderte auch diese Vorstellung. Seit mehreren Jahrzehnten hatte es nämlich keinen Vorgang mehr gegeben, der so sehr geeignet war, den Begriff »kausaler Nexus« ins Licht zu stellen und zugleich klarzumachen, daß es sich nicht um eine zwangsläufige, einlinige Verknüpfung handelte. Gemeint sind natürlich die Ereignisse des 11. September 2001, die Zerstörung des World Trade Center in New York und eines Teils des amerikanischen Verteidigungsministeriums in Washington durch Terroristen, wodurch an die 3000 Menschen ums Leben kamen.

Nun scheint es kaum eine banalere Aussage zu geben als die, daß alles Spätere, insbesondere der Entschluß der amerikanischen Regierung zum Angriff auf das Taliban-Regime in Afghanistan, durch einen »kausalen Nexus« mit diesem ursprünglichen Ereignis verbunden ist. Aber diese Trivialität kann für das historische Denken sehr fruchtbar werden, sobald man nicht bei Beschreibungen oder bei der Forschung nach konkreten Ursachen und Hintermännern des Terrorismus sowie bei taktischen und strategischen Plänen zum »Kampf gegen den Terrorismus« stehenbleibt und den Blick weniger auf die Zukunft als auf die Vergangenheit richtet. Es geht ja nicht um philosophische Reflexionen über den Begriff der Kausalität, sondern um die Frage, ob zwischen zwei Großereignissen besonderer Art ein »kausaler Nexus« besteht.

Diese Attentate haben in der ganzen Welt, und zumal in den USA, ein Entsetzen ohnegleichen hervorgerufen, nicht zuletzt deshalb, weil die Vorgänge präzedenzlos und insofern singulär waren. Nie zuvor waren Flugzeuge der zivilen Luftfahrt nebst ihren Insassen als Waffen benutzt worden, mit denen die Täter Selbstmord begingen und einen Massenmord großen Ausmaßes verursachten. Der Präzedenzlosigkeit entsprach die Fremdartigkeit, denn in den Traditionen des Okzidents war kein Anknüpfungspunkt zu finden. Die Täter waren Muslime, und sie schienen daher Repräsentanten einer andersartigen Kultur zu sein.

Die unmittelbare und nur allzu natürliche Reaktion war der Ruf nach Rache, Vergeltung und einem »Gegenschlag«, der auch von dem amerikanischen Präsidenten selbst artikuliert wurde, obwohl kein Staat als Urheber nachgewiesen werden konnte, dem allein ein »Gegenschlag« hätte gelten können. In der amerikanischen Öffentlichkeit verbreitete sich sogar eine »kollektivistische Schuldzuschreibung«, die in den Arabern, ja in den Muslimen die Schuldigen sah und zu einer Anzahl von physischen Angriffen führte. Nicht selten war von »dem Bösen« die Rede, mit dem man nun konfrontiert sei. Tatsächlich waren Nachrichten nicht unglaubwürdig, daß in Teilen der islamischen Welt Freude über die Attentate und sogar enthusiastischer Jubel zu konstatieren war. Von der großen Öffentlichkeit im Westen und von dem Präsidenten selbst wurde diese Tendenz mit Nachdruck zurückgewiesen; man wollte zwar eine entschiedene und insofern radikale, aber nicht eine extreme Reaktion. Doch in eben dieser Öffentlichkeit machten sich auch mehr und mehr selbstkritische Stimmen bemerkbar, die den Attentätern verstehbare Motive zubilligten und eine maßvolle Antwort verlangten, d. h. vor allem eine Antwort diesseits eines Krieges. So zeichneten sich in den ersten Wochen drei verschiedene Reaktionsweisen ab, von denen jede den Anspruch erhob, die angemessene Antwort auf eine singuläre Herausforderung zu sein.

Entsetzen – Präzedenzlosigkeit – Fremdartigkeit – kollektivistische Schuldzuschreibung – Vorstellungen von dem Feind als »dem Bösen« – Verlangen nach radikaler, eventuell sogar extremer, oder nach maßvoller Reaktion auf der einen Seite sowie Zustimmung, ja Enthusiasmus auf der anderen sind Worte bzw. Realitäten, die auch im Hinblick auf den Bolschewismus und auf den Nationalsozialismus als die beiden mächtigsten totalitären Bewegungen und Regime des 20. Jahrhunderts Anwendung finden können.

Als der Putsch der Bolschewiki im November 1917 nicht etwa die Zarenherrschaft, sondern ein bürgerlich-demokratisches Regime stürzte, war trotz einiger komplizierender Umstände die Zustimmung weitverbreitet, weil eine zum Frieden bereite Regierung an die Stelle einer kriegswilligen getreten war. Die Zustimmung entwickelte sich in der »Arbeiterklasse« auch des Westens weithin zum Enthusiasmus, als nach dem deutschen Zusammenbruch ein sozialistischer Staat und eine kommunistische Weltbewegung zum »Endkampf gegen den Kapitalismus« und zur »Weltrevolution« aufriefen. Aber in der »bürgerlichen« und großenteils auch in der sozialdemokratischen Öffentlichkeit hatte sich angesichts der Leninschen Regierungsmethoden, deren »A und O« nach Karl Kautsky »das Erschießen« war, ein tiefes Entsetzen ausgebreitet, und der durchaus linksorientierte Moskauer Korrespondent der »Frankfurter Zeitung«, Alfons Paquet, hatte schon im September 1918 geschrieben, es sei an der Zeit, daß die zivilisierte Welt Protest erhebe gegen »das Gräßliche«, das in allen Städten des unglücklichen Rußland geschehe, nämlich »die planmäßige Vernichtung einer ganzen Gesellschaftsklasse«. Dieser »Klassenmord« der Bolschewiki galt mit gutem Grund weithin als etwas Präzedenzloses, namenlos Entsetzliches, und selbst Thomas Mann redete für einen Augenblick einer extremen Reaktion das Wort, als deren Hauptvertreter Winston Churchill galt. Aber die Überzeugung, daß eine maßvolle, eine eher systemgerechte Antwort möglich und notwendig sei, gewann bald die Oberhand; die »kollektivistische Schuldzuschreibung«, welche »die Russen« oder »die Juden« statt der ideologischen Partei verantwortlich machte, schien ein bloßes Randphänomen zu sein.

Sie war jedoch der zentrale, wenngleich nicht der einzige Impuls Adolf Hitlers und seiner Partei. Es ist in meinen Augen unzulässig, das antibolschewistische Entsetzen im Falle Hitlers und der anderen führenden Nationalsozialisten für einen bloßen Vorwand zu erklären, ja die These darf nicht von vornherein abgewiesen werden, daß die künftigen Massenmörder in ihren politischen Anfängen von Zorn, Haß und Erbitterung gegenüber aktuellen Massenmördern erfüllt waren und sich weiterhin von diesem Empfinden bestimmen ließen. Die Wendung von den zukünftigen und den aktuellen Massenmördern taucht daher in den Studien und Vorträgen dieses Bandes mehrere Male auf, denn sie ist die unmittelbarste Veranschaulichung jenes »kausalen Nexus«, von dem nicht wenige Autoren behaupten, es habe ihn gar nicht gegeben. In Wahrheit läuft diese Verneinung auf die Behauptung hinaus, das antikommunistische Motiv sei im Nationalsozialismus weiter nichts als grundlose Einbildung oder ein Vorwand gewesen und der »antisemitische« Impuls sei als bloße Wahnvorstellung zu kennzeichnen. Wer das tut, raubt der Geschichte des 20. Jahrhunderts ihr ideelles und reales Gewicht, ja sogar ihre umfassende Schrecklichkeit, die mit polemischer Intention auf *eine* der mitwirkenden Kräfte beschränkt wird. Damit aber schneiden die Betreffenden sich selbst die Möglichkeit ernsthaften Nachdenkens ab und täuschen sich über den verwirrenden und tragischen Aspekt der Weltgeschichte hinweg, der so häufig den Streit zwischen Recht und Recht oder die Verwandlung von Recht in Unrecht zum Inhalt hatte. Wenn diese Auffassung richtig wäre, würde allerdings meine Revision von weitverbreiteten Auffassungen, die den »kausalen Nexus« hervorhebt und auf die Erarbeitung jenes neuen Paradigmas hinausläuft, hinfällig sein. In der Tat wird heute nicht selten darauf hingewiesen, daß für den amerikanischen Angriff gegen das Taliban-Regime noch andere Motive auszumachen sind, z. B. dasjenige der Sicherung der Verbindungswege zu den mittelasiatischen Ölquellen und sonstigen Rohstoffen. Aber zweifellos würde man jeden für einen ideologiegeleiteten Narren erklären, der behaupten würde, *nur* diese altbekannten Motive seien maßgebend gewesen und die aus der Zerstörung des World Trade Center resultierenden Emotionen seien von der ganz rational handelnden Staatsführung nachträglich instrumentalisiert worden. Mutatis mutandis drängt sich die Anwendung auf, obwohl es keine Analogie zu dem Extremismus der »kollektivistischen Schuldzuschreibung« gibt, die in »den Juden« die fremdartigen Urheber des mörderischen Bolschewismus sehen wollte.

Hitlers Machtübernahme im Januar 1933 löste bei weitem nicht ein solches Entsetzen aus wie die Revolution der Bolschewiki, und sie rief außerhalb Deutschlands keinen auch nur entfernt vergleichbaren Enthusiasmus hervor. Vielen Deutschen schien sie die »nationale Befreiung« von den Fesseln des Versailler Diktats und die Sicherung Deutschlands vor der kommunistischen Bedrohung zu sein, und antikommunistische Zustimmung war auch in vielen Teilen des übrigen Europa zu verzeichnen. Den Kommunisten, welchen der erste und stärkste Schlag galt, blieb das Entsetzen fremd, weil sie im Sieg Hitlers lediglich das Vorspiel ihres eigenen Triumphes wahrnehmen wollten. Nur die Juden empfanden in ihrer großen

Mehrheit das Entsetzen über eine fremdartige Barbarei, das aber über mehrere Jahre hinweg von der noch lebendigen Erinnerung an die viel härtere Verfolgung der (zum Teil jüdischen) »Bourgeois« in der Sowjetunion temperiert wurde. Erst während des deutsch-sowjetischen Krieges wurden sie als angebliche Urheber und permanente Feinde Deutschlands zu Opfern einer »Gegen-Vernichtung«, die eigentlich der bolschewistischen Weltbewegung sowie mehr und mehr ebenfalls dem »westlichen Kapitalismus« galt.

So kam ein tiefgreifendes und allgemeines Entsetzen erst nach 1945 auf, und über die üblichen Propagandaformeln des Krieges hinaus wurden Hitler und das nationalsozialistische Regime jetzt als »das Böse«, ja als »das absolute Böse« betrachtet, das sie selbst 25 Jahre zuvor im Bolschewismus und auch im Judentum gesehen hatten und das heute von nicht wenigen Amerikanern im islamischen Terrorismus wahrgenommen wird. Dennoch setzte sich nur sehr allmählich die Vorstellung von der »Singularität des Holocaust« als des nicht bloß sozialen, sondern biologischen, ja metabiologischen Genozids durch, und die Folgen waren ungemein tiefgreifend, da nun nicht ein »verändertes«, sondern ein »anderes« Deutschland das »alte Deutschland« und dessen Geschichte zu verdrängen schien, indem es sich als bloße Provinz einer Weltzivilisation verstehen wollte. Trotzdem dürfte heute die Zeit für die Einsicht reif sein, daß Präzedenzloses, Entsetzenerregendes, »radikal Böses« auf vielfältige Weise mit dem Prozeß der »Globalisierung« verbunden ist, welcher Widerstände und konkrete Schuldzuweisungen hervorruft, obwohl das Bemühen um Verstehen auch des moralisch mit Entschiedenheit verurteilten Feindes und um das Vermeiden radikaler bzw. extremer Antworten in der Vergangenheit nicht ohne Erfolgsaussicht war und in der Gegenwart einige Erfolgsaussichten gehabt hätte.

Aber die radikale Antwort, welche die Amerikaner auf ein entsetzenerregendes Ereignis gaben, nämlich der Krieg, erwies sich nach zwei Monaten als erfolgreich, und das Taliban-Regime, das der Terrororganisation des bin Laden Schutz geboten hatte, war durch machtvolle Luftangriffe und die geschickte Indienstnahme einer nur noch in Resten existierenden Bürgerkriegspartei gestürzt worden. Dieser kausale Nexus zwischen einem präzedenzlosen Vorgang und der Reaktion darauf schien zu einem eindeutigen und guten Ende geführt zu haben. Die Vermutung war nicht grundlos, daß es sich um die erste und von allen großen Staaten der Welt unterstützte Polizeiaktion der Weltzivilisation gehandelt habe.

Gegen ein so optimistisches Verständnis lassen sich indessen ernste Zweifel und Einwände vorbringen. Wenn die Amerikaner konsequent sein wollen, müssen sie noch weitere »Schurkenstaaten« mit Krieg überziehen, und dann wird aus der radikalen, gerade noch mit dem freiheitlichen System vereinbaren Reaktion die extreme Antwort, welche die USA tiefgreifend verändern und dennoch mit hoher Wahrscheinlichkeit weder den Terror noch den Antiamerikanismus oder den Antizionismus beseitigen wird. Jedenfalls ist nicht auszuschließen, daß die radikale Aktion, welche eine der möglichen Antworten auf ein präzedenzloses Ereignis darstellte, eines Tages als die Quelle großen Unheils gelten wird. Für die heutigen Historiker jedoch sollte nach dieser eindeutigen Erfahrung eines »kausalen Nexus« zwischen einem singulären Großereignis und den Möglichkeiten der Reaktion darauf endlich der Weg frei sein, um ohne überbordende Leidenschaft und politische Zwecksetzungen jene Ereignisse der Vergangenheit des 20. Jahrhunderts zum Thema zu machen, bei denen ein vergleichbarer kausaler Nexus zu erkennen ist. Deshalb dürfte der Titel »Der kausale Nexus« für die vorliegende Sammlung von Studien und Aufsätzen adäquat sein. Sie umkreisen auf vielfältige Weise, aber nicht ausschließlich, jenen kausalen Nexus, der im Blick auf das Zwanzigste Jahrhundert in erster Linie als problematisch erscheint, nämlich die Verknüpfung zwischen dem älteren und dem jüngeren Glied der beiden wichtigsten Totalitarismen, aber auch die von den Nationalsozialisten besonders hervorgehobene Verbindung zwischen Kommunismus und Judentum, die zwar als solche offensichtlich verfehlt ist, die aber doch ein Stück des Richtigen und mindestens Verstehbaren enthält, so daß sie nicht von vornherein und ohne Prüfung zurückgewiesen werden darf. Mehr als bei irgendeinem anderen Thema dürfte sich hier herausstellen, ob die Historiker und die historisch denkenden Politologen und Soziologen über jene emotionalen Reden und Anklagen hinauszukommen vermögen, die angesichts tief aufrührender Ereignisse für alle Menschen nur allzu natürlich sind und die dennoch bloß dann ein Endstadium bilden könnten, wenn die Geschichtswissenschaft auf ihren eigensten Willen zu Abstandnahme und rationaler Erwägung Verzicht täte oder zu einem solchen Verzicht gezwungen würde.

Die Anordnung der einzelnen Texte dieser Sammlung wurde so vorgenommen, daß am Anfang allgemeine bzw. »realhistorische« Themen stehen, die mit dem Thema »Revisionen und Revisionismen« nur indirekt zu tun haben, und daß nach drei Vorträgen zu Fragen der Gegenwart seit 1945 schließlich die Rückkehr zu einer übergreifenden Fragestellung erfolgt, der zwei Vorträge – über »Diskursethik« und »Philosophie und Kunst« – zugeordnet werden, welche allenfalls in einem ganz weiten Sinne eine »Revision« in sich schließen. Den Kern der Sammlung bilden also die Studien und Vorträge von »4« bis »12«; wer nach einer »neuen« Thematik fragt, muß auf die anderen Arbeiten zum ersten Teil (»Studien und Vorträge«) verwiesen werden, die nicht etwa eine bloße »Schale« sind.

Mit Ausnahme der Dankrede zum Empfang des Adenauer-Preises und der drei Rezensionen ist keine dieser Arbeiten in Deutschland publiziert worden, wohl aber wurden nicht wenige in Italien vorgetragen bzw. veröffentlicht. Das gilt auch für die »Erläuterungen zu einem ›Spiegel‹-Gespräch«, deren deutsches Original auf den Seiten 365–369 abgedruckt ist. Ich verberge mir nicht, daß der nächstliegende Einwand gegen die vorliegende Publikation in der Behauptung bestehen dürfte, es handle sich bestenfalls um eine Selbstinterpretation, wenn nicht gar weithin um eine Selbstbespiegelung. Aber nie ist meines Wissens ein deutscher Historiker zum Objekt einer so feindseligen und umfangreichen Attacke geworden, wie sie im Jahre 1994 von dem einflußreichsten der deutschen Magazine gegen mich gerichtet wurde, und Kenner wissen, daß es auch außerhalb Deutschlands seit 1975 Präzedentien dazu gab. Der Begriff der Selbstinterpretation kann daher als zutreffend gelten, aber es sollte hinzugefügt werden, daß ihr Herausforderungen zugrundelagen, die nicht ohne Antwort bleiben durften.

Glücklicherweise übt der »Spiegel-Standard«, so weit er über das Magazin hinausreicht, sogar in der Bundesrepublik Deutschland und erst recht in Frankreich und Italien keine Alleinherrschaft aus. Es ist mir daher eine Freude, feststellen zu können, daß sowohl in Deutschland wie in Frankreich gegenwärtig in angesehenen Zeitschriften auf hohem Niveau eine Diskussion über mein Gesamtwerk geführt wird: in »Erwägen Wissen Ethik« (früher »Ethik und Sozialwissenschaften«) Heft 1/2002 und in »Le débat« Nr. 121 (Herbst 2002).

Berlin, im Februar 2002 Ernst Nolte

Studien und Vorträge

1

Über Geschichtswissenschaft

Wer von »Wissenschaft« sprechen will, muß sich zuerst über das »Wissen« Klarheit verschaffen, denn alle Wissenschaft nimmt von einem nicht-wissenschaftlichen oder vorwissenschaftlichen Wissen ihren Ausgang. Beginnen wir mit dem Einfachsten, was es im menschlichen Leben zu geben scheint: einem kleinen Dorf im Mittelalter oder in der frühen Neuzeit. Es umfaßt Bauern und einige Handwerker. Alle Bauern wissen genau, wann sie den Boden pflügen müssen, wie sie die Aussaat vorzunehmen haben und weshalb sie einige Stücke Land für ein Jahr unbebaut liegen lassen. Der Schmied versteht sich auf das Eisen, das er im Feuer härtet, und er erkennt rasch, was die Ursache des Bruchs in einem Werkzeug ist, das man ihm zur Reparatur übergibt. Der größte Bauer, der häufig auf die Jagd geht, kennt alle Gewohnheiten der Waldtiere, und er weiß genau, wo er Aufstellung nehmen muß, wenn er ein Reh oder einen Hirsch erlegen will. Wissenschaft ist zunächst nichts anderes als die methodische Expansion und Systematisierung dieses Lebenswissens, die in dessen ständiger Ausweitung und Verfeinerung bereits angelegt ist, denn über eine Art von stationärem Lebenswissen verfügen auch viele Tierarten. Das Vertrautsein einer alten Frau mit den Kräutern ihres Waldes wird zur allgemeinen Botanik, welche alle Pflanzen in der ganzen Welt zu beschreiben und zu klassifizieren sucht; das Alltagswissen der Bauern wird in landwirtschaftlichen Hochschulen zu einer Wissenschaft der Bodenbestellung und der Fruchtfolge weitergebildet, das Eisen des Schmiedes wird in Laboratorien so sorgfältig erforscht, daß es auf sparsamere Weise hergestellt und zahlreichen Legierungen unterworfen werden kann. Grundsätzlich wird alles und jedes, was von irgendeinem Menschen irgendwo wahrgenommen werden kann, zum Gegenstand von Wissenschaft: die Sterne und das Meer, die Wüsten und die Berge, die Bodenschätze und die Pflanzen, die Kräfte und die Strukturen und auch die Handlungsweisen der Menschen – zwar in der Regel nicht in ihren jeweiligen Individualitäten, wohl aber in demjenigen, was darin von allgemeinem Charakter ist. Jedes einzelne Gebiet der Wissenschaften unterliegt vielfältigen Teilungen, damit die Masse des Wissensstoffs stets anwachsen und doch beherrschbar bleiben kann, und jedes einzelne Gebiet wird von Spezialisten betreut, die sich mit nichts anderem beschäftigen als mit dem Wissenserwerb in ihren Teilgebieten: den Kardiologen, den Festkörperphysikern, den Mikrobiologen und vielen anderen mehr. In der Regel kann kein einzelner Mensch auch nur ein einziges dieser Wissensgebiete vollständig überschauen; das Ganze des wissenschaftlichen Wissens übersteigt die Kapazität von Individuen in unvorstellbarem Ausmaß, und jenes Dorf, in dem der Jäger-Bauer doch mindestens annähernd alles kannte und verstand, was der Schmied trieb und was die Kräuterfrau einsammelte, liegt, wie es scheint, in unendlicher Ferne.

Aber wir haben bisher nur von einem Wissen gesprochen, das sich auf die Umwelt des Menschen oder als Wissenschaft auf die Natur bezieht, einschließlich dessen, was am Menschen sich wie ein Naturgegenstand untersuchen läßt und das Objekt etwa der Physiologie und Experimentalpsychologie ist. Von der menschlichen Geschichte war bisher nicht die Rede. Kehren wie also zu unserem Dorf zurück und stellen wir es uns in der Weise vor, daß es keine Geschichte hätte. Es müßte dann auf einer Insel liegen, zu der nie ein Seefahrer käme, oder zwischen hohen Bergen, die keines Menschen Fuß zu betreten wagte; das Leben müßte sich in jeder Generation genau auf die gleiche Weise abspielen, die Kinder würden die Plätze der Eltern einnehmen, aber den Boden ganz ebenso bebauen, die Kräuterfrau würde dieselben Pflanzenarten sammeln wie ihre Urahne vor 100 Jahren, der Schmied würde immer wieder die gleichen Aufgaben zu erfüllen haben. Es würde in diesem Dorfe so gut wie nichts zu erzählen geben, allenfalls würde ein Enkel zu berichten wissen, daß sein Großvater ungewöhnlich kräftig gewesen sei oder vor der Zeit durch ein Unglück den Tod gefunden habe. Aber eine elementare Voraussetzung für eine solche Stabilität und eine solche in der Bahn der Tradition verlaufende Lebensweise würde schon darin bestehen, daß jede Familie nur zwei Kinder hätte, die an die Stelle der Eltern treten würden, denn es würden sich Spannungen ergeben, wenn einige Familien sechs Kinder hätten und andere nur ein einziges, während die Besitzgrößen unverändert blieben, und etwas Ähnliches würde resultieren, wenn es keinen Familienbesitz gäbe und wenn Teile der jüngeren Generation auswandern müßten, weil nicht mehr genügend Land für die wachsende Zahl der Hände und Münder vorhanden wäre. Dann aber würde es schon etwas zu erzählen geben: vom Kampf der Benachteiligten um Gleichstellung oder vom Auszug eines Teils der jungen Mannschaft. Und das würde auch geschehen, wenn ein großer Sturm die Häuser des Dorfes zerstörte oder wenn eine Sturmflut einen Teil der Bevölkerung dahinraffte. Ähnliches würde freilich auch für einen Vogelschwarm oder für eine Population von Füchsen zutreffen können, aber sie würden sich bloß den veränderten Umständen anpassen; Menschen aber sind Wesen, die sich erinnern und die von der Vergangenheit erzählen, d. h. sie haben eine Geschichte, weil ihnen das Geschehen nicht, wie allen Tieren, in einer übermächtigen Gegenwart verschwindet, sondern weil sie es festhalten und ebenso in die Zukunft voraus- wie in die Vergangenheit zurückdenken. Und sie denken nicht nur an Katastrophen und besondere Naturereignisse wie Sonnenfinsternisse zurück. Stellen wir uns vor, in unserem Dorf tauchte eines Tages als Schiffbrüchiger ein Fremder auf, und er wüßte viel von Städten und Reichen jenseits des Meeres zu erzählen, von Goldschätzen und Herrschern, von Sängern und Kriegszügen. Davon, von menschlichen Dingen, würden später die Großeltern den Kindern erzählen, und vermutlich würden sie die Erzählungen des Fremden nicht einfach wiederholen, sondern sie würden sie nach den Gegebenheiten ihrer eigenen Lebenswelt anpassen. Und wenn ein Dorfbewohner den Fremden begleitet hätte und nach Jahren zurückkäme, dann würde er die Gefahren schildern, denen er ausgesetzt war, und die Orte, die er gesehen hätte, und man dürfte annehmen, daß seine Phantasie in seinen Erzählungen keine geringe Rolle spielen würde.

Aber es ist nun an der Zeit, von unserem idealtypischen Dorf Abschied zu nehmen, das es in dieser Gestalt nirgendwo gegeben hat, obwohl zahllose Gruppen und Stämme existierten, die relativ abgeschlossen von der übrigen Welt lebten und die in der Hauptsache von Naturkatastrophen und von Göttern oder Dämonen zu erzählen wußten. Daher spricht man nicht ohne Grund von »Geschichtslosigkeit«; und doch zu Unrecht, wenn man das Dasein solcher Menschen mit der Geschichtslosigkeit gleichsetzt, in der alle Tiere leben. Eigentliche Geschichte aber ereignete sich, als die Heere der Griechen gegen Troja zogen, weil die Frau eines mykenischen Fürsten, des Menelaos, von dem Königssohn Paris nach Vorderasien entführt worden war; als die Stadt des Priamos nach zehn langen Jahren in Rauch und Flammen aufging, als Odysseus die Meere durchirrte und knapp den Wirbeln von Skylla und Charybdis entkam. Doch es dauerte noch sehr lange, bis diese Geschichte zum Gegenstand von Geschichtswissenschaft wurde. Zunächst berichteten jene Sänger davon, die man später unter dem Namen Homer zusammenfaßte, und sie rühmten die Stärke und Schönheit des Achilleus, sie verspotteten den aufrührerischen Thersites, und sie wußten von den Ratschlüssen des Zeus zu erzählen. Erst später wurden diese Erzählungen zu den Epen Homers zusammengefaßt und aufgezeichnet, und dann dauerte es abermals Jahrhunderte, bis der Jonier Hekataios verächtlich sagte, die Erzählungen des Hellenen seien zahlreich und lügenhaft. Aber würdigte er damit nicht das eigene Hellenenvolk herab, das doch noch Platon und Aristoteles weit über alle Barbarenvölker stellten? Geschichtliches Wissen ist offenbar von anderer Art als alles Wissen von den Eigentümlichkeiten der menschlichen Umwelt, sofern wir von Naturreligion und Naturmythologie absehen; es steht seinen Gegenständen nicht in gleichmäßigen Abständen gegenüber, sondern es rühmt und tadelt, es hebt hervor und läßt fort, es schmückt aus und es vereinfacht. Zur Wissenschaft kann es nur werden, wenn es sich gewaltig ausweitet, wenn der Geschichtsschreiber von seinen Gegenständen Distanz gewinnt und sich entfernten Zeiten zuwendet, wenn er Quellenschriften mit anderen vergleicht oder neu entdeckt, wenn er Überreste aus jenen Zeiten erforscht, etwa die unter Erdmassen versteckten Ruinen Trojas, wenn er die eigenen Präferenzen in Frage stellt, etwa die Bewunderung für Perikles, die ihm seine Eltern eingeflößt hatten.

So mag er sich der »Objektivität« nähern, die für den Naturwissenschaftler selbstverständlich ist, welcher schwerlich je in Gefahr kommt, schädliche Eigenschaften einer Pflanze nicht wahrhaben zu wollen, weil er schon als Kind die Schönheit ihrer Blüten bewundert hatte. Er muß vor allem bereit sein, die Ergebnisse seiner Mitforscher ohne Voreingenommenheit zur Kenntnis zu nehmen und sich mit der Einschränkung des Gebiets abzufinden, die durch die Anhäufung des Wissens und durch die Verfeinerung der Methoden erforderlich wird, so daß er zum Spezialisten nicht etwa bloß für das Mittelalter, sondern für das Ordenswesen im abendländischen Mittelalter, nicht zum Kenner der antiken Geschichte, sondern des Münzwesens in der römischen Kaiserzeit wird: Insofern gleicht die Entwicklung der Geschichtswissenschaft derjenigen aller anderen Wissenschaften. Aber ein wichtiger Unterschied besteht darin, daß jede neue Generation von Historikern zu dem Ergebnis kommt, ihre Vorgänger hätten jene Kennzeichen des bloßen historischen Wissens, das einseitige Hervorheben und Weglassen, das Rühmen und Tadeln, das Verwerfen und das Rechtfertigen nur in höchst unzureichendem Maße überwunden. Ist nicht Treitschkes »Deutsche Geschichte im 19. Jahrhundert« zwar eine bewundernswerte Leistung gelehrten Fleißes und künstlerischer Darstellung und doch im Kern nichts anderes als die Rechtfertigung und Preisung des kleindeutschen Einigungswerkes durch Preußen und Bismarck? Wollte nicht Gioberti sogar ausdrücklich vom »primato morale e civile degli italiani« handeln? Objektivität und unantastbares Wissen sind in der Geschichtswissenschaft keineswegs selbstverständliche Gegebenheiten und Tatbestände, sondern Aufgaben, denen jede neue Generation sich von neuem konfrontiert sieht, wenn man von dem Gerüst elementarer Daten und Fakten absieht, die etwa in Ploetz' »Auszug aus der Geschichte« aufgereiht sind.

Aber selbst wenn der jüngere Historiker einige Schwächen der älteren Generation aufgewiesen hat und davon überzeugt ist, Fortschritte gemacht zu haben, wird er sich schwerlich darüber täuschen, daß auch er nicht »reine Tatsachen« entdeckt hat, daß auch er eine Selektion aus der Endlosigkeit von Fakten vorgenommen hat, bei der ihn Präferenzen leiteten, daß auch er nicht zu dem teilnahmslosen »Weltauge« geworden ist, das man in den Naturwissenschaften grundsätzlich am Werk sehen mag. Und er wird sich in unserer Gegenwart sogar darüber klar sein, daß jene Schwächen seiner Vorgänger auch Vorzüge waren, weil diese sich in der Regel mit dem eigenen Nationalstaat beschäftigten, dessen unmittelbare Entstehung verhältnismäßig leicht zu schildern und zu analysieren war, weil Kriege ihre wichtigste Voraussetzung darstellten und weil die Entscheidungen, die zu diesen Kriegen führten, von sehr wenigen Menschen getroffen wurden. So mag man umfangreiche Bücher über die Agrarverhältnisse im Kirchenstaat um 1840 oder über die Höhe der Zollsätze des Deutschen Zollvereins schreiben, aber so wichtig das alles als Vorbereitung der nationalen Einigung gewesen sein mag, maßgebend für den konkreten Ablauf der Ereignisse bleibt doch der Entschluß König Wilhelms I., den Plan der Abdankung aufzugeben und Bismarck die Ministerpräsidentschaft zu übertragen; schlechthin unverzichtbar ist die Schilderung des Unternehmens der »mille«, welches das Königreich beider Sizilien zerstörte und Süditalien dem regno d'Italia anschloß.

Was aber geschieht, wenn wir tatsächlich in ein postnationales Zeitalter eingetreten sind, in dem Kriege von den »Vereinten Nationen« nicht mehr zugelassen werden, wenn eine demokratische Weltgesellschaft zur Existenz kommt, die das genaue Gegenteil jenes »ungeschichtlichen« Dorfes darstellt, wo jede Nachricht in Sekundenschnelle um die ganze Welt läuft, wo jedes der Billionen von Ereignissen für Milliarden von Menschen gewisse Auswirkungen hat, und wäre es nur ein mikroskopisch kleiner Anstieg der Verschmutzung der Meere, wo kein Staatsmann und keine Gruppe von Staatsmännern eine große Entscheidung im überlieferten Sinn treffen kann, weil es nur noch Resultanten unzähliger sich ineinander verschlingender Mikroprozesse gibt, die sich nicht mehr in den gewalttätigen Explosionen entladen, welche bisher als Kriege und Revolutionen die wichtigsten Gelenke für die Gliederung der Geschichte waren. Würde es in einer Welt universaler Kommunikation nur noch eine allerpartikularste Geschichtswissenschaft geben, wo der einzelne Historiker, oder selbst Teams von Historikern, um in der Überflutung durch Informationen und Forschungsergebnisse nicht zu versinken, zum Beispiel bloß noch über das dritte Jahr des Siebenjährigen Krieges in der preußischen Provinz Brandenburg oder über die Jugendjahre der Vittoria Colonna vollständig informiert und also zu neuen Forschungen fähig sein würden? Würden die Historiker dann die »endliche Unendlichkeit« der menschlichen Ereignisse aus der Sicherheit eines in seiner ständigen Veränderung unveränderlichen Zustandes heraus mit derselben Distanz und Objektivität untersuchen, wie die Naturwissenschaftler die »endliche Unendlichkeit« der Naturvorgänge erforschen? Oder würde die Geschichtsschreibung gerade dann vollständig zur »Kunst« werden, da doch ein Drang zum Ganzen, zum Ganzen der einzelnen Nationen, der Kulturen, der Klassen fortbestehen würde, zu jenen Ganzheiten, die infolge der Überfülle erforschter Tatsachen der »Fachwissenschaft« nicht mehr zugänglich sein würden, sondern nur noch der gestaltenden Phantasie?

Ich werde nicht versuchen, auf diese Fragen eine Antwort zu geben. Ich formuliere lediglich das Ergebnis dieser Überlegungen: daß die Geschichtswissenschaft zugleich die menschlichste und die unmöglichste aller Wissenschaften ist. Die Menschen leben als Menschen geschichtlich, und gerade deshalb konnten sie aus dem geschichtlichen Wissen, das ihnen ebenso wie das Wissen um Natursachen eigentümlich ist, nicht im gleichen Sinne eine Wissenschaft machen, wie sie aus dem Wissen über Naturvorgänge eine vieltausendfach differenzierte Wissenschaft gemacht haben. Die Feststellung kann nur für denjenigen anstößig oder niederschmetternd sein, der nicht wahrhaben will, daß die Menschen nicht nur eine Vielheit von Vernunftpartikeln sind, sondern eine Vielfalt, innerhalb deren sie einander auch als fühlende und wollende Wesen begegnen.

Ich will nun nicht über eine Zukunft spekulieren, in der diese Aussage nicht mehr gültig sein mag, so daß Naturwissenschaft und Geschichtswissenschaft im nur noch vernünftigen Diskurs der vielen Gleichen identisch geworden sein mögen, und ich will auch nichts von den Gestalten und Geschicken der Geschichtswissenschaft erzählen, wie sie von Herodot bis zu Fernand Braudel Wirklichkeit gewesen ist, denn beides würde ins Endlose führen. Ich möchte vielmehr einen Überblick über die Versuche geben, in denen Menschen Klarheit über die Geschichte und über die Geschichtswissenschaft gewinnen wollten, über die Geschichtsphilosophie und über die Geschichtstheorie.

Abschließend will ich das Werk von drei Denkern charakterisieren, die weder im eigentlichen Sinne Geschichtsphilosophen noch Geschichtstheoretiker noch gar Geschichtsschreiber waren und deren Einflüsse doch in der Geschichtsschreibung und in dem Geschichtsdenken der Gegenwart besonders stark spürbar sind, das Werk von Auguste Comte, Karl Marx und Friedrich Nietzsche.

»Geschichtsphilosophie« ist ein »Philosophieren« über Geschichte, d. h. mehr als ein allgemeines Nachdenken oder Vorstellen, wie wir es bisher im Auge hatten. Seitdem es das Philosophieren gibt, versteht es sich als Denken über »das Ganze«, und zwar nicht über das Ganze der Geschichte, sondern über das Ganze der »Welt«. In seinen Anfängen ist es eng mit der Mythologie verknüpft, d. h. mit Erzählungen vom »Anfang und vom Ende der Welt« oder von periodisch eintretenden »Weltbränden«. Aber sie will nicht in Bildern, sondern in Begriffen denken, und sie macht schon in ihrer Frühzeit jenes Ganze zum Problem, das sich der gewöhnliche Mensch als »Naturganzes« oder als Kosmos vorstellt. Wenn Parmenides sagt »Denn dasselbe sind Denken und Sein«, so ist das Sein gerade nicht die vorstellbare Gesamtheit der Naturdinge, die uns als einzelne durch die Wahrnehmung der Sinne zugänglich sind, sondern es ist ein Ganzes, das eher als »Weltgrund« zu verstehen ist und jedenfalls nicht »in« der Zeit und »im« Raume vorfindbar ist. Noch eindeutiger zutreffend ist der Begriff »Weltgrund« für das »Feuer« des Heraklit, welches das Weltall durchwaltet und immer wieder in sich zurücknimmt, und für die Urmächte »Liebe« und »Streit« des Empedokles, aus deren Ringen die verschiedenen Weltalter hervorgehen. »Jenseits des Seins« liegt für Platon die Idee des Guten, aber auch die gewöhnlichen »Ideen« befinden sich jenseits der in der Erfahrung vorfindlichen Dinge, und zwar als deren unveränderliche Wesenheiten. Von Parmenides bis hin zu Kant ist Philosophie immer ein »Weltdenken«

in dem Sinne, daß sie in erster Linie die Übermacht des Nicht-Menschlichen oder der »Natur« im Auge hat, auch wenn sie vom »Weltgrund« oder von »Gott« spricht. Der denkende Mensch ist gleichsam von dem Ungeheuren gebannt, das er nicht selber ist, und deshalb wird die Geschichte nicht zum Thema, sondern nur »die Seele« oder das »Wesen des Menschen«, die diesem »Weltganzen« staunend und verehrend gegenüberstehen und denen allenfalls von den »Mystikern« gesagt wird, sie seien in ihrem tiefsten Grunde, dem »Seelenfünklein«, mit jenem Grunde der Welt im ganzen identisch. Die Geschichte als solche kann daher, wie besonders im indischen Philosophieren deutlich wird, keinerlei Interesse hervorrufen, da sie gänzlich zum Bereich der oberflächlichen Erscheinungen gehört und sich im endlosen Kreislauf vollzieht. Noch als Kant jene »kopernikanische Wendung« vornahm, welche die anschaubare Welt, wenn auch nicht das »Ding an sich«, zu einer Schöpfung des transzendentalen Bewußtseins oder des Menschengeistes machte, da ging es ihm ganz primär um die Begründung der Naturwissenschaften, d. h. um das Verhältnis der »Seele« zur »Welt«.

Aber von den Verstrickungen eben dieser Seele in der »Welt«, d. h. den endlichen und sündigen Verhältnissen der Erde, und von ihrem Weg zur Selbstfindung und Erlösung in Gott war schon bei den Neuplatonikern in der Weise die Rede gewesen, daß Stufen der befreienden Erlösung erkennbar wurden, und Augustinus hatte diese Gedanken mit der Vorstellung des Alten Testaments von den Schicksalen des »Gottesvolkes« verbunden, aber auch mit der Anwendung der Vorstellung von den Lebensaltern auf die als Einheit gefaßte Menschheit. Und obwohl bei ihm zu keinem Zeitpunkt die »civitas dei« die »civitas terrena« in sich aufhebt und verklärt, war damit doch ein wesentlicher Schritt zu der Auffassung des mittelalterlichen Abtes Joachim von Floris getan, der die Menschheit durch drei große Zeitperioden hindurchgehen sah, die Reiche des Vaters, des Sohnes und das künftige »Dritte Reich« des Heiligen Geistes, d. h. der mönchischen Spiritualen; mithin, wie man sagen könnte, von der Unterworfenheit unter ein äußeres Gebot zur Freiheit der sich selbst bestimmenden Geistigkeit. Geschichte, so gefaßt, ist nicht ein Ereignis innerhalb der Welt, der andere Ereignisse oder Bereiche an die Seite gestellt werden können, sondern sie ist selbst ein »Weltereignis«, ja sie kann sogar die einst so übermächtige Welt gewissermaßen in sich hereinnehmen, sobald das transzendentale A priori Kants als ein geschichtliches gefaßt wird, d. h. als eine Folge von Weltenwürfen, welche überhaupt erst »Dinge« und deren

Zusammenhang entstehen lassen, welche aber auch untereinander in der Weise verknüpft sind, daß die Menschen aus Zerstreuung und Verlorenheit heraus zu immer größerer Einheit und zu einem immer klareren Bewußtsein dieser Einheit gelangen. Am Ende steht dann, wenn auch zunächst noch als zukünftige, eine von der menschlichen Vernunft für die menschlichen Individuen geformte und beherrschte Welt. Dies ist der Grundansatz der »aufklärerischen« Geschichtsphilosophie, die bei Turgot um 1750 zum Vorschein kommt und mit Condorcet 1794 einen ersten Höhepunkt erreicht. Sie kann eine Entsprechung zu jenem neuplatonischen Aufstieg der Seele darstellen und muß dann zu der Idee einer vollständigen Vergeistigung und Versittlichung der Menschheit gelangen; sie mag aber den Ausgang vom naturgegebenen Individuum so sehr akzeptieren, daß das Benthamsche »größte Glück der größten Zahl« schlicht als möglichst starke und gleichmäßige Befriedigung der Naturtriebe aller Menschen verstanden wird. Dieser aufklärerischen Geschichtsbewegung vom Vereinzelten und Niedrigen zum Einheitlichen und Höheren stand schon seit Hesiod die entgegengesetzte Bewegung von dem ursprünglichen, göttergerechten und »goldenen« Zeitalter zum streiterfüllten, widernatürlichen »eisernen« Zeitalter gegenüber, die als Lehre von der Dekadenz der Menschheit freilich mehr von Dichtern als von Denkern artikuliert wurde, die jedoch auch im Buch Daniel des Alten Testaments erkennbar ist, wo der Traum des Nebukadnezar nach der Deutung des Propheten die Folge der vier Weltreiche zum Inhalt hat.

Aber kann es eine vollständige Vergeistigung oder auch Versittlichung überhaupt geben? Ist sie, im Wortsinn, »menschenmöglich«? Ist auch nur der einfache Begriff der möglichst intensiven und umfangreichen Befriedigung der Naturtriebe, etwa des »Hungers und der Liebe« nach dem Schillerschen Gedicht, »menschengerecht«? Angenommen, daß diese Triebe tatsächlich »menschenfreundlich« sind, d. h. in Individuen Erfüllung finden können, ohne daß andere Individuen Schaden erleiden – gibt es nicht auch andere Triebe im Menschen, die keine so harmlose Wendung nehmen können, etwa den Destruktionstrieb und den Todestrieb? Woher nehmen einige Menschen das Recht, die Ausrottung von Trieben zu verlangen, die vermutlich ebenso von der Natur stammen und bei anderen Menschen vielleicht besonders ausgeprägt sind? Kann man auf der anderen Seite wirklich von einer »Dekadenz der Menschheit« sprechen, da doch auf jede Dekadenz, die bisher beobachtet wurde, etwa auf den Niedergang des Römischen Reiches, ein neuer Aufstieg erfolgte, wenn auch der Aufstieg eines anderen Volkes oder eines anderen Reiches?

Wenn beide Prozeßformen nicht radikal getrennt, sondern ineinandergedacht werden, ist die Stunde der »Dialektik« gekommen, und die Dialektik ist der Grundzug der anspruchsvollsten und umfassendsten aller Geschichtsphilosophien, derjenigen Hegels. Vom Grundmuster her ist diese ganz aufklärerisch, denn die Geschichte ist für Hegel der »Fortschritt im Bewußtsein der Freiheit« – von der orientalischen Welt, wo nur einer frei ist, hin zur christlich-germanisch-protestantischen Welt der Neuzeit, wo alle wissen, daß sie frei sind, weil Freiheit das Wesen des Menschen als solchen ist. Aber in diesem Fortschrittsprozeß gibt es Platz für zahlreiche Niedergänge und Verkehrungen – von den Dekadenzen und Erstarrungen der Volksgeister, die vom Weltgeist zugunsten eines höheren Volksgeistes fallengelassen werden, bis zum Umschlag von Recht in Unrecht, den jedes auf sich beharrende Einzelne erfahren muß.

So nimmt sich Hegels Geschichtsphilosophie über weite Strecken wie eine »philosophische Geschichtsschreibung« aus, aber sie verliert an keiner Stelle den Grundcharakter aller Geschichtsphilosophie: Sie hat die ganze Weltgeschichte im Blick und sucht deren »innere Logik« zu enthüllen. Zu dieser Logik gehört eine Gliederung nach Epochen, die einen Anfang nimmt und auf ein Ende gerichtet ist. Erst von dem Ende, dem »Telos« her, das bei Hegel die Selbsterkenntnis des göttlichen Weltgrundes im Menschengeist ist, erscheint die Geschichte als Sinnzusammenhang, als gegliederte Totalität und in theologischen Termini als »Werk der Vorsehung«. Für den Alltagsverstand ist jede Geschichtsphilosophie notwendigerweise »Metaphysik« oder unbeweisbare Konstruktion.

Geschichtstheorie kann sich die kritische Überprüfung der Konzeptionen der Geschichtsphilsophie vornehmen; in der Regel aber wird sie die Kategorien, die Regeln und die Hauptvoraussetzungen der Geschichtsschreibung untersuchen, und in dieser zweiten Gestalt war ihr Anfang in Deutschland zugleich ihr Höhepunkt, nämlich Johann Gustav Droysens »Historik«. Die philosophische Dimension wurde ihr nicht zuletzt von Wilhelm Dilthey gegeben, der wie Droysen ein Mann des 19. Jahrhunderts war, dessen letztes Lebensjahrzehnt indessen ins 20. Jahrhundert fällt und der erst in dieser seiner Spätzeit unter dem Titel »Der Aufbau der geschichtlichen Welt in den Geisteswissenschaften« den »Versuch einer Grundlegung für das Studium der Gesellschaft und der Geschichte« zum Abschluß zu bringen suchte, welcher 1883 unter dem Titel »Einleitung in die Geisteswissenschaften« veröffentlicht worden war. Dilthey will zeigen, daß die »metaphysische Stellung des Menschen zur Wirklichkeit« nur einer bestimmten und inzwischen abgelaufenen Periode der Geschichte angehörte, und er äußert sich sehr negativ über die Begriffe der »Geschichtsphilosophie«, über die »Weltlogik«, den »Weltgeist«, den »Plan der Vorsehung«, doch auch über das Paradigma des Organismus. Aber er polemisiert gleichzeitig gegen die positivistischen Feinde der Metaphysik, gegen Comte und John Stuart Mill, deren Antworten die geschichtliche Wirklichkeit verstümmeln. Darüber hinaus schließt er die ganze skeptizistische (bzw. transzendentale) Philosophie der Neuzeit in seine Kritik ein, denn »in den Adern des erkennenden Subjekts, das Locke, Hume und Kant konstruierten, rinnt nicht wirkliches Blut, sondern der verdünnte Saft von Vernunft als bloßer Denktätigkeit.[1]

Der Mensch als geschichtliches Subjekt steht in einer viel intensiveren Beziehung zur Wirklichkeit, nämlich derjenigen des »Erlebens«, und daher muß ihn die Geschichtswissenschaft in der »Totalität des Gemüts« zu erfassen suchen, von der die Naturwissenschaften und die naturwissenschaftlich orientierte Erkenntnistheorie bloß einen durch Abstraktion gewonnenen Randbezirk zu erfassen vermögen. Die Geisteswissenschaften dagegen begnügen sich nicht mit dem äußerlichen Erklären, sondern ihr Feld ist das Verstehen, in welchem sich Leben dem Leben, Freiheit der Freiheit erschließt. Ermöglicht wird dieses Verstehen, wie Dilthey besonders in dem Fragment gebliebenen zweiten Band hervorhebt, nur durch die »Selbigkeit der Menschennatur«, innerhalb deren das Individuum der Neuzeit zu den Individuen und den Verhältnissen einer fernen Vergangenheit Zugang finden kann, indem es die Enge und Subjektivität des eigenen Lebens überwindet. So glaubt er, den »metaphysischen Konstruktionen« Hegels eine »Analyse der menschlichen Existenz« entgegensetzen zu können. Diese Existenz, die sich stets ihrer Endlichkeit und Gebrechlichkeit bewußt ist, versteht als selbst geschichtliche die Geschichte, und sie ist, wie schon Fichte wußte, »nicht Substanz, Sein, Gegebenheit, sondern Leben, Tätigkeit, Energie.«[2] So setzt Dilthey als Theoretiker der Geschichte gerade eine Philosophie des Lebens und der Existenz an die Stelle der geschichtsphilosophischen »Konstruktionen«, und damit bereitet er demjenigen Denken des 20. Jahrhunderts eine Bahn, das weder Geschichtsphilosophie noch bloße Erkenntnistheorie sein will.

Aber auch die ausgeprägteste Erkenntnistheorie der Zeit leistete einen bedeutenden Beitrag zur Geschichtstheorie, ja sie beherrschte die Diskussion gerade zu Beginn des 20. Jahrhunderts. Es handelt sich um die Unterscheidung zweier Wissenschaftstypen aufgrund des Gegensatzes ihrer Methoden, welche die südwestdeutsche Schule des Neukantianismus in Gestalt ihrer bekanntesten Vertreter vornahm, nämlich Wilhelm Windelbands und Heinrich Rickerts. Die Naturwissenschaft ist für sie auf die Erforschung von Gesetzen und Gesetzlichkeiten ausgerichtet, sie ist »nomothetisch«; die Geschichtswissenschaften dagegen wollen das Individuelle und Singuläre erfassen, – das Individuelle einer Person, einer Institution, einer Epoche usw. – sie sind idiographisch. Damit wird nicht gesagt, daß die untersuchten Gegenstände als solche verschieden sind, etwa so, daß Naturdinge in ihrer Allgemeinheit aufgingen und geschichtliche Personen oder Ereignisse rein individuell wären. Es handelt sich vielmehr um einen Unterschied der Betrachtungsweisen: die generalisierende Methode begnügt sich mit der Feststellung von Gesetzen, und das Individuelle ist für sie ohne Interesse. Der fallende Apfel, an dem Newton das Gesetz der Schwere erkannte, war nur als Exemplar wichtig, nicht als Individuum. Alexander der Große und Napoleon dagegen werden von den Historikern in ihrer Individualität zum Gegenstand gemacht, und was an ihnen allgemein ist, etwa die Feldherrnbegabung, ist bloß ein untergeordnetes Moment.

Der entscheidende sachliche Unterschied ist mithin ein subjektiver: Nur mit Rücksicht auf einen Wert kann das Individuelle wesentlich werden, die generalisierende Methode dagegen ist wertfrei. Auch Geisteswissenschaften können generalisierend sein, so die Soziologie, und Rickert führt als Beispiel das Buch von Ferdinand Tönnies »Gemeinschaft und Gesellschaft« an. Aber hier wird schon eine Schwierigkeit deutlich, denn Tönnies nimmt offensichtlich in seinen Untersuchungen Wertungen vor, obwohl er keine einzelne Gemeinschaft und keine einzelne Gesellschaft analysiert, und auf der anderen Seite wertet auch Rickert, denn er hält ganz unverkennbar die soziologisch-generalisierende Methode der Sache nach für defizient. Noch eindeutiger kritisiert er die »neue kollektivistische Methode« von Karl Lamprecht, die sich selbst mißverstehe, weil Lamprecht sich in seiner »Deutschen Geschichte« keineswegs damit begnüge, dasjenige zu erforschen, was allen Nationen gemeinsam sei. Daher schließt die einfache Entgegensetzung »der wertbeziehenden individualisierenden geschichtlichen Methode« und der »wertfreien generalisierenden gesetzeswissenschaftlichen Methode« mancherlei Probleme in sich, und man fragt sich, ob nicht doch eine materiale Geschichtsphilosophie vorliegt, wenn

Rickert die Weltgeschichte nach »Epochen der Wertverwirklichung« gliedert und als oberste Werte ganz im Sinne Hegels »Vernunft« und »Freiheit« ansetzt, auf die hin die Weltgeschichte als »Fortschritt« ausgerichtet ist.

Ich zähle nun nur noch einige Fragen auf, mit denen die Geschichtstheorie sich beschäftigt hat und weiterhin beschäftigt, ohne weiterhin Namen einzelner Denker zu nennen: Was heißt »geschichtlicher Prozeß«, und inwiefern hängt dieser Begriff von den Kategorien »Zweck«, »Wert« und »Sinn« ab? Sind geschichtliche Ereignisse grundsätzlich unprognostizierbar, oder könnte ein künftiger Computer sämtliche Daten von Gegebenheiten enthalten, so daß für ihn die Zukunft gemäß der »Laplaceschen Weltformel« ableitbar wäre und Gott in Gestalt einer Maschine zur Wirklichkeit geworden wäre? Oder sind die Bewegungsgesetze der Geschichte gerade derart, daß sie dem Neuen, dem Schöpferischen, dem Freien Raum lassen? Gehört am Ende die Subjektivität des Historikers mit in diesen Prozeß hinein, und gibt es für ihn eine Möglichkeit, seine »Standortgebundenheit« zu überwinden, um zu einer »unparteilichen« Geschichtsschreibung zu gelangen? Legt er sich nicht schon durch die Wahl seiner Begriffe unwiderruflich fest? Ist er nicht einem »Zirkel des Verstehens« unterworfen? Muß er selbst versuchen, die Selektion, ohne die er nicht arbeiten kann, zugleich in ihrer Einseitigkeit erkennbar zu machen, oder ist »Objektivität«, soweit sie menschenmöglich ist, an die Existenz einer »community of scholars« und damit an die Gesellschaftsform des »Liberalen Systems« gebunden? Darf sich der Historiker erlauben, »kontrafaktische« Überlegungen anzustellen oder gehört nur die Erzählung von faktischen Ereignissen zu seiner Aufgabe? Was ist aber überhaupt ein »historisches Faktum« – ist es vorfindbar wie ein Stein, oder entspringt es wie die »Umwelt« im ganzen der Formung einer letztlich unfaßbaren Mannigfaltigkeit durch den Geist? Müßte dann aber nicht auch das andere Individuum aus einer »Formung« hervorgehen? Leben am Ende sogar Ehepaare bloß mit Bildern des Anderen und nicht mit »diesem selbst«? Ist es indessen nicht so, daß ein Mann und zumal ein Dichter jahrelang mit dem »Bild« der fernen Geliebten leben kann, daß aber eine unübersehbare Realität dieses Bild korrigiert oder sogar zerstört, sobald die Geliebte zur ständig anwesenden Ehefrau geworden ist? Entgeht der Historiker auf vergleichbare Weise einem drohenden Solipsismus? Ist für ihn in gleicher Weise der Relativismus ein Schreckbild, oder ist Relativität – besser vielleicht Relationalität – der Grundcharakter aller menschlichen Verhältnisse und sogar des Kerns der Individualität, ja sogar der »Industrialisierung« und der »Modernisierung«?

Comte, Marx und Nietzsche haben nicht auf alle einzelnen dieser Fragen Antworten gegeben, aber sie haben Kategorien geschaffen, Überzeugungen ausgesprochen und auch Emotionen artikuliert, die oft genug noch den Charakter ganz spezieller Untersuchungen bestimmen.

Auguste Comte, 1797 inmitten der Wirren der französischen Revolutionsepoche in Montpellier geboren, blieb seiner sehr frommen Mutter ein Leben lang zugetan, nahm aber als Student der Mathematik in Paris den Geist des napoleonischen Empire in sich auf und geriet bald unter den Einfluß des Grafen von Saint-Simon, der als »Frühsozialist« gilt, obwohl er seine Zukunftsgesellschaft von den Bankiers leiten lassen wollte, und war für einige Jahre dessen Sekretär. Glaube an die Naturwissenschaft, Zukunftsorientierung, die das »Goldene Zeitalter« an dem Ende statt am Anfang der Geschichte lokalisierte, Wille zu umfassenden sozialen Reformen und auch die Unterscheidung »kritischer« und »organischer« Epochen der Geschichte waren die Hauptimpulse des Grafen, und Comte ging wie Augustin Thierry ein gutes Stück mit ihm. Nach dem Bruch zwischen beiden tauchte das Wort »positiviste«, das später in der Gestalt des Substantivs »Positivisme« zum Kennzeichen der von Comte begründeten Schule wurde, in seiner ersten selbständigen Schrift auf, dem »Système de politique positive« von 1824. Comte macht sich hier ausdrücklich den Gedanken Saint-Simons zu eigen, daß das Zeitalter der Kritik, d. h. der Aufklärung, nur von transitorischer Art sein kann und von einer neuen und stabileren Epoche abgelöst werden muß, sobald es sein Werk der Zersetzung und Auflösung beendet hat, nämlich von einer Epoche, die viel Ähnlichkeit mit dem Mittelalter haben und alle jene anarchischen Freiheiten der Willkür nicht mehr kennen wird, deren sich der Liberalismus rühmt. Insofern bejaht Comte das Ziel der »Heiligen Allianz«, aber sein Grundkonzept bleibt gleichwohl aufklärerisch und setzt die Restaurationsperiode in einen Gegensatz zu der »marche générale de la civilisation«. Dieser Gang der Zivilisation hat mittels der kritischen Prinzipien der Aufklärung das »theologisch-militärische System« definitiv zerstört, das Metternich und die Bourbonen vergeblich wiederherzustellen suchen, und eine neue Stabilität der Gesellschaft muß auf neue Prinzipien gegründet werden. Von hier aus entwickelt Comte das berühmte Dreistadiengesetz, das der Sache nach freilich Gemeingut des optimistischen Teils der Aufklärung war: »Infolge der Natur des menschlichen Geistes muß jeder Zweig unserer Kenntnisse in seiner Bewegung hintereinander durch drei verschiedene theoretische Stadien hindurchgehen: das theologische oder fiktive Stadium, das metaphysiche oder abstrakte Stadium und schließlich das wissenschaftliche oder positive Stadium.«[3] Die Gegenwart ist dabei, den Eintritt in das dritte und »definitive« Stadium zu vollziehen, in das Stadium der wissenschaftlichen Politik. Diese ist eine »soziale Physik«, welche die soziale Organisation auf eine ebenso feste Basis stellt, wie sie die physische Physik für ihre Verfahrensweisen festgelegt hat. Diese Grundgedanken hat Comte in den sechs Bänden seines »Cours de philosophie positive« von 1830 bis 1842 ausgearbeitet, einer wahren Enzyklopädie aller Wissenschaften, innerhalb deren die Soziologie einen prominenten Platz einnimmt. Der Positivismus ist für Comte eine Lehre der Ordnung und des Fortschritts zugleich; er polemisiert aufs entschiedenste gegen die Rousseausche Utopie einer Rückkehr zum Naturzustand und einer Überwindung der Arbeitsteilung, er charakterisiert die revolutionäre Lehre als »metaphysisch«, aber er weicht kein Jota von der Überzeugung ab, daß der »industrielle Zustand« der endgültige ist, wo das Tatsächliche herrscht und nicht mehr das Schimärische, die Gewißheit gegenüber der Unentschiedenheit endloser Debatten, das Genaue im Gegensatz zum Schwankenden und überall das Relative statt des Absoluten.[4] In seiner Spätzeit hat Comte, im Ausgang von einem überaus subtilen und sonderbaren Liebeserlebnis, diesen Zustand bis in kleine Details hinein beschrieben und den Beweis geführt, daß mittels so aufklärerischer Begriffe wie Fortschritt, Verwissenschaftlichung, Säkularisierung, Frieden, Veredelung ein totalitäres System freiheitsfeindlicher Regelhaftigkeit errichtet werden kann.

Wie Comte gehört *Karl Marx*, 1818 in Trier geboren, in den Gesamtrahmen der Aufklärung hinein, aber auch er hat nicht wenig von der konservativen und vor allem romantischen Kritik an der Aufklärung bzw. der »Vulgäraufklärung« übernommen. Vom Vater wie von der Mutter her alten Rabbinergeschlechtern entstammend, hatte er, schon als Kind getauft, anscheinend noch weniger Beziehungen zum Judentum als Comte zum Katholizismus, aber die Erwartung eines völlig neuartigen, alles Bisherige zerstörenden, allein auf Rationalität und Wissenschaft gebauten und definitiven Zeitalters trägt bei ihm noch viel stärker die Merkmale des »Messianismus« als bei Comte, wenn er sich auch sorgfältig vor konkreten Beschreibungen hütet, welche den philosophischen Bestimmungen des kommunistischen Endzustandes als »wahrer Auflösung des Streits zwischen Existenz und Wesen, zwischen Freiheit und Notwendigkeit, zwischen Individuum und Gattung« sowie vor allem als »aufgelösten Rätsels der Geschichte« ihren Zauber genommen haben würden. Aus seinen Jugendschriften geht eindeutig hervor, daß er nicht wie Comte die Verwirklichung der Wissenschaft, sondern in kritischem Anschluß an Hegel die Verwirklichung der Philosophie als den Inhalt der Zukunft betrachtet, welche an die Stelle des halben Idealismus Hegels mit seinen unaufhebbaren Trennungen etwa zwischen Staat und »bürgerlicher Gesellschaft« den totalen Idealismus der vollständigen Einheit der Individuen und der Weltgemeinschaft setzt. Und viel stärker als Comte hebt er die neue Kraft der Zukunft hervor, das Proletariat als die zur Realität gewordene Entmenschung, die im dialektischen Umschlag das Reich der klassenlosen Menschlichkeit aus sich gebären wird.

So schreibt er 1848 unmittelbar vor dem Ausbruch der Revolution, auf eine Vorarbeit von Friedrich Engels gestützt, jenes »Manifest der Kommunistischen Partei«, das wohl das einzige Parteiprogramm ist, welches von dem großen Atem einer Geschichtsphilosophie beherrscht wird. Auch das Kommunistische Manifest entwickelt eine Art von Dreistadiengesetz, aber mit weit größerer Leidenschaft und viel stärkerer Polemik, als Comte sie aufgebracht hätte. »Die Geschichte aller bisherigen Gesellschaft ist die Geschichte von Klassenkämpfen«, so hebt die philosophisch-politische Kampfschrift, an, und schon diese Formulierung macht klar, daß es Abschied zu nehmen gilt von allem Bisherigen und daß dieser Abschied nur möglich ist, wenn es ein Vor-Bisheriges gab, einen Abschnitt vor der »Geschichte«, der durch Gemeinschaftlichkeit statt durch gesellschaftliche Konflikte bestimmt war. Der ganze Akzent fällt freilich zunächst auf das Stadium der »Klassengesellschaft«, das sich nach der »ständischen« Periode des Mittelalters als »Epoche der Bourgeoisie« darstellt. Dieser Bourgeoisie nun und ihrer revolutionierenden, die Einheit des Weltmarkts schaffenden Rolle singt Marx ein Loblied, wie es keiner ihrer literarischen Vorkämpfer je getan hatte, aber in jedem Lobeswort ist die Verurteilung, ja Verwerfung spürbar. Die letzte und stärkste Realität nämlich, welche der Bourgeoisie die besitzlosen, ausgebeuteten, entrechteten Arbeiter entgegenstellt, gelangt in der Gegenwart zum Bewußtsein ihrer Universalität und ihrer Mission – der Herbeiführung einer Gesellschaft, wo der Plan an die Stelle des Marktes tritt, wo die »klassenlose Gesellschaft« die »alte bürgerliche Gesellschaft« mit ihren Klassen und Klassengegensätzen überwindet und wo »die freie Entwicklung eines jeden die Bedingung für die freie Entwicklung aller ist.«[5] Dieser Schritt bedeutet den »Untergang der

Bourgeoisie«, wie für Comte der Eintritt in das positive Stadium das Ende der Metaphysik bedeutete, aber Marx spricht ausdrücklich vom »Tod« einer bestimmten Klasse. Dieses Manifest ist also eine Vernichtungsprophetie, und es ist zugleich eine höchst eigenartige Synthese von individualistischem Liberalismus, radikaler Bejahung des Weges zur Welteinheit und des konservativen Grundpostulats der Einheit des Menschen mit seiner Welt. Die ganze spätere Riesenarbeit von Marx bis hin zum Dritten Band des »Kapital« hat an dieser geschichtsphilosophischen Konzeption nichts Wesentliches geändert; sie baute das eine und das andere aus, z. B. die Vorstellung von der Urgemeinschaft, und sie suchte vor allem den Eindruck hervorzurufen, es lasse sich »wissenschaftlich« beweisen, was im »Manifest« noch so offensichtlich Entwurf und Prophetie ist.

Friedrich Nietzsche war nicht Mathematiker wie Comte oder Philosoph wie Marx, sondern klassischer Philologe, und als solchem lag ihm, der 1844 als Sohn und Enkel protestantischer Pfarrer in Mitteldeutschland geboren wurde, ein Gedanke nahe, der Comte und Marx fremd geblieben zu sein scheint, der Gedanke, daß die »Kultur« als das Sich-Bedeutung-Geben des Menschen in Kunst, Religion und Philosophie wesentlich an die bisherige Geschichte geknüpft sein könnte und durch den »Marsch der Zivilisation« gefährdet wird. Für Comte und Marx war es selbstverständlich gewesen, daß das positive Zeitalter bzw. die klassenlose Gesellschaft eine Hochblüte der Kultur in sich schließen würde, aber der junge Nietzsche sieht in der »Geburt der Tragödie« nur Öde, Ermattung und Niedergang aus dem »sokratischen« Rationalismus mit seiner Tendenz zum flachen Utilitarismus und zur Massenemanzipation hervorgehen. Das scheint weiter nichts als die Wiederaufnahme der romantischen Kulturkritik (besser: Zivilisationskritik) zu sein, und in seiner zweiten Phase hat sich Nietzsche, wenngleich nicht ohne ein unübersehbares Widerstreben, das aufklärerische Denken zu eigen gemacht. Aber in seiner Spätzeit treten die Empfindungen seiner Jugend in radikalisierter Gestalt wieder hervor, und er entwickelt, wenngleich auf fragmentarische Weise, eine Geschichtsphilosophie, in der alles negativ ist, was für Comte und für Marx positiv war: der Moralismus der Juden, »des priesterlichen Volks des ressentiment par excellence«; der Sieg des Christentums, des »Gesamtaufstandes alles Niedergetretenen, Elenden, Mißratenen, Schlechtweggekommenen«; die Bewegungen der Französischen Revolution, der Demokratisierung, der »Weibs-Emanzipation«, des Sozialismus und des Anarchismus, die allesamt dem Phänomen der »Gesamt-Entartung der Menschheit« zuzurechnen sind. Um die Menschheit vor diesem Abgrund zu bewahren, macht sich Nietzsche in den letzten Monaten seines bewußten Lebens nicht nur zum Vordenker, sondern geradezu zum Propagandisten einer »Partei des Lebens«, deren Kerntruppe aus den Offizieren und den jüdischen Bankiers bestehen soll, und diese Partei soll die »Schwachen«, die »Dekadenten«, die Feinde des »Lebens«, d. h. der Vitalität und der Kultur, vernichten.[6] In seinem letzten Stadium läuft Nietzsches Denken also auf ein Vernichtungspostulat hinaus, welches das genaue Gegenbild zu der Marxschen Vernichtungsprophetie, aber auch zur Comteschen Vorhersage des »positiven«, d. h. wissenschaftlichen, sozialen und eudämonistischen Zeitalters ist, ein Gegenbild jedoch, das sich von dem »konservativen« Widerstreben gegen Aufklärung und Emanzipationen wesentlich unterscheidet, da es beansprucht, eine neue Ebene erreicht zu haben, die Ebene des »Übermenschen«, der »Ewigen Wiederkunft« und der »Herren der Erde«, welche dem konservativen Denken durchaus fremd gewesen war.

Geschichtswissenschaft grenzt in einzelnen ihrer Bereiche, wie etwa der Epigraphik oder der Chronologie, an die Distanziertheit und Exaktheit der beschreibenden Naturwissenschaften, und sie grenzt überall sonst an jene großen Entwürfe, in denen der Mensch denkend über sein Wesen und Geschick Klarheit zu gewinnen versucht. Sie ist, um es zu wiederholen, zugleich die menschlichste und die unmöglichste aller Wissenschaften. Eben deshalb wird sie in allen Menschen ein unvergleichliches Interesse wecken, solange diese nicht in dem erstaunlichsten ihrer Produkte, der »künstlichen Intelligenz« von Computern, ein nachahmenswertes Vorbild sehen.

Anmerkungen

1 Wilhelm Dilthey, Einleitung in die Geisteswissenschaften. Gesammelte Schriften Bd. l, S. XVIII
2 Ders.: Der Aufbau der geschichtlichen Welt in den Geisteswissenschaften. Ebda. Bd. VII, S. 157
3 Auguste Comte, Système de politique positive, Bd. IV, S. 77
4 Ders.: Abhandlung über den Geist des Positivismus. Leipzig 1915, 3. Kap., S. 48–52
5 Karl Marx, Friedrich Engels, Werke (MEW), Berlin 1956 ff., Bd. 4, S. 482
6 S. Ernst Nolte, Nietzsche und der Nietzscheanismus. Frankfurt/Berlin 1990, S. 190–196 (Kap. »Das Vernichtungskonzept und die ›Partei des Lebens‹«)

(Vortrag bei einer Tagung in Bormio am 16.11.1990)

2

Revolution und Gegenrevolution in Europa 1789–1989

Wer während der siebziger Jahre in Deutschland gelebt hat, der erinnert sich gut daran, daß in allen Organen der Öffentlichkeit ständig von »Revolution« und »revolutionär« die Rede war: Das vietnamesische Volk führte einen revolutionären Kampf gegen den amerikanischen Imperialismus; unter der Führung Mao Tse-tungs schüttelten die Chinesen in einer großen »Kulturrevolution« das niederziehende Erbe des Konfuzianismus ab; nationale Revolutionäre standen an der Spitze der Befreiungskämpfe der Völker Afrikas; in Südamerika wurde der Revolutionär Fidel Castro mehr und mehr zum Vorbild, aber auch in Deutschland trugen die »revolutionären Studenten« mit Stolz die Porträts von Che Guevara und Ho Chi Minh vor sich her. Alle Gegner der »revolutionären Weltbewegung«, ob sie nun Nixon, Pinochet oder Schmidt hießen, wurden mit abgründiger Verachtung als »Reaktionäre« bezeichnet, und nur die Frage der Beziehung zu der ältesten der revolutionären Mächte, zu der UdSSR, bildete einen ernsten Streitpunkt unter der Masse derer, die sich als Revolutionäre oder mindestens als Fortschrittliche bezeichneten.

Aber als sich in den Jahren 1989 bis 1991 die größte politische Veränderung seit dem Ende des Krieges vollzog, als die kommunistischen Regime in den Staaten Osteuropas und der DDR durch gewaltige Massendemonstrationen gestürzt wurden, und als die Sowjetunion sich nach einem gescheiterten Putsch der Vorkämpfer der KPdSU in ihre nationalen bzw. ethnischen Bestandteile auflöste, da sprachen nur wenige von »Revolution«, und stattdessen trat der Begriff der »Wende« ganz in den Vordergrund. Diejenigen, die gestern noch »Reaktionäre« und bestenfalls »Dissidenten« genannt wurden, schienen gesiegt zu haben. Aber was einst »Revolution« hieß, war keineswegs verschwunden. Es vollzog sich nun als »Globalisierung«, und ihr wurde jetzt mit noch größerer Überzeugungskraft als einst der Weltrevolution Unwiderstehlichkeit attestiert. Freilich führte dieser Prozeß nicht mehr zum »Weltsozialismus«, sondern zur »Weltdemokratie«, und er implizierte nicht mehr Verstaatlichungen, sondern ganz im Gegenteil weitreichende »Privatisierungen«; seine Hauptbegriffe hießen nicht mehr »Diktatur des Proletariats« und »sozialer oder auch nationaler Befreiungskampf«, sondern Pluralismus und Menschenrechte. Die politischen Begriffe der Revolution und der Konterrevolution sind heute, wie es scheint, definitiv von überpolitischen Begriffen wie »Globalisierung« und »Eroberung des Weltraums« abgelöst. Eben deshalb dürfte es besonders naheliegend sein, einen Blick auf die Geschichte der politischen Begriffe sowie Realitäten von »Revolution« und »Gegenrevolution« zu werfen, da sie für das Verstehen des hinter uns liegenden Jahrhunderts schlechthin unentbehrlich sind.

In der Tat schloß von allen Begriffen, die in den politischen, ideologischen und militärischen Kämpfen des 20. Jahrhunderts Verwendung fanden, keiner so viel an Gläubigkeit, Überzeugung und Emotionen in sich wie der Begriff der »Revolution« – nicht zuletzt deshalb, weil er von dem Begriff der »Gegenrevolution« begleitet war, der von ähnlich starken, aber ganz andersartigen Emotionen und Annahmen befrachtet war. Das war nur deshalb möglich, weil diese Begriffe schon am Ende des 19. Jahrhunderts eine lange Geschichte hinter sich hatten. Aus der ursprünglichen Wortbedeutung ließ sich diese wichtige Rolle jedoch nicht herleiten.

»Revolutio« bedeutet bekanntlich »Rückwendung«, und das Wort wurde meist zur Bezeichnung der »Umläufe« der Planeten gebraucht, wie der Titel des Hauptwerks von Nicolaus Copernicus »De revolutionibus orbium coelestium« leicht erkennen läßt. Politische Umwälzungen und Aufruhr oder Bürgerkriege gab es natürlich bereits in der Antike und davor, aber man bezeichnete sie mit Wörtern wie »stasis« oder »bellum civile«. Ähnliches gilt für das Mittelalter. Noch die Periode zwischen 1640 und 1660, die heute durchweg »englische Revolution« genannt wird, hieß bei den Zeitgenossen ganz überwiegend »Die große Rebellion«. Thomas Hobbes beschrieb diese Zeit als eine Kreisbewegung, die von der Monarchie Karls I. über die Republik der Puritaner zur Wiederherstellung der Monarchie durch Karl II. ihren Gang nahm. Die erste positive Verwendung des politischen Begriffs findet sich gleich nach 1688, aber in der Sache ist die »Glorious Revolution« die letzte Phase der Kreisbewegung von der protestantischen Monarchie der Elisabeth über die Abweichung des Absolutismus der Stuart zur protestantischen und konstitutionellen Monarchie von »William and Mary«. In den Diskussionen der Aufklärungszeit wurde das Wort »Revolution« nicht selten verwendet, doch so gut wie immer im Sinne von »friedlicher Reformation«. Christoph Martin Wieland sprach noch 1788 mit großem Nachdruck von der wohltätigen und unblutigen Revolution der Zukunft. Aber die Realität der Französischen Revolution zog seit 1789 einen grundlegenden und widerspruchsvollen Wandel der Empfindungen nach sich. Als Ludwig XVI. vom Sturm auf die Bastille erfuhr, rief er ganz im Sinne der Tradition aus: »C'est une révolte«, aber die Antwort des Duc de Liancourt lautete bekanntlich: »Non, Sire, c'est une révolution«. Sehr rasch erhielt der Begriff eine rundum positive Bedeutung, etwa im Munde von Robespierre, der den »Übergang vom Reich des Verbrechens zu demjenigen der Gerechtigkeit« wahrnehmen wollte. In Deutschland rechtfertigte Johann Gottlieb Fichte die Revolution durch die Berufung auf das Naturrecht: die menschliche Natur sei auf unendliche Vervollkommnung hin angelegt, und die Revolution bringe die Menschheit auf den richtigen Weg. Noch eindeutiger nahm Friedrich Schlegel 1798 eine Verknüpfung mit theologischen Begriffen vor, als er schrieb, »der revolutionäre Wunsch, das Reich Gottes zu realisieren«, sei »... der Anfang der modernen Geschichte«. Dadurch ließ sich die Verbindung mit einer weit älteren Tradition herstellen, etwa mit derjenigen Thomas Müntzers, der 1525 gesagt hatte, ein gottloser Mensch habe kein Recht zu leben, wenn er sich den Frommen entgegenstelle. Insofern war es nicht schwer, den jakobinischen Terror zu rechtfertigen. Aber andererseits klagte Edmund Burke bereits 1790 die »neue Schule von Mord und Barbarei« an, die sich in Paris etabliert habe, und Wieland kennzeichnete 1798 die Revolution als »vandalische Barbarei ... einen scheußlich gähnenden Riß in der Geschichte der französischen Kultur«, d. h. als einen wahren Kulturbruch. Die Revolutionäre konnten jedoch behaupten, daß hier Feinde das Wort ergriffen, die das Wort »Konterrevolution« im positiven Sinne verwendeten und gar wie Joseph de Maistre ihrerseits einen theologischen Begriff wie »satanisch« ins Spiel brachten. Beunruhigender mochte es sein, daß Kennzeichnungen, die man selbst gegen das »Ancien régime« ins Feld geführt hatte, so leicht umgedreht und gegen die Revolutionäre gerichtet werden konnten, etwa, wenn Friedrich Gentz den Konvent die »despotische Synode« nannte und gegen die »neue Inquisition« polemisierte.[1] Aber es wirkte verstörend, daß schon dem Direktorium ein gegenrevolutionäres Handeln vorgeworfen werden konnte. Und mußte nicht der Erste Konsul Napoleon, der die Emigranten zurückrief und sich mit dem Segen des Papstes bald zum »Kaiser« machte, ein »Konterrevolutionär« und gar ein »Reaktionär« genannt werden?

Im ganzen war indessen auch nach dem Sturz des Korsen, der nun nicht selten dem Sinne nach als ein »Menschheitsverbrecher« verurteilt wurde, das liberale Denken und zumal dasjenige des Deutschen Idealismus inmitten der Epoche der »Restauration« und des Fürsten Metternich stark genug, um »die« Revolution in positive Beziehung zu dem Hegelschen »Gang des Geistes in der Welt« zu setzen, der zur allgemeinen Freiheit führe. Dieser Vorrang des Normativen und Positiven im Begriff der Revolution schloß jedoch nicht aus, daß einzelne Denker Begriffe wie »revolutionäre Reaction« oder »reaktionäre Revolution« bildeten, und Marx stellte in den »Klassenkämpfen in Frankreich« der Revolution die Konterrevolution insofern mit positivem Akzent gegenüber, als er in der »Erzeugung einer geschlossenen mächtigen Kontrerevolution« die notwendige Voraussetzung des schließlichen Sieges des »revolutionären Fortschritts« sehen wollte.[2] Eine noch viel positivere Bedeutung konnte der Begriff der »Gegenrevolution« in dem Augenblick erhalten, wo in England der Begriff der Revolution mit den Schrecken der Frühindustrialisierung zusammengesehen und tendenziell also von der »Industriellen Revolution« gesprochen wurde. So war 1843 in einer Zeitschrift der englischen Fourieristen, der »London Phalanx«, folgendes zu lesen: »Leben und Eigentum aller arbeitenden Menschen und ihrer Familien sind wirklich infolge der lautlosen Revolution der Maschinen, der Konkurrenz und der Klassengesetzgebung in Gefahr. Was nötig ist, ist eine … lautlose Gegenrevolution«, die jeder gewalttätigen Reaktion vorzuziehen sei.[3] In Marx' Revolutionsbegriff bleibt der Wille zur heilenden Vernichtung, der sich in einigen Zweigen des Frühsozialismus und bis weit in den französischen Blanquismus hinein mit »antisemitischem« Akzent als Kampf gegen den »Geld- und Handelsgeist« dargestellt hatte, zwar immer lebendig, aber die Ereignisse des Jahres 1859, der Beginn der italienischen und indirekt auch der deutschen Einigung, zwingen ihn zu einer bemerkenswerten Korrektur: »Die Reaktion exekutiert das Programm der Revolution. In diesem scheinbaren Widerspruch beruht die Stärke des Napoleonismus«, welcher mithin so etwas wie eine reaktionäre Revolution oder revolutionäre Reaktion ist.[4] Wie stark dieses historische Phänomen in den Augen von Marx und Engels war, zeigt sich wohl am klarsten in dem Umstand, daß Engels noch 1888 den »Lassalleanismus strikter Observanz« im Rückblick für den potentiellen Kern einer »bonapartistisch-staatssozialistischen Partei« erklären konnte.[5]

Für Michelet freilich war um dieselbe Zeit der Begriff der Revolution ganz positiv und eindeutig, indem er schrieb, Revolutionen verurteilen heiße Gott verurteilen, der den Menschen zum Zweck ständiger Verbesserung geschaffen habe. Mithin war es als Gottes Sprache anzusehen, wenn »die Bourgeoisie« als gegenrevolutionäre Erscheinung von fast allen Sozialisten zum Tode verurteilt wurde. Aber diese Stimme Gottes sprach nicht mit einer Zunge: für Moses Hess war Cabets Zukunftsbild nichts Besseres als ein »Schafstall«, Marx sah in Bakunin den Repräsentanten eines Räuber- und Kasernenkommunismus, Bakunin wiederum nannte Marx ein »Bismarcksches Gehirn« und einen »autoritären Deutschjuden«.[6]

Vielleicht war Jacob Burckhardt im Recht, für den die ganze Gegenwart nebst der nahen Vergangenheit »Revolutionszeitalter« war, ein Zeitalter der Unruhe und tiefgreifender Umbrüche, in dem sich indessen eher Verwirrung als Aufstieg und linearer Fortschritt erkennen ließ.

Aber der Anspruch, daß »die Revolution« das Gute und als die Befreiung aller Menschen aus der Knechtschaft von Entfremdung, Armut und »Kapitalismus« das Zukünftige sei, verkörperte sich zu Beginn des 20. Jahrhunderts nicht mehr in den Auffassungen einzelner Personen und kleiner Gruppen, sondern in großen Massenparteien, deren Vorhut die marxistische »Sozialdemokratische Partei Deutschlands« bildete, welche bei den Reichstagswahlen vom Januar 1912 mehr als ein Drittel aller Stimmen errang. Für August Bebel war es so selbstverständlich wie für Jean Jaurès, daß das sozialistische Proletariat der fortgeschrittenen Länder Europas einem etwaigen Kriege der »imperialistischen Regierungen« revolutionären Widerstand leisten und bald darauf den Kapitalismus durch den Sozialismus ersetzen werde. Freilich waren diese sozialistischen Parteien in »Revolutionäre« und »Reformisten« gespalten, die gelegentlich mit dem Gedanken spielten, einander wechselseitig »aufzuhängen«, und unter den »fortgeschrittenen Völkern« gab es nach verbreiteter Meinung große Unterschiede der Zivilisation und der Friedfertigkeit. So traten sich im August 1914, als der Krieg ausbrach und auch alle Proletarier zu den Fahnen eilten, nicht wie in den Kriegen der Französischen Revolution auf der einen Seite »Revolutionäre« und auf der anderen Seite »Konterrevolutionäre« gegenüber, sondern Franzosen und Engländer zogen für »die Zivilisation« zu Felde, waren jedoch mit dem »barbarischen« Zarenregime verbündet, während Deutsche und Österreicher für die »Kultur« zu kämpfen glaubten, aber die zurückgebliebene und nicht-christliche Türkei zur Seite hatten. Vom Standpunkt des orthodoxen Marxismus mußte man daher sagen, daß dieser Krieg als solcher »gegenrevolutionär« war, und Lenin handelte konsequent, als er von seinem Züricher Exil aus die Umwandlung des Krieges in einen Bürgerkrieg gegen die »reaktionäre Bourgeoisie« verlangte, welcher der einzige legitime und revolutionäre Krieg sei. Aber auch Mussolini, wie Lenin einer der Wortführer zweiten Ranges unter den revolutionären Sozialisten der Vorkriegszeit, handelte dem Geist des Marxismus nicht zuwider, als er zusammen mit Gabriele D'Annunzio für den Eintritt Italiens in den Krieg agitierte, denn der Krieg war für ihn eine bessere Voraussetzung der künftigen Revolution als ein fauler Friede. Rosa Luxemburg wiederum formulierte Sätze, denen auch »bürgerliche Intellektuelle« zustimmen konnten, wie etwa: die ganze Situation schreie in den Gassen, »daß die Zeit für ein anderes Prinzip der Weltgeschichte – für die menschliche Vernunft, den organisierten Willen, für eine wirkliche Kulturperiode heranbricht.«[7] Doch dieselbe Rosa Luxemburg scheute sich nicht, in einem der höchst emotionalen »Spartakusbriefe« das deutsche Proletariat mit einem Hunde zu vergleichen, weil es sich gegen die Befehle seiner reaktionären Offiziere nicht auflehne.[8]

Es waren die russischen Bauern und Soldaten, die mit der »Oktoberrevolution« der Partei Lenins den Sieg verschafften, und zwar als der entschiedensten Friedenspartei, welche die »Kriegsbestie« und wenig später auch die »kapitalistische Bestie« bezwingen würde.

Der Enthusiasmus, den diese Umwälzung, welche »die« Revolution sein wollte, erzeugte, läßt sich durch Tausende von Aussagen belegen, und es mag genügen, den Satz des englischen Sozialisten Tom Mann anzuführen, der 1921 auf dem Dritten Kongreß der Kommunistischen Internationale nach sehr bitteren und ironischen Bemerkungen über die »englische Freiheit« sagte: »So ist Sowjetrußland auch für uns einer Riesenglocke gleich, die das Heil der ganzen Welt verkündet.«[9] Und wie eindrucksvoll waren schon die Thesen des Ersten Kongresses vom März 1919 gewesen, in denen es hieß, die nun anbrechende »Epoche der kommunistischen Revolution des Proletariats« müsse »die Kriege unmöglich machen, die Grenzen der Staaten vernichten, die ganze Welt in eine für sich selbst arbeitende Gemeinschaft verwandeln, die Verbrüderung und Befreiung der Völker verwirklichen.«

Es war daher glaubwürdig, wenn der Zweite Kongreß 1920 verkündete, es gebe auf der Erde nur *ein* Zeichen, das es wert sei, »daß unter ihm gestorben und gekämpft wird: dies Zeichen ist die Kommunistische Internationale«. So ist die These gut begründet, es habe im 20. Jahrhundert kein Ereignis gegeben, das so viel Enthusiasmus und so große Hoffnungen ausgelöst hätte wie die bolschewistische Revolution von 1917, und kein Ereignis sei auf einen so festen Grund von früheren Überzeugungen und Annahmen gebaut gewesen, nämlich auf die sozialistische Weltbewegung und die Lehre von Marx, welche sich ihrerseits auf uralte Empfindungen und Vorstellungen stützen konnten. Daher darf sie als das grundlegende Ereignis des 20. Jahrhunderts betrachtet werden, und die Weltgeschichte würde einen völlig anderen Verlauf genommen haben, wenn es *nur* den Krieg, den daraus resultierenden Völkerbundsgedanken und den dann zum Scheitern verurteilten »Revisionismus« des besiegten Deutschland gegeben hätte.

Aber zu dieser Revolution gehörte auch die Tatsache, daß sie einen Schrecken ohnegleichen erzeugte. Schon vor der Oktoberrevolution hatte sich ja in Rußland die von Zeit zu Zeit eintretende Ursituation des erbarmungslosen Kampfes »der Armen« gegen »die Reichen« wiederhergestellt, und Lenin systematisierte diesen Kampf durch die Aufforderung zum »Roten Terror«, der unverhüllt die Vernichtung ganzer Klassen, der »Bourgeoisie« und der wohlhabenderen Bauern oder »Kulaken«, zum Programm erhob und der sich daher grundsätzlich von dem »weißen Terror« der »Konterrevolutionäre« unterschied. Schon im Sommer 1918 schrieb ein linksgerichteter Beobachter, der Korrespondent der »Frankfurter Zeitung« Alfons Paquet, voller Entsetzen von dem »Gräßlichen«, das in Rußland geschehe, der »Vernichtung einer ganzen Gesellschaftsklasse«, und er bildete den Begriff »der Totalismus Lenins«[10]. Trotzki selbst stellte später fest, die Revolution habe »Methoden der grausamsten Chirurgie«[11] anwenden müssen; und wie lebendig das Erbe der »Gottesstreiter« von einst war, stellte eine Tscheka-Zeitung mit den folgenden Worten anschaulich unter Beweis: »Uns ist alles erlaubt, denn wir sind die ersten in der Welt, die das Schwert nicht zur Unterdrückung und Versklavung erheben, sondern um die Menschheit von ihren Ketten zu befreien.«[12]

Daher kann und muß man mit dem gleichen Nachdruck wie von dem enthusiasmierenden »Menschheitsgedanken« davon sprechen, daß es eine so schreckenerregende Kraft der Vernichtung wie die KPdSU in der europäischen Geschichte der Neuzeit noch nie gegeben hatte, auch nicht in der Zeit der Jakobiner. Schon 1921 wurde die Gesamtzahl ihrer Opfer mit 1 600 000 beziffert. Es mag sich um eine Übertreibung handeln, aber wer den »Archipel Gulag« von Solschenizyn oder die Erinnerungen von Lew Kopelew oder das »Schwarzbuch des Kommunismus« liest, dem erstarrt das Blut in den Adern.

Diese doppelgesichtige Revolution war auf jeden Fall die militante, gewalttätige Erscheinungsform des Sozialismus, und sie postulierte von sich aus eine ebenso militante und gewalttätige Erscheinungsform der »Reaktion«, vornehmlich des Nationalismus. Karl Radek, Lenins Parteibotschafter in Deutschland, formulierte diese Konzeption folgendermaßen: »Die Revolution diskutiert nicht mit ihren Feinden, sie zerschmettert sie; die Konterrevolution tut dasselbe, und beide werden den Vorwurf zu tragen wissen, daß sie die Geschäftsordnung des Deutschen Reichstages nicht beachtet haben.«[13] Die Parteien des Deutschen Reichstages nahmen sich in der Tat nicht vor, die Kommunistische Partei zu zerschmettern; das Phänomen, das Radek im Auge hatte, mußte also eine neuartige, eine von Vernichtungswillen erfüllte Partei sein, und es sollte sich bald zeigen, daß es sich um die Nationalsozialistische Partei unter ihrem Führer Adolf Hitler handelte.

Man kann unter Anführung vieler Zitate den 1919 noch völlig unbekannten »Gefreiten des Weltkriegs« als eine besonders radikale Stimme des nationalistischen Widerstandes gegen das »Versailler Diktat« kennzeichnen; man darf in ihm einen Sozialdarwinisten sehen, der mit Bewunderung und Neid auf das Britische Empire und dessen Herrschaft über zahllose »Eingeborene« blickte; man mag ihn als den »Lebensraumpolitiker« interpretieren, der die Situation von 1917/18, die deutsche Verfügung über weite Teile Rußlands, wiederherstellen wollte; man hat ihn häufig primär als einen »Antisemiten« betrachtet, der sich die vulgärsten Gemeinplätze der in Deutschland und zumal in seinem Heimatland Österreich verbreiteten Judenfeindschaft zu eigen gemacht habe – er selbst hat sich mit großer subjektiver Aufrichtigkeit als den »Revolutionär gegen die Revolution« bezeichnet und mit größtem Nachdruck als seine innerste Intention formuliert: er wolle »der Zerbrecher des Marxismus« werden. »Marxismus« aber war für ihn nicht nur neben den deutschen Kommunisten die ganze Sozialdemokratie, sondern vornehmlich der Bolschewismus, von dem in seinen frühen Reden fast ebenso häufig die Rede war wie von »Versailles«. Im Bolschewismus sah er »die jüdische Blutdiktatur«, die »Diktatur einer rücksichtslosen Minorität«, den »Blutsumpf«, die Herrschaft des »Massenmörders Lenin« und der »chinesischen und lettischen Terrorgarden«, das »teuflische« Wirken von »jüdischen Blutegeln und Menschheitsgeißeln«, das Hinmorden von Millionen in den »Schlachthäusern« der Tscheka.[14]

Hier sieht sich der Historiker vor eine schwerwiegende Entscheidung gestellt. Darf er alle diese Äußerungen als bloße Propagandaformeln abtun, die nur dem Machterwerb dienen sollten, oder muß er es immerhin für möglich halten, daß hier genuine Erfahrungen und Überzeugungen zum Vorschein kommen, daß man mithin den Antibolschewismus bzw. den Antimarxismus als einen wichtigen, ja als den wesentlichsten Impuls Hitlers betrachten darf? Dann müßte Hitlers Beängstigung mindestens ebensosehr Berücksichtigung finden wie sein immer wieder hervorgehobener Haß. Ich bin in der Tat der Meinung, daß auch Hitler ein Mensch und nicht ein »Teufel« oder der Vollstrecker des »absoluten Bösen« war, wie man heute unter Umkehrung seiner Anklage gegen »den Juden« gern annimmt, und daß auch ihm eine Einschätzung seiner Motive nicht verweigert werden darf, die um Objektivität bemüht ist. Und wenn man ihn als Schöpfer einer besonders radikalen Form des Antimarxismus betrachtet, der über sein Vorbild Mussolini und den italienischen Faschismus weit hinausgeht, dann zeigt sich, daß er die Gegen-Ideologie, die er ausdrücklich postulierte, nur dann auf umfassende Weise zu entwickeln vermochte, wenn er einen weltgeschichtlich ebenso bedeutsamen Gegner namhaft machen konnte, wie ihn die Marxisten in den »Kapitalisten« und »dem Privateigentum« vor sich hatten. Dieser Gegner konnte nur »der Jude« sein, welcher doch schon von Fourier und von Proudhon ebenso wie von Hitler als »Golddrache« hätte bezeichnet werden können. Und mit dieser alten Tradition konnte Hitler die viel jüngere Tradition verknüpfen, welche vor allem den »revolutionären Juden« wahrnahm, der nun seine radikalste Verkörperung im Bolschewismus gefunden hätte. Von diesem seinem Antimarxismus her lassen sich vermutlich die anderen Motive Hitlers besser verstehen, denn zum Beispiel ist die deutsche »Rasse« für Hitler keine Gegebenheit, sondern eine zukünftige Realität, die »marxismusfest« und eben damit den angeblichen Aufgaben einer neuen Zeit gewachsen ist.

Daß zwischen der Bewegung und der Gegen-Bewegung, der ursprünglichen Ideologie und der späteren Gegen-Ideologie eine kausale Verbindung bestand, ergibt sich schon aus dem Begriff der »Gegenrevolution«, und der führende deutsche Kommunist August Thalheimer brachte nur zu Wort, was für so gut wie alle seine Genossen eine Selbstverständlichkeit war, als er 1930 schrieb, der Faschismus sei »das konterrevolutionäre Gegenstück zur Kommunistischen Partei Sowjetrußlands«[15]. Aber man betritt ein Gebiet, das man metaphorisch »die unbeleuchtete Seite des Mondes« innerhalb der Zeitgeschichte nennen könnte, wenn es um die Frage eines Zusammenhangs zwischen den Vernichtungsmaßnahmen oder »Untaten« des einen und des anderen Regimes geht, obwohl doch bei der Betrachtung der einzelnen Erscheinungen diese Vernichtungsmaßnahmen, »der Gulag« und »Auschwitz«, in der Regel als die am meisten charakteristischen Eigenarten der beiden Totalitarismen gelten. Vermutlich wäre es anders, wenn man sagen könnte, daß Hitler als der selbsternannte Vorkämpfer des europäischen Bürgertums die soziale und weithin auch physische Vernichtung der russischen Bourgeoisie durch eine soziale und weitgehend auch physische Vernichtung der Mitglieder der Kommunistischen Partei in Deutschland und später in der Sowjetunion beantwortet habe. Auch eine solche Tat wäre ein Verbrechen gewesen, soweit sie Unschuldige betroffen hätte – ein Verbrechen, für das es keine moralische Rechtfertigung gegeben hätte, das allerdings keinesfalls aus dem Zusammenhang mit dem früheren Verbrechen herausgenommen werden dürfte, durch das allein es historisch verstehbar wird. Tatsächlich war der bemerkenswerteste Vorgang des Jahres 1933 vielleicht die soziale Vernichtung des deutschen Kommunismus, d. h. die Ausschaltung seiner Führung und die Einbeziehung eines großen Teiles seiner Anhänger in die nationalsozialistische Bewegung; und wer die Befehle zur Kenntnis nimmt, mit der die SS im Frühjahr 1941 auf den Einsatz in der Sowjetunion vorbereitet wurde, der wird zugeben müssen, daß sie überwiegend die – nunmehr physische – Beseitigung führender Bolschewiki postulierten. Dennoch wird »Auschwitz« zu Recht vornehmlich auf die Vernichtung der Juden bezogen, und diese glaubt man aus dem früheren deutschen »Antisemitismus« oder sogar aus der uralten christlichen Judenfeindschaft herleiten zu müssen, so daß sie mit der Auseinandersetzung der beiden totalitären Regime gar nichts zu tun hat. Tatsächlich läßt sich nicht bestreiten, daß eine »metabasis eis allo genos«, ein Überschritt zu einer anderen Gattung von Realitäten und zu einer »kollektivistischen Schuldzuschreibung« von biologistischer und nicht mehr bloß sozialer Art vorlag. Aber daß Hitler und Himmler in ihren Vorstellungen eine kausale Verknüpfung zwischen Judentum und Bolschewismus vornahmen, läßt sich schlechterdings nicht in Abrede stellen, so gewiß man Aussagen wie die folgenden als ungeheuerlich empfinden muß: wenn schon unschuldige Naturgeschöpfe wie Hasen und Rehe zum Nutzen der Menschen getötet werden müßten, weshalb solle man dann »die Bestien, die uns den Bolschewismus bringen wollten«, schonen ? – so Hitler zu Horthy im April 1943 –; der Nationalsozialismus habe das moralische Recht, ja die Pflicht gehabt, »dieses Volk, das uns umbringen wollte, umzubringen« – so Himmler in seiner Posener Geheimrede vom 4. Oktober 1943.[16] Die Irrationalität, die man hier mit Recht wahrnimmt, sollte nicht dazu führen, daß man einen fundamentalen Tatbestand nicht zur Kenntnis nimmt oder verschweigt. An die dunkelste Stelle dieser »unbeleuchteten Seite« gerät man indessen dann, wenn man fragt, ob in der Irrationalität ein »rationaler Kern« zu erkennen sei. Viele Zeitgenossen, unter ihnen Winston Churchill, hätten die Frage ohne Zögern mit Ja beantwortet, da der weit überproportionale Anteil von Menschen jüdischer Abkunft gerade an den Führungskadern der Partei und nicht zuletzt der Tscheka unbestreitbar und im übrigen leicht verständlich war. Wer sich heute weigert, die Reduzierung eines welthistorischen Volkes auf die Rolle des prominentesten Opfers zu akzeptieren, der könnte zu einem anderen Extrem gelangen und behaupten, die Juden hätten als »das Volk der Menschheit« in der großen Auseinandersetzung des 20. Jahrhunderts zwischen der universalistischen Revolution und der partikularistischen Gegenrevolution eine hervorstechende Rolle gespielt und es bedeute eine unverdiente Kränkung, wenn sie mit »Schafen, die zur Schlachtbank geführt werden«, verglichen würden. Doch selbst wenn die extreme Gegenthese richtig wäre, hätte Hitler zu Unrecht die Mitwirkenden zu »Urhebern« gemacht.

Aber in Wahrheit standen sich während der Jahre von 1917 bis 1945 nicht so eindeutig »Revolution« und »Gegenrevolution« gegenüber, wie eine simplifizierende Denktendenz es sehen möchte. Es wäre absurd, vor einem Publikum von Kennern die einzelnen Phasen des Konflikts zu umreißen. Ich werde nun lediglich einige Tatbestände nennen, welche die Komplexität der historischen Realität deutlich machen, ohne daß dadurch der normative Begriff der Revolution vollständig durch einen bloß pragmatischen ersetzt werden müßte.

Schon 1919 wurde der Bolschewismus in der führenden Zeitung der Sozialdemokratischen Partei als »socialismus asiaticus« bezeichnet, und in Deutschland ging vom November 1918 an sozusagen die »Oktoberrevolution« zur »Februarrevolution« zurück; die Abschwächung der Revolution hing also offensichtlich gerade mit dem gesellschaftlich fortgeschritteneren Zustand Deutschlands zusammen.

Auf dem 3. Kongreß der Kommunistischen Internationale sagte Lenin, die russische Revolution sei bis zu einem gewissen Grade eine bürgerliche Revolution gewesen. Mithin war sie eine paradoxe, dem ursprünglichen Begriff nicht entsprechende Revolution.

Als paradoxe Revolution ließ sich aber auch der »Marsch auf Rom« der italienischen Faschisten und die daraus folgende Entwicklung kennzeichnen, denn sie wichen so sehr von den bekannten Erscheinungsbildern der »Reaktion« ab, und sie führten so tiefgreifende Änderungen herbei, daß man behaupten konnte, damit sei ein neuer Typ der Revolution in die Welt gekommen: die umwegige Revolution oder die antirevolutionäre Revolution der subversiven Konservativen.

Im Mai 1926 stürzte Pilsudski gewaltsam das parlamentarische System in Polen, und die Sozialistische Partei half ihrem ehemaligen Führer und dem nachmaligen Staatsgründer durch die Ausrufung des Generalstreiks. Handelte es sich mithin um eine Konterrevolution und nicht eher um eine Revolution?

In der zweiten Hälfte der zwanziger Jahre klagte die »Kommunistische Arbeiterpartei Deutschlands« die Sowjetunion wegen ihrer Zusammenarbeit mit der Reichswehr des »Verrats an der deutschen Revolution« an, und in den Zeitschriften der heterodoxen Linksradikalen waren spöttische Bemerkungen über den »Bauernkaiser Stalin« zu lesen.

Jacques Doriot, einer der prominentesten Kommunisten Frankreichs, hatte gute Gründe, sich für den besseren Revolutionär zu halten, als die Partei, die ihn ausgeschlossen hatte, im Rahmen der Volksfrontpolitik zur Forderung eines »Front National de Cachin à Reynaud« gelangte.

Führte der Nationalsozialismus, der doch die antirevolutionäre Partei kat'exochén sein wollte, nicht schon während der ersten Jahre seiner Herrschaft die stärkste Umwälzung herbei, die es in Deutschland je gegeben hatte?

Aber stellte dieser radikalste aller Nationalismen nicht gerade das Recht des Universalismus unter Beweis, als sämtliche Führer der europäischen Faschismen von Doriot über Degrelle bis zu Mosley und Codreanu sich mit seinem Krieg gegen die Sowjetunion aktiv solidarisierten, oft genug gegen die erkennbaren Interessen ihrer Länder, und als die Waffen-SS sogar muslimische Divisionen aufzustellen begann?

Gab Stalin, als er die Hilfe des angelsächsischen Kapitalismus annahm, die Kommunistische Internationale auflöste und auf seine Art eine Versöhnung mit der Orthodoxen Kirche betrieb, nicht gerade die Konzeption auf, mit der die bolschewistische Revolution in die Welt getreten war: daß die proletarische Weltrevolution unmittelbar bevorstehe und die letzte Epoche der Geschichte bilden werde? Man könnte also den Faschismus und zumal den nationalsozialistischen Radikalfaschismus als die linkeste der rechten oder gegenrevolutionären Parteien und den Bolschewismus als die rechteste unter den linken oder revolutionären Parteien bezeichnen.

Ich schließe mit einigen thesenartigen Sätzen: »Die Revolution« ist eine Erfindung der »Egalitätsideologen«, welche die Erben der theologischen Glaubenskämpfer sind, und Ähnliches gilt für »die Gegenrevolution«. Daher kann im realen Geschichtsprozeß »die Reaktion das Programm der Revolution exekutieren«, und revolutionäre Bewegungen können »reaktionäre« Züge annehmen. Insofern darf man sagen, daß die Epoche des Faschismus nicht vom Kampf zwischen »der« Revolution und »der« Reaktion erfüllt war, sondern von der Auseinandersetzung zweier irregulärer Revolutionen. Aber jene Erfindung ist keine *bloße* Erfindung. »Linke« und »Rechte« blieben auch in der Gestalt irregulärer Revolutionen unterscheidbar, und beide hatten nicht gleichermaßen unrecht vor derjenigen Revolution, die sich inzwischen als die eigentliche und bestimmende erwiesen hat: die Revolution des entfesselten Individualismus von Einzelnen und Firmen, der Emanzipation von Völkern, Klassen, Rassen und nicht zuletzt des weiblichen Geschlechts – jene Fundamentalrevolution, welche den Staaten ihre Souveränität nimmt und Grenzen niederlegt, welche heute als »Globalisierung« bezeichnet wird und vor 40 Jahren von mir »praktische Transzendenz« genannt wurde. Ob *diese* Revolution für den Menschen Gutes oder Schlimmes bringt, ob sie *alle* Grenzen beseitigt oder neue Begrenzungen hervorbringt, wissen wir nicht. Aber im Ausgang von ihr läßt sich, wie mir scheint, die Epoche des »europäischen Bürgerkriegs« besser interpretieren, als es mit Hilfe von normativen Begriffen wie »die« Revolution oder »die« Gegenrevolution möglich ist.

Anmerkungen

1 Alle Zitate nach dem Artikel »Revolution, Rebellion, Aufruhr, Bürgerkrieg« in »Geschichtliche Grundbegriffe«, Stuttgart 1972 ff., Bd.5, S. 653–788, bes. S. 655, 725, 736 f.
2 MEW, Bd. 7, S. 11
3 Ernst Nolte: Marxismus und Industrielle Revolution. Stuttgart 1983, S. 266
4 MEW, Bd. 13, S. 414
5 Ebda Bd. 21, S. 452
6 Julius Braunthal: Geschichte der Internationale. Hannover 1961, Bd. 1, S. 191; Bakunin Selected Writings, hrsg. v. A. Lehning, London 1973, S. 160, 233 f.
7 Spartakusbriefe o. O., o. J. S. 52 f. (Nr.3, Dezember 1916)

8 Ebda. S. 171, Nr. 10, August 1918 (möglicherweise nicht v. R. L. selbst geschrieben)
9 Protokoll des III. Kongresses der Kommunistischen Internationale, 1921, S. 998; siehe oben S. 193
10 Alfons Paquet: Im kommunistischen Rußland. Briefe aus Moskau. Jena 1919, S. 15,25 (auch Ausgabe Frankfurt/M. mit unterschiedlicher Paginierung)
11 Leo Trotzki: Literatur und Revolution, Berlin 1968, S. 161 (zuerst 1924)
12 Stéphane Courtois u. a. (Hrsg.): Das Schwarzbuch des Kommunismus. München/Zürich 1998 (zuerst Paris 1997), S. 117 f. Vgl. unten S. 200 f.
13 Karl Radek: Die Entwicklung des Sozialismus von der Wissenschaft zur Tat. Berlin 1919, S. 21
14 Die Zitate in »Hitler. Sämtliche Aufzeichnungen 1905–1924. Hrsg. von Eberhard Jäckel zus. mit Axel Kuhn. Stuttgart 1980 (S. auch unten S. 228 ff.)
15 Zitiert nach Ernst Nolte: Theorien über den Faschismus. Köln/Berlin 1967, S. 37
16 Andreas Hillgruber: Staatsmänner und Diplomaten bei Hitler, Frankfurt 1967, Bd.2, S. 256 f.; IMG, Bd. XXIX, S. 146 (Himmler)

(Vortrag bei einem Kongreß der Universität Paris X (Geode) über die Ursprünge der totalitären Regime in Europa 1900–1934 am 8.8.2000)

3

Ideologische Konflikte und die Geschichtsschreibung im 20. Jahrhundert

Ich verzichte auf längere Ausführungen und auf eine Anzahl von Beispielen zu den Begriffen »Ideologie« und »Konflikt«, so wünschenswert sie wären, und begnüge mich einleitend mit einigen stark verkürzten Thesen:

Menschliche Konflikte unterscheiden sich von tierischen Konflikten vor allem dadurch, daß sowohl Individuen wie Gruppen imstande sind und die Neigung haben, gravierende Konflikte »ideologisch« zu überhöhen und zuzuspitzen, und zwar bis zu dem Grade, daß »ideologische« Überzeugungen oder Glaubenssätze zu einer besonders wichtigen Quelle von Konflikten werden. Diese Nachbarschaft von »Konflikt« und »Ideologie« hängt offenbar damit zusammen, daß der Mensch ein weltoffenes und abstrahierendes Wesen ist. Man sollte indessen nicht von »Ideologie« sprechen, solange die Menschen sich primär auf religiöse Weise, d. h. aus der – Gehorsam oder Ergebung erfordernden – Beziehung zu den Göttern, einem Gott oder auch, wie im Buddhismus, zu der als Ungeheuer empfundenen Welt verstehen; erst wenn die Aufklärung den Menschen aus diesen Bezügen gelöst und die Theologie als Grundwissen durch die Anthropologie ersetzt hat, sollte von Ideologie die Rede sein. Daß Religionskriege die härtesten aller Konflikte sind, läßt sich schon dem Alten Testament entnehmen, denn die Ausrottungskriege Josuas sollten nicht bloß der Eroberung von »Lebensraum« dienen, sondern sie waren – vorgeblich oder wirklich – dazu bestimmt, den Israeliten die Führung eines »reinen« Lebens zu ermöglichen, das sie nicht der Ansteckung durch die orgiastischen Kulte der Ureinwohner Palästinas aussetzte. Von großer Härte waren aber auch die frühen Eroberungskriege des Islam und die »Kreuzzüge« der Christen gegen eben diesen Islam und eigene Häretiker. Die Kriege der Französischen Revolution dagegen wollten die Menschen – ganz anders als die innerchristlichen Religionskriege des 16. und 17. Jahrhunderts – nicht nur aus den Banden der Despoten, sondern auch aus der Fesselung durch die überlieferten Glaubensvorstellungen befreien. Daher darf man die Kriege der Revolution als den ersten europäischen Bürgerkrieg, d. h. als den ersten ideologischen Krieg bezeichnen.

Eben daraus aber resultierte die Möglichkeit, daß die Auseinandersetzungen der großen Mächte im 19. Jahrhundert einen relativ nicht-ideologischen, einen »politischen« Charakter hatten: das gilt für den Krimkrieg ebensogut wie für den italienisch-französisch-österreichischen Krieg des Jahres 1859, für den preußisch-österreichischen Krieg von 1866 so sehr wie für den deutsch-französischen Krieg von 1870/71. Man mochte der Überzeugung sein, das positive Hauptresultat der Aufklärung habe darin bestanden, die Politik von der Religion und auch von der Weltanschauung oder Ideologie zu trennen, so daß alle Konflikte einschließlich der Kriege sich mit begrenzter Zielsetzung und auf zivilisierte Weise zwischen »Kulturstaaten« oder auch Bevölkerungsschichten abspielen würden, während Religion, Ideologie und Weltanschauung zusammen mit der Philosophie dem »geistigen Bereich« angehören würden. Man hätte freilich fragen können, ob nicht die Ideologie, d. h. die Vorstellung von einem »anderen« und »besseren« Leben der Menschen um der Menschen willen, ein starkes intentionales, auf »Realisierung« ausgerichtetes Element in sich schloß, so daß die »Autonomie« der Politik höchst gefährdet sein würde, und man hätte auf den amerikanischen Bürgerkrieg hinweisen können, bei dem es ja nicht nur machtpolitisch um die Niederwerfung eines Separatstaates, sondern auch ideologisch um die Abschaffung einer so altetablierten Institution wie der Sklaverei ging. Und war nicht der aufkommende »Sozialismus« eine ganz und gar ideologische, eine sozialreligiöse Bewegung, welche nicht nur die Herstellung einer weltumfassenden, einer klassen- und staatenlosen Gesellschaft, sondern sogar die Aufhebung jener »Entfremdung« versprach, welche die immer vielfältiger und abstrakter werdende Gesellschaft des »Kapitalismus« den Einzelnen aufzwang?

So zeichneten sich schon vor dem Ende des 19. Jahrhunderts mehrere Konflikte ab, die zunächst neben den begrenzten Zielsetzungen, den Verhandlungen und der Diplomatie der großen Mächte einen untergeordneten und bloß literarischen Charakter zu haben schienen und die doch unter bestimmten Umständen zu einer praktisch-ideologischen Realität werden konnten.

An erster Stelle ist der Konflikt zwischen dem Liberalismus mit seiner Fortschrittsidee und den »reaktionären«, noch weithin kirchlich geprägten Tendenzen zu nennen, die in bestimmten Staaten verkörpert zu sein schienen, etwa dem zaristischen Rußland und auch dem »feudalistischen« Preußen-Deutschland. Diese schienen sich dem Fortschritt und damit dem »Willen der Geschichte« entgegenzustellen, welche auf eine nationenübergreifende Völkerfamilie aus »Kulturstaaten« abzielten.

Eine folgenreiche Veränderung dieser Konzeption ergab sich aus der Vorstellung eines Kampfes »des Sozialismus« gegen »den Kapitalismus«, wo »der Fortschritt« nicht auf die Herausbildung einer Anzahl von gleichberechtigten und in ihrer inneren Struktur »bürgerlichen« Staaten hinauslief, sondern auf eine egalitäre und strukturlose, vom ausgebeuteten Proletariat auf revolutionäre Weise geschaffene Weltgesellschaft. Es war nicht allzu schwer, in dieser Konzeption »reaktionäre«, an einer fernen Vergangenheit orientierte Züge wahrzunehmen, und dadurch konnte jene »Reaktion«, wenn sie sich von ihren kirchlichen Bindungen löste und also »modernisierte«, eine neue und überraschende Stärke gewinnen.

Eine andere Gestalt nahm die Fortschrittsidee an, wenn sie mit einer konkreten Erscheinung identifiziert wurde, und schon gleich zu Beginn des Jahrhunderts wurde das Buch eines Engländers veröffentlicht, das den Titel trug »The Americanization of the World«[1]. Dieser amerikanischen Missionsidee setzte sich die russische entgegen, die bei Dostojewski noch aus dem Fundus des orthodoxen Glaubens schöpfte, aber ihrerseits für die »Säkularisierung« offen war. Eine deutsche Missionsidee blieb im wesentlichen auf die Forderung nach der Bildung eines Großwirtschaftsraums, »Mitteleuropa«, beschränkt, eines Raums, der allerdings angesichts der noch unangetasteten Position Europas das Zentrum der Welt gewesen wäre.

Die kleinen Nationen konnten keine globale Missionsidee haben, aber sie machten sich mehr und mehr die Idee der Befreiung, d.h. der Selbständigkeit zu eigen, und damit wurden sie gegenüber den multinationalen Großstaaten wie Rußland, Österreich-Ungarn und der Türkei zu Faktoren einer Revolution, die mit der sozialistischen schwerlich identisch sein würde. Was konnte eine Auflösung Österreich-Ungarns anderes als »Balkanisierung« auf der einen Seite und die Bildung eines »Großdeutschland« auf der anderen zur Folge haben?

Eine abermals andere Perspektive resultierte aus dem Konflikt zwischen Imperialismus und Anti-Imperialismus, denn die Hauptantagonisten dieses Kampfes mußten die »imperialistischen« Großmächte wie England und Frankreich auf der einen Seite und die Kolonialländer wie Indien und Indochina auf der anderen Seite sein. Die einen waren jedoch nach ihrem

Selbstverständnis gerade die Spitze des »Fortschritts«, und sie setzten sich nicht die Festigung und Erweiterung ihrer Herrschaft zum Ziel, sondern sie wollten ihre Aufgabe darin sehen, die beherrschten Völker in die Zivilisation und letzten Endes in die Unabhängigkeit zu führen; die anderen dagegen waren zu schwach, um der eigenen Kraft zu vertrauen und mußten die Umwandlung des Sozialismus in einen Anti-Imperialismus erhoffen, der dadurch indessen von seinem großen Ziel der Revolutionierung der fortgeschrittenen Länder abgelenkt worden wäre. Allenfalls eine Fußnote konnte vor 1914 der zionistischen Bewegung und Theodor Herzl gewidmet werden, die ebenfalls noch ganz liberal gesinnt waren und von einer friedlichen Koexistenz zu wechselseitigem Vorteil zwischen eingewanderten Juden und eingesessenen Palästinensern im »heiligen Lande« träumten.

So existierten zu Beginn des Jahres 1914 mehrere Linien ideologischer Konflikte, die sich gegenseitig auf unterschiedliche Weise mischen, stärken und schwächen müßten, wenn ein großer Krieg ihnen die Gelegenheit zur Entfaltung geben würde.

Daß dieses entscheidende Ereignis der »Erste Weltkrieg« war, ist eine triviale Feststellung. Weniger trivial ist die Überlegung, ob auch dieser Krieg den relativ-nichtideologischen Charakter hätte bewahren können, den die Geschichte der Staatenwelt des 19. Jahrhunderts seit 1815 getragen hatte, ob also nach dem Ende des Krieges sich das Konzert der liberalen und fortschrittsorientierten »Kulturstaaten« hätte wiederherstellen lassen. Ein Friede »ohne Annexionen und Kontributionen«, wie gerade die Sozialisten auf beiden Seiten ihn verlangten, hätte diesen Weg bahnen können, aber es war ein schlechtes Vorzeichen, daß der Krieg schon in einem frühen Stadium »ideologisiert«, d.h. von der alliierten Seite als Verteidigungskampf »der Zivilisation« gegen »die Barbarei« verstanden wurde und auf der deutschen Seite als ein Ringen der ritterlichen Kultur mit einem nivellierenden Kommerzialismus, als Kampf zwischen »Helden« und »Händlern«. Nicht minder war es ein unglückverheißendes Vorzeichen, daß die meisten der entschiedenen Marxisten in den sozialistischen Parteien die Bereitschaft zur »Vaterlandsverteidigung« der großen Mehrzahl ihrer Genossen auf das schärfste als »Verrat« ablehnten und damit eine Spaltung unausweichlich machten.

Ich begnüge mich jetzt mit einer zusammenfassenden These, die ihre Begründung und Veranschaulichung gerade aus dem Blick auf die Geschichtsschreibung des 20. Jahrhunderts gewinnen soll: Durch die Revolution des bolschewistischen Flügels der sozialistischen Partei Rußlands im November 1917 und durch die unzweideutige, aber nicht anschauliche Niederlage Deutschlands im November 1918 sowie deren Folgen im »Friedensdiktat« von Versailles entstand *der* Konflikt des 20. Jahrhunderts, in dem alle bisher nur im Ansatz vorhandenen Konfliktlinien sich konzentrierten, so daß »die Ideologien«, d. h. die sozialreligiösen Absolutheits- und Erlösungsansprüche, mehr und mehr hervortreten und einen »europäischen Bürgerkrieg« hervorrufen konnten, der seit 1945 in einen andersartigen »Weltbürgerkrieg« überging. Mit der definitiven Niederlage des nationalsozialistischen, d. h. radikalfaschistischen Deutschlands ging, wie jedermann weiß, die erste Phase des Konflikts 1945 zu Ende, mit dem inneren Zusammenbruch des kommunistischen Regimes in der Sowjetunion in den Jahren 1989/91 fand auch der Weltbürgerkrieg zwischen »Sozialismus« und »Kapitalismus« seinen Abschluß, mithin durch einen Triumph der »pluralistischen Demokratie«, die sich insofern mit Recht als »unideologisch« bezeichnet, als in ihrem System, mindestens bisher, mehrere Ideologien nebeneinander existierten, die überdies meist nur Überzeugungskomplexe darstellen und von dem totalen Anspruch einer genuinen Ideologie auf Beherrschung und Umwandlung des ganzen Lebens weit entfernt sind. So glaubt man heute nicht ohne Grund, in einem Zeitalter der Ideologielosigkeit oder des schrankenlosen Individualismus oder des allgemeinen Hedonismus zu leben. Ob damit das letzte Wort gesagt und das »Ende der Geschichte« erreicht ist, lasse ich dahingestellt sein, aber ich hebe hervor, was einsichtig, ja selbstverständlich ist: Daß dieses Zeitalter der zunächst weit vordringenden »proletarischen Weltrevolution«, des schon bald danach in Italien unter der Führung eines ehemaligen Sozialistenführers triumphierenden faschistischen Gegenstoßes, der legalen und doch bürgerkriegsartigen Machtergreifung Adolf Hitlers und seines Nationalsozialismus in Deutschland, des »Gulag« in der Sowjetunion und der Konzentrationslager in Deutschland, des Zweiten Weltkriegs und der nationalsozialistischen Vernichtungslager, des Kalten Krieges und der Verratsprozesse in den USA, des Vietnamkrieges und des allmählichen Vordringens der »Dissidenten« in der Sowjetunion und anderen Ländern Osteuropas so viel an ideologisch begründeten Leidenschaften, an Opferbereitschaft, an Kriegsereignissen, an Grausamkeit und Unmenschlichkeit hervorgerufen hat wie vermutlich kein Zeitalter zuvor in der Weltgeschichte. Und weil die einfachste und für geraume Zeit einleuchtendste der Interpretationen des Jahrhunderts nun endgültig hinfällig geworden ist, nämlich die Auffassung, es habe sich um die Auseinandersetzung des fortschrittlichen Sozialismus mit dem reaktionären Kapitalismus gehandelt, muß die Geschichtsschreibung des 20. Jahrhunderts als ein noch offener, vielfältiger Vorgang gesehen werden, der die Komplexitäten der ineinander verschränkten Konflikte reflektiert und zu verarbeiten sucht.

Aber es empfiehlt sich nicht, nun ohne weiteres den Übergang zur Geschichtsschreibung vorzunehmen und eine Anzahl von Werken auszuwählen, in denen die ideologischen Aspekte der Auseinandersetzung besonders berücksichtigt sind. Ein elementares Erfordernis der Geschichtsschreibung ist ja die Distanz von ihrem Gegenstand, und diese Distanz schließt die Kenntnisnahme von sehr vielen Materialien sowie die Bemühung um gleichmäßigen Abstand in sich. Einen zornerfüllten Artikel über ein bestimmtes Ereignis, etwa einen politischen Mord, oder auch eine Broschüre gegen eine ideologisch bestimmte Ungerechtigkeit zu schreiben, kann eine Sache weniger Stunden oder einiger Tage sein, der Historiker dagegen muß meist lange Jahre geduldig arbeiten, ehe er seine Forschungen oder Deutungen vorlegen kann. Im Prinzip muß er ein schlechthin überwältigendes Ausmaß an menschlichen Emotionen, Aktionen, Reaktionen und Überlegungen zur Kenntnis nehmen, und wenn er nicht nach einiger Zeit fast gewaltsam die Entscheidung träfe, nun einen vorläufigen Schlußstrich zu ziehen und seine Selektion vorzunehmen, könnte er in indefinitum fortarbeiten. Wer jemals durch die Regale einer großen zeitgeschichtlichen Bibliothek hindurchgegangen ist, der weiß, wie gewaltig das Material an Aktenpublikationen, an Detailuntersuchungen, an Parlaments- und Parteitagsprotokollen, an Handbüchern, an Zeitschriftenbänden und Dokumentationen usw. usf. ist, die zwar ein Computer speichern, aber kein Mensch und auch keine Gruppe von Menschen wirklich lesen kann. Und wenn er als Archivforscher den unmittelbarsten Äußerungen des Lebens begegnet, etwa handschriftlichen Briefen und unpublizierten Aufzeichnungen, dann weiß er, daß das Findbuch, das ihm als eins von Hunderten vorgelegt wird, etwa das Findbuch über das Reichssicherheitshauptamt im Berliner Bundesarchiv, auf Tausende von Aktenstößen verweist, von denen nicht wenige kleinen Büchern gleichkommen. Für den Ideologiehistoriker ist es allerdings eine Erleichterung, daß nur der kleinste Teil dieser Materialien aus Quellen besteht, denen man einen genuin ideologischen Charakter zuschreiben kann. Ganz anders ist das in der Regel bei den Kampfschriften, mit denen ich einen flüchtigen

Überblick über diejenigen Quellen beginnen will, mit denen der Historiker sich vertraut machen muß, wenn es ihm in erster Linie um die ideologischen Konflikte geht.

Einige der großen Kampfschriften des Jahrhunderts stammen von führenden Ideologen, die zugleich bedeutende Staatsmänner oder maßgebende Politiker waren. Lenins Schrift über den Imperialismus als höchstes Stadium des Kapitalismus ist ein Jahr vor dem Beginn der russischen Revolution geschrieben worden, und sie kann als das Eingangstor zu dem ganzen Zeitalter betrachtet werden.[2] Sie bedeutet den Abschied von der Marxschen Erwartung, daß die Revolution in den fortgeschrittensten Staaten der Welt als Aufstand der ausgebeuteten Arbeiter gegen »ihre« Kapitalisten ausbrechen werde, denn Lenin setzt das Adjektiv »fortgeschritten« in abwertende Anführungszeichen und läßt diese Länder unter Einschluß ihrer »verbürgerlichten« Arbeiterschichten die übergroße Mehrheit der Weltbevölkerung ausbeuten. Damit ist das »Scheitern der Revolution im Westen« mental bereits vorweggenommen, und die Hoffnungen müssen sich auf eine »revolutionäre Weltkrise« richten, an deren Ende und nicht an deren Anfang die »Marxsche« Revolution in den fortschrittlichen und liberalen Ländern des Westens steht. Schimpfreden und emotionale Ausbrüche nehmen keinen hervorstechenden Platz ein, wenn auch der Friede von Versailles im Vorwort von 1920 als der weitaus bestialischere und niederträchtigere dem Frieden von Brest-Litowsk entgegengesetzt wird. Es ist indessen ein gerade für die einfachsten Menschen sehr einprägsames Bild der vorhandenen Situation, wenn die übergroßen Massen der Ausgebeuteten in aller Welt mit den kleineren Massen – aber immerhin den Massen – der räuberischen Rentnerstaaten konfrontiert werden. Aber daß das Wirtschaftssystem dieser Staaten ein »parasitärer, verfaulender Kapitalismus« sei, ist aus der Perspektive des Jahrhundertendes ein eklatantes Fehlurteil, und jenes Scheitern wird daraus nur allzu wahrscheinlich.

Weitaus emotionaler ist Hitlers »Mein Kampf«. Doch nur wenn Lenins Urteil richtig gewesen wäre, könnte diese Schrift umstandslos als »reaktionär« qualifiziert werden. Einer ihrer Ursprünge ist aber gerade der »nationale Befreiungskampf« einer gefesselten Nation, die allerdings nicht eine unterdrückte, sondern eine ehemals herrschende Teilnation ist. Schon eine oberflächliche Lektüre des Buches sollte indessen klar machen, daß der am meisten bewegende Impuls Hitlers sein Haß gegen den Marxismus ist, der für ihn das Konzentrat aller negativen, völkerzerstörenden

Tendenzen der Moderne und eben deshalb mit dem Judentum identisch ist. Die Juden als die anschaubaren Hauptfeinde an die Stelle der viel weniger leicht wahrnehmbaren Kapitalisten zu setzen, wäre ein genialer politischer Kunstgriff zu nennen, wenn er nicht einer tiefen Überzeugung Hitlers und seinem Drang nach dem Auffinden konkreter »Urheber« sehr allgemeiner Erscheinungen entwüchse, denn er bedeutet ja zugleich einen Rückgriff auf eine gerade unter Sozialisten bis zur Dreyfus-Affäre weitverbreitete Überzeugung, eine Überzeugung, die überdies ohne den pejorativen Akzent auch von so bedeutenden Autoren wie Max Weber und Georg Simmel insofern geteilt wurde, als sie den Juden eine besonders enge Beziehung zur »Moderne« zuschrieben.

Eine kommunistische Kampfschrift ist die Broschüre über den »bewaffneten Aufstand« von A. Neuberg; im antinationalsozialistischen Kampf spielten die »Gespräche mit Hitler« von Hermann Rauschning eine Rolle, der einmal ein führender Nationalsozialist gewesen war; und die spätere Totalitarismustheorie wird zu Beginn des Krieges in der zornsprühenden Streitschrift über den »totalitären Feind« von Franz Borkenau artikuliert, der in früheren Jahren ein bekannter kommunistischer – und jüdischer – Intellektueller war.[3]

Mehr noch als auf Kampfschriften muß sich der Historiker auf die publizierten Erinnerungen (und eventuell auf mündliche Befragung) von Mithandelnden stützen, und in aller Regel treten in diesen Dokumenten ideologische Präferenzen stark hervor. Das gilt sogar für die Erinnerungen von Albert Speer – so sehr er sich selbst als unpolitischen Architekten wahrnehmen möchte, so unglaubwürdig ist es doch, daß seine unübersehbare Faszination durch Hitler ausschließlich auf die unideologische Strahlkraft von dessen Charisma gegründet gewesen wäre. Die Frau von Heinz Neumann, den man mit einem Körnchen Salz den kommunistischen (und übrigens jüdischen) Goebbels nennen könnte, Margarete Buber-Neumann, war bis zu dessen Verhaftung in Moskau im Jahre 1937 eine überzeugte Kommunistin, und dann bedeutete der leidvolle Weg durch die Lager des NKWD und der Gestapo den Gewinn der Einsicht in die gleichmäßig totalitäre und hassenswerte Natur beider Regime. Von historischem Rang, wenngleich nicht allen Zweifeln entzogen, ist die Wiedergabe einer Äußerung Stalins gegenüber Neumann im Jahre 1932, in der die Frage gestellt wird, ob nicht ein Sieg Hitlers im Interesse der Sowjetunion liege, weil er die Aufmerksamkeit der Westmächte von der Sowjetunion weg und auf Deutschland hinlenken würde, so daß der weitere Aufbau des Sozialismus ohne äußere Störungen vonstatten gehen könnte. Wenn diese Äußerung authentisch wäre, würde sie die Auffassung stützen, daß Stalin primär ein Machtpolitiker und nicht ein Ideologe gewesen sei.[4]

Ein durch die Tatsachen zur Selbstkritik, ja zur Selbstanklage gebrachter Nationalsozialist spricht in den Erinnerungen von Hans Frank, dem in Nürnberg zum Tode verurteilten ehemaligen Generalgouverneur »Restpolens«, die den Titel »Im Angesicht des Galgens« erhielten. Ein höchst anschauliches und bewegendes Bild von der Verfolgung sogar jener deutschen Juden, die als ehemalige Frontkämpfer und Ehegatten arischer Frauen geraume Zeit einen privilegierten Status besaßen, zeichnen die erst kürzlich veröffentlichten Erinnerungen des Professors für Romanistik Viktor Klemperer. Tiefe Einblicke in die Anfänge der Sowjetischen Besatzungszone Deutschlands, der späteren DDR, vermitteln die Memoiren eines 1949 im Übergang zum Titoismus befindlichen jungen Kommunisten, Wolfgang Leonhards, »Die Revolution entläßt ihre Kinder«. Eine sehr aufschlußreiche und überaus umfangreiche Quelle sind die Tagebücher von Joseph Goebbels, die zwar nicht ganz ohne den Hinblick auf die Nachwelt geschrieben wurden, aber dennoch einen unvergleichlichen Einblick in den innersten Führungskern des Dritten Reiches gewähren und sowohl die These von der charismatischen Omnipotenz Hitlers wie auch die scheinbar entgegengesetzte von der Entschlußlosigkeit eines »schwachen Diktators« zu stützen vermögen. Ein Gegenstück aus der Zeit des Kalten Krieges sind am ehesten die Memoiren von Henry Kissinger, in denen indessen sehr viel weniger an ideologischem Fanatismus spürbar ist. Noch weitaus exzeptioneller sind die Erinnerungen von Nikita Chruschtschow, die kontroverse Urteile zu der Frage gestatten, ob der sowjetische Kommunismus schon vor der Breschnew-Zeit viel von seiner ideologischen Stärke verloren hatte.[5]

Als weitere Gattung der Literatur, in der die ideologischen Aspekte der politischen Kämpfe besonders deutlich hervortreten, nenne ich die »höheren Kampfschriften«, d. h. jene literarischen Auseinandersetzungen, welche ihre Parteinahmen nicht verbergen, aber doch zugleich mit dem Anspruch auf Vermittlung von Einsichten auftreten.

So hat Leo Trotzki eine »Geschichte der russischen Revolution« geschrieben, als deren neben Lenin wichtigster Vorkämpfer er galt – eine Geschichte von hoher literarischer Qualität und großer Detailfülle, die aber gleichwohl offenkundig von dem Bestreben geleitet war, nicht nur die »weißen« Gegner der Revolution auf den »Abfallhaufen der Geschichte«

zu stoßen, sondern auch die eigene Rolle sehr positiv hervortreten zu lassen und jene früheren Differenzen mit Lenin zu überspielen, die von Stalin und seinen anderen Gegnern so sehr hervorgekehrt wurden. Einen völlig anderen Charakter hat die »Geschichte der KPdSU (B)«, die unter dem Namen Stalins erschien und auf ebenso trockene wie dogmatische Weise den Sieg der Stalinschen Fraktion über alle »Abweichler« beschreibt. Der geistreichste und gelehrteste aller Bolschewiki, Georg Lukács, läßt sein umfangreiches Buch über die »Zerstörung der Vernunft« mit Schelling und Schopenhauer beginnen, d. h. mit dem in seinen Augen »irrationalistischen« Strang der deutschen Philosophie, aber letztlich ist das Ziel eine scharfe Attacke gegen Autoren wie Ludwig Klages und dann Alfred Baeumler, Ernst Krieck und Alfred Rosenberg, mit denen die »Lebensphilosophie« ihren logischen Schlußpunkt in der »faschistischen Demagogie« und damit in der Zerstörung der Vernunft gefunden habe, jener Vernunft, die für Lukács in der kommunistischen Bewegung verkörpert ist. Es sticht ins Auge, daß einiges für den negativen Teil der Lukácsschen These spricht, wenn man Alfred Rosenbergs »Mythus des 20. Jahrhunderts« zur Hand nimmt, ein verworrenes und verwirrendes Buch, in dem der altliberale »Kampf gegen Rom«, d. h. gegen die freiheitsfeindliche römische Kirche, stärker hervortritt als die Zurückweisung von Marxismus und Bolschewismus.[6]

Daß allerdings auch aus nationalsozialistischem Geist eine ebenso packende wie gelehrte »höhere Kampfschrift« hervorgehen konnte, stellt das Buch eines früh verstorbenen und in erster Linie nationalistischen Autors unter Beweis: Christoph Stedings »Das Reich und die Krankheit der europäischen Kultur«, das wesentliche Züge des Liberalismus auf die krankhafte Situation der vom Reich abgesprengten kleinen Völker Europas wie der Schweizer und der Niederländer zurückführt. Vom Standpunkt des Liberalismus aus suchten dagegen zwei bekannte und bereits in die Emigration gezwungene italienische Politiker eine Wesensähnlichkeit des italienischen Faschismus und des russischen Kommunismus herauszustellen, und zwar Francesco Saverio Nitti und Don Luigi Sturzo in ihren Büchern von 1925 und 1926, mit denen sie in der Sache die spätere »Totalitarismustheorie« begründeten. Dabei war besonders interessant, daß Nitti sowohl den Bolschewismus wie den Faschismus »durch die Verleugnung aller Grundlagen der modernen Zivilisation« gekennzeichnet sein läßt, aber doch dem Bolschewismus, der bei allen seinen Fehlern nicht wie der Faschismus sich durch bloße Gewalt durchgesetzt habe, einen Vorrang, d. h. eine größere Nähe zum Liberalismus zugesteht. Für beide Politiker ist es aber selbstverständlich, daß der Faschismus und auch der Kommunismus nicht in der Lage sein werden, sich in einem der großen industriellen Länder wie Großbritannien, Frankreich und Deutschland durchzusetzen.[7]

Aus der Zeit des Kalten Krieges stammt Stefan T. Possonys »Jahrhundert des Aufruhrs«, eine Kampfschrift der höheren Art, an der nicht allzuviel ergänzt und verändert werden müßte, wenn sie zu einer zwar engagierten, aber doch distanzierten Darstellung des durch den Kommunismus hervorgerufenen Weltkonflikts umgeformt werden sollte.[8]

Keine der zahlreichen Kampfschriften, die ihren Charakter nicht verleugneten und doch keine bloßen Kampfschriften sein wollten, durfte indessen einen so hohen literarischen Anspruch erheben, und keine hatte, mindestens in Frankreich, eine so große Wirkung zu verzeichnen wie die Schilderung des sowjetischen Lager- und Vernichtungssystems durch einen großen Dichter, nämlich der »Archipel Gulag« von Alexander Solschenizyn, der sich nicht scheute, das Hitlerregime im Vergleich zum Stalinschen Kommunismus als »schülerhaft« zu bezeichnen. In jüngster Zeit hat eine umfangreiche Kampfschrift der höheren Art, der man freilich weder literarische noch auch nur hervorstechende gelehrte Qualitäten zuschreiben kam, erhebliche Wirkungen gehabt, die ganz im Gegenteil die absolute Singularität der nationalsozialistischen »Endlösung der Judenfrage« verficht und sie faktisch als einen Kampf des ganzen deutschen Volkes gegen das jüdische Volk interpretiert, so daß mit radikaler Umkehrung der Wertung die Grundthese Hitlers und Himmlers wiederaufgenommen wird, nämlich Daniel Goldhagens »Hitlers willige Vollstrecker«. Als höhere Kampfschrift aus der Zeit nach dem Ende des Kalten Krieges darf auch Samuel Huntingtons Buch über den Zusammenprall der Zivilisationen gelten, das indessen nicht mehr die ideologischen Konflikte des 20. Jahrhunderts, sondern diejenigen des 21. Jahrhunderts ins Auge faßt. Francis Fukuyamas Schrift über das Ende der Geschichte ist dagegen fast durchweg als eine Art Triumphgesang verstanden worden, als Proklamation des Endsieges der liberalen Demokratie über die Totalitarismen und über die Geschichte selbst – aber dabei ist das sowohl äußere wie auch innere Fragezeichen übersehen worden, das der Autor anbringt.[9]

Nicht mehr zu den höheren Kampfschriften zähle ich die Versuche politologischer Begriffsbildung und Analyse, die zwar ihre entschiedene Parteinahme für das westliche System in der Regel keineswegs verbergen, die aber dieses westliche System gerade als den Grund der Möglichkeit von Wissenschaft und tendenzieller Objektivität verstehen. Es handelt sich überwiegend um die Hauptwerke der »Totalitarismustheorie« und zwar in deren strukturanalytischen Version. Das klassische Beispiel ist das Buch von Carl J. Friedrich und Zbigniew Brzezinski über »Totalitarian Dictatorship and Autocracy« von 1956, wo das sowjetische und das nationalsozialistische System unter Sachgesichtspunkten wie »Diktatur und Partei«, »Natur und Rolle der Ideologie«, »Propaganda und Terror« systematisch verglichen und dabei dem westlichen »Verfassungsstaat« entgegengestellt werden. Zwar werden viele geschichtliche Details erwähnt, aber die Erzählung erhält doch nirgendwo neben der Analyse ein Eigengewicht; was die Autoren interessiert, ist ausschließlich die Struktur. Dagegen gibt es in Hannah Arendts Werk über die Ursprünge des Totalitarismus von 1951, das mehr Verbreitung gefunden hat als dasjenige von Friedrich und Brzezinski, lange erzählende Kapitel, ja der Dritte Teil »Totalitäre Bewegung und totalitäre Herrschaft« ist der quantitativ kleinste des Buches. Der erste Teil ist mit »Antisemitismus« überschrieben, und der zweite mit »Imperialismus«, aber es ist nicht schwer zu sehen, daß auch hier das Phänomen des Antisemitismus in starkem Maße hineinspielt. Es geht also um historische Grundlagen, aber nur um die Grundlagen des Nationalsozialismus, so daß dem Buch offensichtlich ein Kapitel über den Marxismus und vielleicht den Frühsozialismus als die historischen Voraussetzungen des Kommunismus fehlt. Im dritten und wichtigsten Teil hebt Hannah Arendt noch stärker als Friedrich und Brzezinski die Bedeutung des Terrors als Hauptwesenszug der beiden totalitären Regime hervor, aber vollständige Übereinstimmung besteht in der Auffassung, daß zwischen den Millionen der Opfer der großen Vernichtungsaktionen – abgekürzt gesprochen: zwischen Kulaken und Juden – kein grundsätzlicher Unterschied gemacht werden darf.[10]

Eine ganze andersartige »Theorie des gegenwärtigen Zeitalters« ist um die gleiche Zeit, in der Mitte der fünfziger Jahre, aus der Feder eines Autors hervorgegangen, den man vor 1933 zu den »Wegbereitern« des Nationalsozialismus zählen durfte und der dann, wie so viele andere Vertreter der »Konservativen Revolution«, in einer ambivalenten Beziehung zu dem Regime gestanden hatte. Es handelt sich um das 1955 erschienene Buch von Hans Freyer, das den Begriff der »sekundären Systeme« in den Mittelpunkt stellt, d.h. die von den Menschen selbst hervorgebrachte

»künstliche« Welt, die von einem bestimmten Punkte an jene »natürliche« Welt überwältigt, in der die Menschheit, auf »Pflege« und (natürliches) »Wachstum« und nicht auf »Machen« und »Organisation« ausgerichtet, für viele Jahrhunderte lebte. In der Vorherrschaft der sekundären Systeme unterscheiden sich die totalitären und die verfassungsmäßigen oder liberalen Regime nun nicht essentiell, und der negative Akzent, der auf dem Begriff der »Weltzivilisation« liegt, ist nicht zu überhören, so wenig die pessimistische Einschätzung der Zukunft zu übersehen ist, welche als gleichgewichtige Möglichkeiten die »eingelebte, darum unmerkbar gewordene Entmenschung mit Komfort« und das »universelle Konzentrationslager« nebeneinander stellt.[11]

Nun endlich gelangen wir zur Geschichtsschreibung, die in einem Bezug auf das ganze Jahrhundert nur möglich wird, wenn die riesige Menge von Dokumenten, Erlebnisberichten, Kampfschriften der niederen und der höheren Art usw. zur Kenntnis genommen und im Bemühen um Objektivität unter einer bestimmten Perspektive erörtert und in einen erzählbaren Zusammenhang gestellt wird. Aber zunächst muß noch eine weitere Unterscheidung getroffen werden. Selbst im Hinblick auf das so offenkundig von ideologischen Konflikten geprägte 20. Jahrhundert ist es möglich, ganz vornehmlich die sich ständig verändernden Machtverhältnisse unter den großen Staaten oder Staatenbündnissen der Welt ins Auge zu fassen. Dann spielen Ideologien nur insofern eine Rolle, als sie es möglich machen, daß von der entscheidenden Realität, nämlich der wirtschaftlichen Produktivität und der politischen Potenz dieser Mächte, ein unverhältnismäßig großer Teil in den unproduktiven Sektor der Waffenherstellung gelenkt wird oder in Gestalt von nicht unmittelbar produktiven Investitionen Verwendung findet. In ausgeprägtem Maße liegt diese Sichtweise etwa dem Werk von Paul M. Kennedy über den Aufstieg und Fall der großen Mächte zugrunde, aber sie herrscht auch in großen Sammelwerken und individuellen Gesamtdarstellungen vor, die ja eine Fülle von kleinen Staaten und pragmatischen Ereignissen berücksichtigen müssen; ich nenne etwa den 12. Band der Cambridge Modern History mit dem Titel »The Era of Violence« und den 3. Band des von Alexander Randa herausgegebenen »Handbuchs der Weltgeschichte«.

Von den Werken der Historiographie befaßt sich also nur ein Teil mehr oder weniger ausführlich mit den ideologischen Konflikten des Jahrhunderts. Von diesen wiederum haben die weitaus meisten Einzelgebiete zum Gegenstand und in erster Linie die Geschichte der beiden größten und folgenreichsten Bewegungen und Regime ideologischer Art, nämlich des sowjetkommunistischen Regimes bis 1945, der kommunistischen Bewegungen und Regime nach 1945 sowie der faschistischen bzw. nationalsozialistischen Bewegungen und Regime der Epoche von 1919 bis 1945. Dabei gilt das größere Interesse den kommunistischen Bewegungen und Regimen, vermutlich deshalb, weil sie in ihrem unleugbaren Zusammenhang mit den sozialistischen, ja den linksliberalen Bewegungen und auch in ihren inneren Kämpfen mehr an Bewegung und Lebendigkeit an den Tag legen als die faschistischen und nationalsozialistischen Regime. Wenn ihre Kämpfe geschildert werden, muß natürlich auch der Hauptfeind in den Blick treten, zunächst »der Kapitalismus« und dann vornehmlich »der Faschismus«, aber das geschieht fast immer in großer Kürze und meist in der nur wenig abgewandelten Perspektive des jeweiligen Gegenstandes; »mutatis mutandis« gilt das auch für die dem »Faschismus« gewidmete Literatur. Ich muß mich mit der bloßen Aufzählung und einer ganz kurzen Charakterisierung der wichtigsten Werke begnügen.

In einen weit übergreifenden, aber so gut wie ausschließlich sozialistischen Zusammenhang wird der Kommunismus in Julius Braunthals »Geschichte der Internationale« gestellt; Leonard Shapiro macht die Geschichte der Kommunistischen Partei der Sowjetunion zu seinem Thema; Richard Pipes schreibt seine dreibändige Geschichte der bolschewistischen Revolution aus amerikanisch-gegnerischer Perspektive; für Isaac Deutscher ist Trotzki sowohl als »bewaffneter« wie als »unbewaffneter« Prophet ein Held; Adam B. Ulams Bücher über Stalin sowie die sowjetische Außenpolitik von 1917 bis 1914 sind betontermaßen um Objektivität bemüht, ohne die Gegnerschaft zu verbergen; das gleiche gilt für Leszek Kolakowskis umfassende Darstellung des Marxismus. Die nationalsozialistische Partei hat erst rein fachwissenschaftliche Darstellungen gefunden, dagegen gilt der Person Hitlers ein geradezu überbordendes Interesse, aber die große Biographie Joachim Fests von 1973 ist bis heute unübertroffen. Der »Staat Hitlers« fand durch Martin Broszat die kenntnisreichste Darstellung. Die Person und das Regime Mussolinis sind dagegen in der monumentalen Biographie von Renzo De Felice weit über den Titel hinaus in umfassender Weise geschildert. Von Domenico Settembrini stammt ein Buch über den Faschismus, dessen Titel bei der Publikation im Jahre 1978 noch viel Befremden erregte: »Fascismo controrivoluzione imperfetta«, das aber gegenwärtig eher dem »mainstream« einzufügen wäre, weil es sowohl den Faschismus wie in noch höherem Maße den Kommunismus als

»Konterrevolution« gegen die eigentliche, die kapitalistische oder liberale Revolution zu verstehen sucht.[12]

Erst wenn man sich die Fülle der »regionalen« Darstellungen von einzelnen der ideologischen Konfliktparteien in ihrer Gelehrsamkeit und ihrem Detailreichtum vor Augen stellt, wird einem klar, wieviel an Mut, ja geradezu an Tollkühnheit dazu gehört, ein historiographisches Gesamtbild des 20. Jahrhunderts unter dem Hauptgesichtspunkt des Kampfes der zwei ideologisch geprägten Konfliktparteien zu umreißen. Zwar handelt es sich immer noch um eine Selektion, wenn ich sechs Werke nun mit etwas größerer Ausführlichkeit charakterisiere, aber von einer überwältigenden Fülle kann jetzt nicht mehr die Rede sein. Fortzulassen sind die großen Bücher von bedeutenden Geschichtsphilosophen und Geschichtsdenkern, die entweder schon im ersten Fünftel des Jahrhunderts geschrieben wurden und/oder die ganze Weltgeschichte zum Thema machen, also diejenigen von Autoren wie Oswald Spengler, Nikolaj Berdjajew, Karl Jaspers und Arnold Toynbee. Ich halte mich weder an eine chronologische noch an eine sachliche Reihenfolge und berücksichtige zunächst nur Bücher, die vor der Epochenscheide von 1989/91 erschienen sind.

Theodore H. von Laue hat um etwa die gleiche Zeit wie Marshall McLuhan zwar nicht vom »globalen Dorf«, wohl aber von der »globalen Stadt« gesprochen, und er war daher sehr gut legitimiert, 1987 ein Buch mit dem Titel »The World Revolution of Westernization. The Twentieth Century in Global Perspective« zu publizieren. Noch entschiedener als Settembrini oder – lange zuvor schon – Piero Gobetti stellt von Laue die westliche, die liberale, die kapitalistische Weltrevolution als die eigentliche und fundamentale in den Vordergrund, und er könnte sich dabei auf Friedrich Engels berufen, der kurz vor seinem Tode von der »kapitalistischen Revolution« gesprochen hatte, »die wir nun einmal durchzumachen haben«, ja auf den Marx des »Kommunistischen Manifests« und letztlich auf Hegel. Diese Revolution geht nach von Laue aus der einzigartigen Kombination von individueller Freiheit und sozialer Disziplin hervor, welche die Bewohner Großbritanniens und Nordamerikas auszeichnet. Dem Impetus dieser Revolution, die in Gestalt der Industrialisierung alle Lebensgebiete umwälzt, würden sich die nicht-angelsächsischen Länder lediglich unterwerfen müssen, wenn sie bloß eine weniger ausgeprägte Gestalt von Demokratie aufzuweisen hätten, und daher kommt es zu Bildungen von konzentrierten Erscheinungsformen des Widerstandes und der Eigentätigkeit. Dazu zählen in erster Linie der sowjetische Kommunismus, in zweiter Linie der deutsche Nationalsozialismus und nach dem Zweiten Weltkrieg die nationalen Befreiungsbewegungen der Dritten Welt, zu denen im Grunde auch die regierenden kommunistischen Parteien Chinas, Nordkoreas und Vietnams zu zählen sind. Aber während für die Totalitarismustheorie alle diese Regime gefürchtete Feinde sind, faßt von Laue sie in der Haltung des Mitleids in den Blick, denn er betrachtet sie unter Einschluß des deutschen Nationalsozialismus als Not- und Verteidigungskonzentrate, deren Unterlegenheit in materieller und auch in spiritueller, »ideologischer«, Hinsicht offenkundig ist. Daraus resultiert ein vom gewohnten stark abweichendes Bild des Jahrhunderts, das nicht in erster Linie auf analysierende, sondern auf erzählender Art entwickelt wird und das durch die Ereignisse des letzten Jahrzehnts eine weitgehende Bestätigung gefunden haben dürfte.[13]

Aus angelsächsischer Perspektive ist auch das 1983 publizierte Buch von Paul Johnson »A History of the Modern World from 1917 to the 1980s« geschrieben, aber wenn er sowohl die kommunistischen wie die faschistischen Ideologien und Bewegungen als »Haßtheorien« und »paranoide revolutionäre Bewegungen« bezeichnet, so läßt er sich doch nicht von Mitleid mit diesen Regimen, sondern nur vom Mitempfinden mit deren Opfern leiten. Wie schon der Titel zu erkennen gibt, ist für ihn die Oktoberrevolution das Fundamentalereignis des Jahrhunderts, und es ist konsequent, wenn er die Hitlerschen Methoden als »Nachahmungen« der sowjetischen bezeichnet und nicht vor der These zurückschreckt: »Wenn der Leninismus den Faschismus Mussolinis erzeugte, so war es der Stalinismus, der den Nazi Leviathan möglich machte«. Daß Hitlers Verbrechen so viel mehr Aufmerksamkeit fanden als die Taten Lenins und Stalins, sieht er nicht in einer objektiv vorhandenen Singularität begründet, sondern neben der größeren geographischen Nähe zur westlichen Welt »hauptsächlich« durch die Tatsache, daß eine wachsende Anzahl emigrierter Intellektueller über so große Publikationsmöglichkeiten verfügte. Man mag es eine »konservative« Einstellung nennen, die Johnson auch das Verhalten von solchen Intellektuellen im Kalten Krieg scharf kritisieren läßt, nämlich deren Sympathie für die »Befreiungsbewegungen« der Dritten Welt, welche doch großenteils auch dort große Brutalität und Grausamkeit an den Tag legten, wo sie nicht die Gestalt kommunistisch-totalitärer Regime annahmen. Weit abweichend von der vorherrschenden linksliberalen Ansicht ist auch der Vergleich zwischen den Brüdern Kennedy und der Borgia-Familie sowie die These, die Kuba-Krise sei durch eine amerikanische Niederlage beendet worden. Eher kann die Behauptung auf Zustimmung rechnen, die schwere Niederlage der USA in Vietnam wäre ohne die defätistische Aktivität der linksintellektuellen Journalisten nicht zustande gekommen. Aber auch im Außenministerium fanden zwar nicht die Kommunisten, wohl aber die schiitischen Fundamentalisten des Iran halbfreiwillige Helfer, die nämlich das Regime des Schah mit ihrer Einforderung der »Menschenrechte« unterminierten, so daß viel schlimmere Verächter der Menschenrechte zur Herrschaft gelangten. Ebenso durfte und mußte man von amerikanischer Schuld sprechen, als »die marxistisch-leninistischen Ideologen« in Kambodscha das Leben von 1 200 000 Menschen auslöschten, einem Fünftel der Bevölkerung. Und so zählt Johnson am Ende nicht nur Marxisten-Leninisten wie Stalin, Pol Pot und Ho Chi Minh zu den »Exaltierten« und »weltlichen Heiligen«, die der Menschheit durch ihren ideologischen Fanatismus so viel Unheil gebracht haben, sondern neben Hitler und Mussolini auch Atatürk, Nehru, Perón und Allende. Und er kann sein Vertrauen nicht einmal wirklich auf den »westlichen Verfassungsstaat« setzen, der in seinen Augen schwach und auf vielfältige Weise unterwühlt ist. Aber gleichwohl hat er eine gutgeschriebene und packende Gesamtgeschichte des 20. Jahrhunderts vorgelegt.[14]

Raymond Arons Lebenswerk bewegt sich zwischen subtilen Studien zur Geschichtsphilosophie und einer Fülle von Artikeln zu aktuellen Fragen, die aber immer tiefdringend und geistvoll sind. Vielleicht sollte er eher zu den Geschichtsdenkern wie Spengler und Toynbee gestellt und deshalb fortgelassen werden, aber großen Teilen dieses Werks kann der Charakter der Geschichtsschreibung nicht abgesprochen werden. Er war indessen eher ein Historiograph der industriellen Gesellschaft und des Kalten Krieges als des Kommunismus und des Nationalsozialismus, und ich führe sein Hauptwerk über »Frieden und Krieg«, das überwiegend systematisch und geschichtsphilosophisch ist, nur deshalb an, weil er den Ausdruck »die feindlichen Brüder« hier auf die beiden Weltmächte der zweiten Nachkriegszeit anwendet und dadurch an die manchmal vergessene Tatsache erinnert, daß auch die zweite Hälfte des Jahrhunderts von einem großen und ideologischen Konflikt erfüllt war. Das Eigentümliche dieses Konflikts besteht nach Aron darin, daß die »Positionsfeindschaft«, in der sich die Vormächte einer bipolaren Welt zwangsläufig befinden, durch eine »ideologische Feindschaft« zugespitzt und verhärtet wurde, die erst das Ganze des Phänomens erklärt. »Der ideologische Konflikt verbietet da Feilschen im klassischen oder zynischen Stil. ... Jeder der Großen ist Gefangener seiner Propaganda oder seiner Überzeugungen, unfähig, ein Gebiet gegen ein anderes auszutauschen, ohne sich zu verleugnen und Zugeständnisse zu machen. Die Könige tauschten Provinzen aus. Washington oder Moskau liefern der ›kommunistischen Tyrannis‹ oder der ›kapitalistischen Sklaverei‹ keinen Teil der freien Welt oder der ›sozialistischen Welt‹ aus.«[15]

Bei deutschen Historikern ist es nicht recht vorstellbar, daß sie dem Kalten Krieg zwischen den »kapitalistischen« USA und der »sozialistischen« Sowjetunion ebensoviel Gewicht geben wie der in einen großen Krieg mündenden Auseinandersetzung zwischen der kommunistischen Sowjetunion und dem nationalsozialistischen Deutschland, denn sie verharren ja in aller Regel bei der Schilderung und Kritik der deutschen und im Falle der »Osteuropahistoriker« der sowjetischen Erscheinung. Eine der wenigen Ausnahmen ist Karl Dietrich Bracher, Politologe seiner Professur und Historiker seiner Ausbildung nach. Wenn sein Werk »Europa in der Krise« und auch das Buch über die »Zeit der Ideologien« wenig Ähnlichkeit mit den Auffassungen von Paul Johnson an den Tag legen, so stimmt er mit ihm doch in der These überein, daß der Kommunismus »die erste und ursprünglichste Spielart des Totalitären« bildet und keineswegs nur im chronologischen Sinne. Damit verkörpert dieser von den drei wichtigsten »welthistorischen Antworten« auf den Weltkrieg, aber auch auf die industrielle Revolution und Modernisierung die erste »Antwort innerhalb der Antwort«, wie man sagen könnte, denn die »liberale Demokratie«, die Bracher neben dem Marxismus-Kommunismus und dem Faschismus-Nationalsozialismus nennt, ist offensichtlich das ältere Phänomen, ohne dessen verfassungsmäßige Urform in England auch Modernisierung und Industrielle Revolution schwerlich gedacht werden können. Aber Bracher greift ebenfalls weit in die Geschichte zurück, wenn er die These aufstellt, daß »die Ideologisierung der Politik« in der modernen Diktatur, d. h. in den totalitären Regimen des 20. Jahrhunderts, einen Höhepunkt erreicht habe, denn eine immerhin ähnliche Ideologisierung sei schon in der Antike unter charismatischen Herrschern wie Alexander, Cäsar und Augustus nicht unbekannt gewesen und sie sei seit dem absolutistischen Nationalstaat in stetem Ansteigen. Wenn Bracher in seinen Werken vor allem die »antibürgerliche Welle« beschreibt und dabei die Totalitarismustheorie zu einem Zeitpunkt verteidigte, als sie in Deutschland fast allgemein als veraltet, ja als eine Fehlinterpretation galt, so bewahrte er auch in den 70er Jahren einen optimistischen, d. h. auf ein Ende der Vorherrschaft der Ideologien vertrauenden Blick auf die Zukunft, die nach seiner Auffassung »bürgerlich« sein wird, indem sie »die pseudowissenschaftlichen Prophezeiungen« und »totalitären Endzeitansprüche« von Marxismus und Leninismus, Faschismus und Neomarxismus hinter sich läßt.[16]

Wenn schon in dieser Aufzählung ein Vorrang der »linkstotalitären« vor den »rechtstotalitären« Bewegungen und Regimen angedeutet ist, so hat Jacob Leib Talmon in seinen drei großen Büchern über die totalitäre Demokratie diesen Vorrang weit zurückverfolgt und mit einer Fülle ideengeschichtlicher Details belegt. Im ersten Band seiner Trilogie von 1952 steht Jean-Jacques Rousseau im Zentrum, der mit seinem identifizierenden Begriff der Demokratie, durch welche politische Differenzen und Meinungskämpfe das Stigma des Schlechten und Verbotenen erhalten, der revolutionäre und totalitär-demokratische Denker kat'exochen ist. Vertreter der gegenrevolutionären Rechten werden nur ganz am Rande erwähnt. Auch im zweiten Band »Political Messianism. The Romantic Phase«, dessen englisches Original 1960 herauskam, nimmt die revolutionäre Linke den meisten Platz ein, und Talmon unterläßt es nicht, die hervorragende Rolle der Juden in den revolutionären Bewegungen der Zeit hervorzuheben. Aber diese Linke bleibt hier nicht mehr ohne Gegengewicht: Zur romantisch-revolutionären Bewegung werden Nationalisten wie Mazzini gezählt, und auch den »Theokraten« de Maistre und de Bonald werden Unterkapitel gewidmet, die sie als Miturheber künftiger und keineswegs weiterhin eindeutiger Denktendenzen erscheinen lassen. Im dritten Band, der 1980 publiziert wurde, ist dann schon im Untertitel von der »totalitären Polarisierung im 20. Jahrhundert« die Rede, und der Titel lautet »The Myth of the Nation and the Vision of Revolution«. Zwar wird auch hier der größte Raum der linken Vorgeschichte des Bolschewismus gewidmet, aber das achte Kapitel hat die Entwicklung »von Sorel zu Mussolini« zum Thema, und darauf folgt ein freilich nur kurzes Kapitel, das ganz auf Hitler und dessen Antisemitismus hinzielt, ohne ihn oder sein Regime zum Gegenstand zu machen. So umreißt Talmon hier den grundlegenden Konflikt der ersten Hälfte des 20. Jahrhunderts als den Kampf zweier Glaubensrichtungen (»creeds«), die ganz unterschiedliche historische Ursprünge haben und die für ihn offensichtlich doch auf der gleichen Stufe des Verfehlens stehen. Aber auch die unübersehbare Anteilnahme Talmons am Geschick der Juden, die fast nur in dem einen der beiden Lager zu finden sind, veranlaßt ihn nicht, etwa die Guten mit den Bösen konfrontiert zu sehen.[17]

Ich kann nun nicht umhin, am Ende auch meine eigenen Bücher zu erwähnen und zuerst den »Europäischen Bürgerkrieg 1917–1945«, der den

Untertitel »Nationalsozialismus und Bolschewismus« hat. Hier werden die beiden großen ideologischen Regime der ersten Hälfte des 20. Jahrhunderts miteinander direkt und in etwa gleicher Ausführlichkeit konfrontiert, aber nicht zum Zweck eines strukturellen Vergleichs, sondern vornehmlich durch die Schilderung ihrer konkreten Kämpfe, denn »Ideologiegeschichte« wird nicht als Ideengeschichte verstanden, sondern als Darstellung des Praktischwerdens von Ideologien. Dabei wird der Vorrang eindeutig dem Bolschewismus zugeschrieben, dessen Revolution ebenso enthusiasmierend wie schreckenerregend war. Die Nationalsozialisten und zumal Hitler nahmen nur die schreckenerregende Seite ausdrücklich wahr, wenn sie auch nicht ganz ohne ein – abwehrendes – Empfinden für das Enthusiasmierende waren. Wenn ich für diesen Ansatz die Kennzeichnung »historisch-genetische Version der Totalitarismustheorie« gewählt habe, so sollte damit eine rein wissenschaftliche Erörterung auf den Weg gebracht werden können; wenn dem Buch und zumal der Vorform eines Zeitungsartikels viel Empörung begegnete, so war der Grund offenbar der, daß der schreckenerregende Aspekt des Bolschewismus nicht als »Gespenst« oder »Wahnvorstellung« aufgefaßt wurde, sondern als eine unbezweifelbare, wenn auch gerade von den Nationalsozialisten vielfach zugespitzte und überzeichnete Realität. Dadurch wurde das Verhalten der Nationalsozialisten natürlich um vieles besser verstehbar, und die seit einiger Zeit in die umgekehrte Richtung zielende deutsche Neigung zur Ausbildung von Schwarz-Weiß-Bildern sah sich noch härter durch die Auffassung getroffen, auch Hitlers Ersetzung des »Kapitalisten« durch den »Juden« als Hauptfeind sei kein bloßes »Wahngebilde« gewesen, sondern habe eine Grundlage oder einen »rationalen Kern« in der Realität gehabt. Ich bin in der Tat der Meinung, daß es in der Geschichte ein »absolutes Böses« nicht gibt und daß man zuerst die Stärken des Gegners herausstellen muß, ehe man das Böse beschreibt, das er anrichtete, und daß daher dieses Böse sich als ein Irrweg oder als eine Perversion von Gutem oder doch Gutgemeintem erweist. Aber dem Bolschewismus wird in dem Buch ein ebensolches »Verstehen« als Urimpuls des Historikers zuteil, und die Polemik gegen eine angebliche Verharmlosung oder gar Rechtfertigung des Nationalsozialismus als solchen ist schlicht töricht.[18]

Zur Ganzheit dieser historisch-genetischen Version der Totalitarismustheorie gehören aber noch drei andere Bücher einer Tetralogie hinzu: »Der Faschismus in seiner Epoche« von 1963, »Deutschland und der Kalte Krieg« von 1974 und »Marxismus und Industrielle Revolution« von 1983.

Darauf im einzelnen einzugehen, würde heißen, am Ende eines langen Vortrages noch ein allzuweites Feld zu betreten.

Ich brauche nicht zu betonen, daß die Reihenfolge, die ich gewählt habe, keine Reihung nach Rang oder auch nur Reichweite bedeutet. Die historiographische »Aufarbeitung« der ideologischen Konflikte des 20. Jahrhunderts ist faktisch und tendenziell auf mannigfaltige Weise begonnen worden, und es ist zu vermuten, daß sie einen breiten Fortgang nehmen wird. Einige bedeutende Werke, die nach 1989/91 erschienen sind, bestärken mich in der Annahme, daß langwährende Sperren und Tabus im Hinblick vor allem auf das Verhältnis von Bolschewismus und Faschismus bzw. Nationalsozialismus, aber auch von Bolschewismus *und* Faschismus bzw. Nationalsozialismus zum Liberalen System bzw. zu dem gegenwärtig möglicherweise an dessen Stelle tretenden »Liberismus« sich aufzulösen beginnen. Ich denke an die Bücher von Alan Bullock, François Furet und Eric Hobsbawm.[19] Auch über sie wäre viel zu sagen, aber nicht jetzt und nicht an dieser Stelle.

Anmerkungen

1 William Thomas Stead: The Americanization of the World or The Trend of the Twentieth Century. London 1902 (Neuausgabe New York – London 1972)

2 W. I. Lenin: Der Imperialismus als höchstes Stadium des Kapitalismus. In »Ausgewählte Werke«, Berlin 1955, Bd. 1

3 A. Neuberg (Pseud.): Der bewaffnete Aufstand. Berlin 1928 (Neuausgabe Frankfurt 1971)
Hermann Rauschning: Gespräche mit Hitler. Zürich/Wien 1940
Franz Borkenau: The Totalitarian Enemy. London 1940 (Neuausgabe New York 1982)

4 Albert Speer: Erinnerungen. Frankfurt/Berlin 1969
Margarete Buber-Neumann: Als Gefangene bei Stalin und Hitler. München 1949

5 Hans Frank: Im Angesicht des Galgens. Deutung Hitlers und seiner Zeit auf Grund eigener Erlebnisse und Erkenntnisse. München 1953
Viktor Klemperer: Ich will Zeugnis ablegen bis zum letzten. Tagebücher 1933–1945. 2 Bde, Berlin, 1995
Wolfgang Leonhard: Die Revolution entläßt ihre Kinder. Köln/Berlin 1955
Die Tagebücher von Joseph Goebbels, bearbeitet von Elke Fröhlich. München 1987 ff. (24 Bde.)

6 Georg Lukács: Die Zerstörung der Vernunft. Neuwied 1962 (zuerst 1953)
Alfred Rosenberg: Der Mythus des 20. Jahrhunderts. München 1930

7 Christoph Steding: Das Reich und die Krankheit der europäischen Kultur. Hamburg 1938
Francesco Saverio Nitti: Fascismus und Demokratie. München 1926
Don Luigi Sturzo: Italien und der Faschismus. Köln 1926
8 Stefan T. Possony: Jahrhundert des Aufruhrs. München 1965
9 Alexander Solschenizyn: Der Archipel Gulag. 3 Bde. Bern 1973 ff. (Zitat Bd. 3, S. 29)
Daniel Goldhagen: Hitlers willige Vollstrecker. Ganz gewöhnliche Deutsche und der Holocaust. Berlin 1996
Samuel P. Huntington: Der Kampf der Kulturen. Die Neugestaltung der Weltpolitik im 21. Jahrhundert. München 1997. (Original New York 1997)
Francis Fukuyama: Das Ende der Geschichte. Wo stehen wir? München 1992
10 Carl J. Friedrich – Zbigniew Brzezinski: Totalitarian Dictatorship and Autocracy. Cambridge, Mass. 1956
Hannah Arendt: Elemente und Ursprünge totaler Herrschaft. Frankfurt 1955 (zuerst New York 1951)
11 Hans Freyer: Theorie des gegenwärtigen Zeitalters. Stuttgart 1955 (Zitat S. 233 f.)
12 Julius Braunthal: Geschichte der Internationale, 2 Bde. Hannover 1961, 1963
Leonhard Shapiro: Geschichte der Kommunistischen Partei der Sowjetunion. Frankfurt 1961
Richard Pipes: Die Russische Revolution. 3 Bde., Berlin 1990 ff.
Isaac Deutscher: Trotzki. Bd. 1: Der bewaffnete Prophet 1879–1921. Bd. 2: Der unbewaffnete Prophet 1921–1929, Bd. 3: Der verstoßene Prophet 1929–1940, Stuttgart 1961 ff.
Adam B. Ulam: Stalin. The Man and his Era. New York 1973
Ders.: Expansion and Coexistence. The History of Soviet Foreign Policy 1917–1967. Ebda. 1968
Leszek Kolakowski: Die Hauptströmungen des Marxismus. Entstehung – Entwicklung – Zerfall. 3 Bde. München/Zürich 1977 ff.
Joachim Fest: Hitler. Eine Biographie. Frankfurt/Berlin 1973
Martin Broszat: Der Staat Hitlers. Grundlagen und Entwicklung seiner inneren Verfassung. Lausanne 1969 («rencontre«-Ausg. der dtv-Weltgeschichte des 20. Jahrhunderts)
Renzo De Felice: Mussolini. 8 Bde. Turin 1965
Domenico Settembrini: Fascismo controrivoluzione imperfetta. Movimento al servizio del capitale o primo esperimento di compromesso storico? Firenze 1978
13 Theodore H. von Laue: The World Revolution of Westernization. The Twentieth Century in Global Perspective. New York/Oxford 1987

14 Paul Johnson: A History of the Modern World from 1917 to the 1980s. London 1983 (das Zitat S. 277)
15 Raymond Aron: Frieden und Krieg. Eine Theorie der Staatenwelt. Frankfurt 1963 (das Zitat S. 638)
16 Karl Dietrich Bracher: Europa in der Krise. Innengeschichte und Weltpolitik nach 1917. Frankfurt/Berlin 1979
Ders.: Zeit der Ideologien. Eine Geschichte politischen Denkens im 20. Jahrhundert. Stuttgart 1982 (Das Zitat in »Demokratie und Ideologie im Zeitalter der Machtergreifungen« in »Vierteljahrshefte für Zeitgeschichte« 31 (1983), S. 1–14, S. 10)
17 Jacob L. Talmon: Die Geschichte der totalitären Demokratie. Köln/Opladen 1961 (Original London 1952)
Ders.: Politischer Messianismus. Die romantische Phase. Köln/Opladen 1963 (Orig. London 1960)
Ders.: The Myth of the Nation and the Vision of Revolution. The Origins of Political Polarisation in the Twentieth Century. London 1981
18 Ernst Nolte: Der europäische Bürgerkrieg 1917–1945. Nationalsozialismus und Bolschewismus. Frankfurt/Berlin 1987 (5. Auflage München 1997)
19 Alan Bullock: Hitler und Stalin. Parallele Leben. Berlin 1991 (Orig. London 1991)
François Furet: Das Ende einer Illusion. Der Kommunismus im 20. Jahrhundert. München 1996 (Orig. Paris 1995)
Eric Hobsbawm: Das Zeitalter der Extreme. Weltgeschichte des 20. Jahrhunderts. München 1995 (Orig. London 1994)
Vgl. unten S. 380–395

(Schlußvortrag nach einer Vorlesungsreihe an der Universität Bocconi in Mailand am 15.5.1998, publiziert in »I presupposti storici del nazionalsocialismo«, Milano 1998)

4

Revisionen – Revisionismen – Konzeptionen

Wer sich über Begriffe wie »Geschichtsschreibung«, »Historismus« oder »Sozialgeschichte« unterrichten will, gewinnt in der Regel schon aus gewöhnlichen Lexika und Enzyklopädien viel Belehrung; wer dagegen Näheres zu den Begriffen »Revision« und »Revisionismus« erfahren möchte, wird sogar in Spezialwörterbüchern der Geschichte nicht recht fündig. Unter dem Stichwort »Revision« ist im Brockhaus von einer juristischen Verfahrensweise die Rede, zum »Revisionismus« ist in »Fischers Lexikon der Geschichte« zu lesen, daß es sich um eine Tendenz innerhalb der Arbeiterbewegung gehandelt habe, die dem dogmatischen Marxismus gegenüber kritisch eingestellt gewesen sei. Aber vermutlich hängt dieses auffallende Fehlen damit zusammen, daß »Revision« nur ein anderes Wort für »Kritik« zu sein scheint, und für die Geschichtswissenschaft gibt es schwerlich einen Begriff, der noch gewichtiger und zentraler wäre als dieser.

Herodot wollte die Taten des Kyros so darstellen, wie einige Perser sie erzählen – »soweit sie diese nicht übertreiben, sondern die Wirklichkeit schildern«.[1] »Der Vater der Geschichtsschreibung« distanzierte sich also von anderen Historikern, auf deren Arbeiten er sich gleichwohl stützte, und er war offenbar davon überzeugt, im Besitz von Kriterien zu sein, die es ihm erlaubten, Schilderungen der Wirklichkeit von »Übertreibungen« zu unterscheiden; »krinein« heißt »scheiden«, »sondern«. Durch Kritik wollte Herodot in den Erzählungen anderer Historiker Falsches vom Richtigen sondern, und es ist nur ein Wechsel der Ausdrucksweise, wenn man sagt, er wollte gegenüber seinen Vorgängern Revisionen vornehmen.

Aber kritische, auf Unterscheidung und insofern Revision bedachte Vorbehalte legte Herodot auch und gerade volkstümlichen Legenden und Mythen gegenüber an den Tag. Zwar gibt er solche Legenden wieder, etwa die, jenseits der hohen Berge wohne ein Volk, das ein halbes Jahr schlafe, aber er bemerkt ausdrücklich, das nehme er den Erzählern nicht ab.[2] Daß verschiedene Parteien, zumal im Kriege, dieselben Vorgänge ganz unterschiedlich darstellen, ist für ihn nicht selten Anlaß, die entgegengesetzten Schilderungen, etwa einer Schlacht, ausführlich wiederzugeben und das Urteil mit der Wendung dem Leser zu überlassen: »Das sind die Beweise, die beide Parteien anführen. Jeder mag sich denen anschließen, die ihn überzeugen.«[3]

Thukydides schreckte nicht davor zurück, eine der liebsten Legenden der Hellenen in Zweifel zu ziehen, nämlich die Überzeugung von der Größe und Bedeutung des trojanischen Krieges, der in seinen Augen nur ein recht bescheidenes Unternehmen und ein Symptom für die »Ohnmacht der Vorzeit« gewesen war.[4] Nicht anders als Herodot betont er die Mühsal des Forschens, welche die glaubwürdigen Aussagen aus der Fülle der unglaubwürdigen heraussondere, »denn die Menschen nehmen alle Nachrichten von Früherem ... gleich ungeprüft voneinander an«,[5] und sogar die Augenzeugen eines Ereignisses sagen nicht dasselbe über dasselbe aus, sondern sie lassen sich von »Gunst oder Gedächtnis« zu unterschiedlichen Behauptungen führen[6], d. h., wie man ergänzen darf, von ihren irrationalen Voreingenommenheiten und der bloßen Erinnerung, die sie nicht durch den Vergleich mit anderen Erinnerungen überprüfen. Eben das tut der Historiker, und zwar nicht nur den einfachen Menschen gegenüber, sondern ebenfalls »den Dichtern«, und zu diesen scheint Thukydides auch die früheren Historiker zu zählen, denn über Herodot fällt manches kritische Wort.

Sowohl Herodot wie Thukydides sahen es mithin als ihre Aufgabe an, Revisionen vorzunehmen, und zwar vor allem Revisionen gegenüber Legenden, verbreiteten Volksmeinungen, Augenzeugenberichten, und auch gegenüber Berichten anderer Historiker, die sie für nicht ausreichend geprüft oder dokumentiert hielten. Sie wären nicht konsequent gewesen, wenn sie ihre eigenen Darstellungen und Ergebnisse dem Vorbehalt künftiger Revisionen entzogen hätten. Indem sie Revisionen vornahmen und die eigenen Werke künftigen Revisionen aussetzten, begründeten sie die Geschichtsschreibung als eine notwendigerweise kritische Wissenschaft.

Ein ganz anderes Ziel als fortwährende Revisionen und mühsame Herausarbeitung der Wahrheit hatte dagegen die deuteronomistische Geschichtsschreibung Israels, wie sie im »Hexateuch« des Alten Testaments vorliegt. Ihr geht es darum, die Wege Gottes in der Geschichte des kleinen und höchst bedrohten Volkes zu erkennen, das nach ihrer Überzeugung im Besitz der allein wahren Erkenntnis des einzigen und allmächtigen

Gottes ist, der indessen gleichwohl der Gott Israels bleibt. Erst die »Bibelkritik« des 19. Jahrhunderts hat die verschiedenen Verfasser wie etwa den »Elohisten« und den »Jahwisten« voneinander zu unterscheiden gesucht oder die zahlreichen Widersprüche herausgearbeitet; das Interesse dieser Geschichtsschreiber ging allein dahin, die großen Taten Jahwes zu rühmen und die zahllosen Verstöße der Könige und auch des Volkes gegen Gottes Gebote zu verdammen, es handelt sich nicht um eine kritische, sondern um eine theologische, eine heilsgeschichtliche Geschichtsschreibung, die im alten Orient einzigartig und in ihrer Monumentalität bewunderungswürdig ist. Aber Revision oder Kritik im Sinne Herodots und Thukydides' gehörte nicht zu ihren Zielen.

Als Folge des Sieges des Christentums setzte sich im Okzident die heilsgeschichtliche, die theologische Geschichtsschreibung bekanntlich für anderthalb Jahrtausende durch, so daß gewiß mit einer so knappen Formulierung der christlich-theologischen Geschichtsschreibung von Augustinus und Orosius bis zu Otto von Freising und schließlich Bossuet keine angemessene Würdigung zuteil wird. Im vorliegenden Zusammenhang kommt es nur auf die Feststellung an, daß sie neue Arten von Revisionen gerade deshalb herausforderte, weil sie »das Wort« und »die Schrift« so sehr ins Zentrum stellte. 1439 wies Laurentius Valla die Unechtheit der sogenannten »Konstantinischen Schenkung« nach, und in dieser grundlegenden Revision war bereits eine andere Richtung der Fragestellung beschlossen: Offenbar handelte es sich bei dem Dokument, das den päpstlichen Anspruch auf den Kirchenstaat begründete, nicht bloß um eine Volksmeinung oder um einen unzureichend überprüften Augenzeugenbericht, sondern um eine interessengeleitete Fälschung, und die Aufdeckung von solchen Fälschungen wurde nun zu einer Hauptaufgabe der Geschichtswissenschaft. Nach Johann Gustav Droysen war der »kritische Geist«, der bei Laurentius Valla erstmals zum Vorschein kam, der eigentlich »moderne« Geist, und dieser war es, der in der Reformation den »Papismus« besonders wirksam bekämpfte, indem er den Nachweis erbrachte, daß viele der Dogmen der Kirche, aber auch Texte wie die pseudoisidorischen Dekretalen nichts anderes als »eitel Fälschung und Trug« seien.[7] Es dauerte indessen nicht sehr lange, bis auch die protestantischen Kirchen sich durch kritische Revisionen im Zentrum ihres Glaubens angegriffen sahen, nämlich durch jene »Bibelkritik«, welche nicht zuletzt von dem aus der Gemeinde ausgestoßenen Juden Spinoza und dem katholischen Priester Richard Simon begründet wurde, der dadurch die alte Überzeugung vom Wert der Tradition stärken wollte. Pierre Bayle machte den Historiker zum obersten Richter, dessen revidierender Arbeit sich keine Realität entziehen könne, da er, wie Melchisedech, »ohne Vater und ohne Mutter«, sei, d. h. sich keiner Instanz außer seinem eigenen wissenschaftlichen Gewissen unterwerfe. In Voltaires Werk ist die »heilige Geschichte« der Juden und der Christen ganz ebenso nur noch eine Legende, wie es die Erzählungen der Argyppaier für Herodot und das homerische Epos vom Kampf der Menschen und Götter um Troja für Thukydides waren; Leopold Ranke schließlich erklärt in seinem Erstlingswerk von 1824 »Zur Kritik neuerer Geschichtsschreiber« die gesamte frühneuzeitliche Geschichtsschreibung von Guicciardini bis hin zu Chladenius für revisionsbedürftig, und so will er sich den Weg bahnen, um zu erkennen, »wie es eigentlich gewesen«. Freilich läßt sich gerade bei ihm die Gefahr nicht übersehen, daß die Geschichtsschreibung von der unendlichen Fülle ihres Gegenstandsbereichs überwältigt werden und in der Aneinanderreihung zahlreicher Details und auch kritischer Überlegungen aufgehen könnte. Eben deshalb trennt Ranke sich keineswegs vollständig von der überlieferten Theologie, und er verzichtet durchaus nicht auf den Anspruch, »den Finger Gottes« in der Geschichte wahrnehmen zu können. Ständige Revision in entbehrungsreicher Forschungsarbeit ist für ihn also nicht das einzige Ziel der Geschichtsschreibung, sondern sie vermag Einsichten zu vermitteln, die dem Menschen eine ähnliche Sicherheit gewähren, wie sie das Wissen vom Handeln Gottes den Propheten des Alten Testaments zuteil werden ließ, etwa die Einsicht, daß »jede Epoche unmittelbar zu Gott« ist. Einsichten dieser Art sind nicht durch Revisionen gewonnen und sind ebensowenig durch Revisionen zu erschüttern; es handelt sich um Konzeptionen, um Zusammenfassungen, wie die wörtliche Übersetzung lautet, oder um Leitlinien der Interpretation oder um Paradigmata, wenn man den seit dem Werk von Thomas Kuhn gebräuchlich gewordenen Begriff verwenden will. Je unbestrittener die Notwendigkeit von Revisionen und je unermeßlicher deren Feld wird, um so unerläßlicher werden die Konzeptionen, die den ungeheuren Stoff zu ordnen und ihm eine Gliederung zu geben vermögen. Man muß es wohl eine Paradoxie nennen, daß auch und gerade die Konzeptionen, die auf die radikalen Revisionen der Aufklärung von Bayle bis zu Voltaire gegründet waren, den Charakter der Heilslehre behielten, indem sie den »Gang Gottes« zum »Fortschritt« säkularisierten, der schon in aller Bälde die Menschheit zu einer harmonischen Einheit machen und von den Übeln der Vergangenheit – Unwissen,

Aberglauben, ja sogar Ausbeutung und Herrschaft – erlösen werde. So groß die Differenzen und Feindschaften zwischen den Protagonisten einer quasi-theologischen Fortschrittskonzeption – etwa zwischen Marx, Comte und Spencer – waren, so eindeutig war gleichwohl der Abgrund, der sie von den Vertretern der uralten, bis zu Hesiod zurückgehenden Dekadenztheorie trennte, zu denen mit ihrerseits prononcierten Gegensätzlichkeiten Alexis de Tocqueville und Arthur de Gobineau zu rechnen sind.

So wäre denn der Historiker als solcher ein »Revisionist« zu nennen? Das kann man in der Tat sagen, wenn »Revision« nichts anderes als »kritische Prüfung und Korrektur« heißen soll. »Revisionismus« dagegen muß in einer engeren Bedeutung gebraucht werden; es muß sich um eine Tendenz oder Schule innerhalb der Historiker handeln, welche einer anderen Tendenz oder Schule entgegengesetzt wird, die man als die »etablierte« bezeichnen mag. Die einzelnen Mitglieder können dann, der engeren Bedeutung von »Revision« entsprechend, »Revisionisten« genannt werden. Gebräuchlich wurde der Terminus erstmals in den politischen Auseinandersetzungen des letzten Viertels des 19. Jahrhunderts: Als »Revisionisten« wurden in den Polemiken der Zeit die Boulangisten bezeichnet, die eine Änderung der französischen Verfassung im autoritären Sinne verlangten, und »Revisionisten« hießen auch die Vorkämpfer einer Revision im Falle Dreyfus, also die »Dreyfusards«. Eine weite Verbreitung und einen hohen Bekanntheitsgrad erlangte der Begriff aber erst durch die Kritik, welche Eduard Bernstein und dessen Anhänger am orthodoxen Marxismus übten, wie er vornehmlich von Karl Kautsky vertreten wurde. Hier ging es also um die Revision einer Lehrmeinung, d. h. einer Konzeption, die nach der Auffassung der Kritiker in ihrer ursprünglichen Form nicht mehr in der Lage war, eine adäquate Interpretation der Realität zu geben. Im Bereich der Historiographie dagegen sind die Revisionismen nahezu ausnahmslos auf das engste mit Kriegen und Niederlagen verknüpft gewesen, und man kann sie als die Versuche der Besiegten verstehen, ihren Auffassungen wieder Geltung zu verschaffen. In aller Regel wurde jedoch die Niederlage im Krieg akzeptiert, und es wurde nicht geleugnet, daß schwerwiegende Folgerungen daraus gezogen werden müßten; es ging lediglich darum, den radikalen Schuldspruch in Frage zu stellen, den die Sieger verhängt hatten, und es stand ja außer Zweifel, daß ein kriegerischer Triumph in der Moderne ohne propagandistische Übersteigerungen nicht zu erringen ist. So entsprang ein solcher Revisionismus nicht notwendigerweise einer bloßen Trotzreaktion der Besiegten, sondern er konnte sich auf das wissenschaftliche Ethos berufen und daher auch Forscher an sich heranziehen, die zu den Siegern gehörten und sich dann mehr und mehr davon überzeugten, daß nun dasjenige korrigiert werden müsse, was Propaganda und Legende gewesen sei. Die meist nicht eigens bedachte Voraussetzung dafür war, daß die Besiegten auch nach der Niederlage ihre Auffassungen noch zu artikulieren vermochten; im 20. Jahrhundert sollte die Erfahrung bald lehren, daß es innerhalb totalitärer Systeme keinen historiographischen Revisionismus geben kann.

Die Situation nach dem amerikanischen Bürgerkrieg war von spezifischer Art, obwohl es sich doch in gewisser Weise zugleich um einen Staatenkrieg handelte, der den Charakter des ideologisch geprägten Vernichtungskrieges angenommen hatte und mit der vollständigen Niederlage der Südstaaten zu Ende gegangen war. Es dauerte nämlich nicht lange, bis die ehemaligen Konföderierten, die führenden weißen Schichten des Südens der USA, wichtige Teile ihrer früheren Position zurückgewannen und bis sich an der Columbia University zu New York eine Schule um William Archibald Dunning bildete, die keineswegs nur aus Südstaatlern bestand und die an dem »alten Süden« weit liebenswürdigere und wertvollere Züge entdeckte, als die Vorkämpfer der »Negeremanzipation« im Norden ihm hatten zugestehen wollen.

Von einer »revisionistischen Sache« war aber meines Wissens erst nach dem Ersten Weltkrieg die Rede, und dieser Sache, nämlich der Überprüfung und Zurückweisung der alliierten These von der alleinigen Kriegsschuld Deutschlands, suchten keineswegs nur die deutschen Autoren in der Berliner Zeitschrift »Die Kriegsschuldfrage« (den späteren »Berliner Monatsheften«) zu dienen, sondern ihr schlossen sich auch nicht ganz wenige Amerikaner an wie etwa Harry Elmer Barnes, welcher während des Krieges ein »Chauvinist« gewesen war und der besonders modernen Schule der »New Historians« angehört hatte. Innerhalb dieser multinationalen Schule waren radikale und gemäßigte Tendenzen zu unterscheiden, aber selbst die Radikalen nahmen das von der deutschen Kriegspropaganda des Jahres 1914 gezeichnete Bild vom heimtückisch überfallenen Deutschland nicht wieder auf, und umgekehrt machte auch die etablierte Schule einige Abstriche von dem alliierten Propagandabild des »Hunnen«, der belgischen Kindern »die Hände abhackt.« So schritt der wissenschaftliche Geist des prüfenden Abwägens auf beiden Seiten unverkennbar voran.

Aber dann schien der zweite Weltkrieg die Thesen der etablierten Schule auf geradezu überwältigende Weise zu bestätigen. Diesmal konnte es keinen Streit um die »Kriegsschuldfrage« geben, denn Deutschland hatte unzweifelhaft Polen angegriffen oder überfallen, und es hatte damit die Kriegserklärungen Englands und Frankreichs provoziert, diesmal waren nicht nur in Belgien und Nordfrankreich »Kriegsverbrechen« begangen worden, sondern die Verfolgung von Juden, Kommunisten, Pazifisten und »Zeugen Jehovas« hatte sich von 1933 an vor den Augen der Weltöffentlichkeit abgespielt, und es waren offensichtlich keine bloßen Gerüchte, die von gigantischen Massentötungen deportierter oder einheimischer Juden in Polen und Rußland, aber auch vom millionenfachen Sterben sowjetischer Kriegsgefangener und von der Tötung zahlreicher Zigeuner (Sinti und Roma) sowie deutscher Geisteskranker Kenntnis gaben.

Und dennoch hat sich auch nach dem Zweiten Weltkrieg im Hinblick auf das nationalsozialistische Deutschland ein »Revisionismus« entwickelt. Auch er läßt sich nicht auf eine Formel bringen. A. J. P. Taylor, also ein altetablierter Historiker, wurde ein »Revisionist« genannt, obwohl er lediglich Hitler zu entlasten suchte, um Deutschland einen um so schwereren Schuldvorwurf machen zu können, und das gleiche gilt für deutsche Historiker wie Hans Mommsen und Martin Broszat, welche nicht Hitler die entscheidende Initiative für die »Judenvernichtung« zuschrieben, sondern die führenden Schichten Deutschlands verantwortlich machten und allerdings auch die Bedeutung von Umständen und Zufälligkeiten herausstellten. »Revisionistisch« müßte man ebenfalls eine jüngere Tendenz nennen, die den »Holocaust« als Bestandteil eines Modernisierungsprozesses sehen will, den sie in nicht untypischer Wendung gegen den geläufigen Fortschrittsbegriff gerade negativ beurteilt. Aber in der öffentlichen Meinung wird heute der Begriff »Revisionismus« meist und mit ganz negativem Akzent als »Holocaust-Revisionismus« verstanden, der als »Negationismus« in mehreren Ländern strafrechtlich verfolgt wird, der aber offensichtlich dann einen wissenschaftlichen Charakter hat, wenn er lediglich Zeugenaussagen und Zahlenangaben kritisch überprüft und die Meinung vertritt, wie bei allen bewegenden Großereignissen der Geschichte könnten auch bei der »Endlösung der Judenfrage« überhöhende Legendenbildung und verzerrende Instrumentalisierung nicht gefehlt haben. Die wichtigste Frage sollte freilich die sein, ob von »Revisionismus« und nicht vielmehr von einer umfassenden Revision die Rede sein müßte, wenn die Überzeugung in den Vordergrund tritt, der Nationalsozialismus müsse im ganzen so interpretiert werden, daß der unwissenschaftliche Begriff des »absoluten Bösen« keine Stätte findet.

Hier würde es sich jedoch offenbar nicht mehr um eine Revision von Volksmeinungen, von Ergebnissen anderer Historiker oder auch von bloßen Legenden handeln – denn dafür ist die These zu sehr mit den tiefsten Erfahrungen einer großen Anzahl von Menschen verbunden – sondern um die Revision einer Konzeption und mithin um einen »Paradigmawechsel«, wenn man den im Blick auf die Naturwissenschaften gewonnenen Kuhnschen Begriff hier gebrauchen will. Aber in der Geschichtswissenschaft verdrängt nicht das eine und modernere Paradigma das ältere und nun überholte, sondern die grundlegenden Konzeptionen stehen nebeneinander und verlieren oder gewinnen an Bedeutung und Gewicht, büßen jedoch in der Regel selbst dann nicht ihre Existenz ein, wenn sie einer umfassenden und tiefdringenden Kritik unterzogen werden, denn jede Konzeption schließt eine Selektion in sich, welche Lücken bestehen läßt oder sogar erst aufreißt. Jede Konzeption sieht sich also einer eigenen und spezifischen Revision ausgesetzt, die von außen und ebensosehr von innen kommen kann.

Es hat im 20. Jahrhundert eine Konzeption gegeben, die mit großem Nachdruck und erstaunlichem Erfolg einen absoluten Anspruch erhob und innere Revisionen ebenso gnadenlos verdammte, wie sie andere Konzeptionen in ihrem Herrschaftsbereich nicht aufkommen ließ, nämlich die marxistisch-leninistische Konzeption. Aus ihrer Perspektive befindet sich der Nationalsozialismus im absoluten historischen Unrecht, da er das letzte und gewalttätige Aufbegehren des sterbenden Kapitalismus gegen den überall siegreich vordringenden Sozialismus bedeutet. Es ist wohl nicht zuviel gesagt, wenn behauptet wird, heute, nach dem Zusammenbruch der Sowjetunion, halte selbst der überzeugteste Marxist-Leninist eine tiefgreifende Revision dieser allzu optimistischen und naiven Konzeption für erforderlich.

Als das nicht nur historisch, sondern auch metaphysisch »absolute Böse« muß der Nationalsozialismus in der jüdischen Konzeption erscheinen, die das jüdische Schicksal in das Zentrum des Geschehens stellt und sich weigert, eine Gleichsetzung mit dem Schicksal der anderen Opfer vorzunehmen. Sie kann das offensichtlich nur deshalb tun, weil sie die Juden zwar nicht mehr durchweg für das »auserwählte Volk« hält, aber ihnen doch mit Recht eine ganz eigentümliche Beziehung zur »Moderne« zuschreibt. An dieser Konzeption ist in meinen Augen jedenfalls soviel richtig, daß die Juden von den anderen Opfern getrennt werden, weil sie in viel höherem Maße von Hitler zum Gegenstand von Haß und Anklage gemacht wurden. Dennoch dürfte es nicht richtig sein, wenn »der Antisemitismus« als solcher für das Zentrum der nationalsozialistischen Anti-Ideologie erklärt wird, und insofern sollte auch diese Konzeption einer Revision nicht entzogen sein.

Neben die jüdische ist die deutsche Konzeption zu stellen, die ebenfalls einem einzelnen Volke eine überragende und singuläre Rolle in der Geschichte zuschrieb, ob sie nun als positive Lehre vom »deutschen Sonderweg« die Welt »am deutschen Wesen genesen« lassen wollte oder in einer umkehrenden Revision seit 1945 »die Deutschen« vor allem als ein singuläres »Tätervolk« betrachtete. Ausgangspunkt für diese mit der »1968er Generation« in Deutschland zur Vorherrschaft gelangte Auffassung war die Revision einer Revision, die der Hamburger Historiker Fritz Fischer 1961 vornahm, als er die alliierte These von der nahezu vollständigen Kriegsschuld des kaiserlichen Deutschland wieder aufgriff.[8] Daß eine abermalige Revision dieser Revision einer Revision möglich sein sollte, unterliegt wohl keinem Zweifel.

In grob verkürzender Weise nenne ich als letzte der großen Konzeptionen die Totalitarismustheorie, für welche die zentrale Unterscheidung nicht diejenige zwischen dem Nationalsozialismus und dem Kommunismus, aber auch nicht zwischen Deutschland und dem Rest der Welt ist, sondern welche dem als Norm aufgefaßten »westlichen Verfassungsstaat« die ideologischen Absolutheitsansprüche und die terroristische Praxis der Einparteiregime des 20. Jahrhunderts als moderne Erscheinungsform des uralten Despotismus gegenüberstellt. Die Revision, die dieser Theorie als einem angeblichen Kampfmittel des Kalten Krieges gegenüber vorgenommen wurde, schien bereits in den sechziger Jahren siegreich zu sein, und sie könnte als Revisionismus bezeichnet werden, da die Protagonisten sich rasch zu einer kämpferischen Schule zusammenschlossen, aber der Terminus läßt sich dennoch nicht sinnvollerweise anwenden, da diese Revision durchweg nicht von innen kam und überwiegend bloß die Kritik durch eine andere, längst vorher vorhandene Schule darstellte, nämlich durch den Marxismus-Leninismus. Wie eine von innen kommende Revision aussehen könnte, möchte ich immerhin anzudeuten versuchen, indem ich mich abschließend zur Veranschaulichung mit einigen Bemerkungen den Werken von Renzo De Felice und François Furet zuwende, die ja häufig als »Revisionisten« bezeichnet worden sind.

In einer der letzten Äußerungen vor seinem allzufrühen Tode hat Renzo De Felice darauf hingewiesen, daß schon gegen sein erstes Buch, die »Storia degli ebrei italiani sotto il fascismo«, sehr emotionale Angriffe geführt worden seien, weil er eine weitverbreitete Überzeugung kritisiert, und das heißt revidiert habe, nämlich die Überzeugung von der engen Zusammengehörigkeit, ja Identität von »Antisemitismus« und »Rassismus«.[9] De Felice war aber durch die Beschäftigung mit dem Gründungsprozeß des »impero« zu der Einsicht gelangt, daß der »Rassismus« – in der allein gerechtfertigten Bedeutung einer auf Geringschätzung beruhenden und entweder selbstverständlichen oder postulierten Trennung zwischen zwei durch körperliche Merkmale leicht erkennbaren Menschengruppen – aus Mussolinis Furcht vor einer Vermischung zwischen der »höheren Rasse« der weißen Italiener und »der niederen« Rasse der braunen bzw. schwarzen Äthiopier hervorging und mit dem Antisemitismus nichts zu tun hatte. Damit nahm De Felice also die Revision einer verbreiteten, aber im ganzen eher untergeordneten Meinung vor. Solche Revisionen konventioneller Auffassungen und Einschätzungen sowohl der öffentlichen Meinung wie auch anderer Historiker finden sich in De Felices Werk wieder und wieder, und sie reichen von winzigen, in mühseligen Forschungsarbeiten erarbeiteten Tatbeständen bis hin zu grundlegenden Urteilen. So ist etwa in den »Anni del consenso« folgendes zu lesen: »Im Licht dieser Überlegungen ist es evident, daß viele der geläufigen Meinungen über den äthiopischen Krieg revidiert werden müssen. An erster Stelle muß diejenige Meinung revidiert werden, nach der Mussolini die vollständige Eroberung des Landes zum Ziel gehabt habe ... Und vielleicht muß auch die spezielle Angelegenheit der Ersetzung von De Bono durch Badoglio einer Revision unterzogen werden.«[10] In der »Intervista sul fascismo« hat De Felice selbst diese seine Revisionen als »begrenzt« gekennzeichnet, indem er sagt: »Was ich machen kann, das ist eine Revision der Fakten und bisweilen auch bestimmter interpretatorischer Probleme, insgesamt also begrenzte Veränderungen.«[11] Aber ist es nicht doch eine große, eine grundlegende Revision, wenn er wenig später schreibt, der Faschismus als Bewegung habe das Wollen eines bestimmten Teils der aufsteigenden Mittelschichten gebildet,[12] denn damit revidiert er ein Hauptmerkmal der geläufigen »Mittelschichtenthese«, nämlich die Behauptung, der Faschismus sei eine Bewegung der niedergehenden Mittelschichten gewesen! In ihrer marxistischen Gestalt dient diese These offenbar einem politischen Zweck, nämlich die Vorstellung vom bevorstehenden Sieg des »Proletariats« und seiner Partei zu stärken. Das Bemühen des Historikers muß im Gegenteil darauf gerichtet sein, »die Geschichte von der Ideologie zu emanzipieren und die Gründe der historischen Wahrheit von den Ansprüchen der politischen Begründung zu trennen.«[13]

Aber politische Interessen bilden nur einen Teil der Klippen, die der Historiker umschiffen muß, denn die Neigung zu »simplizistischen« Urteilen, zu ungerechten Verallgemeinerungen, zum Hinweggehen über Abschattungen (»sfumature«) der mannigfaltigsten Art liegt offenbar in der Natur des Menschen selbst, und gegen solche Naturneigungen muß der Historiker angehen, wenn er herausfinden will, »was wirklich geschah«.[14] Die Warnungen vor »Einseitigkeiten«, die Versuche, durch Kennzeichnung von »Überschätzungen« und »Unterschätzungen« die richtige Mitte zu finden, durchherrschen das ganze riesige Werk De Felices.[15] Alle großen und kleinen Revisionen, die er vornimmt, finden aber ihren Höhepunkt in der revidierenden Kritik an einer Legende, an einem Mythos, nämlich an der Legende der »Resistenza«. Auch die italienische »Resistenza« machte sich – und wegen ihrer faktischen Schwäche sogar in besonderem Maße – die geschichtlich-politische Praxis zu eigen, »die den Sieger zwingt, ein monolithisches Bild des Besiegten zu überliefern: der »nazifaschistische« Feind als totale Verkörperung des absoluten Bösen.«[16] Dieser Dämonisierung entsprechen im Bereich des Positiven die exorbitanten Hoffnungen und Ansprüche, eine endgültige Lösung der durch die Geschichte erzeugten Schwierigkeiten und Unvollkommenheiten herbeizuführen, d. h. letztlich zu einem Mythos von der Erlösung der Italiener und sogar der ganzen Menschheit zu werden. Damit gelangt die Revision De Felices in die Nähe einer eigenen Konzeption, die, wenn ich recht sehe, als Gegenentwurf zu dem in Italien von Togliatti repräsentierten Absolutheitsanspruch der in Stalin verkörperten Weltbewegung zu verstehen ist. Diesem Argument wird das Bemühen um die nie abschließbare, immer wieder zu revidierende historische Wahrheit entgegengestellt, das seinerseits nur in dem nicht-ideokratischen System der westlichen Welt verwurzelt sein kann. Aber wenn De Felice aus dieser Freiheit von ideologischen Zwängen heraus an nicht wenigen Stellen zu auffallend positiven, jedoch immer abwägenden Urteilen über Realitäten und Persönlichkeiten des italienischen Faschismus gelangt – etwa über das »Dopolavoro«, über die intellektuellen Qualitäten Mussolinis, über Giovanni Gentile und sogar über Junio Valerio Borghese, den Kommandanten der »Xmas« in der Repubblica di Salò[17] – so besteht doch kein Zweifel daran, daß er sich letztlich der »Resistenza«, d. h. ihrem »rationalen Kern«, weit näher sieht als dem Faschismus. So setzt er ja den Terminus »duce« fast immer in Anführungszeichen, er konstatiert einen Prozeß der »Selbstzerstörung« des Faschismus[18], und von der Resistenza sagt er mit großem Nachdruck: »Die Resistenza war ein großes geschichtliches Ereignis. Keinem ›Revisionismus‹ wird es je gelingen, das zu verneinen.«[19] All die vielen Revisionen; die er auf verschiedenen Ebenen vornahm, haben Renzo De Felice nicht zu einem »Revisionisten« gemacht, d. h. zum Mitglied einer Schule, deren Hauptbestreben in mehr oder weniger ausgeprägter Weise auf eine mindestens partielle Rehabilitierung der »Besiegten« in politischer Absicht hinausläuft. Aber weil er der Überzeugung war, daß jeder Historiker in der weitesten Bedeutung des Wortes auf der Linie des »wissenschaftlichen Habitus« und der »Ethik der Wissenschaft« notwendigerweise ein »Revisionist« sein muß[20], fürchtete er sich nicht davor, in den Augen der Anhänger jener »absoluten« Konzeption den Eindruck zu erwecken, er sei auch ein »Revisionist« in der engeren Bedeutung des Wortes.

François Furet ist als junger Mann für einige Zeit ein Mitglied einer kommunistischen Partei gewesen, und niemand konnte 1965, als sein zusammen mit Denis Richet geschriebenes Buch über die Französische Revolution erschien, daran zweifeln, daß es sich um ein Werk der etablierten Geschichtsschreibung handelte. Allerdings war auch hier schon eine Distanz zu glorifizierenden Darstellungen wie denjenigen von Aulard und Mathiez zu erkennen, und ein Jahrzehnt später wurde in »Penser la révolution française« die Revolution ausdrücklich zum Gegenstand einer Entmythologisierung. Eben deshalb wurde Furet schon 1974 von Albert Soboul mit ganz negativem Akzent den »Revisionisten« zugezählt. Mit großer Konsequenz schritt Furet von da aus zu dem Buch weiter, das wegen seines tragischen Todes sein letztes bleiben wird, dem großartigen »Essay« über das »Ende einer Illusion«, nämlich der kommunistischen Idee im 20. Jahrhundert. Wenn die Französische Revolution von ihren enthusiastischen Anhängern unter den Historikern mythologisiert, dann mußte die positive Verknüpfung, die zwischen den Revolutionen von 1789 und 1917 vorgenommen wurde, erst recht eine Mythologisierung darstellen, und am Ende des 20. Jahrhunderts kann niemand mehr an dem Illusionscharakter der sowjetkommunistischen Ideologie zweifeln. Aber mit wieviel Verständnis, ja unverkennbarer Sympathie zeichnet Furet die Wirkungen des »universellen Zaubers der Oktoberrevolution«[21] nach, wieviel an Verständnis läßt er Männern wie Pierre Pascal, Boris Souvarine und auch Georg Lukács zukommen! Er legt dem Prinzip des Verstehens jedoch nicht die üblichen Fesseln an, sondern er nimmt im 20. Jahrhundert »einen anderen großen Mythos« wahr[22], der »in seinen Anfängen unabtrennbar von dem Kommunismus ist, dessen Ziele er bekämpft, indem er gerade seine Methoden imitiert«[23], nämlich den faschistischen Mythos. Dieser Faschismus verfügte in seinen verschiedenen Erscheinungsformen über eine eigene »Magie der Zukunft«, die für nicht wenige Intellektuelle ebenso faszinierend war wie der Kommunismus.[24] So erscheint die Geschichte des 20. Jahrhunderts nicht als der Endkampf zwischen dem zu baldigem und uneingeschränktem Sieg bestimmten »Sozialismus« und der im Faschismus eine letzte Gestalt annehmenden »kapitalistischen Reaktion«, aber auch nicht als der am Ende erfolgreiche Verteidigungskampf des »westlichen Verfassungsstaates« gegen die einander ungemein ähnlichen totalitären Regime Stalins und Hitlers, sondern als das bürgerkriegsmäßige, schließlich im Zweiten Weltkrieg zu seinem Gipfel gelangende Ringen zwischen den zwei »großen antiliberalen und antidemokratischen Reaktionen« der europäischen Geschichte des 20. Jahrhunderts[25], die einander ebensowohl unähnlich wie ähnlich waren, auch in ihren singulären, (aber durch keinen kausalen Nexus verknüpften) Untaten. Mit dieser umfassenden Revision entwickelt Furet eine neuartige Konzeption, die bei bloß mittlerer Reichweite weder auf einen »Endzustand« noch auf »Erlösung« ausgerichtet ist und die sich doch mit Notwendigkeit ergibt, wenn die marxistisch-leninistische Konzeption ihren Absolutheitsanspruch, aber keineswegs ihren »rationalen Kern« verliert und wenn die klassische Totalitarismustheorie nicht mehr primär als strukturelle Analyse gefaßt, sondern historisiert wird. Aber ein »Revisionist« als Mitglied einer auch an politischen Zielsetzungen orientierten Schule war François Furet so wenig wie Renzo De Felice, allerdings mag er wie dieser als ein Bahnbrecher betrachtet werden, auf dessen Werk spätere »Revisionismen« aufbauen könnten.[26]

Anmerkungen

1 Herodot, Historien I, 95
2 Ebda., IV., 191
3 Ebda., V., 45
4 Thukydides, Peloponnesischer Krieg I, 3
5 Ebda., I., 20

6 Ebda., I., 22
7 Johann Gustav Droysen, Historik § 28
8 Fritz Fischer: Griff nach der Weltmacht. Die Kriegszielpolitik des kaiserlichen Deutschland 1914/18. Düsseldorf 1961
9 Renzo De Felice: Rosso e Nero a cura di Pasquale Chessa. Milano 1995, S. 149 ff.
10 Mussolini Il Duce I. Gli anni del consenso. Torino 19744, S. 708
11 Der Faschismus. Ein Interview. Stuttgart 1977, S. 28
12 Ebenda, S. 35
13 Rosso e Nero a.a.O., S. 46
14 Mussolini l'alleato. Il La guerra civile 1943–1945, Torino 1997, S. 72
15 Vgl. dazu beispielsweise »Bei der historischen Rekonstruktion und beim historischen Urteil sind mithin diese Analysen und Erklärungen ... für sich selbst unbefriedigend, soweit sie unzureichend und parteiisch sind, und schließlich sind sie verzerrend, indem auch sie die Debatte über den Faschismus zum Stadium der schematischen und einseitigen Interpretationen bringen (oder, noch schlechter, zurückbringen), die auf die Überschätzung eines Aspekts des Phänomens gegründet sind und zur Verneinung (oder, im besten der Fälle, zur Unterschätzung) der anderen Aspekte führen«. Man könnte sagen, es handle sich hier und an vielen anderen, ähnlichen Stellen nicht so sehr um Revisionen als um die Artikulierung wissenschaftlicher Maximen. Aber De Felice bleibt kaum je bei der generischen Formulierung stehen, sondern stellt durchweg den Zusammenhang mit konkreten Revisionen her. Dies im Rahmen eines kurzen Vortrags auch nur im einzelnen aufzuzeigen, ist natürlich unmöglich.
16 Rosso e Nero, S. 127
17 Ganz besonders herausfordernd mußte in den Ohren aller Antifaschisten der folgende Satz aus der »Intervista sul fascismo« klingen: »Auch wenn die Sache niemandem gefällt, nicht der überwiegenden Mehrheit der Historiker und ganz gewiß nicht mir: der Faschismus ist ein großes Ereignis in der Geschichte Italiens gewesen, und nicht nur Italiens, sondern auch Europas« (S. 112). Der persönliche Vorbehalt ist gewiß glaubwürdig, und er macht es wahrscheinlich, daß De Felices »Grundemotion« keine andere war als die spezifisch wissenschaftliche Abneigung gegen Einseitigkeit und propagandistische Instrumentalisierung. Aber »Emotionen« spielen gerade in der Geschichtswissenschaft keineswegs bloß diese unzweideutige und offensichtlich legitime Rolle, und über dieses Thema wäre viel zu sagen, wenn der knappe Raum es nicht verböte.
18 Gli anni del consenso, a.a.O., S. 180
19 Rosso e Nero, a.a.O., S. 45
20 Ebda., S. 17, 24, 61
21 François Furet: Le passé d'une illusion. Essasi sur l'idée communiste au XXe siècle. Paris 1995, S. 79

22 Ebda., S. 199
23 Ebda., S. 37
24 Ebda., S. 209 f.
25 Ebda., S. 13
26 Ein wichtiger Ansatzpunkt für Revisionen kann die Aufdeckung von Verdrängtem oder Vergessenem sein. Die Knappheit des zur Verfügung stehenden Raumes läßt es nicht zu, auf die offenkundigen Parallelen zu De Felice und Furet einzugehen, die sich bei einer Interpretation des deutschen Nationalsozialismus ergeben müssen und die doch sogleich zu gravierenden Unterscheidungen führen, vornehmlich wegen der »Endlösung der Judenfrage«, zu der in Italien und Frankreich wohl ein gewisses Maß an Mitwirkung, nicht aber eine genuine Analogie zu konstatieren ist. Renzo De Felice stellt ja verschiedentlich den italienischen Faschismus und den deutschen Nationalsozialismus als Verkörperungen des »Modernen« und des »Archaischen« schroff einander entgegen. Aber auch er will den Nationalsozialismus nicht als Verkörperung des »absoluten Bösen« der wissenschaftlichen Argumentation entzogen wissen. Um immerhin andeutungsweise klar zu machen, was eine revidierende Interpretation des Nationalsozialismus an Vergessenem oder Verdrängtem in die Betrachtung einbeziehen müßte, zitiere ich zwei erst seit kurzem zugängliche Äußerungen eines Schweizer Historikers vom Jahrgang 1925 und eines im nationalsozialistischen Deutschland zum Opfer brutaler Verfolgung gewordenen deutsch-jüdischen Romanisten:
»Der Verfasser dieser Miszelle kann sich noch sehr gut erinnern, wie die politischen Verhältnisse des Dritten Reiches mit Konzentrationslagern und Judengesetzen dem schweizerischen Bürgertum jener Jahre zwar überwiegend als höchst unsympathisch, diejenigen der Sowjetunion ihm hingegen als grauenhaft vorkamen ...« (Peter Stadler: Rückblick auf einen Historikerstreit – Versuch einer Beurteilung aus nichtdeutscher Sicht. In »Historische Zeitschrift« 247 (1988), S. 15–26, S. 21).
»16. Juni 1942 ... Die letzten Kapitel in Dubnows Autobiographie erschüttern mich. Es ist oft, als sei es mein eigenes Tagebuch. Petersburg 1917/18 – ich schreibe in Dresden 1942 ganz, ganz Ähnliches. Die Angst um das Tagebuch. Es kann das Leben kosten. Wo versteckt man es?« (Victor Klemperer: Ich will Zeugnis ablegen bis zum letzten. Tagebücher 1942–1945. Berlin 1995, S. 133). Vgl. unten S. 194. Der Ansatzpunkt für eine revidierende, aber nicht »revisionistische« Interpretation des deutschen Nationalsozialismus darf nicht »Deutschland« als ein Nationalstaat unter Nationalstaaten sein.

(Vortrag bei einer Tagung über Renzo De Felice in Mailand am 28.11.1997, publiziert in »Nuova Storia Contemporanea« I, 1 (1997), S. 49–60)

5

Das Vergehen der Vergangenheit

Über »Revisionen« und »Revisionismen« in der Geschichte

Nichts ist selbstverständlicher, als daß die Vergangenheit vergeht. Was gestern war, ist für uns heute bereits ein Stück in die Ferne gerückt, und in einem Jahr wird es noch viel weiter von uns entfernt sein. Zwar könnte man sagen, was vergehe, sei vor allem die Gegenwart, genauer ausgedrückt, das Gegenwärtige; aber was immer wir von dem Gegenwärtigen explizit zu fassen suchen, ist bereits ein Vergangenes. Aus der Gegenwart kommt kein Mensch heraus, solange er lebt; sie ist der Schneide eines Messers zu vergleichen, die viel schmaler ist, als daß irgendein Wesen darauf seinen Stand finden könnte, und dennoch lebt jeder Mensch während seiner ganzen Existenz auf dieser Schneide, über welche die Zukunft unablässig in die Vergangenheit hinüberströmt. Allenfalls für Sekunden währt das Sein der Gegenwart, und dieses Sein ist sogar eher einem Stecknadelkopf in der Endlosigkeit des Nicht-Seins zu vergleichen als der Schneide eines Messers. Aber in gewisser Weise »ist« die Vergangenheit dennoch, denn wir erinnern uns ihrer, wenngleich nur auf höchst fragmentarische, immer mit dem Vergessen verknüpfte Weise, und ebenso »ist« die Zukunft, denn wir erwarten sie unablässig, obwohl sie kaum je so eintritt, wie wir sie erwartet haben. Und doch verstehen wir Augustinus, der vor anderthalb Jahrtausenden in seinen »Bekenntnissen« schrieb: »Was ist also die Zeit? Wenn niemand mich danach fragt, weiß ich es; wenn ich es aber dem Fragenden erklären will, weiß ich es nicht« und der davon sprach, daß diese Dinge »die offenbarsten und gebräuchlichsten sind und daß sie dennoch allzusehr verborgen sind«[1]. Wir verstehen auch Pascal, der den Menschen »ein Nichts zwischen zwei Unendlichkeiten« nannte[2]. Im Fluß der Zeit gibt es also Dauerhaftes, und wäre es nur das Empfinden der Rätselhaftigkeit dieses Fließens.

Aber wenn das Nachdenken über die Zeit und über das Vergehen Schwindel hervorzurufen vermag, so setzt es doch viel Abstand vom gelebten Leben voraus und ist insofern abstrakt oder abstrahierend: Im alltäglichen Leben hat der Mensch einen anderen Begriff von Gegenwart und damit von Vergangenheit und Zukunft. Wenn er morgens die Straße betritt, fallen ihm dieselben Häuser ins Auge wie gestern, und er gibt sich keine Rechenschaft darüber, daß auch sie 12 oder 24 Stunden älter geworden sind, ganz wie er selbst. Er trifft am Arbeitsplatz dieselben Kollegen, und nur wenn ihm gesagt wird, dieser Mitarbeiter oder jene Mitarbeiterin sei gestorben, tritt für ihn betontermaßen dasjenige in die Vergangenheit, was gestern noch ebenso Gegenwart war, wie heute die fortlebenden Kollegen Gegenwart sind. Was der Mensch konkret als Gegenwart empfindet, sind nicht die drei Sekunden jener abstrakten oder abstrahierenden Betrachtungsweise, sondern es mag das Jahr sein, das auf dem Kalender verzeichnet ist, oder vielleicht sogar die Generation, der er sich zurechnet und die »in den besten Jahren« oder »am Rande des Grabes« steht.

Auch diese konkrete Gegenwart des einzelnen Menschen in seiner meist eng begrenzten Lebenswelt vergeht, aber sie vergeht nicht gleichmäßig. Die Alltagsverrichtungen sind oft schon am folgenden Tage nicht mehr im einzelnen erkennbar, sie sind vergessen; aber der Tod der Mutter bleibt dem Sohn oder der Tochter viele Jahre hindurch in lebendiger Erinnerung. Dieses Vergangene kann so mächtig sein, daß es die Gegenwart beherrscht, ja im Extremfall tötet: Die Ehefrau kommt über den Tod ihres Mannes »nicht hinweg«, sie schwindet mehr und mehr dahin und stirbt bald. Hier darf man von einer Vergangenheit sprechen, »die nicht vergehen will« und die eben deshalb für das gegenwärtige Leben gefährlich wird. Aber auch diesseits solcher Extremfälle vergeht die Vergangenheit nicht gleichmäßig. Der Fremde, mit dem auf einem Empfang einige Worte gewechselt wurden, ist rasch vergessen, aber dem Konkurrenten, der das Geschäft ruinierte oder der eine geliebte Frau für sich gewann, mag ein lebenslanger Haß gelten. Und da das Leben ein Kampf, neutraler ausgedrückt ein Ringen ist, vergeht die Vergangenheit um so langsamer, bleibt sie um so gegenwärtiger, je mehr es sich um geliebte oder gehaßte Personen handelt. Liebe und Haß, nicht aber Höflichkeit und Wohlwollen, sind der eigentliche Gehalt des Lebens der allermeisten Menschen; Emotionen, nicht Erkenntnisse sind die stärksten Impulse. Daß ein Mensch seinem Feinde »gerecht zu werden« versucht, daß er das Unrecht und die Schuld eines geliebten Wesens wahrzunehmen vermag, ist selten; und es ist wohl kaum je ohne die Voraussetzung möglich, daß die Betreffenden gestorben oder auf andere Weise in die Ferne gerückt sind. Erst recht ist schwerlich irgend jemand zu dem Eingeständnis geneigt, er selbst habe in einer wichtigen, ihn nahe berührenden Sache unrecht gehabt: als ein wollendes, strebendes, kämpfendes Wesen verspürt der Mensch in aller Regel keine Neigung, sich selbst, seinen Freunden und seinen Feinden »objektiv« gegenüberzutreten, und es gibt keine Instanz, die ihn dazu aufriefe, es sei denn das meist durch eine Religion vermittelte Bewußtsein, daß er selbst wie alle anderen Menschen ein endliches, irrtumsunterworfenes und fehlbares Wesen ist.

Aber jeder Einzelne ist mitsamt seinen Freunden und Feinden nur ein »kleiner Mensch«, der immer zugleich auch Teil jenes »großen Menschen« ist, welcher im Titelkupfer von Thomas Hobbes' »Leviathan« dargestellt und aus lauter Einzelnen zusammengesetzt ist: dem Staat. Staat ist diejenige Gruppierung, die den einzelnen Menschen zum Gehorsam anzuhalten und bei Verstößen zu bestrafen vermag, bis hin zum lebenslangen Freiheitsentzug und womöglich bis zur Todesstrafe. »Staat« in diesem Sinne ist schon der Stamm, ja sogar die urzeitliche Sippe, ist unter Umständen aber auch die Kirche, wenn deren Sanktionen, etwa Exkommunikation und Interdikt, wirksamer sind oder mehr gefürchtet werden als die Strafen einer vielleicht sehr schwachen weltlichen Regierung. Staat in dieser Bedeutung werden künftig vielleicht Unionen von Staaten sein, sofern sie jene entscheidenden Strafen verhängen dürfen. Nur innerhalb von Staaten und zwischen Staaten gibt es »Geschichte«, die etwas anderes ist als Privatleben, und sogar von einer Geschichte der Philosophie könnte schwerlich die Rede sein, wenn nicht die einzelnen Philosophen trotz des übergreifenden Charakters ihrer Fragestellungen Mitglieder von Staaten gewesen wären. Auch Staaten als Kollektivindividuen existieren in einer Gegenwart, auch sie haben eine Vergangenheit, auch sie leben auf eine Zukunft hin. Auch ihre Vergangenheiten vergehen nicht gleichmäßig; manche Jahre sind in alten Chroniken nicht einmal vermerkt, weil sie »ereignislos« dahingingen; in anderen Jahren dagegen ist die Geschichte gleichsam konzentriert: in Jahren des Krieges, des Sieges und der Niederlage, aber auch in Jahren des Mißwuchses und der Not, und sogar die »sieben fetten Jahre« werden im kollektiven Gedächtnis festgehalten. Geschichte ist die Folge des Erinnerungswürdigen, und am meisten erinnerungwürdig sind die Gründungszeiten der Staaten. Es war konsequent, daß überall im Deutschen Reich nach 1870 Bismarck-Denkmäler entstanden; und George Washington ist für alle Amerikaner, Camillo Benso de Cavour ist für alle Italiener eine Persönlichkeit höheren Ranges als die Gestalten der folgenden, der schon »gegründeten« Geschichte. Washington, Cavour und Bismarck waren um 1930 gleichermaßen Repräsentanten einer Vergangenheit, die weniger verging als andere Vergangenheiten, die vielmehr in Gründungsfeiern immer wieder präsent gemacht wurde. Die »Glorious Revolution« von 1688/89 war für alle oder nahezu alle Engländer nicht bloß eine lebendige Erinnerung, sondern ein aktuelles Postulat, das die Erhaltung und Erweiterung der einst errungenen Freiheit verlangte und jeden »Despotismus« verhaßt machte, auch wenn er bloß im Ausland auftauchte. Aber lebendige Erinnerung, gegenwärtige Vergangenheit, blieb auch die Französische Revolution, obwohl sie ein sehr komplexer, gegensatzreicher Vorgang war, der Frankreich zu Zeiten in eine Hälfte von begeisterten Anhängern und eine andere Hälfte von fanatischen Feinden teilte. An den Siegesdenkmälern Napoleons oder über dem Grab des unbekannten Soldaten indessen konnte die zerspaltene Nation wieder zusammenfinden und die innere Feindschaft durch das Gedenken an den Sieg über die äußeren Feinde überwinden. Das ausgeprägteste Beispiel eines solchen Nicht-Vergehens der Vergangenheit ist indessen nicht in den gewöhnlich sogenannten Staaten zu finden, sondern in jenem Staat besonderer Art, der zur Kirche organisierten Religion. In der Messe wird des Kreuzestodes und der Auferstehung Christi nicht bloß gedacht, sondern für die Gläubigen vollzieht sich das vergangene Ereignis realiter aufs neue, und die Vergangenheit ist gemäß dem Wort Christi »Ich bin bei Euch bis ans Ende der Welt« zu einer ewigen Gegenwart geworden. Alle Unterschiede können eine Analogie zu jenen mythischen Vorstellungen nicht verdecken, deren Inhalt der immer wiederkehrende Tod und die immer wiederkehrende Auferstehung des Adonis oder des Zagreus ist, der Verkörperung des im Winter erstarrenden und im Frühling wiedererwachenden Naturlebens, von dem alle Geschichte umschlossen bleibt. Aber auch die Geschichte der gewöhnlichen Staaten kann zu einer gleichsam sekundären Mythisierung führen: Je triumphaler der Sieg, je erstaunlicher der Aufstieg aus einer schweren Niederlage war, um so eher kann das Ereignis zum Mythos und der wichtigste Repräsentant zum mythischen Helden verklärt werden. Die Feindschaft von einst wird äternisiert, und jedes Wort der Kritik gilt als Sakrileg. In der Gestalt des Geschichtsmythos ist die Vergangenheit zur dauernden Gegenwart geworden, welche das Verhalten zur Zukunft bestimmt und neuen Erkenntnissen über die Vergangenheit den Weg versperrt, wenn sie mit den überlieferten Glaubenssätzen nicht zusammenstimmen.

Mit einem zulässigen Maß an Zuspitzung kann man sagen, daß alle Geschichten von Nationen, Kirchen und sogar Kulturen tendenziell Heldenlieder sind, indem sie kollektive Erinnerung einer Selektion unterwerfen, welche die Zukunft der Vergangenheit entsprechen läßt. So sahen die Araber seit Jahrzehnten Israel als einen »Kreuzfahrerstaat«, und viele von ihnen erwarten auch heute noch, daß Israel in absehbarer Zeit das Schicksal der christlichen Kreuzfahrerstaaten teilen wird.

Aber diese kollektive Erinnerung, die mindestens zur Legendenbildung neigt, wird – anders als die Erinnerungen der einzelnen Menschen – nicht durch eine Einheit des Bewußtseins zusammengehalten. Den »großen Menschen« fehlt die wichtigste Eigenschaft der »kleinen Menschen«, das individuelle Bewußtsein. So muß bei ihnen der »objektive Geist«, wie Hegel ihn nannte, an die Stelle des subjektiven Geistes treten; durch Schriften, Denkmäler und Feste muß die Erinnerung wachgehalten werden, die sich im einzelnen Menschen von selbst wachhält, sofern die Erfahrung tiefgreifend genug war. Und je moderner die Welt wird, d. h. je umfassender die Kommunikation auch zwischen den Staaten und den einzelnen Staatsbürgern wird, je mehr Fremdes als Abweichendes und Vergleichbares in den Blick tritt, um so größer werden die Möglichkeiten der Wissenschaft, die als solche in einem Vermögen verwurzelt sind, das diesseits und jenseits der kämpfenden Staaten, der liebenden und hassenden Menschen angesiedelt ist, dem Vermögen der Erkenntnis, der Vernunft. Sobald diese sich auf sich selbst zu stellen vermag, ist eine Macht ins Dasein getreten, die grundsätzlich der Mythisierung und Legendenbildung widerstrebt, so oft sie sich faktisch in den Dienst staatlicher Interessen und Überzeugungen stellen mag. Es ist ihr Beruf, Revisionen an überlieferten Auffassungen und Einsichten vorzunehmen, und aus der Kumulierung einzelner Revisionen resultieren Einschränkungen und vielleicht Zerstörungen von Geschichtslegenden und Geschichtsmythen. Tendenziell wird dadurch die Vergangenheit aus ihrem emotionsbestimmten Nicht-Vergehen befreit und zum Vergehen, wenngleich sicher nicht zum gleichmäßigen Vergehen oder gar zum Vergessen gebracht. Eben dadurch wird die Zukunft offener, aber auch unbestimmter und vielleicht beängstigender, als wenn ihr von jenem festen Ort aus entgegengesehen würde. Deshalb wenden sich die Vorkämpfer der »etablierten«, immer bis zu einem bestimmten Grade legendenhaften Geschichtsauffassung gegen die revidierende Geschichtswissenschaft, und einige dieser Historiker können sich zu »Revisionisten« entwickeln, welche die Revision um ihrer selbst willen anstreben und zum symptomatischen Beweis menschlicher Fragilität ihrerseits grobe Einseitigkeiten oder gar Legenden hervorbringen mögen.

Ich lasse nun einige Beispiele für Revisionen und Revisionismen Revue passieren, gehe aber mit einiger Ausführlichkeit nur auf den jüngsten, radikalsten und am wenigsten bekannten Revisionismus ein.

Der Terminus »Revisionismus« ist am meisten durch die Auseinandersetzungen innerhalb der marxistischen Parteien bekannt geworden, bei denen es um die Frage ging, ob die Lehre von Marx als ganze akzeptiert werden solle oder ob einige Bestandteile wie zum Beispiel die sog. Katastrophentheorie aufgegeben werden müßten. Von Eduard Bernstein, dem Hauptvertreter dieses Revisionismus vor dem Ersten Weltkrieg, stammt die interessante Aussage, die Zeit selbst sei der machtvollste Revisionist.

Aber geraume Zeit vorher war z.B. durch Alexis de Tocqueville eine Revision der bis dahin geläufigen Darstellungen der Französischen Revolution vorgenommen worden, ohne daß allerdings der Terminus Verwendung gefunden hätte – eine Revision, die im Gegensatz zur Geschichtsschreibung der Mignet, Thierry und Michelet die Kontinuität statt der Diskontinuität zwischen Ancien régime und Revolution hervorhob.

Wenig später kritisierte eine ganze Schule von Historikern – William Archibald Dunning und die »Dunningites« – das Geschichtsbild und die aktuelle Handlungsweise der vollständigsten Sieger, die es bis dahin in einer blutigen Auseinandersetzung der modernen Geschichte gegeben hatte, nämlich der amerikanischen Nordstaaten im Sezessionskrieg von 1861 bis 1865. Mit ihrer einfühlsamen, ja sympathisierenden Betrachtung der sogenannten »Antebellum«-Zeit und mit ihrer Verwerfung der simplifizierenden Kriegspolemik gegen die reaktionären Sklavenhalter des Südens setzte sie sich weitgehend durch, vermutlich allerdings deshalb, weil sie das Hauptresultat des Bürgerkrieges, die erzwungene Wiedervereinigung der Südstaaten mit dem Norden, ohne Vorbehalte akzeptierte. Seit einiger Zeit schlägt aber das Pendel wieder zurück, und nun werden diejenigen »Revisionisten« genannt, die gerade umgekehrt großes Verständnis für die Männer der »reconstruction« und für das Verhalten der befreiten Sklaven an den Tag legen.

Ein Revisionismus von noch weit umfassenderer Art entwickelte sich nach dem Ersten Weltkrieg, als die Alliierten durch den berühmt-berüchtigten Artikel 231 des Versailler Vertrages die »deutsche Kriegsschuld« juristisch fixiert zu haben schienen. Daß dieses unwissenschaftliche Vorgehen sehr positive Folgen für die Wissenschaft nach sich zog, wurde zur Überraschung der Sieger schon bald klar, nämlich als die Deutschen eine umfassende Aktensammlung zur Vorgeschichte und zum Ausbruch des

Krieges vorlegten, die sich von den üblichen und parteiischen »Farbbüchern« erheblich unterschied und einen Markstein in der Entfaltung der Zeitgeschichtsschreibung bedeutete. Wenig später trat die große Publikation der russischen Akten hinzu, die von dem neuen Regime der Bolschewiki vorgenommen wurde und die eine einzige Anklage nicht mehr nur gegen Deutschland, sondern gegen den gesamten »Imperialismus« darstellte. Seit 1925 erschien in Berlin eine eigene Zeitschrift mit dem Titel »Die Kriegsschuldfrage«, die von Alfred von Wegerer herausgegeben wurde und sich der internationalen Aufklärung widmen wollte. Faktisch stand der »Kampf gegen die Kriegsschuldlüge« allerdings ganz im Vordergrund, und man mochte sagen, hier sei nur die alliierte Anklage gegen das militaristische und aggressive Deutschland zur Anklage gegen das französisch-russische Komplott zur Wiedererlangung Elsaß-Lothringens und zur Eroberung der Dardanellen sowie gegen den englischen Handelsneid und dessen Intention umgewendet worden, to »Copenhague the German fleet«[3]. Aber wichtiger war, daß auch Nicht-Deutsche wie etwa die Amerikaner Harry Elmer Barnes und Charles C. Tansill jene Historiker scharf kritisierten, welche in gelehrterer Gestalt die These von der alleinigen deutschen Kriegsschuld aufrechterhielten, eine These übrigens, die von niemandem leidenschaftlicher verfochten wurde als von dem jungen, mit Zustimmung der Militärbehörden 1917 temporär in die Schweiz verzogenen Ernst Bloch. Als 1943 das dreibändige Werk des Italieners Luigi Albertini über die Ursachen des Weltkrieges erschien, da durfte man zwar nicht von einer vollständigen Objektivität sprechen, aber die etablierte Auffassung und der Revisionismus hatten es doch in ungewolltem Zusammenwirken möglich gemacht, daß im Abstand von einem Vierteljahrhundert immerhin ein weit objektiveres Bild vom Kriegsanfang gezeichnet werden konnte, als es bis dahin üblich war.

Mit hoher Wahrscheinlichkeit kann man Ähnliches schon in unserer unmittelbaren Gegenwart von der Geschichtsschreibung über den Kalten Krieg sagen. Hier entstand die »etablierte Auffassung« nicht aus dem Selbstverständnis von Siegern, sondern aus den Entscheidungen und Maßnahmen der einen der beiden miteinander ringenden Parteien, aber nur an dieser Stelle wurde die Interpretation den Historikern nicht von der politischen Seite auferlegt, nämlich in den USA und in der westlichen Welt überhaupt. Grundlegend war für diese Schule die Überzeugung, daß der Kalte Krieg im Expansionsstreben des kommunistischen Ideologiestaates seine Ursache habe und auf der Seite des Westens ein Defensivkampf sei.

1961 wurde diese Auffassung von einem Amerikaner, Denna F. Fleming, erstmals nachdrücklich in Zweifel gezogen, der die Anfänge des »Ost-West-Konflikts« in der alliierten Intervention gegen den jungen Sowjetstaat während der Jahre 1918–1920 und in der Weigerung der USA erblickte, nach 1945 die unumgängliche Errichtung einer »Sicherheitszone« der Sowjetunion in Osteuropa anzuerkennen.[4] Der Krieg in Vietnam verschaffte diesem Revisionismus großen Auftrieb, und zu Beginn der siebziger Jahre schienen die Feis und die Donnelly, die Spanier und die John Lukàcs vor den Kolko und Horowitz, den Alperovitz und den Williams das Feld geräumt zu haben.[5] Dennoch wurden auch während dieser Zeit in Amerika und außerhalb Amerikas Bücher publiziert, welche bestimmte Resultate beider Schulen für richtig oder erwägenswert erklärten und neue Synthesen ins Werk zu setzen versuchten. Man wird vermuten dürfen, daß in Zukunft zwar kein »juste milieu«, aber doch eine Verknüpfung des Richtigen in beiden Tendenzen weiterhin Raum gewinnen wird.

In die gleiche Epoche gehört ein anderer Revisionismus, vermutlich der vielfältigste und bewegendste: der Revisionismus im Hinblick auf den Zweiten Weltkrieg, den man als eine Extremform von Revisionen ansehen mag, welche als solche noch der etablierten Auffassung zuzurechnen sind.

Das ganz Neuartige an der Situation bestand darin, daß es das Präzedens der Kriegsschulddiskussion des Ersten Weltkriegs gab und daß daher die abermals besiegten Deutschen zunächst völlig zum Schweigen gebracht waren und wohl auch von sich aus schwiegen, anders als es nach dem Ersten Weltkrieg und, mutatis mutandis, während des Kalten Krieges der Fall war. Vor allem aber lagen diesmal nicht nur Kriegsverbrechen einzelner Heerführer und Offiziere vor, deren Auslieferung man forderte, wenngleich nicht durchsetzte, sondern man hatte fast die gesamte Führung des Feindes gefangengenommen, und Aussagen der unmittelbaren Täter, wie etwa des langjährigen Kommandanten von Auschwitz, enthüllten unfaßbare, allem Anschein nach völlig singuläre Massenverbrechen. So lag nichts näher als eine gewisse Mythisierung: die Guten hatten die Bösen besiegt und die Welt für immer gerettet. Allerdings nahmen die Guten nicht dieselbe Stellung gegenüber den deutschen »Bösen« ein: wenn die sowjetische Seite sich weit mehr als die Amerikaner geneigt zeigte, doch unter den bösen Faschisten eine Anzahl von guten Antifaschisten zu entdecken, so fehlte es auf westlicher Seite immerhin nicht an Hinweisen, die Rede von der »deutschen Daseinsverfehlung« oder dem »Verbrechervolk« drehe nur die kollektivistische Schuldzuschreibung um, mit der die Nationalsozialisten »die« Juden zur Wurzel aller Übel in der Welt gemacht hatten. Und ab 1948 gab es auch auf deutscher Seite die Möglichkeit einer »Apologetik«, welche den »deutschen Widerstand« oder sogar die »konservativen Eliten« in Schutz nahm und alle Schuld bei Hitler und der SS lokalisierte.

»Revisionisten« wurden zunächst diejenigen genannt, die auch für Hitler Verständnis zeigten, sei es aus deutschfeindlichen Motiven wie im Falle von A. J. P. Taylor oder aber aus Sympathie wie bei David Hoggan und David Irving. Mehr und mehr wurde der Terminus jedoch auch auf diejenigen angewandt, die im Anschluß an Fritz Fischers »Griff nach der Weltmacht« die Verantwortlichkeit der »alten Eliten« herausstellten. Ein Revisionismus eigener Art war derjenige von Fritz Tobias, der die Nationalsozialisten von dem Vorwurf freisprach, den Reichstagsbrand gelegt zu haben, und beide Revisionismen fanden sich in der Person von Hans Mommsen vereinigt, der später zusammen mit Martin Broszat in der Frage der »Endlösung« die Schule der »Funktionalisten« begründete und sich dem sogenannten »Intentionalismus« entgegenstellte. Später wurden im Zusammenhang des sogenannten Historikerstreits aber gerade einige der bekanntesten Verfechter »etablierter« Auffassungen wie Andreas Hillgruber und Klaus Hildebrand »Revisionisten« genannt, da sie angeblich zu einer »Verharmlosung des Nationalsozialismus« neigten. Soweit die Polemik sich in zivilisierten Bahnen hielt, wurde indessen immer eine scharfe Trennung zwischen der Minderheit im »Historikerstreit« und den amerikanischen und französischen Revisionisten um Arthur Butz und Robert Faurisson vorgenommen.

Dieser Revisionismus, der sich letzten Endes von Paul Rassinier herleitet, einem ehemaligen KZ-Häftling und dann sozialistischen Abgeordneten der französischen Nationalversammlung, also keinem »Neo-Nazi«, ist der radikalste von allen. Sein Kern ist die Leugnung der Existenz von Gaskammern zur Massentötung von Menschen; die Berichte über derartige Massentötungen in Auschwitz-Birkenau, Treblinka und anderen »Vernichtungslagern« erklärt er für Legenden, die aus der alliierten Kriegspropaganda und aus der Phantasie jüdischer Deportierter hervorgegangen seien. Es ist begreiflich, daß diese Auffassung außerhalb des engen, aber durchaus internationalen Kreises dieser Revisionisten um eine französische und eine amerikanische Zeitschrift die größte Empörung hervorgerufen hat. Wer sich noch an die »Stürmer«-Kästen in deutschen Städten und Dörfern zu erinnern vermag, wer jemals den Abtransport von Menschen gesehen hat, die durch einen gelben Stern gekennzeichnet waren; wer Hitlers Prophezeiungen über die »Vernichtung der jüdischen Rasse in Europa« noch im Ohr hat; wer sich von einem Überlebenden hat erzählen lassen, wieviele Mitglieder seiner Familie in Polen oder Rußland umgekommen sind; wer die Berichte der Einsatzgruppen der SS gelesen hat, wo immer wieder von der »Erledigung« oder Liquidierung Tausender und insgesamt Hunderttausender von Juden die Rede ist, der steht starr und fassungslos vor diesem Unternehmen, das Unbegreifliche dadurch begreiflich zu machen, daß man es aus der Welt hinauseskamotiert. Daher ist es immerhin verstehbar, daß die »Leugnung der nationalsozialistischen Massenverbrechen« sowohl in Deutschland wie in Frankreich durch ein eigenes Gesetz bzw. eine Gesetzesänderung unter Strafe gestellt ist. Aber es läßt sich nicht bezweifeln, daß es dem Geist der »westlichen Demokratie« und dem Prinzip der Meinungsfreiheit eklatant widerspricht, bestimmte Meinungen über historische Ereignisse und damit einen möglichen Revisionismus schlicht zu verbieten. Die Begründung der Juristen geht deshalb dahin, daß es eine Beleidigung jedes einzelnen, sei es auch nach 1945 geborenen Juden darstelle, wenn ein Tatbestand geleugnet werde, aus dem er sein Selbstverständnis gewinne. An diesem Punkt muß jedoch eine Unterscheidung innerhalb des radikalen Revisionismus getroffen werden. Die Radikalsten behaupten tatsächlich, daß die »Endlösung der Judenfrage« eine Erfindung des Weltjudentums zum Zweck der Gründung Israels gewesen sei; kein Jude und auch kein Zigeuner sei jemals im großdeutschen Machtbereich bloß aufgrund seiner Rasse getötet worden. Diese Auffassung erhebt also den schwersten überhaupt nur vorstellbaren Vorwurf gegen das Judentum, und in eins damit macht sie paradoxerweise Hitler zu einem Biedermann und Schwätzer. Sie ist so wenig ernst zu nehmen wie die Behauptung, Napoleon habe nie gelebt und die Reden über Napoleon seien eine Erfindung der Freimaurer gewesen; sie ist gleichwohl eine schwere Beleidigung, und die Betroffenen sollten die Möglichkeit haben, vor ordentlichen Gerichten aufgrund der normalen Bestimmungen des Strafgesetzbuches dagegen zu klagen.

Eine andere Tendenz dieser revisionistischen Schule leugnet jedoch das Massensterben von Juden, Zigeunern, Polen, sowjetischen Kriegsgefangenen und anderen in »Todeslagern« nicht, aber sie bestreitet das Vorliegen eines »Führerbefehls« und die systematische Massentötung in Gaskammern. Insofern berührt sie sich partiell mit der Schule der »Funktionalisten«, die in der »Endlösung« eine Kumulierung von Einzelmaßnahmen untergeordneter Stellen erblickt und die fast durchweg als seriöse wissenschaftliche Richtung anerkannt ist. Aber sogar was die Gaskammern angeht, läßt sich das Eingeständnis nicht umgehen, daß die Revisionisten um Faurisson einige Argumente vorgebracht haben, die sich nicht einfach fortwischen lassen, oder aber den Finger auf Tatbestände legen, die zwar bekannt waren, aber nicht genügend beachtet wurden. Ich zähle einige dieser Argumente und Tatbestände auf:

Der Aussage des Kommandanten von Auschwitz, Rudolf Höss, die unzweifelhaft sehr wesentlich zum inneren Zusammenbruch der Angeklagten im Nürnberger Prozeß gegen die Hauptkriegsverbrecher beitrug, gingen Folterungen voraus; sie war also nach den Regeln des westlichen Rechtsverständnisses nicht gerichtsverwertbar.

Die sogenannten Gerstein-Dokumente weisen so viele Widersprüche auf und schließen so viele objektive Unmöglichkeiten ein, daß sie als wertlos gelten müssen.

Die Zeugenaussagen beruhen zum weitaus größten Teil auf Hörensagen und bloßen Vermutungen; die Berichte der wenigen Augenzeugen widersprechen einander zum Teil und erwecken Zweifel hinsichtlich ihrer Glaubwürdigkeit.

Eine sorgfältige Untersuchung durch eine internationale Expertenkommission ist, anders als im Falle Katyn nach der Entdeckung der Massengräber durch die deutsche Wehrmacht im Jahre 1943, nach dem Ende des Krieges nicht erfolgt, und die Verantwortung dafür kommt den sowjetischen und polnischen Kommunisten zu.

Die Veröffentlichung von Fotografien der Krematorien und einiger Kannen mit der Aufschrift »Zyklon B. Giftgas« hat keinerlei Beweiswert, da in größeren typhusverseuchten Lagern Krematorien vorhanden sein müssen und da Zyklon B ein bekanntes »Entwesungsmittel« ist, das nirgendwo entbehrt werden kann, wo Massen von Menschen unter schlechten sanitären Bedingungen zusammenleben.[6]

Aber: aus diesen Argumenten und Feststellungen zu schließen, es habe Massentötungen durch Giftgas überhaupt nicht gegeben, ist offensichtlich eine »metábasis eis allo genos«, eine unzulässige Verallgemeinerung.

Damit wird eine dritte Richtung innerhalb des radikalen Revisionismus vorstellbar, die eine vorschnelle Generalisierung vermiede und trotzdem erheblich über die »Funktionalisten« hinausgehen würde, eine Richtung, die sich die Aussage des amerikanisch-jüdischen Historikers Arno Mayer zu eigen machen würde, nämlich den Satz »Die Quellen für das Studium der Gaskammern sind zugleich selten und unverläßlich«.[7] Eine solche Aussage durch ein Gesetz verbieten zu lassen, wäre unzweifelhaft ein gravierender Verstoß gegen den Geist der Wissenschaft; eine Infragestellung der überlieferten Auffassung, daß die Massenvernichtung in Gaskammern durch zahllose Aussagen und Tatsachen zwingend bewiesen sei und außerhalb jeden Zweifels stehe, muß zulässig sein, oder Wissenschaft ist als solche in diesem Bereich überhaupt nicht zulässig und möglich.

Diese Auffassung, daß hinsichtlich des »Holocaust« ein wissenschaftliches und mithin Fragen und Zweifel zulassendes Verfahren unerlaubt und daß dessen Voraussetzung, »das Vergehen der Vergangenheit«, undenkbar sei, ist in der Tat die entschiedenste Gegenthese, die allem Revisionismus in diesem Felde entgegengestellt werden kann – genauer ausgedrückt, handelt es sich um die radikale Ausgangsthese, welcher der Revisionismus als Leugnung bestimmter Tatbestände gegenübertritt. Für die Ausgangsthese, die etwa in Elie Wiesel einen weltbekannten Vorkämpfer gefunden hat, bedeutet der »Holocaust« den Einbruch des absoluten Bösen in die Welt, welcher durch die Aufzählung empirischer Ursachen und Zusammenhänge nur unkenntlich gemacht wird, und das Sterben der Opfer bezeugt den »Tod Gottes«, da nirgendwo in der Welt (der christlichen Welt, wie man wohl sagen muß) eine Kraft erkennbar wurde, die den sechs Millionen Ermordeten hätte zu Hilfe kommen wollen. Für alle Zeiten wird dieses metaphysische Mal auf den Deutschen und letzten Endes dem Okzident haften bleiben. Hier ist also Geschichte ganz offenbar wieder zum Mythos geworden, freilich nicht zum heiligen, sondern zum unheiligen Geschehen, das aber ebenfalls alle Zeiten unverändert und unantastbar überdauert, als eine Vergangenheit, welche nicht vergehen kann, sondern die Gegenwart für immer bestimmen muß.

Ich umreiße abschließend diejenige Revision der Geschichte der Zwischenkriegszeit, die dieser quasireligiösen Auffassung entgegengesetzt und dennoch kein Revisionismus ist, obwohl sie den radikalen Revisionismus ebenso zur Kenntnis nimmt wie die entgegengesetzte These von der absoluten »Singularität« der Endlösung.[8] Sie knüpft nicht an die »gesellschaftsgeschichtliche« oder »kritische« Interpretation der deutschen Geschichte an, welche die älteste Fassung des »Kriegsschuldvorwurfs« zum Ausgangspunkt nimmt und in einer radikalen Verwerfung der deutschen Geschichte enden kann, so daß sie der Wieselschen Auffassung benachbart ist. Für die Totalitarismustheorie ergab und ergibt sich ja ein ganz anderes Resultat: Nicht Nationalstaaten und deren Traditionen sind die eigentlichen Subjekte der Geschichte seit dem Ersten Weltkrieg, sondern die Verfassungsstaatlichkeit auf der einen und die Tendenz zur totalitären Indienstnahme aller Individuen auf der anderen Seite. Beide Tendenzen sind übernational, wie es in einem sich mehr und mehr globalisierenden Zeitalter nicht anders sein kann, aber aus Gründen, die sich wissenschaftlich erkennen lassen, haben sie ihre klarsten Verkörperungen in der angelsächsischen Welt und in den despotischen Regimen der Sowjetunion und des nationalsozialistischen Deutschland gefunden. Die Ideologiestaaten Lenins und Hitlers verurteilten große Gruppen der eigenen Bevölkerung zum Tode, weil sie glaubten, diese Gruppen seien als Schädlinge von einer höheren Macht zur Ausrottung vorherbestimmt: die Bourgeois und die Kulaken von der Geschichte, die Juden von der Natur. Daher war die Wechselfeindschaft, die sie an den Tag legten, nur oberflächlich; im innersten Kern waren sie gleichmäßig dem westlichen Verfassungsstaat mit seinem Schutz der Individualrechte und seiner Bändigung der Macht entgegengesetzt; nach der Niederlage des nationalsozialistischen Regimes ist der Kampf zwischen Freiheit und sowjetischem oder stalinistischem Despotismus, der »Kalte Krieg«, der eigentliche Inhalt der Weltgeschichte, welcher irgendwann zum planetarischen Triumph eines der beiden Antagonisten führen wird.

Es ist leicht zu sehen, daß in dieser Auffassung die Frage der Gaskammern keine überragende Rolle spielt: Der Nationalsozialismus wäre auch dann durch Vernichtungswillen charakterisiert, wenn er die Juden »bloß« in typhusverseuchte Lager transportiert hätte, wo sie den Tod finden mußten. Eine absolute Singularität kann dieser »Endlösung« aber nicht zugeschrieben werden, da ihr eine andere Art von »Endlösung« auf sowjetischer Seite genau entspricht.[9] Das Wechselverhältnis der beiden Regime erweckt kein besonders Interesse, da es sich allenfalls um einen Streit im engsten Verwandtenkreis handeln kann.

Vom Anfang der sechziger Jahre an ist diese Konzeption mehr und mehr zurückgedrängt worden, und zwar durch die germanozentrisch-gesellschaftsgeschichtliche Interpretation auf der einen und durch die bald zum Marxismus fortgehende »Faschismustheorie« auf der anderen Seite. Es ist schwerlich unzulässig zu sagen, daß die eine Auffassung auch der Rechtfertigung der Zweistaatlichkeit Deutschlands diente, während die andere die Überzeugung vom künftigen Triumph der Sowjetunion zur Grundlage hatte. Der radikale Revisionismus ist faktisch eine Verteidigung Hitlers, wenn er ihn auch seiner weltgeschichtlichen Wichtigkeit beraubt. Die Totalitarismuskonzeption war auch, wenngleich sicher nicht ausschließlich, eine Waffe der USA im Kalten Krieg.

Heute sind alle diese Motive und damit zum Teil auch die Inhalte durch die reale Entwicklung überholt oder gegenstandslos geworden. Deshalb ist nach meiner Überzeugung die Stunde der Konzeption des europäischen Bürgerkrieges bzw. des Weltbürgerkrieges gekommen, die keineswegs aus den jüngsten Ereignissen entsprungen ist, sondern schon in der nichtmarxistischen Version der Faschismustheorie der sechziger Jahre impliziert war. Sie teilt mit der Totalitarismustheorie die Auffassung, daß das Auftauchen von zwei neuartigen politischen Regimen das eigenartigste und überraschendste Ereignis in der Geschichte des 20. Jahrhunderts war. Sie betont aber viel stärker die Priorität und die ältere Tradition des bolschewistischen Regimes und läßt die innere Geschichte des Jahrhunderts daher im Jahre 1917 beginnen. Sie nimmt die Feindschaft der beiden Regime viel ernster und stimmt insofern mit der marxistischen Theorie überein, und daher sieht sie in einem internationalen Bürgerkrieg, der schließlich in einen Staatenkrieg überging, die wichtigste, wenngleich nicht immer leicht erkennbare Tendenz des Jahrhunderts. Für sie ist nicht der »Kapitalismus«, sondern der Marxismus die direkte Vorbedingung des Nationalsozialismus, aber sie verherrlicht gleichwohl den westlichen Verfassungsstaat nicht, sondern erblickt in dem »Liberalen System«, ohne es zu verneinen, gerade die Wurzel jener offenen Konflikte und Krisen, denen sowohl der Marxismus wie der Nationalsozialismus den Ursprung verdanken. Sie leugnet die Kontinuitäten in der deutschen Geschichte nicht, aber im Gegensatz zu der »kritischen Gesellschaftsgeschichte« hält sie die Diskontinuität zwischen dem Deutschen Reich der Zeit vor 1933 und dem »Dritten Reich« für gravierender. Als höchsten Gipfel dieser Diskontinuität betrachtet sie die »Endlösung«, ohne darüber die reale oder geplante Massenvernichtung von Slawen und Zigeunern zu übersehen, aber sie schreibt ihr keine absolute Singularität zu, da sie es als eine Grundtatsache betrachtet, daß die soziale Vernichtung in der Sowjetunion der biologischen Vernichtung im Dritten Reich nicht bloß zeitlich voranging. Das relativ Singuläre nimmt sie nicht in der Zahl der Opfer, nicht in der Verfahrensweise und auch nicht in der kollektivistischen Schuldzuschreibung wahr, sondern in der Intention, die Größe oder das Verhängnis von Modernität durch die Ausrottung einer »Rasse« aus der Welt zu schaffen. Der gravierendste Einwand, der gegen sie vorgebracht werden kann, ist der, daß sie die nationalsozialistische Vorstellung vom »Weltkampf« repristiniere und deshalb eine Apologie des nationalsozialistischen Regimes in sich schließe. Aber die Kommunisten waren ebensosehr und jedenfalls früher von der Vorstellung erfüllt, daß sie die Protagonisten des weltweiten Klassenkampfes, d. h. eines offenen und versteckten Bürgerkriegs zwischen Ausbeutern und Ausgebeuteten seien. Wenn zwei feindliche Parteien in einer formalen Auffassung übereinkommen, kann derjenige, der ihnen in diesem Punkte zustimmt, sich mit keiner der beiden Parteien identifizieren, es sei denn, er ließe eine solche Identifizierung durch seine Darstellung erkennen. Wenn es so wäre, würde für ihn die Vergangenheit nicht vergangen sein, sondern eine Gegenwart, welche die Kämpfe von gestern im Heute fortsetzt. Inmitten solcher Kämpfe kann es keine Wissenschaft geben, sondern allenfalls die Erstellung von mehr oder weniger brauchbaren Materialien für künftige Wissenschaft. Aber spätestens mit dem Untergang des kommunistischen Systems in der Sowjetunion sowie mit den schwerwiegenden Konsequenzen einschließlich der Wiedervereinigung Deutschlands hat ein ganz neues Zeitalter begonnen, so wenig alle Brücken zur Vergangenheit und sogar zu einer scheinbar schon vorgestrigen Vergangenheit abgebrochen sind. Auch jetzt wird die wissenschaftliche Geschichtsschreibung die am wenigsten exakte, die »schwächste« aller Wissenschaften bleiben. Auch jetzt vermag keine Revision und erst recht kein Revisionismus »die Wahrheit« zu verkörpern. Aber wenn es keine Revisionen gibt, ist sogar die Annäherung an die Wahrheit verstellt. Die bisher in der Sowjetunion und in der DDR offiziell etablierten Geschichtsauffassungen sind von der Geschichte selbst revidiert worden, ganz wie vor bald fünfzig Jahren die nationalsozialistische Geschichtsauffassung von der Geschichte selbst revidiert worden ist. Das heißt indessen nicht, daß das jeweilige Gegenteil als Wahrheit erwiesen ist. Das Vergehen der Vergangenheit – zugleich Voraussetzung und Folge des Strebens nach Objektivität – bedeutet kein Vergessen. Gerade als Klärung der von politischer Instrumentalisierung befreiten Erinnerung in wissenschaftlichem Geiste ist es eine immer neue Aufgabe für die Lebenden in ihrer Gegenwart und im Hinblick auf ihre Zukunft.

Anmerkungen

1 Augustinus Confessiones, Liber XI, Caput XIV, XXII
2 Pascal Pensées 11, 72
3 »der deutschen Flotte ein Kopenhagen zu bereiten«, d.h. sie ebenso zu zerstören, wie die Engländer im Zusammenhang der napoleonischen Kriege die dänische Flotte 1807 vor Kopenhagen vernichtet (genauer: deren Auslieferung durch die Beschießung Kopenhagens erzwungen) hatten.
4 Denna F. Fleming: The Cold War and its Origins 1917–1960. Norwich 1961
5 Herbert Feis: From Trust to Terror. The Onset of the Cold War 1945–1950. New York 1970
Desmond Donnelly: Struggle for the World. The Cold War from its Origins in 1917. London 1965
John W. Spanier: American Foreign Policy Since World War Two. New York 1960.
John Lukács: Konflikte der Weltpolitik nach 1945. Geschichte des Kalten Krieges. Lausanne 1970 («rencontre«-Ausgabe der »dtv-Weltgeschichte des 20. Jahrhunderts«)
Joyce und Gabriel Kolko: The Limits of Power. The World and United States Foreign Policy 1945–1954. New York 1972
David Horowitz: Kalter Krieg. Hintergründe der US-Außenpolitik von Jalta bis Vietnam. Berlin 1969
Gar Alperovitz: Atomare Diplomatie. Hiroshima und Potsdam. München 1966
William A. Williams: The Tragedy of American Diplomacy. Cleveland/New York 1959
6 Eine informative Zusammenfassung nahezu aller »revisionistischen« Argumente ist das von Ernst Gauss (pseud. für Germar Rudolf) herausgegebene Sammelwerk »Grundlagen zur Zeitgeschichte. Ein Handbuch über strittige Fragen des 20. Jahrhunderts.« Tübingen 1994.
Die Verbreitung dieses Werkes ist gerichtlich untersagt. Es weist, wenngleich nicht durchweg, die formalen Kennzeichen der Wissenschaftlichkeit – wie Anführung der gegnerischen Literatur und argumentative Auseinandersetzung damit – auf, und ist daher als »pseudowissenschaftlich« bezeichnet worden. Aber ein verfehlter Ansatz und unzureichende Argumente sind nicht eo ipso »pseudowissenschaftlich«; Wissenschaft ist nicht mit Richtigkeit oder gar Wahrheit identisch, sondern sie strebt in einem Prozeß nach Richtigkeit bzw. Wahrheit, der die Existenz von Unrichtigem voraussetzt.
7 Arno J. Mayer: Why Did the Heavens not Darken? The ›Final Solution‹ in History. New York 1988, S. 362
8 Ernst Nolte: Der Faschismus in seiner Epoche. Action française – italienischer Faschismus – Nationalsozialismus. München 1963 (10. Auflage 2000)

Ders.: Der europäische Bürgerkrieg 1917–1945. Nationalsozialismus und Bolschewismus. Frankfurt/Berlin 1987 (5. Aufl. München 1997)

9 Zu demjenigen – überwiegend amerikanischen – Revisionismus, welcher die angeblich aus »antikommunistischen« oder »antisowjetischen« Motiven resultierende Interpretation des Kommunismus kritisiert und insbesondere den »Stalinismus« als eine Entwicklungsdiktatur eigener Prägung verständlich zu machen (oder »zu verharmlosen«) sucht, äußere ich mich aus Mangel an gründlichen Kenntnissen nicht. Ich werfe lediglich die Frage auf, ob, inwiefern und mit welchen Folgen das Motiv der »Singularisierung« des Nationalsozialismus maßgebend ist.

(Vortrag bei einem Wochenendseminar der Hermann-Ehler-Akademie Kiel am 8.11.1991)

6

Was ist »historischer Revisionismus«?

Die Frage »Was ist ›historischer Revisionismus‹?« ist nicht mit der Frage identisch, was »Revisionismus« überhaupt bedeute und wie er zu beurteilen sei. Von »historischem Revisionismus« ist erst in jüngster Zeit häufig die Rede – vorwiegend allerdings in Italien –, und der Begriff impliziert eine Differenzierung, nämlich die Unterscheidung von dem »Negationismus« in der Holocaust-Literatur, der sich selbst in der Regel schlicht als »Revisionismus« bezeichnet, und auch von dem Revisionismus hinsichtlich der Ursachen des Zweiten Weltkriegs, der durch Namen wie A. J. P. Taylor, David Hoggan und neuerdings Ernst Topitsch oder Viktor Suworow charakterisiert ist. Er hat in Büchern mit Titeln wie »Der historische Revisionismus« oder »Geschichtsrevisionismus« tendenziell eine umfassendere Bedeutung und nimmt auf das Geschichtsverständnis der »linken« oder »revolutionsfreundlichen« Richtung Bezug, welche als die vorherrschende oder »etablierte« durch den »historischen Revisionismus« angegriffen werde. Zwar wird oft genug ohne nähere Unterscheidung gegen »den Revisionismus« zu Felde gezogen, und es fehlt nicht an grobschlächtiger Polemik. Aber in seinen ernsthafteren Versionen entspricht dieser jüngste »Antirevisionismus« dem eben umrissenen Begriff, und er hat sowohl eine gründliche Darstellung wie eine klare Stellungnahme verdient.

Ich kann mich dieser Literatur nicht zuwenden, ohne gleich ein anscheinend bloß persönliches Moment zur Sprache zu bringen. So gut wie überall ist darin nämlich vom »Historikerstreit« die Rede, und so gut wie immer wird als dessen Initiator der Name Ernst Nolte genannt. Aber es handelt sich kaum je um eine historische Feststellung, die nach mehr als einem Jahrzehnt umwälzender Ereignisse gleichsam zu den Akten gelegt werden kann. Da sieht Hermann Gremliza eine Gruppe jüngerer Historiker sich zu einer »Sturmabteilung Nolte« formieren, und Karl Heinz Roth ist der Meinung, die Frankfurter Allgemeine Zeitung habe den »Altfaschisten Nolte« wieder mit offenen Armen aufgenommen.[1] Neben den Schimpfreden fallen jedoch Wendungen ins Auge, die gewiß aus einer Art Zweckpessimismus hervorgehen, aber gleichwohl als übermäßig ehrenvoll gelten könnten: Noltes geschichtsphilosophischer Rahmen, das Konzept des »europäischen Bürgerkrieges«, bilde inzwischen »die Grundlage des Diskurses« und man müsse befürchten, daß der Initiator den »Historikerstreit« am Ende doch gewonnen habe. Die Versuchung liegt für mich also nahe, persönliche Empfindlichkeit an den Tag zu legen und auf einen groben Klotz einen noch gröberen Keil zu setzen. Ich bin mir dieser Gefahr bewußt, und eben darin besteht die Möglichkeit, ihr zu entgehen. Ich werde daher auf die gleiche Weise von »Ernst Nolte« sprechen wie von François Furet und Renzo De Felice; bloßer Polemik hoffe ich mich nicht schuldig zu machen, so wenig ich versprechen kann, eine olympische Distanziertheit an den Tag zu legen.

In welchen Zusammenhang dieser Kampf gegen den »Revisionismus« in Deutschland gehört, wird auf geradezu frappierende Weise an dem Bild deutlich, das sich auf dem Umschlag des Buches von Karl Heinz Roth, einem Mitglied der »Hamburger Stiftung für Sozialgeschichte des 20. Jahrhunderts«, befindet: Ein Arbeiter ist dabei, mit einem Preßlufthammer den Kopf einer schon am Boden liegenden Lenin-Statue zu zerstören. Der Titel »Geschichtsrevisionismus. Die Wiedergeburt der Totalitarismustheorie« schließt also schon als solcher einen äußerst negativen Akzent in sich, und das Bild rückt diesen Akzent ganz in die Nähe des alten und orthodoxmarxistischen bzw. orthodox-leninistischen Kampfes für die Reinheit und die Richtigkeit der Lehre. Aber im ganzen werden doch in erster Linie Klagen artikuliert, Klagen über den »Prozeß der Entmachtung und Ausgrenzung der DDR-Eliten« und über das »Überlaufen« der großen Mehrheit der DDR-Bürger zur BRD, das allerdings seine Ursache in der »Starrheit des Parteiapparats« gehabt habe. An Selbstkritik fehlt es also nicht vollständig, aber mehr noch als gegen die »Deformationen« des Sozialismus in der DDR richtet sich die Kritik gegen das Hamburger Institut für Sozialforschung – das sogenannte Reemtsma-Institut –, das einen Beitrag zur Wiederbelebung der Totalitarismustheorie gegeben und sich damit der »politischen Religion der Bundesrepublik« untergeordnet habe. Gegen diesen neuen »antitotalitären Konsens« und gegen das Historisierungspostulat der Revisionisten will Roth »dem quasi verstauten Klassenkonflikt wieder auf die Spur kommen« und in eins damit auch die modische »Modernisierungstheorie« treffen. Aber es klingt doch ganz defensiv, wenn er gegen die »Schwarz-Weiß-Bilder« des gegenwärtigen Revisionismus polemisiert und diesem zugesteht, er habe »inzwischen zweifellos eine kulturell hegemoniale Stellung erobert.«[2] Daß der Übergang zur Offensive indessen mindestens in Betracht gezogen wird, stellt die Verwendung von Begriffen wie »Abtrünnige« und »Schreibtischtäter« unter Beweis, welche mit ihrer Hinwendung zur Totalitarismustheorie einen »ideologisch-legitimatorischen Beitrag zu massenhaften Menschenrechtsverletzungen« leisteten.

Auch das von Jens Mecklenburg und Wolfgang Wippermann herausgegebene Sammelwerk zur »Kritik des Schwarzbuchs des Kommunismus«[3] entwickelt eine Reihe von Thesen, die nicht viel anderes als eine Aufnahme von Kritikpunkten sind, welche in früheren Zeiten gegen den Kommunismus bzw. gegen die marxistischen Stellungnahmen zum Nationalsozialismus gerichtet wurden: Das »Schwarzbuch« sei eine bloße Anklageschrift, die den Kommunismus auf seine Verbrechen reduziere und alles andere systematisch weglasse und verschweige; schon im Ansatz führe es zur Kollektivschuldthese und zur Intoleranz gegen angebliche »Meinungsdelikte«; der übergreifende Kontext werde ausgespart; der Antikommunismus des Schwarzbuches sei »nekrophil« und er erinnere häufig an das Freund-Feind-Denken »eines Carl Schmitt«; scharf zu verwerfen sei der »Gestus eines Staatsanwalts«, der an vielen Stellen zum Vorschein gelange. Aber auch hier fehlt der Angriff nicht: es sei leicht, ein »Schwarzbuch des Kapitalismus« zu schreiben und darin die »Schlächterei« des Krieges von 1914–1918, die vielen Kolonialmassaker und nicht zuletzt den amerikanischen Krieg gegen Vietnam unterzubringen; Noltes Zusammenstellung von »Klassenmord« und »Rassenmord« sei von vornherein unzulässig, da »Klassen« eben keine »Völker« seien und mithin an Klassen kein Völkermord begangen werden könne; bei der Kollektivierung der Landwirtschaft habe die Führung der Sowjetunion gegen die Sabotage der Kulaken einen legitimen Kampf um die Existenz geführt und das gelte in noch höherem Maße für die Deportation der Wolgadeutschen 1941. Die »signatura temporis« seien (!) eben nicht Kolyma, sondern Auschwitz; der Holocaust sei, wie zuletzt Goldhagen gezeigt habe, unzweifelhaft ein »deutsches Projekt« gewesen, und noch unlängst sei durch das Buch von Benjamin Wilkomirski deutlich geworden, daß Auschwitz auch dann an Schrecklichkeit nicht zu übertreffen sei, wenn man das Hauptgewicht nicht auf die Gaskammern lege.

Es ist in der Tat schwierig, keine Satire zu schreiben: Die seit 50 Jahren gegen einen nicht mehr existierenden Faschismus ankämpfenden Antifaschisten empören sich gegen »nekrophile« Antikommunisten; die marxistischen oder halbmarxistischen Verfechter des ältesten und stärksten Feindbildes der Moderne polemisieren gegen das Freund-Feind-Denken Carl Schmitts; die Gegner der Verharmlosung von millionenfachen Tötungen rechtfertigen ungescheut millionenfache Tötungen, die Oberstaatsanwälte richten Vorwürfe gegen die Staatsanwälte, und die Kritiker der Nürnberger Prozesse machen mindestens implizit jede Abweichung von den Nürnberger Urteilen – etwa die Zweifel an der »deutschen« Alleinschuld oder am »Überfallcharakter« des Feldzuges gegen Frankreich – zu einem kriminellen, wegen »Volksverhetzung« bestrafbaren Delikt.

Es ist eine wahre Wohltat, sich im Zusammenhang unseres Themas von Deutschland ab- und Italien zuzuwenden. Auch die Italiener haben ja – anders als die Engländer und gar die Amerikaner – die Erfahrung eines faschistischen Regimes hinter sich, aber es handelte sich dabei nicht, wie in Deutschland, um ein radikalfaschistisches Regime – eben deshalb ist es unzulässig, von einem »deutschen Faschismus« zu sprechen. Zwar haben sie ihre eigene, die »antifaschistische« Legende entwickelt, derzufolge – zuspitzend gesagt – Mussolini mit Hilfe einer Anzahl von Gewaltmenschen und Abenteurern über ein Volk von Antifaschisten geherrscht habe, aber einem Forscher wie Renzo De Felice, der in seiner monumentalen Mussolini-Biographie diese Legende widerlegte, begegnete zwar scharfe Kritik und der Vorwurf des »Revisionismus«. Er wurde jedoch nie ausgegrenzt, und niemand wurde geächtet, weil er sich aus seine Seite stellte. So hat denn auch das Buch von Domenico Losurdo »Il Revisionismo Storico. Problemi e miti«[4], dasjenige Niveau, das man sich bei einem Gegner wünscht, und das gleiche gilt, wenn auch in geringerem Maße, von der »Verteidigung des Kommunismus« durch Giorgio Galli. Ich beschränke mich in der Hauptsache auf das Buch von Losurdo, der seine marxistischen Ursprünge nicht verleugnet.

Er geht von einem sehr weiten Begriff des »historischen Revisionismus« aus, der für ihn mehr oder weniger mit der gegenrevolutionären Tradition von Edmund Burke bis zu Carl Schmitt identisch ist. Am Rande gehört sogar Hannah Arendt dieser Richtung an, weil sie die französische Revolution zugunsten der amerikanischen verwirft, und das gleiche gilt für Liberale wie Friedrich von Hayek. Von lebenden oder erst kürzlich verstorbenen Historikern rechnet er vornehmlich Jacob Talmon, François Furet und Ernst Nolte zu den »historischen Revisionisten«. Ihr Ziel bestehe darin, »dem ganzen historischen Zyklus«, der von 1789 bis 1917 führe, also von der französischen bis zur russischen Revolution, die Legitimität abzusprechen. Dadurch falle auch, wie bei De Felice, ein Schatten auf den antifaschistischen Widerstand und es handle sich daher um eine »umfassende (»gigantesca«) Uminterpretation der Gegenwart und ihrer historischen Ursprünge. Der Noltesche Begriff der »Gegenvernichtung«, der den Nationalsozialismus zu einer bloßen Reaktion auf den Bolschewismus mache, sei indessen bereits 1927 von Ludwig von Mises verwendet worden und eine Relativierung des Dritten Reiches durch den Vergleich mit der stalinistischen Sowjetunion haben wenig später der Amerikaner William Henry Chamberlin vorgenommen. Aber wenn es sich bei dem Historischen Revisionismus um eine alte und umfassende Tendenz handelt, so befindet er sich nach Losurdo gerade deshalb auf einem Irrweg. Das müßte jedermann ins Auge springen, wenn auch die amerikanische Revolution verurteilt würde, denn dann wäre der historische Revisionismus offensichtlich nichts anderes als ein verzweifeltes Aufbegehren gegen den Gang der modernen Geschichte. Eben deshalb lasse man sich auf ein so selbstzerstörerisches Unternehmen nicht ein, und Losurdo sucht zu zeigen, daß die amerikanische und schon die englische Revolution des 17. Jahrhunderts der französischen Revolution sehr ähnlich gewesen seien. Man kann ihm nicht widersprechen, wenn er darauf verweist, daß die englischen Puritaner um Cromwell ebenso einen König hinrichteten wie die französischen Jakobiner um Robespierre und daß die »Loyalisten« im amerikanischen Unabhängigkeitskrieg ebenso verfolgt und vertrieben wurden wie die »Aristokraten« während der französischen Revolutionszeit. Allerdings will sich Losurdo nicht auf die Seite jener naiven Marxisten und Progressivisten stellen, welche wie die Ideologen der Sowjetunion den Triumphmarsch der Revolutionen vom deutschen Bauernkrieg bis zur Niederwerfung der tschechischen »Revisionisten« im Jahre 1968 glorifizieren, denn das würde sich heute ebenso absurd ausnehmen wie die Verurteilung der ganzen modernen Geschichte. Er wirft den »Revisionisten« vielmehr vor, ein Schwarz-Weiß-Bild zu zeichnen und nur in der Französischen und der Russischen Revolution den »homo ideologicus« anzuklagen. Dadurch würden die Frontverkehrungen nicht berücksichtigt, welche die lange Revolutionsperiode charakterisiert hätten: »die Angegriffenen wurden zu Angreifern, der Fortschritt wurde zur Reaktion, die ›Linke‹ wurde zur ›Rechten‹ und umgekehrt.«[5] Mithin sieht es nun eher so aus, als habe der Historische Revisionismus dem überlieferten Marxismus nur ein anderes Schwarz-Weiß-Bild entgegengesetzt, so daß ein geläuterter Neo-Marxismus jetzt eine Synthese vornehmen könne. Aber der Gedankengang des Autors wendet sich stärker denjenigen Schwächen des Revisionismus zu, die nach seiner Meinung aus dessen allzu »westlicher« Ausrichtung hervorgehen: der Aussparung der englischen Vertreibungs- und Aushungerungspolitik gegenüber Irland, der schroff indianerfeindlichen, zum Genozid tendierenden Einstellung der amerikanischen Gründerväter, den »jakobinischen Methoden« von Lincoln, den englischen Massakern in den Kolonien. Und im Zweiten Weltkrieg glichen Ideologie und Kriegführung der Amerikaner eher denjenigen der Nationalsozialisten als denen eines humanistischen Kreuzfahrerheeres: Die Japaner wurden als »Untermenschen« betrachtet und behandelt, deren Verwundete man nicht selten zusammen mit bereits Gestorbenen begrub, die eigenen Staatsbürger japanischer Abkunft wurden ebenso in Lager deportiert, wie es den deutschen Juden von seiten der Nationalsozialisten widerfuhr, und Roosevelt sprach sich für die Kastrierung aller Deutschen aus.

Nichts von all dem läßt sich zureichend aus der Kriegssituation erklären. Die Auffassungen über den notwendigen Kampf der Höherwertigen gegen die Minderwertigen, die Theodore Roosevelt schon vor dem Ersten Weltkrieg entwickelte, waren nach Losurdo eine Präfiguration Hitlerscher Ideologeme. Die englische Propaganda sei bereits im Ersten Weltkrieg von einer Skrupellosigkeit sondergleichen gewesen, indem sie Gerüchte über die Seifenherstellung aus Leichen durch die Deutschen verbreitete und die Nachricht in die Welt setzte, 700 000 Serben seien von Österreichern und Bulgaren durch Gas getötet worden. Losurdo macht sich die Vorstellung der Kriegsgreuel auf alliierter Seite so sehr präsent, daß er sich zu einem Ausruf verleiten läßt, der nicht bloß revisionistisch, sondern geradezu negationistisch klingt: »Man muß daher Verständnis für die Argumente des historischen Revisionismus oder genauer des sogenannten Negationismus haben. Weshalb sollte nicht auch die systematische Vernichtung der Juden, die dem Dritten Reich zugeschrieben wird, ein Mythos sein?«[6] Das ist zwar nur eine rhetorische, nicht wirklich ernst gemeinte Frage. Aber wenig später wird im Ausgang von der revisionistischen These einer »jüdischen Kriegserklärung« durch Chaim Weizmann nachdrücklich behauptet, die Juden – »das sei zu ihrer Ehre gesagt« – seien keineswegs die passiven Opfer des genozidalen Angriffs gewesen, sondern sie hätten sich (man muß wohl ergänzen: schon vor dem Ausbruch des Krieges) auf der internationalen Ebene den Plänen ihrer Verfolger entgegengestellt und sie hätten dann mit den Widerstandsbewegungen zusammengearbeitet und aktiv am Kampf der Partisanen teilgenommen.

Wenn Losurdo auf diese Weise im Zuge seiner Argumentation beinahe selbst zum Revisionisten wird und zum mindesten deutlich macht, wieviele gute Gründe für mannigfaltige Revisionen des herrschenden Geschichtsbildes es gibt, so bleibt der Sinn alles dessen doch immer der, dem angeblich zuungunsten des Kommunismus und der Sowjetunion gezeichneten Schwarz-Weiß-Bild der Revisionisten entgegenzutreten. Deshalb kann er mit starker Betonung darauf hinweisen, daß die Sowjetunion, anders als die Westalliierten, sich von Anfang an auf die Seite der Befreiungsbewegungen der Kolonialvölker gestellt habe, daß sie unverbrüchlich die emanzipatorischen Ideen der Aufklärung hochgehalten habe und daß sogar besonders schlimme Taten, die auf ihr Konto gingen, verständlich und sogar gerechtfertigt seien, denn die 15 000 polnischen Offiziere seien auch deshalb in Katyn und an anderen Stellen erschossen worden, weil sie Antisemiten gewesen seien.

Man würde Losurdo aber sicherlich Unrecht tun, wenn man in ihm einen simplen Apologeten des Kommunismus und der Sowjetunion sehen würde. Er setzt nicht nur Katyn und die anderen großen Massenverbrechen als bekannt voraus und sucht sie verständlich zu machen, jedoch in der Regel nicht zu rechtfertigen, ganz wie man anerkennen muß, daß er Furet und Nolte, Pipes und Talmon nicht einen Versuch der Rechtfertigung des Dritten Reiches vorwirft, sondern sich kritisch zu deren Unternehmen des »Verstehbarmachens« verhält.

Allerdings finden sich auch anderslautende Kennzeichnungen, und gerade dort, wo er den Kern der gegnerischen These in Frage zu stellen versucht, nämlich die Konzeption des übernationalen und ideologischen Bürgerkrieges. Diese Konzeption ende nämlich damit, daß sie »eine Art von gewundener Rechtfertigung auch der verruchtesten Aspekte der Politik des Dritten Reiches« hervorbringe und sogar zu der von Nolte formulierten These gelange, Hitler habe sich »im historischen Recht« befunden.[7] Von Losurdo wird die Konzeption des Zweiten Dreißigjährigen Krieges dagegengestellt, welche die Bedeutung der Konflikte zwischen den großen Mächten ernst nehme und zum Beispiel auf die Bedeutung der wilhelminischen Flottenrüstung hinweise, die nicht ohne Antwort habe bleiben können. Aber eben dadurch drängt sich die Frage auf, ob die Ideologisierung einer Weltmacht durch die Revolution von 1917 ohne »Antwort« bleiben konnte, und es ist aufschlußreich, daß Losurdo an anderer Stelle behauptet, die »Kollektivierung« und damit »die Liquidierung der Kulaken als Klasse« müsse im Zusammenhang eines Bürgerkrieges gesehen werden. Wenn der Vernichtungsangriff einer alleinherrschenden Partei auf eine große, aber zur Selbstverteidigung unfähige Klasse der eigenen Nation ein »Bürgerkrieg« war, wie sollte dann die heftige und vernichtungswillige Reaktion einer übernationalen, in Rußland tatsächlich vernichteten und im übrigen Europa mit Vernichtung bedrohten Klasse *nicht* unter den Begriff des »Bürgerkriegs« zu subsumieren sein? Es ist mithin keineswegs ausgeschlossen, vieles von demjenigen als richtig anzuerkennen, was Losurdo vorbringt: daß der Nationalsozialismus auch ein Imperialismus nach angelsächsischem Muster, ja eine radikalisierte Form davon war, daß er einen »Rassenstaat« errichten wollte, daß die »soziale Vernichtung« der Kulaken mit der biologischen Vernichtung der Juden nicht gleichzusetzen ist, daß von dem Bolschewismus ebensowenig ein Schwarz-Weiß-Bild gezeichnet werden sollte wie vom Nationalsozialismus. Dann würde schon eine Reihe seiner Vorwürfe in sich zusammenfallen, vor allem die umstandslose Herleitung des Historischen Revisionismus aus der gegenrevolutionären Tradition, und es würde sich herausstellen, daß jenes Postulat, die Paradoxien und Verkehrungen des realen Geschichtsprozesses herauszuarbeiten, gerade ein Hauptziel des Historischen Revisionismus ist, der n i c h t die Neuzeit als Revolutionsepoche zu delegitimieren sucht, sondern der an die Stelle eines unkritischen Revolutionsenthusiasmus mit seinen naiv-dogmatischen Zukunftsentwürfen eine abwägende und differenzierende Auslegung treten lassen will. Vor allem aber würde nach meiner Überzeugung der Kern der Konzeption unangetastet bleiben, daß die erste Hälfte des 20. Jahrhunderts hauptsächlich der Zeitraum der militanten Auseinandersetzung zweier Ideologien war, von denen beide »in einem gewissen historischen Recht« und doch Momente eines großen Verfehlens waren, während man am Ende des Jahrhunderts den – möglicherweise irrtümlichen – Eindruck haben kann, die diskontinuierliche Fortsetzung dieses Ringens, die doch zugleich ein Rückgriff auf einen älteren Gegensatz war, habe mit dem uneingeschränkten Triumph der einen Seite geendet, welche von manchen als »liberale Demokratie« und von anderen als »Kapitalismus« bezeichnet wird.

Ich will diesen Vortrag nun nicht dadurch beenden, daß ich eine Definition des »Historischen Revisionismus« zu geben versuche, welche adäquater wäre als die von der Gegenseite formulierten Bestimmungen, wohl aber will ich einige Unterscheidungen treffen und dann darlegen, worin ich die Schwierigkeit und die Notwendigkeit des Historischen Revisionismus sehe und wie sich mir seine Entwicklung darstellt.

Revisionen bilden die alltäglichste aller Aufgaben der Wissenschaft. Wenn nachgewiesen wird, daß die Bilder einer viel propagierten Ausstellung teilweise falsch zugeordnet und insgesamt aus dem übergeordneten Zusammenhang herausgelöst sind, dann handelt es sich um eine wichtige Revision, aber nicht um einen Revisionismus. Dieser würde erst dann vorliegen, wenn eine Reihe von Historikern der Überzeugung wäre, in der Falschheit der Details komme die umfassendere Falschheit eines ganzen Geschichtsbildes zum Vorschein und diese Falschheit gelte es in intensiver Zusammenarbeit zu enthüllen. Dann wäre ein »Revisionismus« entstanden, der aller Vermutung nach von einer der wenigen umfassenden Interpretationen ausgehen würde, nämlich der germanozentrischen, die von den Nationalsozialisten positiv, seither aber so gut wie immer negativ aufgefaßt wurde. Er könnte aber auch vornehmlich auf das marxistische Paradigma Bezug nehmen, wenn darin so etwas wie eine systematische Verfälschung der historischen Realität gesehen werden würde. Die eine Richtung würde auf eine »Rehabilitierung« der zu Unrecht beschuldigten Deutschen zielen, die andere würde es sich zur Aufgabe machen, die Verfehltheit des marxistischen Klassenkonzepts aufzuweisen. Die erste Schule existiert heute allenfalls in der Gestalt des »Negationismus«, die zweite mag sich ansatzweise unter »kritischen Marxisten« finden lassen.

Man muß auch die »judäozentrische« Interpretation zu den großen Paradigmen zählen. Ihr Kern ist die These von der weltgeschichtlichen Singularität des Holocaust, die nicht ganz selten sogar als Einzigkeit verstanden wird, welche als eine Art schwarzes Loch jedem Versuch des Verstehens entzogen sei. Wenn man vom Negationismus absieht, der natürlich auch hier ins Spiel kommt, hat sich, wenn ich mich nicht täusche, eine Art Revisionismus nur auf seiten der »anderen Opfer« wie der Sinti und Roma und auch der Armenier entwickelt, die ihr Schicksal durch die Einzigartigkeitsthese herabgesetzt sehen.

Das vierte der großen Paradigmen ist die Totalitarismustheorie, die in ihrer klassischen Gestalt als Strukturanalyse eine weitgehende Gleichsetzung von Sowjetkommunismus und Nationalsozialismus vornimmt. Gegen sie richtet sich seit langem ein »linker« oder »progressivistischer« Revisionismus, der die angebliche Identifizierung von »Rot« mit »Braun« energisch zurückweist, der jedoch meist nur eine Abwandlung der marxistischen Interpretation darstellt. Aber es gibt auch eine andere Version der Totalitarismustheorie, die ich die »historisch-genetische« nenne. Sie vergleicht nicht Strukturen, sondern verfolgt Prozesse, und wenn man sie auf eine simplifizierende Formel bringen will, könnte man formulieren: Rot ist in seiner Vernichtungsintention älter als Braun, aber Braun gelangt als militante Reaktion in eine schlimmere Dimension der Untat, nämlich in die biologische statt der sozialen. Nach meiner Auffassung ist dasjenige, was heute als »historischer Revisionismus« bezeichnet wird, mit der historisch-genetischen Version der Totalitarismustheorie identisch. Diese Auslegung ruft viel Empörung hervor, weil sie das antibolschewistische Motiv Hitlers und seiner Gefolgsleute für genuin hält und nicht vor der Aussage zurückschreckt, die späteren Massenmörder seien, im Unterschied zu allen anderen Urhebern von Genoziden, durch die Nachrichten über frühere Massenmorde tief beunruhigt und bewegt worden. Viel weniger wird jedoch von ihren Gegnern in der Regel wahrgenommen, daß sie hinsichtlich der Singularität des Holocaust mit der judäozentrischen und der negativ-germanozentrischen Interpretation übereinstimmt, wenngleich mit der Maßgabe, daß Auschwitz *auch* ein Gegenstand der Forschung sein muß und daß Zeugenaussagen nicht eo ipso als verläßlich gelten dürfen.

Mit welch großen Schwierigkeiten dieser historische Revisionismus konfrontiert ist, läßt sich leicht aufweisen. Hitler und der Nationalsozialismus kamen gegen den Widerstand oder mindestens die Abneigung und den Spott fast aller Parteien des europäischen Systems zur Macht, und sie sicherten diese Macht mit bürgerkriegsartiger Brutalität; sie verfolgten eine Minderheit in einer Weise, zu der es in der europäischen Neuzeit keine Parallele gab; sie gewannen zwar für einige Jahre nicht nur in Deutschland, sondern auch in anderen europäischen Staaten vielerlei Sympathien, aber gerade diese Sympathien mußten versteckt oder verdrängt werden, als nach der Niederlage vor Moskau und der Kriegserklärung an die USA die deutschen Städte in Trümmer sanken und Gerüchte über beispiellos schreckliche Vorgänge im Osten angesichts der zahllosen ausgemergelten Leichen in deutschen Konzentrationslagern, mit denen ein großer Teil der Bevölkerung unmittelbar oder durch Fotografien konfrontiert wurde, Glaubwürdigkeit gewannen. Nie zuvor war ein einzelner Mann, aber auch ein ganzes Regime und letzten Endes sogar eine große Nation einer so einhelligen Verdammung anheimgefallen. Mußte nicht das Postulat, sogar dieses Regime und diesen Mann von der geschichtswissenschaftlichen

Maxime des »Verstehenwollens« nicht auszunehmen, ganz ebenso mit einhelliger Verwerfung rechnen?

Und doch sollte die Notwendigkeit dieses Postulates und dieser Interpretation einleuchtend sein. Nie war es ja ganz dem Gedächtnis der Menschen entschwunden, daß der Nationalsozialismus nicht wie ein plötzlicher Taifun über eine ahnungslose und zufrieden dahinlebende Menschheit hereingebrochen war, und auch die klassische Version der Totalitarismustheorie war ein Beweis dafür, daß es nicht genügen konnte, in der Spur der Kritiker des Bismarck-Reiches nur die »Junker« und die »Agrarier« als Mitschuldige namhaft zu machen. Aber je mehr das konkrete Gedächtnis sich abschwächte und auch die Totalitarismustheorie in den Hintergrund gedrängt wurde, um so stärker setzte sich in einer jüngeren Generation die Auffassung durch, mit dem Nationalsozialismus und seinen Untaten sei ein »absolutes Böses« in die Welt eingebrochen, dessen Wiederkehr mit allen Mitteln verhindert werden müsse. Darin war insofern etwas Richtiges erfaßt, als der Nationalsozialismus mit seiner Herausstellung des Kriegertums, mit seiner Verachtung der »niederen Rassen« und mit seinem Stolz auf die »männlichen Tugenden« tatsächlich ein bewußter Widerpart der Welt gewesen war, die mit der »Globalisierung«, der Emanzipation der Kolonialvölker, der politischen Gleichstellung der Frauen und dem alldurchdringenden Individualismus auf unübersehbare Weise heraufzog. Aber die neuen »Antifaschisten«, die keinen genuinen Faschismus mehr sich gegenüber hatten, übersahen, mindestens in ihren deutschen Segmenten, wie sehr ihr Verhalten auch von Opportunismus geprägt war und wie sehr sie auf eigentümliche Weise viel von der Kritik teilten, die der Nationalsozialismus gegen Liberalismus und Kapitalismus gerichtet hatte, und zwar bis hin zu dem Punkt, daß sie sich ausdrücklich die Forderung nach einem »dritten Weg« zu eigen machten, die längst vor ihnen gerade der Nationalsozialismus erhoben hatte. Vor allem aber brachten sie mit ihrer Rede vom »absoluten Bösen« eine neue und quasireligiöse Mythologie hervor, welche die wissenschaftliche Einstellung unter den Verdacht der Komplizenschaft stellte und eben dadurch eine Analogie zu jenem Zustand der Bequemlichkeit und Gedankenlosigkeit herstellte, der in harmloserer Gestalt in jenem italienischen Selbstverständnis gegeben ist, das ich erwähnt habe.

So läßt sich letzten Endes keine eindeutige Antwort auf die Frage geben, die das Thema dieses Vortrags ist. Der »historische Revisionismus«, über den dessen Gegner so viel zu sagen wissen, ist im Grunde überhaupt kein

»Revisionismus«, denn er bildet keine »Schule«, und er hat keine politischen Ziele, es sei denn, man nenne das Ziel »politisch«, die wissenschaftliche und insofern rationale Einstellung gegenüber einer in der Sache keineswegs unverständlichen Tendenz zur isolierenden Mythologisierung von außerordentlichen, mächtige Emotionen aufrührenden Tatbeständen zur Geltung zu bringen. Diese Tendenz wurde anscheinend übermächtig, als sich seit dem Ende der sechziger Jahre im Zuge der »Entspannungspolitik« ein weitenübergreifender Konsens herauszubilden schien, der die alte Vorstellung von Franklin Delano Roosevelt wieder aufgriff, die »demokratischen Mächte« hätten über den »Feind der Menschheit« den endgültigen Sieg errungen und würden nun in gemeinsamer Anstrengung eine friedliche und humane Welt hervorbringen. Diese Vorstellung besaß eine unleugbare Attraktivität, aber sie machte es erforderlich, die Millionen der Opfer »Stalins«, genauer gesagt: des Kommunismus, aus dem Gedächtnis der Menschen zu verdrängen und ausschließlich die Opfer Hitlers ans Licht zu stellen. Selbst wenn sie sich so realisiert hätte, wie Roosevelt und möglicherweise auch Stalin hofften, hätte sie eine grundlegende Fehlinterpretation der Geschichte in sich geschlossen. Sehr rasch trat jedoch an ihre Stelle der große Konflikt des Kalten Krieges, und für Hannah Arendt war es 1950 selbstverständlich, daß man keine essentiellen Unterscheidungen zwischen »Kulaken« und »Juden« vornehmen dürfe. Daß die Renaissance jener Tendenz seit dem Ende der sechziger Jahre nicht zu einer nachträglichen Fixierung der fundamentalen Einseitigkeit führte, war dem Fortleben und dem Wiedererstehen der historischen Erinnerung zu verdanken, also in erster Linie Alexander Solschenizyn und den »neuen Philosophen« in Frankreich, aber auch Männern wie Raymond Aron und Richard Pipes sowie später nicht zuletzt dem »Schwarzbuch des Kommunismus«. Aber daraus konnte kein neuer theoretischer Ansatz hervorgehen, solange nicht zugleich die »Frage nach dem Faschismus« neu gestellt wurde. Hier dürfte die Bedeutung des »Faschismus in seiner Epoche« von 1963 zu sehen sein, der damals auch deshalb viel gelobt wurde, weil er angeblich die Totalitarismustheorie überwunden habe, der aber in Wahrheit diese Theorie ansatzweise differenzierte und damit historisierte, während viele der Jüngeren sich in seiner Spur der Faschismustheorie der Weimarer Marxisten zuwandten. Ihre volle Ausbildung erhielt die historisch-genetische Version indessen erst 1987 mit dem »Europäischen Bürgerkrieg 1917–1945«. Längst vorher aber hatte Jacob Talmon mit dem ersten Band von 1950 seiner Trilogie über die Geschichte der »totalitären Demokratie«

die Totalitarismustheorie sozusagen »ins Laufen« gebracht, und von einem anderen Ansatzpunkt her hatte François Furet gegenüber seinem Spezialgebiet, der Französischen Revolution, immer mehr an kritischem Abstand gewonnen, bis er in seinem großen Buch von 1995 über die »Vergangenheit einer Illusion« Kommunismus und Faschismus als nahezu gleichrangige, aber auch bei allen Unterschieden auf ähnliche Weise scheiternde Ideologien neben- und zueinanderstellte. Was man mit allenfalls halbem Recht den »historischen Revisionismus« nennt, ist also ein durchaus übernationales Phänomen, das nicht auf die Zusammenarbeit, sondern eher auf die parallelen Ansätze und Gedankengänge von einigen wenigen Historikern und Geschichtsdenkern gegründet ist, das aber mit hoher Wahrscheinlichkeit in der Zukunft seine Kreise ziehen und als unverwechselbares System von Überzeugungen und Fragestellungen anerkannt werden wird.

Anmerkungen

1 Hermann Gremliza: Wollt ihr den Totalitarismus? In: Jens Mecklenburg/Wolfgang Wippermann (Hrsg.): »Roter Holocaust«? Kritik des Schwarzbuches des Kommunismus. Hamburg 1998 (Konkret Literatur Verlag), S. 264-277, S. 272 Karl-Heinz Roth: Geschichtsrevisionismus. Die Wiedergeburt der Totalitarismustheorie. Hamburg 1999 (KVV konkret), S. 144
2 Roth a.a.O., S. 13
3 S. Fn. 1
4 Domenico Losurdo: Il revisionismo storico. Problemi e miti. Bari 1996 (Laterza) Vgl. auch Giorgio Galli: In difesa del comunismo nella storia del XX secolo. Milano 1998 (kaos edizioni)
5 Losurdo a.a.O. S. 115
6 Ebda. S. 181
7 Ebda. S. 127

(Vortrag bei der Herbsttagung 1999 der Zeitgeschichtlichen Forschungsstelle Ingolstadt am 20.11.1999)

7

Antwort an Israel Gutman

Ich möchte Herrn Gutman nicht improvisiert antworten, und deshalb gehe ich von seinem Aufsatz »Nolte and Revisionism« aus, der 1988 in den »Yad Vashem Studies« erschienen ist.[1] Die Kürze der zur Verfügung stehenden Zeit erlaubt mir leider nicht, einiges zu den historischen Voraussetzungen meines Selbstverständnisses zu sagen, wodurch vermutlich deutlich werden würde, wie wenig angemessen der Terminus »Revisionismus« ist. Vor einem Publikum von Kennern darf ich mich indessen wohl mit einigen Thesen begnügen, die diesen Hintergrund immerhin andeuten.

Wer ein Buch mit dem Titel »Der Faschismus in seiner Epoche« schreibt, stellt damit eine Beziehung zu jenen Konzeptionen oder Theorien her, die das Ganze der Periode der beiden Weltkriege in den Blick fassen. Dazu zählten die beiden Versionen der marxistischen Auffassung, die »orthodoxe« und die leninistische; die um den negativ gefaßten Begriff der »Säkularisierung« zentrierte Verfallstheorie der Geschichte; die »klassische« Version der Totalitarismustheorie und auch die scheinbar partikularen Konzeptionen der jüdischen, der überwiegend deutschen negativ-nationalistischen und der psychoanalytischen Theorie. Im Bereich der westlichen Welt kam seit etwa 1950 der klassischen Totalitarismustheorie Hannah Arendts und Carl J. Friedrichs der Vorrang zu, und es ist wichtig festzustellen, daß für beide Autoren die Vernichtung der Kulaken in der Sowjetunion und die Ausrottung der Juden durch das Dritte Reich genaue Parallelen bilden. Von dieser Version der Totalitarismustheorie ist aber eine zweite zu unterscheiden, die ich die historisch-genetische nenne und die durch Autoren wie Jacob Talmon, Norman Cohn und Karl August Wittfogel begründet wurde. Die Werke dieser Autoren reichen nur bis an die Schwelle der Periode der Weltkriege, aber sie sind keineswegs bloß eine Geschichte der totalitären Demokratie oder des »Pursuit of the Millennium« oder der hydraulischen Gesellschaft im Orient und im »Apparatstaat« der Sowjetunion, sondern sie zielen auf ein Verständnis des Kampfes von »linkem« und »rechtem« Totalitarismus im 20. Jahrhundert, zwischen denen nicht nur eine grundlegende Differenz, sondern auch ein kausaler Nexus besteht. So läßt sich von bestimmten Aussagen Wittfogels aus leicht die These entwickeln, Faschismus und Nationalsozialismus seien aus der Reaktion gegen den eigentlichen, den kommunistischen Totalitarismus entstanden und sie seien nicht ohne ein gewisses historisches Recht gewesen, das sich freilich in eindeutiges Unrecht verkehrt habe, da aus dem Willen zur totalen Entgegensetzung ein innerer Zwang zu Imitation und Angleichung resultiert habe.

An diesem Punkte setzte 1963 »Der Faschismus in seiner Epoche« an. Das Buch wurde damals häufig als »Überwindung der Totalitarismustheorie« oder als Wegbereitung für den Marxismus verstanden, aber es wurde von einigen Kritikern auch dem negativen Nationalismus zugerechnet, und es stand jedenfalls der jüdischen Auffassung nahe, da es »Auschwitz« ohne jede Einschränkung als singulär, als »Untat ohnegleichen« kennzeichnet und darin die innerste Konsequenz der nationalsozialistischen Ideologie erblickt. Aber die Judenvernichtung wurde doch in einen bestimmten Kontext gestellt, denn die Definition des Faschismus lautet bekanntlich, er sei »Antimarxismus, der den Gegner durch die Ausbildung einer radikal entgegengesetzten Ideologie und die Anwendung von nahezu identischen und doch charakteristisch umgeprägten Methoden zu vernichten trachtet ...«[2] Da der Marxismus der Zeit vor 1917 noch nie einen Gegner vernichtet hatte, ließe sich die Aussage auch so formulieren, zwischen dem Gulag und Auschwitz bestehe ein kausaler Nexus. Dies bedeutete sicherlich einen Schritt über die Parallele zwischen Kulaken und Juden hinaus, die Hannah Arendt gezogen hatte, aber es impliziert keine Leugnung der Singularität von Auschwitz, so wenig es den Begriff des Faschismus als solchen an eine Intention der physischen Vernichtung band, die ja weder im »Frühfaschismus« der Action française noch im Normalfaschismus« Mussolinis vorlag. Gleichwohl stelle ich nicht in Abrede, daß das Bekanntwerden mit der von David Shub zitierten Äußerung Grigorij Sinowjews aus dem Herbst 1918, die Bolschewiki müßten von den 100 Millionen der Einwohner Rußlands 90 für sich gewinnen; mit den restlichen 10 Millionen hätten sie nicht zu reden, sondern sie müßten sie vernichten, den Weg zu jener Formulierung bahnte, die 1986 so viel Anstoß erregte, obwohl sie der Sache nach in der angeführten Definition bereits enthalten war. Erstmals glaubten Kritiker eine Wandlung zu erkennen, als

1974 in »Deutschland und der kalte Krieg« die Wendung zu finden war, jeder bedeutende Staat der Gegenwart, der sich ein außerordentliches Ziel setzte, habe »seine Hitlerzeit mit ihren Ungeheuerlichkeiten und ihren Opfern« gehabt.[3] In »Marxismus und Industrielle Revolution« war 1983 zu lesen, die bolschewistische Partei sei, indem sie die Industrielle Revolution bewußt produzierte, zugleich die Fortschrittspartei und die Vernichtungspartei gewesen. Eben deshalb habe ein Konzept der Gegenvernichtung auftreten können, das den Fortschritt selbst in mythologisierender Deutung als seinen Feind sah. Auch hier sind also Gulag und Auschwitz eindeutig aufeinander bezogen, aber die Singularität von »Auschwitz« ist nicht weniger klar herausgestellt als 1963. Im ganzen war mit dem dritten Band der »Trilogie zur Geschichte der modernen Ideologien« (und das heißt zugleich: der Ideologiestaaten) nach meiner Meinung die historisch-genetische Version der Totalitarismustheorie voll ausgebildet und auf den ganzen Zeitraum seit 1917 angewendet, auf einen Zeitraum, dessen Ende 1983 bzw. 1985 allerdings noch nicht abzusehen war. Ich vermag in dieser Entfaltung keinen Bruch, sondern nur eine Akzentveränderung zu erkennen. Auch der Artikel von 1986 war kein Bruch, und der »Europäische Bürgerkrieg« faßte 1987 trotz der Ausweitung auf Details der russischen Revolution im wesentlichen nur zusammen, was längst vorher dargelegt worden war, aber er konnte nun das Ende eines ganzen Zeitalters im Blick haben, welches 1917 begonnen hatte und als wichtigste und paradoxeste Reaktion die Jahre des nationalsozialistischen Regimes von 1933 bis 1945 in sich geschlossen hatte. Spätestens 1991 hätte sich die Frage aufdrängen sollen, ob nicht neben der »klassischen Totalitarismustheorie«, die ja noch 1987 von der negativ-nationalistischen Auffassung mit einem Bannstrahl belegt war und nun in ganz Osteuropa zu einer Art von Selbstverständlichkeit wurde, die historisch-genetische Version Anerkennung finden müsse.

Aber sie wird immer noch als »Revisionismus« bezeichnet und mit zufälligen und metaphorischen Formulierungen identifiziert, die freilich nach meiner Überzeugung nur dann zu verurteilen wären, wenn hinter einem Zeitungsartikel nicht ein ganzes Lebenswerk stünde. Herr Gutman nimmt in der Tat auf den Kern der Konzeption Bezug, wenn er schreibt, die Parallelisierung von Judenmord und Vernichtung der Bourgeoisie als Klasse laufe darauf hinaus, Forderungen von politischer oder klassenmäßiger Art – eben die Vernichtung der Bourgeoisie – mit der physischen Vernichtung einer Gruppe zu vergleichen, die buchstäblich als eine andersartige Spezies betrachtet worden sei; eben deshalb könne der sowjetische Gulag in keiner Weise mit Auschwitz verglichen werden.[4] Unter »Vergleich« ist hier offenbar »Gleichsetzung« zu verstehen, denn auch Herr Gutman kann die Gleichsetzung nur ablehnen, indem er vergleicht, aber auch in jenem Artikel habe ich sehr klar zwischen »sozialer« Vernichtung auf der einen und »biologischer«, ja »metabiologischer« Vernichtung auf der anderen Seite unterschieden, und daher trifft die Behauptung nicht zu, ich intendierte ein »nullifying the historical uniqueness of Auschwitz«.

Allerdings hängt alles davon ab, wie der »kausale Nexus« zwischen Gulag und Auschwitz verstanden wird. Das Spektrum der Möglichkeiten reicht von der »Sündenbock«-These bis zu der Auffassung, die Juden hätten nach allgemeiner Auffassung den Gulag zur Existenz gebracht und deshalb seien sie in einem umfassenden Racheakt in Auschwitz dem Tode überantwortet worden. In diesem Falle wäre der kausale Nexus zugleich ein rationaler Nexus, so ungerechtfertigt die Bestrafung deutscher und polnischer Juden für die Taten sowjetischer Juden immer noch wäre. Offensichtlich handelt es sich aber nicht um einen rationalen, sondern um einen irrationalen, d. h. mythologisierenden Nexus einer kollektivistischen Schuldzuschreibung. Ein rationaler Nexus wird zum Beispiel von Iwan Solonewitsch in einem der frühesten und eindrucksvollsten Augenzeugenbericht über den Gulag hergestellt, indem er schreibt, im Falle eines Sturzes der Sowjetmacht würde nach seiner Überzeugung dieser Aktiv – d. h. die Minderheit aktiver Bolschewiki in Rußland – ungefähr vollständig und verdientermaßen abgeschlachtet werden, und zwar in Ausmaßen von siebenstelligen Zahlen. Aber Solonewitsch ist weit davon entfernt, die sowjetischen Juden mit diesem »Aktiv« zu identifizieren, denn er stellt z. B. fest, daß das Vorgehen der Tscheka gegen händlerische Tätigkeiten »mit ihrer ganzen Schwere die jüdische Bevölkerung der Städte« getroffen habe.[5] Deshalb halte ich die Forderung von Herrn Gutman, die antibolschewistische Literatur der Jahre vor 1939 als »biased journalistic publications« zu betrachten und daher nicht zur Kenntnis zu nehmen, für nicht akzeptabel. Der »kausale Nexus« ist in der Tat kein objektiver, sondern er ist zu einem wesentlichen Teil durch diese Literatur vermittelt, die ohne Zweifel viele Übertreibungen, Ungenauigkeiten und Leichtfertigkeiten enthält, wie etwa die auch von Churchill zu Beginn der zwanziger Jahre zustimmend zitierte Angabe, die Zahl der von der Tscheka Erschossenen habe 1 750 000 betragen. Aber trotz aller zu vermutenden Übertreibungen und Unrichtigkeiten wies diese Literatur einen so soliden

Kern des Glaubwürdigen und durch andere Quellen Bestätigten auf, daß das Entsetzen, welches sie in ganz Europa auslöste, verständlich, ja sogar gerechtfertigt war.

Eben deshalb meine ich, daß auch die einschlägigen Äußerungen von Nationalsozialisten ernst genommen werden sollten, nicht, weil sie richtig, sondern weil sie verständlich sind und zu Handlungsmaximen werden konnten. Ich glaube nicht, daß es sich um eine propagandistische Floskel handelte, als Goebbels 1937 nach der Lektüre des eben erwähnten Buches von Solonewitsch in sein Tagebuch schrieb: »Das ist in Rußland die Hölle auf Erden. Ausradieren! Muß weg!«[6] Ich habe in den »Streitpunkten« eine ganze Anzahl von Äußerungen führender Nationalsozialisten zitiert, die unter Beweis stellen, wie stark sie von dieser Literatur russischer Antibolschewisten und Emigranten beeindruckt waren. Ich habe auch die Äußerung von Höss angeführt, die jedermann in der Broszatschen Ausgabe nachlesen kann und die doch meines Wissens nirgendwo in der Literatur zitiert worden ist, daß den Kommandanten der nationalsozialistischen Konzentrationslager vom RSHA umfangreiches Material über die sowjetischen Konzentrationslager zugeleitet wurde, aus dem hervorging, daß hier ganze Völkerschaften durch ein Übermaß an Arbeit und durch Hunger vernichtet wurden.[7] Und ich will zwei Sätze aus dem 1982 auf deutsch erschienenen Werk von Andrzej Kaminski über »Konzentrationslager 1896 bis heute« zitieren: Die sowjetischen Äußerungen und Maßnahmen schon der zwanziger Jahre hätten »den Nazis bei der Errichtung ihrer eigenen KZs und überhaupt bei der Errichtung ihrer eigenen terroristischen Diktatur als Vorbild gedient«; die deutsche Wissenschaft sei dieser Tatsache aber bisher aus dem Wege gegangen, weil jeder entsprechende Hinweis eines deutschen Forschers »von sowjetischer und pro-sowjetischer Seite einen der bekannten Stürme der Empörung« hätte hervorrufen müssen.[8] Aber die Mythologisierung und irrationale Zurechnung wird umso auffälliger, wenn Goebbels im September 1941 nach einem Gespräch mit Heydrich schreibt, die Juden würden jetzt in sowjetische KZs gebracht und das sei nur gerecht, da sie diese ja selbst gebaut hätten.[9] Um es zu wiederholen: Der kausale Nexus zwischen Gulag und Auschwitz war real, aber irrational durch ein mythologisierendes Bewußtsein der handelnden Nationalsozialisten geprägt.

Wenn Herr Gutman in kritischer Intention meine Erwähnung des Weizmann-Briefes anführt, so deutet er meines Erachtens ein bloßes Zitat aus einem Werk von David Irving auf unzulässige Weise, aber er weist, wohl absichtslos, auf ein bedeutendes Problem hin, nämlich die Frage, ob die Juden im nationalsozialistischen Kriege nur passive Opfer einer antisemitischen Wahnidee waren oder ob nicht eine beträchtliche Zahl von ihnen – von Trotzki über Samuel Untermyer bis zu Salomon Michoels – auch aktive Teilnehmer an den großen Kämpfen des 20. Jahrhunderts waren. Ich glaube, daß gerade derjenige, der von den Juden nicht klein, sondern groß denkt, diese Frage bejahen muß. Daß die kollektivistische Schuldzuschreibung, die Auschwitz zugrundelag, gleichwohl irrational und verwerflich bleibt, sollte sich, wie ich denke, von selbst verstehen. Aber ein Einbruch des absolut Bösen in eine gute oder doch normale Welt war Auschwitz nicht; mindestens in gewissen Grenzen war und ist es verstehbar, denn kollektivistische Schuldzuschreibung ist alles andere als ein singuläres Phänomen.

Herr Gutman macht es mir auch zum Vorwurf, Publikationen benutzt zu haben, »die den Holocaust leugnen«. Aber das Tucholski-Zitat, auf das Herr Gutman anspielt, hat mich nicht deshalb frappiert, weil ich es in dem Buch von Wilhelm Stäglich gefunden habe, sondern weil es sich bei der zunächst ungläubigen Nachprüfung als richtig herausstellte. Ich muß zu meinem Bedauern sagen, daß Herr Gutman mit diesem Vorwurf nicht mehr den Mitbegründer der historisch-genetischen Version der Totalitarismustheorie angreift, sondern das Prinzip der Wissenschaft selbst. Auch in der revisionistischen Literatur kann Richtiges oder Bedenkenswertes enthalten sein, und wer darauf verzichtet, sie prüfend zur Kenntnis zu nehmen, kann nicht den Anspruch erheben, ein Wissenschaftler zu sein. Was man nämlich mit nahezu apriorischer Gewißheit über ein von niemandem bestrittenes Ereignis sagen kann, ist das folgende: Die Deportation von Millionen europäischer Juden »in den Osten« und das Verschwundenbleiben eines großen, ja des größten Teils dieser Deportierten nach dem Kriege mußte eine ungeheure Fülle von Berichten, Vermutungen und Gerüchten entstehen lassen. Nach allen Präzedentien der Weltgeschichte mußten darin zahlreiche Unrichtigkeiten, Widersprüche und Falschaussagen enthalten sein. Den Zahlenangaben Kurt Gersteins gegenüber zeigte sich Hans Rothfels schon 1953 skeptisch. »Jan Karski« berichtete 1944 nach seinem angeblichen Besuch in Belzec, die Juden würden dort in Züge umgeladen, deren Boden mit ungelöschtem Kalk bedeckt sei. Dadurch werde auf der Fahrt ihr Tod herbeigeführt, und nach ca. 100 Kilometern würden die Leichen in den Wäldern ausgeladen.[10] Andere Berichte sprachen von Massentötungen durch Starkstrom auf riesigen Metallplatten oder vom Sterben in Kammern, in die heißer Dampf eingeleitet oder aus denen die Luft ausgepumpt worden sei. Natürlich könnte es mehrere Tötungsmethoden gegeben haben, aber die meisten tauchen heute in wissenschaftlichen Darstellungen nicht mehr auf. Die Augenzeugenberichte über die Vorgänge in den Gaskammern sind, wie Arno J. Mayer formuliert hat, »gering an Zahl und unverläßlich«.[11] Die frühen Geständnisse von Tätern sind jedenfalls zum Teil durch Folterungen zustandegekommen, und was Höss angeht, konnte jedermann seit vielen Jahren die entsprechende Aussage in der Ausgabe von Broszat nachlesen.[12] Daß »Vergasung« und »Entwesung« als Synonyme betrachtet wurden, daß in sämtlichen Lagern Zyklon B zu sanitären Zwecken unentbehrlich war, mußte der Ausgangspunkt von Gerüchten sein. Nichts von diesen Unklarheiten und Widersprüchen ist geeignet, grundsätzliche Zweifel an der Massenvernichtung in Auschwitz und anderswo und an der Rolle von Gaskammern zur Menschentötung zu begründen, denn es ist bekannt, daß die Massenerschießungen des zweiten Halbjahrs 1941 von Befehlshabern und Ausführenden als unerhörte Belastung empfunden wurden und daß man nach »humaneren« Methoden der Vernichtung suchte. Die Wichtigkeit dieses Gesichtspunktes und die Realität der daraus abzuleitenden Konsequenzen wird durch nichts stärker unterstrichen als durch die Formulierung Hitlers in seinem »Politischen Testament«, der eigentlich Schuldige, das Judentum, habe diesmal seine Schuld gebüßt, »wenn auch durch humanere Mittel«.[13] Zwar ist eine Annahme, welche die Vergasung als »Einschläferung« aufzufassen scheint und in einem bekannten SS-Dokument auch wörtlich so verstanden wird[14], all denjenigen unerträglich, welche die Singularität von Auschwitz in exzessiver Grausamkeit sehen wollen, aber sie dürfte mehr Kraft des Wahrscheinlichmachens haben als die Berichte von Dr. Nyiszli, Filip Müller und Elie Wiesel. Eins sollte jedenfalls unbestreitbar sein: Es ist nicht nur eine legitime, sondern eine unumgängliche Aufgabe der Wissenschaft, Zeugenaussagen nicht einfach zu akzeptieren, sondern kritisch zu untersuchen, Zahlenangaben im Rahmen des Möglichen zu überprüfen, Gerüchte als Gerüchte zu enthüllen und klare Unterscheidungen zwischen Bewiesenem, Vermutetem, Unwahrscheinlichem und Erfundenem zu treffen. Ich halte es für schlechthin unzulässig, diese Aufgabe durch die Kennzeichnung schon der Fragestellung als »revisionistisch« für illegitim zu erklären und Wissenschaftlern die Benutzung eines Teils der Quellen und der Sekundärliteratur zu verbieten.

Diese Aussage ist, mutatis mutandis, auch auf die jüngste Entwicklung des Revisionismus anzuwenden, welche die frappierendste und herausforderndste von allen ist, obwohl auch sie zu einer »Leugnung des Holocaust« als intendierten millionenfachen Massensterbens nur dann führen könnte, wenn die phantastische These richtig wäre, die nach Osten deportierten Juden seien in Weißrußland angesiedelt worden, wie sich aus einer auffallenden Bevölkerungsvermehrung ergebe.[15] Es handelt sich um die Behauptung, aufgrund naturwissenschaftlicher Befunde bzw. technischer Tatbestände habe es Massentötungen durch Vergasung entweder nicht gegeben oder überhaupt nicht geben können, zum mindesten nicht in dem bisher angenommenen Umfang. Ich spreche von den chemischen Untersuchungen bzw. Gutachten zu den Cyanid-Restbeständen in den Entwesungskammern einerseits und in den zunächst als »Leichenhallen« vorgesehenen Räumen der Krematorien andererseits durch Leuchter, Rudolf und Lüftl sowie nicht zuletzt von den ungemein detaillierten Studien Carlo Mattognos zu scheinbaren Detailfragen wie Verbrennungsdauer, Koksverbrauch und ähnlichem. Gegen die immer wieder vorgebrachte These, daß das naturwissenschaftlich oder technisch Unmögliche nicht stattgefunden haben könne, selbst wenn Hunderte von Geständnissen und Zeugenberichten das Gegenteil sagten, läßt sich im Prinzip nicht argumentieren; die Frage ist eben, ob wirklich eine solche Unmöglichkeit bestanden hat, so daß man nur von zahllosen Opfern des Typhus und einer nach heutigen Maßstäben »normalen« Zahl von Kremierungen sprechen dürfte. Das Eingeständnis ist unumgänglich, daß Geisteswissenschaftler und Ideologiekritiker in dieser Frage nicht mitreden können. Aber da es im Augenblick so aussieht, als wäre Jean-Claude Pressac[16] der wichtigste unter den naturwissenschaftlich vorgebildeten Vertretern der überlieferten Auffassung, wird man sagen müssen, daß dieser Umstand allein ein hochmütiges oder erbittertes Aburteilen über den »Revisionismus« unmöglich machen sollte, denn Wissenschaft entwickelt sich durch Widerspruch, und gerade Pressac hat von dem revisionistischen Widerspruch nicht wenig aufgenommen. Der Ideologiehistoriker hat gleichwohl keinen Grund, von seiner Überzeugung abzugehen, daß Hitler ein fanatischer Ideologe und ein auf Vernichtung ausgerichteter Judenfeind war. Er würde aber in die Irre gehen, wenn er übersähe, daß Hitler auf noch ursprünglichere Weise ein radikaler Antimarxist bzw. Antibolschewist und gerade deshalb ein innerlich vom Bolschewismus auch in seinem Vernichtungswillen abhängiger Antibolschewist bzw. Antimarxist war. Ein »Auschwitz«, das den »Gulag« nicht einbeziehen, sondern verdrängen will, ist eine

Lüge. Aber eine nicht minder große Lüge wäre die Annahme, zwischen Gulag und Auschwitz bestehe ein kausaler Nexus von rationaler Art. Die Spannweite zwischen diesen beiden Aussagen gilt es auszuhalten, wenn wir Wissenschaft treiben und uns von Propaganda fernhalten wollen, sei diese Propaganda auch noch so gut gemeint und edelgesinnt. Nur durch immer umfassendere und also weniger einseitige Interpretation auch der Zeitgeschichte werden wir einem gesellschaftlichen System gerecht, das jetzt wieder allen Europäern gemeinsam ist, das einst der Nährboden sowohl der kommunistischen wie der faschistischen Ideologie war und das als es selbst den Drang nach Vollkommenheit und Konfliktlosigkeit nicht erfüllen kann, aber eben deshalb einer so fragilen Realität wie den historischen und politologischen Wissenschaften in Entwurf, Mühsal, Kritik und Selbstkritik eine sonst nirgendwo vorhandene Heimstatt bietet.

Anmerkungen

1 Israel Gutman: Nolte and Revisionism. In »Yad Vashem Studies« XIX, Jerusalem 1988, S. 115–149
2 Ernst Nolte: Der Faschismus in seiner Epoche. Zuerst München 1963, S. 51; die ungekürzte Definition siehe unten S. 219
3 Ders.: Deutschland und der Kalte Krieg. München 1974, S. 601
4 Gutman a.a.O. (Fn. 1), S. 133
5 Iwan Solonewitsch: Die Verlorenen. Eine Chronik namenlosen Leidens. 2 Bde., Berlin/Essen/Leipzig 1937. Bd. I, S. 190; Bd. II, S. 254
6 Die Tagebücher von Joseph Goebbels, hrsg. v. Elke Fröhlich. München 1987 ff., Teil I, Bd. 3, S. 301 (14.Oktober 1937)
Wie wenig dieser Ausruf von Goebbels als »Hetze«, »Demagogie« oder »Selbstbetrug« abgetan werden kann, müßte sogar dem radikalsten »Antifaschisten« evident sein, wenn er in den Erinnerungen Lew Kopelews folgende Sätze über dessen aktive Teilnahme an jener »Kollektivierung« liest, die Jürgen Habermas 1986 die »Vertreibung der Kulaken« nannte: »Unser großes Ziel war der Weltkommunismus; um seinetwillen kann man und muß man lügen, rauben, Hunderttausende, ja Millionen von Menschen vernichten – alle, die diesem Ziel hinderlich im Wege stehen oder im Wege stehen könnten … Und in dem furchtbaren Frühling 1933, als ich die Verhungerten, die Frauen und Kinder sah – aufgedunsen, blau, kaum noch atmend, schon mit verlöschenden, tödlich gleichgültigen Augen – … da verlor ich darüber nicht den Verstand, brachte mich nicht um, verfluchte nicht diejenigen, die Schuld hatten am Verderben »nichtbewußter« Bauern …« (Lew Kopelew: Aufbewahren für alle Zeit. Hamburg 1976, S. 42)

7 Martin Broszat (Hrsg.): Kommandant in Auschwitz. Autobiographische Aufzeichnungen des Rudolf Höss. München 1963, S. 139
8 Andrzej Kaminski: Konzentrationslager 1896 bis heute. Eine Analyse. Stuttgart 1982, S. 78, 89
9 Martin Broszat: Hitler und die Genesis der »Endlösung«, in »Vierteljahrshefte für Zeitgeschichte« 25, 1977, S. 739–775, S. 751
10 Jan Karski (Pseud.): The Story of a Secret State. Boston 1944
11 Arno J. Mayer: Why Did the Heavens not Darken? The »Final Solution« in History. New York 1988, S. 362
12 Broszat a.a.O. (Fn. 7), S. 149 f.
13 Ursachen und Folgen. Vom deutschen Zusammenbruch 1918 und 1945 bis zur staatlichen Neuordnung Deutschlands in der Gegenwart. Hrsg. v. Herbert Michaelis und Ernst Schraepler, 26 Bde., Berlin o. J., Bd. XXIII, S. 196–199, S. 197
14 PS-501, Ustf. Becker an Stbf. Rauff 16. 5. 1942, in IMG XXVI, S. 102 ff.
15 Steffen Werner: Die zweite babylonische Gefangenschaft. Zum Schicksal der Juden im Osten seit 1941. Pfullingen 1990
16 Jean-Claude Pressac: Die Krematorien von Auschwitz. Die Technik des Massenmords. München 1994

(Geschrieben Ende 1993 für eine in Auschwitz geplante Tagung unter Leitung von Waclaw Dlugoborski, wegen Erkrankung nicht gehalten)

8

»Holocaust vor dem Holocaust« oder »gewöhnlicher Genozid«?

Die »Armeniergreuel« in der Türkei

I.

Die Singularität, Einzigartigkeit oder Unvergleichbarkeit des »Holocaust«, d.h. der nationalsozialistischen »Judenvernichtung«, gilt in Deutschland als so selbstverständlich, daß sogar ein zusammenhängendes Nachdenken schon Mißtrauen hervorruft, weil in diesem Rahmen auch Erwägungen zu finden sein dürften, die als Infragestellungen oder Zweifel oder »Verharmlosungen« angesehen werden können. Nicht selten wird daher der Begriff der Einzigartigkeit mit dem der Unbegreiflichkeit verknüpft, wie es etwa Dan Diner tut, wenn er den Holocaust ein »Niemandsland des Verstehens« oder eine »black box« nennt, so daß jeder Versuch des Begreifbarmachens, des Vergleichs und gar der »Historisierung« von vornherein scheitern muß.[1] Eberhard Jäckel sieht die Einzigartigkeit darin, daß nie zuvor ein Staat durch den Mund seiner obersten Autorität öffentlich den Willen bekundet habe, alle Angehörigen eines Volkes einschließlich der Frauen und Kinder auszurotten.[2] Dabei ist offenbar vorausgesetzt, daß es für einen solchen Entschluß keinen auch nur einigermaßen nachvollziehbaren Grund geben könne, sondern daß es sich um den Einbruch eines »absoluten Bösen« handeln müsse.

Steven T. Katz weist dagegen in seiner umfangreichen und überaus gelehrten Untersuchung alle »theologischen« Interpretationen zurück und will gerade durch eingehende Vergleiche und eine entschiedene »Historisierung« die Singularität und insofern eine Unvergleichbarkeit herausstellen. Im Ergebnis stimmt er dann aber mit Jäckel überein: »Der Holocaust ist phänomenologisch einzigartig, weil nie zuvor ein Staat sich in der Weise prinzipieller Absicht und aktueller Maßnahmen vorgenommen hat, jeden Mann, jede Frau und jedes Kind eines spezifischen Volkes physisch zu vernichten.«[3] Schon der Titel der maßgebenden Zeitschrift »Holocaust and Genocide Studies« nimmt eine Trennung vor, die in der Regel bei zahlreichen Autoren Zustimmung findet, obwohl auf der anderen Seite der Vergleich nahegelegt wird und der Herausgeber, Yehuda Bauer, nachdrücklich die Verstehbarkeit auch des Holocaust hervorgehoben hat. Alan L. Berger bringt beide Begriffe ausdrücklich zusammen, indem er den Holocaust »den äußersten und archetypischen Genozid« nennt.[4] Die verdienten Mitinitiatoren einer »vergleichenden Genozidforschung«, Frank Chalk und Kurt Jonasson, gewinnen dem Begriff der Einzigartigkeit einen neuen Aspekt ab, indem sie das deutsche Schuldeingeständnis und auch das Nicht-Schweigen der jüdischen Opfer in das komplexe Phänomen mit hineinnehmen.[5]

Alfred Grosser wiederum, selbst Jude, gelangt in seinem Buch »Ermordung der Menschheit. Der Genozid im Gedächtnis der Völker« durch den Hinblick auf das Kambodscha Pol Pots – wo ja im Sinne der UN-Definition von 1948 gar kein »Völkermord«, sondern allenfalls der »Selbstmord eines Volkes«, der Intention der Urheber nach aber zweifellos ein »Klassenmord« stattfand – zu dem Ergebnis, wohl nur hier sei der Wille zur Zerstörung der individuellen Identitäten zu einer so totalitären Vollkommenheit gelangt, wie sie weder Hitler noch Stalin sich als Ziel gesetzt hätten. Damit wird der Holocaust offenbar »relativiert«, und eine Konsequenz der »Absolutsetzung« wird von Grosser sogar hart getadelt: Nichts sei moralisch so verwerflich wie die explizite oder implizite Überzeugung, eine Million ermordeter ukrainischer Bauern stelle ein geringeres Verbrechen dar als eine Million ermordeter Juden. Aber trotz der Einbeziehung der Realität von »Klassenmorden« in den Begriff des Genozids spricht sich Grosser mit Nachdruck gegen den Versuch aus, »aus Auschwitz eine stimmige Antwort auf den Bolschewismus zu machen«, und trotz seiner nicht selten geradezu provozierenden Bemerkungen wie derjenigen, es sei nicht ganz falsch, den israelischen General Dayan einen »Hitlerschüler« zu nennen, hält er im Grunde doch an der Singularität des nationalsozialistischen Völkermordes fest.[6]

Aber die Völkermorde in Kambodscha und Ruanda ereigneten sich erheblich später als »der Holocaust«, und wenn man nicht – zu Unrecht – die Konzentrationslager des spanischen Generals Weyler während der Kämpfe in Kuba um 1900 oder die etwa gleichzeitigen Konzentrationslager der Engländer im Burenkrieg einbeziehen will, dann war der Genozid an den Armeniern in der Türkei der Jahre 1915 und 1916 jedenfalls früher, und er bleibt in kaum einer Untersuchung unerwähnt, die nicht von Anfang an aus dem Nicht-Vergleichen ein Postulat macht, wie es Diner und Jäckel tun. Yves Ternon schreibt in seinem Buch »Der verbrecherische Staat« folgendes: »Vom Genozid an den Zigeunern abgesehen, der im selben Zusammenhang (wie der Holocaust) begangen wurde, ist der Völkermord an den Armeniern das Verbrechen in unserem Jahrhundert, das dem Völkermord an den Juden am nächsten kommt, also am ehesten mit ihm verglichen werden kann.«[7] Auch Yehuda Bauer ist der Meinung, daß der armenische Völkermord eine »Präfiguration« des Holocaust dargestellt habe[8], aber er sieht wie Ternon durch diesen Vergleich die Singularität des Holocaust nicht in Frage gestellt.

Anders ist die Auffassung armenischer Gelehrter und auch einiger Amerikaner. Ein gravierender Vorwurf schimmert durch, wenn in dem Protestbrief eines amerikanischen Abgeordneten an Elie Wiesel als den Vorsitzenden der »Kommission des Präsidenten für den Holocaust« Kritik an den Feststellungen des offiziellen Berichts geübt wird, welche die »einzigartige und vorganglose Natur des Nazi Holocaust« als unbezweifelbar hinstellen und dabei »das historische Präzedens des armenischen Genozids ignorieren«.[9]

Der amerikanische Historiker armenischer Abkunft Vahakn N. Dadrian publizierte in den »Holocaust and Genocide Studies« eine Studie mit dem Titel »The Convergent Aspects of the Armenian and Jewish Cases of Genocide. A Reinterpretation of the Concept of Holocaust«. Der letzte Satz der vergleichenden Untersuchung lautet folgendermaßen: »Während ein Genozid an sich und für sich allein schon für jede Opfergruppe eine einzigartige Erfahrung ist, ist es durchaus einleuchtend, gewissen Arten von Genozid das Attribut der Einzigartigkeit innerhalb der breiteren und generischen Kategorie zuzugestehen. Dies ist in der weitesten Bedeutung der Sinn der Holocaust-Perspektive, wie sie im Rahmen dieser Untersuchung auf die beiden Fälle Anwendung findet.« Mit anderen Worten heißt das, daß sowohl dem Genozid an den Armeniern wie demjenigen an den Juden im Rahmen der umfassenderen Kategorie des »Genozids« der Charakter des »Holocaust« zugeschrieben wird. Aber die überraschendste These, die sich auf die Wortbedeutung von »Holocaust« stützt, hat Dadrian schon kurz zuvor formuliert: »In einer speziellen Hinsicht kommt indessen die armenische Erfahrung im Ersten Weltkrieg im strengsten Sinn des Wortes dem Begriff des Holocaust näher als die jüdische. Zehntausende von Armeniern wurden in verschiedenen Gegenden der inneren Türkei lebendig verbrannt. Während im jüdischen Falle die Gaskammern fast immer den Verbrennungen vorausgingen, wurden in dem armenischen Fall die Ställe, Heuschober, Scheunen und Brunnen unerbittlich an die Stelle beider Vorgehensweisen gesetzt.« In der Anmerkung zu dieser Stelle gibt Dadrian die Schilderung eines armenisch-katholischen Bischofs von der Verbrennung von tausend Kindern durch den Gouverneur der Stadt Musch in Gegenwart von türkischen Notabeln wieder, und er zitiert zustimmend die Kennzeichnung der Vernichtung von anderthalb Millionen Armeniern durch Bernard Lewis als »der schreckliche Holocaust von 1916«.[10]

Ähnliche Vergleiche zwischen dem armenischen und dem jüdischen Fall finden sich in dem von Richard G. Hovannisian herausgegebenen Sammelband »The Armenian Genocide in Perspective«[11], aber die weitaus radikalste Infragestellung, ja die Verwerfung der »Einzigartigkeitsthese« ist in dem von Alan S. Rosenbaum herausgegebenen Sammelband »Is the Holocaust unique?« zu lesen, und zwar aus der Feder des an der Universität von Hawaii tätigen amerikanischen Historikers David E. Stannard.[12]

Stannard hat sich durch Untersuchungen zur Vernichtung der Indianer einen Namen gemacht, und seine Ausführungen sind von der Empörung geprägt, welche die Opfer eines großen Verbrechens oder deren Wortführer empfinden, wenn die Opfer eines anderen großen Verbrechens ihre Erfahrung herabzusetzen oder gar fortzustoßen versuchen. So ist sein Ansatzpunkt durchaus von »linker« Art, nämlich als Polemik gegen die »euro-amerikanische Ideologie der weißen Überlegenheit«, und offensichtlich betrachtet er die »exklusivistische Idee« jüdischer Intellektueller von der Einzigartigkeit »ihres« Holocaust als einen Teil oder Aspekt dieser Ideologie. Die Juden legten einen »Ausrottungsstolz« an den Tag, der ihnen »eine Art Status als privilegierte Nation in der moralischen Ehrentafel« zukommen lasse, aber bei Licht besehen sei »die ganze Suche nach jüdischer Einzigartigkeit als Opfer eine Sache von vernebelnder Spiegelung.« In Wahrheit seien die Indianer in Amerika längst vor Hitlers Geburt als »Ungeziefer« bezeichnet worden, und sogar in Auschwitz seien nach dem jüdischen Historiker Arno J. Mayer mehr Menschen durch »natürliche« Ursachen wie Hunger und Seuchen als durch »unnatürliche« wie die Gaskammern umgekommen. Die Selbstgerechtigkeit des Glaubens an das eigene Erwähltsein prangere ernste Forschung als »antisemitisch« an, sei aber selbst von rassistischen Vorstellungen erfüllt und stelle eine genaue Entsprechung zu dem vielbekämpften »Negationismus« dar, welcher die Leiden der Juden leugne, aber man selbst leugne oder verharmlose die ebenso schlimmen Leiden anderer Opfer von Genoziden wie der Indianer oder der Armenier.

Es ist bewundernswert, daß eine so schroffe »antijüdische« Polemik von dem jüdischen Herausgeber Alan S. Rosenbaum in seinen Sammelband aufgenommen wurde, und es ist noch bewundernswerter, daß der Autor des Vorworts, Israel W. Charny, 1982 den türkischen Pressionen einen schließlich erfolgreichen Widerstand leistete, die sich gegen das von ihm organisierte Symposium in Tel Aviv über den Vergleich zwischen den beiden Genoziden oder Holocausts richteten, obwohl die israelische Regierung aus Gründen der politischen Opportunität das türkische Ansinnen unterstützt hatte.[13] Natürlich werden in dem Sammelband auch entgegengesetzte Auffassungen artikuliert wie etwa von Steven Katz, aber schon daß der von Vertretern der Sinti und Roma, der Zigeuner, geprägte Terminus »Porrajmos« als Entsprechung zu »Holocaust« in einem anderen Artikel eine Rolle spielt, kann als eine »Relativierung« angesehen werden, und man darf vermuten, daß das palästinensische Synonymon »nakba« in einer kritischen Darstellung der Entstehung des Staates Israel nicht unerwähnt geblieben wäre, obwohl allenfalls in dem ganz weiten Sinne von »Vertreibung« ein Völkermord konstatiert werden kann.

Die These von der Einzigartigkeit des jüdischen Holocaust ist also keinesfalls als eine »jüdische These« zu charakterisieren. Sie ist von Juden und Nichtjuden aufgestellt und durch gute Gründe gestützt worden; sie ist aber auch von Juden und Nichtjuden mit beachtlichen Argumenten in Frage gestellt worden. Die wichtigste Nagelprobe ist die Vernichtung der in der Türkei lebenden Armenier während des Ersten Weltkriegs, die entweder ein »Holocaust vor dem Holocaust« war oder unter die »gewöhnlichen Genozide« subsumiert werden muß.

Wer nicht bereit ist, diese Frage ernst zu nehmen, und sich das Nachdenken darüber erspart, wird sich schwerlich dem Vorwurf entziehen können, bei Eindrücken, und seien sie noch so gewaltig und außerordentlich, stehenzubleiben und sich der Anstrengung der abwägenden Reflexion nicht unterziehen zu wollen.

Im folgenden ist daher zunächst, wenngleich in großer Kürze, die Geschichte dieses Vernichtungsprozesses zu erzählen, und zwar unter besonderer Hervorhebung der konkreten Leiden der Betroffenen, d. h. eines ganzen Volkes, die in Überblicksdarstellungen meist nicht anschaulich werden. Eine der kennzeichnenden Eigentümlichkeiten der »Armeniergreuel« besteht ja darin, daß sie sich nicht weithin im Verborgenen vollzogen, so daß überwiegend die Opfer als Augenzeugen zu Wort kommen müssen, sondern daß zahlreiche Berichte überliefert worden sind, die von Nicht-Armeniern und Nicht-Türken stammen. Reflexionen und Vergleiche sowie zusätzliche Informationen werden dann in einem dritten Teil ihren angemessenen Platz finden.

II.

Die Armenier gehören zu den ältesten Völkern der Erde; einige Gelehrte sehen sogar eine Kontinuität bis zu dem Reich von Urartu, das seit etwa 1250 v.Chr. in den Quellen erwähnt wird. Wahrscheinlicher dürfte sein, daß ein indogermanisches Volk, eben die Armenier, sich im fünften Jahrhundert v.Chr. in Ost-Anatolien festsetzte und sich dort behauptete. Jedenfalls wurde Armenien zum ersten christlichen Staat der Welt, als durch das Zusammenwirken des Heiligen Gregor »des Erleuchters« mit dem König Tiridates III. das Christentum im Jahre 301 zur Staatsreligion erklärt wurde, ein Jahrzehnt vor dem entsprechenden Dekret des römischen Kaisers Konstantin. Eine gewisse Eigenständigkeit erhielt die armenische Kirche dadurch, daß sie die vom Konzil zu Chalcedon angenommene Christologie nicht annahm und sich dem Monophysitismus näherte, also der Lehre von der ausschliesslich göttlichen Natur Christi. In den schweren und wechselvollen Kämpfen gegen das oströmisch-byzantinische Reich auf der einen und die muslimisch-schiitischen Perser auf der anderen Seite war die gregorianisch-apostolische Kirche der festeste Halt für die Armenier, und der »Katholikos aller Armenier« war nicht nur der religiöse, sondern in allen Perioden, wo die politische Unabhängigkeit verloren war, der weltliche Führer des Volkes, und die Kirche war eine Volkskirche mit Priesterehe, dem Abendmahl unter beiderlei Gestalten, armenischer Liturgie und erheblichen Rechten der Laien. Von entscheidender Wichtigkeit war für die Armenier die Eroberung Anatoliens durch die türkischen Seldschuken, welche die Mehrzahl zu Untertanen des »osmanischen« Weltreiches machte, während der kleinere Teil, der in der Gegend des »heiligen Berges« Ararat ansässig war, zu Persien gehörte. Armenien war also sehr früh ein »geteiltes Land«, und die Kämpfe und Verfolgungen, welche die Armenier zu bestehen hatten, erzeugten mehrere große Auswanderungswellen, so daß armenische Kolonien sogar in Polen und Rumänien zu finden waren, vornehmlich aber in der Hauptstadt Konstantinopel. Wie alle nicht-islamischen Völker hatten die Armenier im osmanischen Reich und ebenso in Persien den Status von »dhimmis« , von Schutzbefohlenen, die gegen Unterwerfungsbereitschaft und Tributzahlungen vom Tötungsgebot des Korans ausgenommen waren und ein eigenes »millet« (»Nation«) bildeten, das mit gewichtigen Selbstverwaltungsrechten ausgestattet war und in gewisser Weise einen »Staat im Staate« unter seinem Patriarchen bildete, aber einen »Staat«, welcher der »herrschenden Nation« – dem »millet hakime« – der Türken untergeordnet war. 1828 entrissen die Russen den Persern den östlichen Teil Armeniens, so daß nun ein Teil des Volkes, zu dem auch der in Etchmiadzin residierende »Katholikos« gehörte, unter christlicher Herrschaft stand, während die Armenier in den sechs ostanatolischen Gouvernements wie Van und Erzerum die Mehrheit der Bevölkerung bildeten, wenngleich nur eine relative Mehrheit. Damit gerieten auch die Armenier in den Bereich der Kämpfe, die sich um die »orientalische Frage« entwickelten, d. h. um die Frage des Schicksals der christlichen Balkanvölker, welche unter türkischer Herrschaft standen, aber auch der levantinischen Christen und der »heiligen Stätten« in Jerusalem. An dieser Frage entzündete sich bekanntlich der Krimkrieg von 1853 bis 1856 und dann, nach den Aufständen der Christen in Montenegro und Bosnien, der russisch-türkische Krieg von 1877/78, der die Russen bis vor die Tore Konstantinopels führte und nicht nur für die Balkanvölker, sondern auch für die Armenier die Emanzipation in Aussicht stellte. Zum Erlaß einer Verfassung und zur staatsbürgerlichen Gleichstellung der Christen hatten die Großmächte die Türkei seit längerem gedrängt, und eine »Reformperiode« (»tanzimat«) hatte schon begonnen, wenngleich unter starkem Widerstreben der Türken; jetzt aber zwangen die Russen im Vertrag von San Stefano den Besiegten die Bestimmung auf, daß die russischen Truppen auch jene armenischen Gebiete, die jenseits der eroberten Gegenden von Kars und Ardahan lagen, erst dann räumen würden, wenn den Bewohnern ein beträchtliches Maß von Autonomie zugestanden werden würde. England sah sich jedoch zum Schutz seiner imperialen Interessen zum Eingreifen gezwungen, und die Russen mußten angesichts der Kriegsdrohung nachgeben. Der Berliner Kongreß von 1878 machte unter dem Vorsitz Bismarcks einen großen Teil der russischen Erfolge wieder zunichte, und die armenischen Gebiete wurden geräumt, ohne daß die Reformen durchgeführt und gesichert worden wären. Bis zum Ersten Weltkrieg bestand die Geschichte des osmanischen Weltreiches unter der Herrschaft des despotischen, aber im Grunde schwachen Sultans Abdul-Hamid aus dem periodischen Aufbegehren der unterworfenen, meist christlichen Völker, dem ständigen, durchweg »humanitär« begründeten Drängen der europäischen Großmächte nach »Reformen«, der Verhinderung oder Verschleppung der geforderten Emanzipationen durch die osmanischen Behörden und den sehr egoistischen Versuchen dieser Großmächte, Teile der Erbschaft des »kranken Mannes am Bosporus« an sich zu bringen. Der spektakulärste dieser Akte war 1911 der Angriff Italiens gegen den nordafrikanischen Teil des Reiches, Libyen, der die Kette der Balkankriege und im Zusammenklang mit anderen Ursachen sogar den Weltkrieg in Gang setzte. Die Armenier hatten vergleichsweise den geringsten Anteil an diesem Aufbegehren, und sie wurden vom Sultan sogar die »treue Nation« genannt, aber sie waren durch ihre geographische Lage im zentralen Grenzgebiet des Reiches ein Gegenstand von besonders aufmerksamem Mißtrauen, und auch unter ihnen kamen »moderne Parteien« auf wie die Huntschakisten und die Daschnakisten, die mancherlei Ähnlichkeiten mit den russischen Narodniki bzw. Sozialrevolutionären aufwiesen.

Den Anfang der armenischen Greuel von 1894-96, die in Europa ein ähnliches Aufsehen erregten wie zwei Jahrzehnte zuvor die »bulgarischen Greuel«, bildeten aber nicht Aktionen der noch recht schwachen Parteien, sondern, wie zuvor in Montenegro und Bosnien, ein Aufstand der doppelt gequälten Landbevölkerung der Gegend von Sassoun: Zu den gewaltigen, durch Steuerpächter auf oftmals undurchsichtige Weise eingetriebenen Staatslasten kamen noch Zahlungen und Tribute, die von kurdischen Häuptlingen den armenischen Bauern aufgezwungen wurden, so daß deren Lage unerträglich wurde. Die Türken antworteten auf diesen Aufstand, der nicht wirklich ein Aufstand war, mit blutigen Massakern, denen Tausende zum Opfer fielen und an denen auch Kurden und die sogenannte »Hamidische Kavallerie« beteiligt waren, eine semi-legale, im Namen des Sultans aufgestellte Truppe. Aktion und Reaktion ließen sich nun in weiten Teilen der Türkei nicht mehr klar auseinanderhalten, aber die Reaktion, an der sich die türkische und die kurdische Bevölkerung in erheblichem Ausmaß beteiligte, war unvergleichlich stärker und ging an vielen Stellen über ein rationales Verhältnis von Herausforderung und selbst exzessiver Vergeltung weit hinaus, indem die Armenier als solche zum Angriffsobjekt gemacht wurden, ohne Frauen und Kinder auszunehmen. Als die Huntschakisten in Konstantinopel eine Demonstration organisierten, deren Zweck die Übergabe einer Petition an den Sultan war, reagierten die Türken auf diesen in der Tat völlig ungewohnten Tatbestand nicht, wie es zehn Jahre später bei dem sogenannten »Blutsonntag von Petersburg« der Fall sein sollte, mit Schüssen der vor dem Palast aufgestellten Truppen, sondern mit einem Blutbad in den Straßen der Hauptstadt. Diese entsetzliche Art der Vergeltung, die jeden einzelnen erreichbaren Armenier zum Jagdwild machte, das man mit Beilen, Hacken und Stöcken umzubringen suchte, wiederholte sich in noch schlimmerer Form, als Huntschakisten im August 1896 die »Ottomanische Bank« in Konstantinopel für einige Zeit in ihre Gewalt brachten. Am l. September schrieb der Deutsche Botschafter Freiherr von Saurma dem Reichskanzler Fürst Hohenlohe folgendes: »Der diesmalige armenische Putsch, welcher den Armeniern so teuer zu stehen kam – man berechnet die Zahl der Getöteten auf etwa 8000 – scheint sich dem Ende zu nähern ... (Das Ziel des armenischen Revolutionskomitees bestand darin, die Augen der europäischen Mächte von neuem auf die armenischen Verhältnisse zu ziehen, und dieser obstinate Versuch der Selbsthilfe war töricht und zu verurteilen) ... Dies hindert allerdings nicht, die grausame Art und Weise zu verurteilen, in welcher türkischerseits die Bewegung unterdrückt wurde. Ob Schuldige oder Unschuldige, war bei der Tötung der Armenier gleichgültig. Wer dieser Nation angehörte, wurde eben abgeschlachtet, gleichviel wo man ihn fand oder begegnete. Jeder Niedergeschlagene wurde solange getreten, gestochen oder geschossen, bis der letzte Atemzug entflohen war. Bestialische Verstümmelungen der entseelten Körper fanden häufig statt. Der Asiate zeigte sich hier in seiner ganzen Wildheit«.[14]

Kurz zuvor hatte der Botschafter in einem Schreiben an den Reichskanzler die Gedankengänge der türkischen Führung, die dieser »Entfesselung der Volkswut« zugrunde lagen, folgendermaßen nachgezeichnet: »Die Vernichtung« des fleißigen armenischen Elements sei unter dem Gesichtspunkt des ökonomischen Selbstinteresses der Türkei nicht weise und sie treibe das Land in immer größere Isolierung »gegenüber den zivilisierten Staaten ... Es besteht aber eben hier an höchster Stelle die feste vorgefaßte Meinung, daß die Armenier einen Bestandteil der Bevölkerung bilden, welcher die Keime der Auflehnung gegen die Staatsgewalt in dem Staat ausstreue und deshalb für alle Zeiten unschädlich gemacht werden müsse.« Zu dem letzten Satz fügte Kaiser Wilhelm II. die Randbemerkung hinzu: »d. h. alle Christen sollen totgeschlagen werden! Und das sollen die christlichen Mächte ruhig mit ansehen und womöglich noch durch Blokkade unterstützen!! Schande über uns alle!«[15]

Um diese Zeit hatten sich die »Metzeleien« (wie man sich auszudrücken pflegte) schon auf große Teile der von Armeniern bewohnten Gebiete ausgedehnt. Eine besonders ergreifende und charakteristische Schilderung wird in einem 1912 in London erschienenen Buch wiedergegeben: »Zuerst kamen türkische Truppen in die Stadt, um Massenmord zu begehen, dann kamen die kurdischen Freischärler und Stammeskrieger, um zu plündern. Schließlich kam der Holocaust (sic!) durch Feuer und Zerstörung, der sich durch die Länder und Bezirke der umgebenden Provinz ausdehnte. Die grausamsten und zerstörerischsten der Massaker waren diejenigen von Urfa, wo die armenischen Christen ein Drittel der Bevölkerung ausmachten. Als das Hornsignal das Ende der Tagesoperationen anzeigte, strömten etwa 3000 Flüchtlinge in die Kathedrale, wo sie Asyl zu finden hofften. Aber am nächsten Morgen – einem Sonntag – brach in einer Orgie des Mordens ein fanatischer Mob in die Kirche ein, sie plünderten die Altäre und schrien »Ruft Christus an, daß er sich als größeren Propheten denn Mohammed erweise!« Dann trugen sie einen großen Haufen von Strohmatten zusammen, die sie über die herumliegenden Leichen deckten und mit dreißig Kannen Petroleum in Brand setzten. Die hölzerne Galerie, wo eine Menge von Frauen und Kindern sich unter Schreckensschreien krümmten, fing Feuer, und alle kamen in den Flammen um ... die Gesamtverluste in der Stadt einschließlich der in der Kathedrale Getöteten betrugen 8000 Tote.«[16]

Genug der Wiedergabe des über alle Begriffe Gräßlichen! Die Statistiker sind sich über die Gesamtverluste nicht einig und können sich angesichts der Unvollständigkeit der Quellen nicht einig sein, aber eine immerhin wahrscheinliche Aufstellung besagt, daß in diesen zwei Jahren etwa 200 000 Armenier getötet wurden, daß über tausend Kirchen der Zerstörung oder der Umwandlung in Moscheen anheimfielen und daß etwa eine Million zu Opfern von Raub und Plünderungen wurden. Die Ähnlichkeit mit den noch weit umfassenderen Massenmorden der Jahre 1915/1916 springt ins Auge, und schon damals sagten kundige Beobachter die vollständige Vernichtung der Armenier voraus. Einiges spricht indessen dafür, daß der Sultan in vollem Einklang mit den türkischen und kurdischen Massen den »ungläubigen Giaurs« nur ihre untergeordnete Position anschaulich machen wollte, wie auch aus dem Umstand zu schließen sein dürfte, daß Abdul Hamid, allerdings auf den starken

Druck »der Mächte« hin, bereit war, den einzigen genuinen Aufstand von Armeniern, denjenigen der Stadt Zeitun in Kilikien, durch ein Kompromiß zu beenden. Vermutlich war er der Meinung, daß die Armenier unter der Leitung ihres Patriarchen in Konstantinopel nach diesem Blutbad wieder zu der »treuen Nation« werden würden, die sie so lange gewesen waren.

Aber das Verlangen nach »Reformen«, nach einer Verfassung und nach »Freiheit und Gleichheit für alle Osmanen«, ob sie nun Muslime oder Christen waren, war nicht auf die Armenier oder auf die Mazedonier und Bosnier beschränkt, sondern es fand auch unter den Türken selbst Unterstützung. Die »Jungtürken«, die 1908 den Sultan stürzten und durch einen schwachen Nachfolger ersetzten, waren zwar im Kern eine Partei von Subalternoffizieren, aber sie betrachteten sich als reformorientierte Liberale, und eine Zeitlang standen sie mit Vertretern armenischer Parteien auf bestem Fuße. Doch schon ein Jahr später, 1909, waren die Ereignisse von Adana ein Warnungszeichen sowohl für die Jungtürken wie für die Armenier. Im Zusammenhang einer von Abdul Hamid initiierten »Gegenrevolution« kam es nämlich in dieser Stadt Kilikiens zu »fundamentalistischen« und überaus brutalen Ausschreitungen gegen die Armenier. Aber die von der Regierung geschickten Truppen warfen nicht nur die aufständischen Muslime nieder, sondern gingen in dem undurchsichtigen Durcheinander auch gegen die Armenier vor, so daß am Ende nahezu 30 000 Todesopfer zu verzeichnen waren. Die Jungtürken, mit dem Triumvirat der ehemaligen Subalternoffiziere bzw. -beamten Enver, Talaat und Dschemal an der Spitze, ließen nun mehr und mehr ihre liberalen und »osmanischen« Anfänge hinter sich, auch unter dem Eindruck der innenpolitischen Kämpfe, in denen sie sich behaupten mußten, aber vor allem im Schatten der Kriege mit Italien und den Balkanstaaten. Ihr »Komitee für Einheit und Fortschritt« (»Ittihad ve terraki djemteti«) nahm rasch den Charakter einer Massenorganisation an, die streng und geradezu auf totalitäre Weise zentralisiert war, aber eher im Geheimen als durch öffentliche Manifestationen wirkte. Mehr und mehr wurde sie von einer Ideologie durchdrungen, deren Hauptvertreter Ziya Gökalp war, der Ideologie des »Panturanismus«. Diese orientierte sich nicht mehr an dem völkerübergreifenden Islam, sondern an der ethnizistischen Idee eines reinen (oder durch »Reinigung« erst zu gewinnenden) Türkentums, das seine Blicke auf die (angeblich oder wirklich) türkischen Gebiete Rußlands richtete, welche mit der Türkei zu dem Großstaat »Turan« vereinigt werden sollten.

Daraus ergab sich zwangsläufig die Frontstellung gegen Rußland, die allerdings nichts Neues war, da das russische Streben nach den Meerengen und mithin nach dem Besitz von Konstantinopel während des ganzen 19. Jahrhunderts eine der Konstanten der europäischen Politik gewesen war. Nichts lag daher näher, als daß die Türkei beim Ausbruch des Weltkrieges auf die Seite des Deutschen Reiches und Österreich-Ungarns trat.

Durch einen Krieg der Türkei gegen Rußland mußten die Armenier in eine besonders schwierige Lage geraten, denn ein nicht unbeträchtlicher Teil von ihnen lebte jenseits der Grenze zum russischen Transkaukasien, und eben dort residierte der »Katholikos aller Armenier« Die Vermutung, daß die Sympathien auch der türkischen Armenier dem christlichen Reich an der Nordostgrenze gelten würden, war mithin nicht unbegründet, und der Umstand, daß die armenischen Männer seit dem Umsturz von 1908 wehrpflichtig waren, vergrößerte diese Sorgen. Aber andererseits hatten die armenischen Soldaten in den Balkankriegen tapfer auf der türkischen Seite gekämpft, und es bestand kein konkreter Grund, an ihrer Loyalität zu zweifeln. Die Jungtürken beteiligten ihre armenischen Bundesgenossen und Freunde von der Daschnak-Partei sogar an strategischen Vorüberlegungen, und sie machten den Vorschlag, die türkischen Armenier sollten ihre Landsleute auf der russischen Seite durch Emissäre zum Aufstand ermutigen. Dieser Plan wurde von den armenischen Vertretern jedoch abgelehnt.

Obwohl gleich in den ersten Augusttagen von 1914 ein Bündnisvertrag zwischen der Türkei und Deutschland unterzeichnet wurde, obwohl die deutsche Militärmission unter dem General Liman von Sanders große Bedeutung hatte und obwohl viele türkische Offiziere sich als Schüler des preußischen Generalfeldmarschalls von der Goltz Pascha betrachteten, fand sich die türkische Regierung lange Wochen nicht bereit, den Kriegseintritt zu vollziehen, denn man mußte nun nicht nur gegen Rußland, sondern auch gegen England und Frankreich kämpfen. Die Westmächte würden mit ihren mächtigen Flotten vermutlich den Versuch machen, die Öffnung der Meerengen zu erzwingen, um Rußland aus der Gefangenschaft im Schwarzen Meer zu befreien, und sie hatten innerhalb der Regierung nicht wenige Sympathisanten. Im Grunde standen nur Enver, der ehemalige Militärattaché in Berlin, und wohl auch Talaat verläßlich auf der deutschen Seite. Es bedurfte einiger Zufälle und deutscher Einflußnahmen, die allesamt mit dem Eintreffen der deutschen Kriegsschiffe

Goeben und Breslau verknüpft sind, daß ab Anfang November der Kriegszustand eintrat.

Enver setzte sogleich eine groß angelegte Offensive in Richtung Kaukasus gegen die Russen in Gang, aber seine ungenügend ausgerüsteten Truppen erlitten in diesem Winterfeldzug eine schwere Niederlage, und im Frühjahr drangen die Russen in der Richtung des Wan-Sees auf türkisches Gebiet vor, also in die Gegend der sechs armenischen Bezirke (Wilayets), die erst ein knappes Jahr zuvor auf das Drängen aller Großmächte hin zu einem nahezu autonomen Gebiet unter Leitung europäischer Generalgouverneure hätten zusammengefaßt werden sollen. Damit war die Bühne aufgeschlagen, auf der sich die Vernichtung der Armenier abspielen sollte.

III.

Am 21. April 1915 ließ die türkische Regierung 300 der bekanntesten Armenier in Konstantinopel verhaften und deportierte sie ins Landesinnere, wo sich ihre Spur verlor. Nicht lange darauf wurden 21 Armenier, von denen die meisten unschuldig und einige bereits seit einem Jahr verhaftet waren, als »Verräter« öffentlich auf dem Platz vor dem Kriegsministerium gehängt.[17] Unter den Türken scheint eine echte Panik geherrscht zu haben, denn Gerüchte wollten davon wissen, daß die russischen Truppen schon kurz vor dem Wan-See ständen, daß sie von russisch-armenischen Spähern durch die Gebirge geleitet worden seien und daß in der Stadt Wan selbst ein Aufstand der Armenier ausgebrochen sei. Darin mischten sich Wahrheit und Übertreibung, denn die Armenier der Stadt Wan hatten in Selbstverteidigung zu den Waffen gegriffen, aber in Kriegszeiten gibt es bekanntlich kaum eine allgegenwärtigere und größere Macht als die »Fama«. Offenbar schenkten auch der deutsche Botschafter in Konstantinopel Freiherr von Wangenheim und die Konsuln in Adana, Erzerum, Aleppo und einigen anderen Orten den türkischen Meldungen zunächst Glauben. Wangenheim schrieb dem Reichskanzler Bethmann-Hollweg am 8. Mai, es mehrten sich die Anzeichen dafür, daß die Bewegung unter den Armeniern weiter verbreitet sei, als bisher angenommen, und daß sie vom Ausland mit Hilfe der armenischen Revolutionskomitees gefördert werde, deshalb habe sich die Regierung »zu scharfen Repressivmaßnahmen« veranlaßt gesehen, zumal gerade an diesen Tagen schwere Angriffe der

Engländer und Franzosen auf die Dardanellen und der Russen auf den Bosporus gerichtet worden seien. Der Konsul in Adana berichtete, die Armenier hätten große Begeisterung an den Tag gelegt, als alliierte Kriegsschiffe vor der Küste aufgetaucht seien. Der Verweser des Konsulats in Erzerum, von Scheubner-Richter, notierte am 4. Mai, die Kämpfe in Wan dauerten an, auf türkischer Seite habe es ungefähr 200 Tote und doppelt soviele Verwundete gegeben. Der Gouverneur (Wali) glaube, im Besitz von Beweisen für eine Konspiration eines Teils der hiesigen Armenier zu sein. Der Konsul in Aleppo, Rössler, bestätigte in diesen Tagen die Meldungen über Kontakte von Armeniern mit englischen Kriegsschiffen, aber er formulierte gleichzeitig eine Kritik, die wohl der Ausgangspunkt für seine bald einsetzende und außerordentliche Aktivität zugunsten der verfolgten Armenier war: »Die Regierung scheint auch auf dem mittelalterlichen Standpunkt zu verharren, daß für die Tat eines Einzelnen oder einiger weniger Solidarhaft eines ganzen Volkes besteht.«[18]

In der Tat hatte die türkische Regierung schon einen Akt der »Solidarhaft« vorgenommen, dem ein gewisses Maß an Berechtigung oder mindestens Verständlichkeit nicht abgesprochen werden kann: Sie hatte die armenischen Soldaten aus der kämpfenden Truppe herausgezogen und zu Armierungssoldaten gemacht, die hauptsächlich mit Straßenarbeiten beschäftigt waren. Und sie hatte, wie Enver gegenüber Wangenheim verlauten ließ, den Entschluß gefaßt, »aus den jetzt insurgierten Zentren alle nicht ganz einwandfreien Familien in Mesopotamien anzusiedeln und er bitte dringend, daß Deutschland ihm hierbei nicht in den Arm fallen möge.«[19] Selbst eine Deportation aller Armenier aus den Gebieten hinter der Front hätte sich aus dem Kriegsbrauch begründen lassen, eben dies taten um diese Zeit die russischen Militärbehörden gegenüber den polnischen Juden, die man verdächtigte, Sympathien für die Deutschen zu haben und Spionagedienste zu deren Gunsten zu leisten.

Aber sehr bald machten Meldungen die Runde, daß die Türken zahlreiche dieser Armierungssoldaten ihres eigenen Heeres erschossen, und alle Konsuln berichteten alsbald, daß auch in Gebieten, die weit hinter der Frontlinie lagen, die gesamte armenische Bevölkerung, welche ganz überwiegend nur noch aus Frauen, Kindern und alten Männern bestand, vertrieben und nahezu ohne Versorgung auf den weiten Weg nach Mesopotamien getrieben wurde, wo sie angesiedelt werden sollten. Scheubner-Richter schrieb seinem Botschafter am 16. Mai folgendes: »... da die männlichen Armenier zur Dienstleistung in Arbeitsbataillonen eingezogen sind, werden hauptsächlich Frauen und Kinder fortgetrieben, wobei sie ihre Habe zurücklassen müssen. Da ein Aufstand der hiesigen Armenier nicht zu erwarten ist, ist diese Maßnahme grausamer Ausschließung unbegründet und ruft Erbitterung hervor...«. Zwei Tage später fügte er hinzu: »Das Elend unter den vertriebenen Armeniern ist fürchterlich. Frauen und Kinder lagern zu Tausenden ohne Nahrung um die Stadt herum. Die zwecklose Vertreibung ruft die größte Verbitterung hervor. Darf ich deshalb bei dem Oberkommandierenden Schritte unternehmen?«[20] Wangenheim gab die Erlaubnis mit der Maßgabe, es müsse der Anschein vermieden werden, als ob Deutschland ein Schutzrecht über die Armenier ausüben wolle – die türkische Regierung hatte ja bei Beginn des Krieges sämtliche »Kapitulationen« gekündigt, durch welche die Großmächte ihren Staatsangehörigen Sonderrechte verschafft hatten und in deren Aufhebung die Türken jetzt einen ihrer wichtigsten Erfolge sahen, weil endlich die jahrzehntelange Diskriminierung ihres Staates beseitigt sei. Scheubner-Richters Intervention erwies sich als folgenlos, und am 18.Juni berichtete er über Tatsachen, die nun zweifellos eine qualitative Differenz gegenüber allem Bisherigen erkennen ließen und ein negatives moralisches Urteil bei allem Verständnis für die Zwänge der Kriegssituation zwangsläufig machten: »Die aus der Ebene von Erzerum ausgewiesenen Armenier sind auf dem Wege über Ersindjan nach Kharput von Kurden und ähnlichem Gesindel überfallen worden. Die Männer und Kinder sind größtenteils ermordet, die Frauen geraubt worden. Die Regierung kann oder will nichts zum Schutz Ausgewiesener tun. Welche Schritte soll ich in dieser Angelegenheit und zur Verhinderung weiterer Abschlachtungen unternehmen?« Wangenheim antwortete abermals in dem Sinne, Deutschland könne gegen »Maßregeln, soweit sie durch die Kriegslage gerechtfertigt sind«, keine Einwendungen erheben, aber die deutschen Repräsentanten in der Türkei müßten »um so energischer, auch in unserem Interesse, darauf dringen, daß Niedermetzelungen der wehrlosen Bevölkerung unterbleiben.«[21]

Damit war eine klare Unterscheidung zwischen dem »rationalen Kern« der Maßnahmen, der verständlich und wohl auch gerechtfertigt sei, und einem »Übermaß« oder »Überschießen« getroffen, das vermutlich vor allem auf die räuberische Natur der Kurden, aber wohl auch auf den durch die Ausrufung des »Heiligen Krieges« noch gesteigerten Haß der muslimischen Bevölkerung gegen die »Ungläubigen« zurückzuführen sei.

In den nächsten Monaten nahmen zahlreiche ausländische Augenzeugen die Realitäten dieser »Umsiedlung« wahr: Die verantwortlichen Polizisten, die »saptiehs«, erwiesen sich oft als Feinde der Elendszüge von halbverhungerten Frauen und Kindern, sie sorgten weder für Nahrung noch Unterkunft, sie boten keinen Schutz gegen die Kurden, die sich die schönsten Frauen aussuchten, um sie fortzuschleppen, sie beteiligten sich selbst an Vergewaltigungen und schienen kein höheres Ziel zu kennen, als Tag für Tag möglichst viele der zu Tode erschöpften Menschen sterbend an den Rändern der Wege liegen zu lassen. Aber kam hier wirklich nur dasjenige ins Spiel, was der amerikanische Botschafter Henry Morgenthau sr. mit einer heute »rassistisch« klingenden Wendung als die »äußerste Verderbtheit und teuflische Bosheit des türkischen Wesens« bezeichnete,[22] und waren die »charnel houses«, die Todeslager in der mesopotamischen Wüste und auf dem Wege dahin, von denen Arnold J. Toynbee in seinem bereits 1915 publizierten Bericht »Armenian Atrocities. The Murder of a Nation« sprach, nur auf die Feindseligkeit von »saptiehs«, der einheimischen Tscheteh-Miliz und der islamischen Bevölkerung zurückzuführen?[23] Es gibt ja nicht ganz wenige Berichte, daß türkische Soldaten angesichts des Jammers in Tränen ausbrachen, daß den Vertriebenen auch Mitleid entgegengebracht wurde und daß einzelne Walis ihre Mitwirkung verweigerten. Könnte nicht doch ein zentraler Wille, eine Ideologie, maßgebend gewesen sein?

Man braucht sich in der Tat nur die Ereignisse von 1894–96 zu vergegenwärtigen, um zu erkennen, daß eine Verschärfung nichts anderes als die gezielte Vernichtung eines ganzen Volkes zur Folge haben konnte. *Wenn* die Armenier den Sperriegel bildeten, der die Türken des künftigen »Turan« voneinander trennte, wenn sie neben den Griechen das letzte Hindernis auf dem Wege zu einer einheitlichen türkischen Nation darstellten, dann war nur ihre vollständige Austreibung oder aber ihre vollständige Vernichtung der geeignete Weg. Botschafter Wangenheim schrieb dem Reichskanzler schon am 17. Juni, Talaat Bey habe kürzlich gegenüber einem Angehörigen der Botschaft geäußert, die Hohe Pforte, d. h. die türkische Regierung, wolle »den Weltkrieg dazu benutzen, um mit ihren inneren Feinden, nämlich den Armeniern und den sonstigen Christen, gründlich aufzuräumen, ohne dabei durch die diplomatische Intervention des Auslandes gestört zu werden«, und der armenische Patriarch habe gesagt, der Zweck sei wohl kein anderer als »die Ausrottung« seines Volkes.[24]

Henry Morgenthau erzählt auf glaubwürdige Weise davon, daß Talaat sich in seinen vielen Gesprächen unumwunden zu seinem Vernichtungswillen gegenüber den Armeniern bekannt und sich nachdrücklich gegen Morgenthaus taktisch bedingte Vermutung gewandt habe, untergeordnete Stellen seien die Urheber jener Schrecknisse: die Regierung habe mit Hilfe der überall verbreiteten Unterorganisationen des Komitees für Einheit und Fortschritt alles fest im Griff und kein Untergebener würde wagen, irgendetwas zu tun, was im Widerspruch zu den Absichten der Regierung und der Ittihadisten stehe.[25] Auch Toynbee nahm klare Beweise wahr, »daß das Verbrechen gegen die armenische Rasse wohlüberlegt, sorgfältig geplant und in der Ausführung gut organisiert war«.[26] Allerdings nennt er neben der Intention der führenden Türken auch einen Faktor, der »von unten«, aus dem Volk selbst, stammt, denn der Armenier sei nicht nur wegen seiner weit über den Türken stehenden Bildung, sondern auch wegen seiner kommerziellen Aktivität »der meistgehaßte Mensch im Osten ... in vielen Fällen aus guten Gründen, obwohl eine Verallgemeinerung unfair sein würde«, deshalb sei es kein Wunder, daß die ungebildete türkische Volksmasse die Unschuldigen zusammen mit den Schuldigen auszurotten strebe. So sei »die ganze Rasse für die Vernichtung« vorgesehen.[27]

Die »Armeniergreuel« des Ersten Weltkriegs sind mithin das geradezu klassische Beispiel eines Genozids, der möglicherweise sogar die Bezeichnung »Holocaust« erhalten muß. Selbst wenn manche Einzelheiten und insbesondere die Gesamtzahl der Opfer nicht als definitiv geklärt gelten dürfen, sollte die Anführung einiger besonders bewegender und dabei durchaus glaubwürdiger Berichte genügen, um jedem unvoreingenommenen Zeitgenossen mit erschütternder Anschaulichkeit zu beweisen, daß keine Entdeckungen von bisher geheimen Dokumenten in türkischen oder europäischen Archiven erforderlich sind, um den Kern der Sache, das Unbestreitbare, in ein helles Licht zu stellen. Ich wähle je ein Beispiel aus der Anfangsphase, der mittleren Periode und dem Endstadium.

Der frühere italienische Generalkonsul in Trapezunt gab im Rückblick folgenden Bericht, der 1916 in Arnold Toynbees Aktensammlung veröffentlicht wurde: »Das Vorbeiziehen der Kolonnen von armenischen Vertriebenen unterhalb der Fenster und vor dem Eingang des Konsulats, ihr Flehen um Hilfe, wo doch weder ich oder irgend jemand sonst etwas tun konnte, um ihnen zu antworten ... die vielen Selbstmorde, die plötzlichen Todesfälle aus reinem Schrecken, die jähe Zerrüttung der menschlichen Vernunft, die Feuersbrünste, das Erschießen von Opfern in der

Stadt ... die Hunderte von Leichen, die jeden Tag an der Straße der Vertreibung gefunden wurden ... die Kinder, die ihren Familien oder den christlichen Schulen entrissen und mit Gewalt muslimischen Familien übergeben oder auch zu Hunderten, nur mit Hemden bekleidet, auf Schiffe gebracht und dann über Bord geworfen und im Schwarzen Meer oder im Fluß Deyirmen Dere ertränkt wurden – all dies sind meine letzten unauslöschlichen Erinnerungen aus Trapezunt, Erinnerungen, die noch einen Monat später meine Seele quälen und mich fast zum Wahnsinn treiben.«[28]

Bericht des deutschen Schuldirektors Huber in Aleppo vom 15. Oktober 1915, von der deutschen Botschaft dem Auswärtigen Amt übermittelt: »Dagegen sei uns erlaubt, einen kleinen Ausschnitt aus dem Massenelend dieser Volksvertilgung ((!)) zu beleuchten, einen Ausschnitt, der uns dicht unmittelbar neben unserer Schule, nur durch eine schmale Gasse getrennt, entgegentritt ... Wir treten auf den Hof. Er ist ein einziger Abort geworden. Am Rande, vor jenen Gewölben, Haufen von Kranken, Sterbenden und Toten, durcheinander in ihrem Unrat liegend. Millionen Fliegen auf den erschöpften Kranken und auf den Leichen. Stöhnen, Wimmern, hier und da ein Schrei nach dem Arzt, eine Klage wegen der von Hunderten von Fliegen gepeinigten Augenhöhlen ... Wir steigen über den mit Exkrementen bedeckten Hof in ein Gewölbe. Ein Dutzend Kinder, halb verhungert, stumpf, einige sterbende – oder tote? – darunter. Keiner nimmt sich ihrer an ... sie werden verhungern ... Der geschwächte Magen dieser elenden, oft Wochen, ja Monate durch wasserlose Hitze getriebenen Geschöpfe verträgt solche Nahrung nicht mehr, die ohnehin nicht entfernt hinreichen würde. Dysenterie, Entkräftung, Typhus folgen ... Unmittelbar neben dem Schauplatz dieser Szenen sind wir deutsche Lehrer gezwungen, unsere Schüler einzuführen in deutsche Kultur ... Darauf aber wollen und müssen wir mit lauter Stimme hinweisen: daß die deutsche Schularbeit bei der Fortdauer dieser gräßlichen Art der Vertreibung in Form eines Massenmordens an Frauen und Kindern, eines Massenmordens, wie es die Geschichte wohl noch nicht erlebt hat, in diesem Lande einen nicht wieder gut zu machenden Schaden erleidet.«[29]

Bericht eines neutralen Augenzeugen, veröffentlicht vom amerikanischen Hilfskomitee für Armenien und Syrien unter dem Titel »In den Konzentrationslagern«, abgedruckt im Anhang der Aktensammlung von Johannes Lepsius, »Deutschland und Armenien«: »Bei den Maßnahmen, die man getroffen hat, um diese ganze Bevölkerung in die Wüste zu transportieren, hat man in keiner Weise für irgendwelche Ernährung Sorge getragen. Im Gegenteil, es ist ersichtlich, daß die Regierung den Plan verfolgt hat, sie Hungers sterben zu lassen. Selbst ein organisiertes Massentöten wie in der Zeit, als man in Konstantinopel noch nicht Freiheit, Gleichheit und Brüderlichkeit proklamiert hatte, würde eine sehr viel menschlichere Maßregel gewesen sein, denn es würde diesem erbarmungswerten Volk die Schrecken des Hungers, den langsamen Tod und die entsetzlichsten Schmerzen unter raffinierten Torturen, wie sie grausame Mongolen nicht erdacht haben würden, erspart worden sein ... Wie an die Pforte von Dantes Hölle kann man an die Eingänge des Konzentrationslagers schreiben: Die ihr hier eintretet, lasset alle Hoffnung fahren! Der Eindruck, den die große Ebene von Meskene hinterläßt, ist tieftraurig und deprimierend. Die Auskünfte, die ich an Ort und Stelle empfangen habe, gaben mir das Recht zu sagen, daß gegen 60 000 Armenier hier begraben sind, die dem Hunger, den Entbehrungen, der Dysenterie und dem Typhus erlagen. Soweit das Auge reicht, sieht man Erdhügel, von denen jeder etwa zweihundert bis dreihundert Leichen enthält ... Der-es-Zor ist der Sitz des Gouverneurs der Provinz gleichen Namens ... Aber nein, es war ein vorbedachter Plan, die armenische Rasse zu vernichten und so mit einem Schlage die armenische Frage aus der Welt zu schaffen ... Die günstigeren Umstände, deren sich die Armenier von Der-es-Zor erfreuten, wurden der Anlaß zu einer Denunziation bei den Zentralbehörden in Konstantinopel. Der »schuldige« Aly Suad Bey wurde nach Bagdad geschickt und durch Zekki Bey ersetzt, der durch seine Grausamkeit und Barbarei genügend bekannt ist ... Die 30 000 Armenier, die in Der-es-Zor waren, wurden in das Gebiet längs des Flusses Chabur, eines Nebenflusses des Euphrat, verschickt. Es ist die schlimmste Gegend der Wüste, wo es unmöglich ist, irgend etwas zum Lebensunterhalt zu finden. Nach den Nachrichten, die ich eingezogen habe, ist ein großer Teil dieser Deportierten bereits dem Tode erlegen. Was davon noch übrig ist, wird dasselbe Schicksal erleiden.«[30]

Als Morgenthau nach Amerika zurückkehrte, waren die letzten Worte, die Talaat bei der Verabschiedung zu ihm sagte: »We are through with them. That's all over.«[31] Seit dem 24. April 1915 waren noch nicht zwei Jahre vergangen, und die Vernichtung der türkischen Armenier war abgeschlossen: Der überlebende Rest und auch jene 5000, die in der Nähe von Zeitun auf dem »Mosesberg«, dem Musa Dagh, wochenlang erfolgreichen Widerstand geleistet hatten und dann von französischen Kriegsschiffen an

Bord genommen worden waren, fielen nicht ins Gewicht.[32] Die »Armenierfrage« hatte ihre endgültige Lösung gefunden, und der Weg zu dem türkischen Nationalstaat Mustafa Kemals war grundsätzlich frei, so wenig der neben Liman von Sanders berühmteste Verteidiger der Dardanellen an diesem Genozid beteiligt war.

Aber noch lebten mehr als eine Million Armenier auf der russischen Seite, und etwa 300 000 der türkischen Armenier war es gelungen, dort Zuflucht zu finden. Sie schienen nun sicher zu sein, denn russische Truppen hatten erhebliche Teile Ost-Anatoliens besetzt, darunter die Stadt Erzerum. Aber im Herbst 1917 wendete sich das Kriegsglück noch einmal in erstaunlichem Maße. Seit der Machtergreifung der von Deutschland geförderten »Defätisten«, der Bolschewiki, stand der deutsche Sieg an der Ostfront fest, und damit ergab sich auch für die Türken eine andere Lage. Der Rückzug der Russen öffnete das armenische Land bis hin zum Schwarzen Meer den türkischen Truppen.

In einem deutschen Bericht vom April 1918 heißt es: »Den Abzug der russischen Truppen ausnützend ergossen sich die türkischen Truppen sofort über das wehrlose Land, indem sie nicht nur alle türkischen, sondern schon alle russischen Armenier der Ausrottung unterwarfen.« Wieder gingen Schreckensmeldungen in die Welt wie etwa die, bei der Rückkehr der Türken nach Trapezunt seien Kinder in Säcke gesteckt und ins Meer geworfen, die alten Frauen und Männer seien gekreuzigt und verstümmelt, alle jungen Mädchen und jungen Frauen seien den Soldaten ausgeliefert worden.[33] Im Namen der deutschen Delegation im Kaukasus telegraphierte der Generalmajor Kress von Kressenstein, die Türken seien systematisch darauf aus, »die wenigen Hunderttausende von Armeniern, die sie bis jetzt noch am Leben gelassen hatten, durch systematische Aushungerung auszurotten«.[34] Im Frieden von Brest-Litowsk gewannen die Deutschen ihren türkischen Bundesgenossen die 1878 verlorenen Provinzen von Kars und Ardahan zurück, doch die Türken blieben an den neuen Grenzen nicht stehen, sondern drangen trotz aller deutschen Proteste immer weiter auf Batum und Baku vor. Aber diesmal stießen sie von seiten der Armenier auf bewaffneten Widerstand, denn um Erewan und den Ararat herum bildete sich ein armenischer Staat, der zwar nur über wenige kampfkräftige Truppen und noch weniger an Waffen verfügte, der aber mit regulären und irregulären Formationen die vordringenden Türken an strategischen Punkten aufhielt. Jetzt fanden auch nicht ganz selten Meldungen über Greueltaten der Armenier an der islamischen und insbesondere der »tatarischen« (d. h. aserbeidschanischen) Bevölkerung ihren Weg in die Presse, und sie waren nicht ebenso unglaubwürdig, wie es die entsprechenden Meldungen im Jahre 1915 gewesen waren. Dennoch war die Lage des winzigen armenischen Staates fast hoffnungslos, als im Mai und Juni 1918 der deutsch-österreichisch-ungarisch-türkische Herrschaftsbereich seine größte Ausdehnung erreicht hatte: von der Marne bis Kiew und von Kiel über den ganzen nicht-griechischen Balkan hinweg bis Tiflis. Nichts schien die Vernichtung der restlichen Armenier noch verhindern zu können, nicht einmal ein Telegramm des Chefs der Obersten Heeresleitung von Hindenburg, auf das Enver noch in den ersten Augusttagen mit einer Mischung aus Selbstbewußtsein und Impertinenz die folgende Antwort gab: »Eure Exzellenz verlangen von mir, eine halbe Million z. T. bewaffneter und feindlich gesinnter Einwohner im Rücken unserer kämpfenden Armeen zu lassen, ohne daß irgendeine Gewähr für ihr friedliches Verhalten gegeben werden kann«.[35] Das war dieselbe Argumentation wie 1915, und sie hätte zu denselben Folgen geführt, so daß der Weg zur Bildung des »Turan« aller türkischen Völker frei gewesen wäre. Aber in eben diesen Tagen hatten Hindenburg und Ludendorff einsehen müssen, daß die großen Offensiven in Frankreich ohne den Erfolg geblieben waren, der eine Beendigung des Krieges vor dem Eintreffen der Hauptmacht der Amerikaner hätte möglich machen können, und sie arbeiteten auf jene Bitte um Waffenstillstand hin, die sich noch auf die »14 Punkte« Wilsons berufen konnte und den Vertretern der Reichstagsmehrheit – der späteren »Weimarer Koalition« – die Verantwortung für den Friedensschluß auferlegen sollte. Doch im tiefen Schatten der bevorstehenden Niederlage eroberten die Türken Baku und richteten dort unter den Armeniern ein Blutbad an, das an die 30 000 Tote forderte und unverkennbar an die Vorgänge in Urfa und Adana erinnerte.

Spätestens am 9. November 1918 war der Traum vom turanischen Großreich zerronnen, Enver und Talaat ergriffen die Flucht, und die Alliierten machten ihre Ankündigung wahr, die Verantwortlichen des Massenmordes zur Rechenschaft zu ziehen, wenngleich nur durch die Kriegsverbrecherprozesse, welche die neue türkische Regierung zu führen hatte. Diese erbrachten einiges an Beweismaterial, führten aber in der Hauptsache nur zu Verurteilungen »in absentia«. Wichtiger war, daß die Alliierten nun im Friedensvertrag von Sèvres 1920 den Türken sehr harte Bedingungen auferlegten, welche die Auflösung des osmanischen Reiches und in der Praxis sogar eine Aufteilung der »Rest-Türkei« bedeuteten, denn die

Versprechungen der Alliierten gegenüber den Armeniern wurden nun erfüllt, und in Ostanatolien sollte ein autonomes armenisches Gebiet entstehen, das der Sache nach ein selbständiger Staat gewesen wäre, allerdings ein Staat, der im Vergleich zu 1914 nur noch die Hälfte des neuen Staatsvolkes umfaßt hätte. Aber die Alliierten ließen sich keineswegs nur von den so feierlich verkündeten Prinzipien der Selbstbestimmung der Nationen leiten. Obwohl der Angriff des griechischen Heeres gegen die Türkei nicht unverständlich war, da auch die große christliche Minderheit der Griechen während des Krieges zum Objekt von Metzeleien geworden war, brachte er das Land doch so sehr in Todesgefahr und rief er ein so heftiges Aufbegehren hervor, daß die neuformierte nationalistische Bewegung unter Kemal Pascha stark genug wurde, um den Angriff der Griechen abzuwehren und auch die Anfänge eines eigenstaatlichen Lebens in den armenischen Gebieten zu zerstören.

Schon vor dem endgültigen Triumph der Kemalisten orientierten sich die alliierten Großmächte vorsichtig um, auch und gerade im Hinblick auf das Öl, für dessen Transport die Türkei so wichtig war, und in der großen Presse war nun davon die Rede, daß es bei den »armenisch-türkischen Auseinandersetzungen« ebenfalls ein »einerseits-andererseits« gegeben habe. Als im Endstadium des türkisch-griechischen Krieges Griechen und Armenier aus dem brennenden Smyrna mit Kähnen und Booten zu den vor der Küste liegenden alliierten Kriegsschiffen zu gelangen suchten, wurden sie von den Besatzungen mit Wasserfontänen zurückgetrieben.[36] Im Friedensvertrag von Lausanne, den die Alliierten 1923 mit der kemalistischen Türkei abschlossen, war von den Armeniern keine Rede mehr. Die überlebenden Angehörigen des so radikal verfolgten, von den Alliierten während des Krieges mit so viel Sympathie bedachten Volkes waren »von Gott und der Welt verlassen«, und es ist nicht verwunderlich, daß sie die ganze westliche Welt anklagten, wie ein Judas ihnen gegenüber gehandelt zu haben, ja daß Repräsentanten dieses ältesten Christenvolkes der Welt auf eine tiefbewegende Weise sogar an Gott verzweifelten.[37]

Nur die russischen Armenier fanden auf der Seite der Sowjetunion physischen Schutz, und sie konnten die kleinste Republik innerhalb des Großstaates bilden, aber sie sahen ihre »Seele« in größte Gefahr gebracht, denn diejenige Bindung, in der sie durch anderthalb Jahrtausende hindurch ihre festeste Einheit gefunden hatte, die gregorianisch-apostolische Kirche, wurde von der kommunistischen Partei mit viel Energie und mit beträchtlichem, wenn auch nicht vollständigem Erfolg bekämpft. Eine gewisse Genugtuung erhielten sie von seiten Deutschlands, denn als Flüchtling in Berlin wurde Talaat Pascha, der in der Türkei zum Tode verurteilt worden war, auf offener Straße von einem Armenier erschossen, und das Schwurgericht sprach den Mörder frei. Aber das war nur das momentane Aufscheinen einer Gerechtigkeit, die bis heute nicht verwirklicht worden ist.

IV.

Wenn nun der Versuch gemacht werden soll, die Frage zu beantworten, ob die »Vernichtung der Armenier« als »gewöhnlicher Völkermord« oder als »Holocaust« zu kennzeichnen sei, dann müssen eine Reihe von Vorfragen gestellt und noch einige zusätzliche Feststellungen getroffen werden, vor allem aber muß in einem zweiten Schritt ein Vergleich mit der allgemein als »Holocaust« bekannten »Judenvernichtung« durch den Nationalsozialismus vorgenommen werden.

Es ist möglich und sogar naheliegend, in der Spur des Berliner Urteils die Armenier als »reine Opfer« zu betrachten, denen ein »reines Unrecht« widerfahren sei. Unter moralischen Gesichtspunkten ist dieses eindeutige Urteil berechtigt, aber für ein historisches Nachdenken kann es nicht genügen. Kein Massenmord kann sich ohne Haß vollziehen, und es ist unzulässig, diesen Haß bloß zu konstatieren und zu verdammen. Es muß auf der Seite der Opfer etwas geben, was in den Tätern Haß hervorruft. Wie sehr auch immer dieser Haß ohne rationale Begründung sein kann und wie eindeutig auch immer das moralische Urteil sein mag, ist es für den Historiker doch ein unumgängliches Gebot, den Ursachen des Hasses nachzugehen und ein möglichst objektives Urteil auch über die Motive der Täter anzustreben.

Die Armenier waren ein uraltes Religionsvolk, d. h. eine Gruppe, die primär von ihrer Religion zusammengehalten und charakterisiert wurde. Im Prinzip unterschieden sie sich dadurch nicht von anderen christlichen Völkern im Orient, die durch den Islam, eine übervölkische Religion und Lebensform, unterworfen waren und jetzt innerhalb des »Millet-Systems« lebten, das ganz und gar darauf beruhte, daß den Minderheitsvölkern und ihren Religionen, insbesondere den »Buchreligionen« des Christentums und des Judentums, vom herrschenden Islam Toleranz und Schutz unter der Bedingung der Anerkennung des politisch-religiösen Vorrangs der herrschenden Religion, eben des Islams, gewährt wurde. In seinen besten Zeiten sicherte dieses System das friedliche Zusammenleben der verschiedenen Völker und Religionen des Reiches, und es verwehrte den Armeniern nicht die Möglichkeit, durch ihr kaufmännisches Geschick und ihre vorzügliche Bildung in Handel und Wandel der Türkei eine große Rolle zu spielen. Aber es gab genug schlechte Zeiten, aus denen für die Armenier eine lange Verfolgungsgeschichte und Leidenszeit resultierte, die in zahlreichen Liedern und Gedichten auf ebenso ergreifende Weise beschrieben wurden, wie der Glaube an die Dreieinigkeit und an den Erlöser Christus in vielen Gesängen einen Ausdruck fand, der hinter den schönsten Hymnen der katholischen und der orthodoxen Kirche nicht zurücksteht. Dieses uralte Religionsvolk befand sich indessen seit etwa der Mitte des 19. Jahrhunderts in einem Prozeß der Emanzipation oder auch der »Säkularisierung«, der viele Anstöße aus »dem Westen« erhielt und der sich während der letzten Jahrzehnte des 19. Jahrhunderts besonders in der Bildung von Parteien artikulierte, welche sich so etwas wie »nationale Befreiung« im Sinne von politischer Autonomie oder sogar von staatlicher Selbständigkeit zum Ziel setzten.

Von der Demonstration des Jahres 1894 und der Besetzung der Ottomanischen Bank durch Mitglieder der Daschnak-Partei ist bereits gesprochen worden, und es wäre ein anderes Ereignis hinzuzufügen, das die Parallele zu den russischen revolutionären Parteien noch deutlicher macht, nämlich das von einer armenischen Gruppe organisierte Attentat gegen den Sultan im Jahre 1895, das zahlreiche Todesopfer forderte und bei dem Abdul Hamid nur durch einen glücklichen Zufall mit dem Leben davonkam – anders als Zar Alexander III., der 1881 einem vergleichbaren Anschlag zum Opfer gefallen war. Diese Emanzipation der Armenier bedeutete jedoch nicht, wie in Westeuropa und in gewisser Weise sogar in Rußland, lediglich eine Einforderung dessen, was in einer bedeutenden Denkbewegung, nämlich der Aufklärung, postuliert und dann von einem umwälzenden politischen Ereignis, nämlich der Französischen Revolution, wenngleich nicht ohne Rückschläge, verwirklicht worden war, nämlich eine Gesellschaft staatsbürgerlicher Gleichheit unter dem Zeichen von »Freiheit, Gleichheit, Brüderlichkeit«, sondern sie implizierte nichts Geringeres als die Infragestellung der auf der Nicht-Egalität von »Gläubigen« und »Ungläubigen« beruhenden Gesellschaftsordnung des Islam. Es ist daher nur allzu verständlich, daß die Forderungen der Armenier den meisten Türken als Provokation erschienen und heftigen Widerstand hervorriefen. Wie »reaktionär« immer man diesen Widerstand finden und mit welcher Entschiedenheit man ihn verurteilen mag: an Verstehbarkeit, ja Verständlichkeit fehlt es ihm durchaus nicht.

Anders steht es mit derjenigen Forderung der Türken, die ihrerseits auf einer Säkularisierung beruhte, nämlich der Forderung nach der Errichtung eines homogenen, nicht so sehr islamischen als vielmehr türkischen Nationalstaats. Damit hätten sich die Armenier nur einverstanden erklären können, wenn die Bildung dieses Nationalstaates sich in der Form der »Assimilation« hätte vollziehen können, wie es in Frankreich , England und dann auch in Deutschland der Fall war. Eine solche Assimilation, die eine Konversion zum Islam implizierte, lehnten die Armenier aber mit aller Entschiedenheit ab. Die Reaktion der nationalistischen Türken auf diese Tatsache konnte nur das Konzept der Vertreibung sein, und faktisch wurde dieses Konzept von Vordenkern der Ittihadisten wie Ziya Gökalp oder Dr. Nazim schon vor dem Weltkrieg zum Postulat der Vernichtung fortgetrieben. Das Provozierende an den Opfern war mithin nichts anderes als ihre bloße Existenz. Daß es sich hier um ein moralisch unvertretbares Konzept bzw. Postulat handelt, bedarf nicht der Begründung, aber Verstehbarkeit wird man auch diesem Konzept und sogar diesem Postulat zubilligen müssen.

Die Motive der Täter stehen also in einem engen Zusammenhang mit Merkmalen oder »Provokationen« der Opfer; es ist unzulässig, beides auseinanderzureißen, und das gilt sogar für eine andere Motivation, die nur selten ausdrücklich zu Wort gebracht wurde: es gelte, den altüberlieferten Charakter der Türken als eines Kriegervolkes zu bewahren, der durch die Einflüsse des von den Armeniern getragenen kommerziellen Geistes der Gefahr der Dekadenz ausgesetzt sei.

Noch weniger als die herausfordernden Eigenschaften der Opfer und die Motive der Täter dürfen aber die Umstände außer Betracht bleiben, welche den Vollzug der Vernichtung ermöglichten. Kein Gedanke und keine Ideologie können als solche und aus sich heraus ein so ungeheuerliches Geschehen hervorbringen. Aber im Falle der Armenier und der Türken ist es nun höchst bemerkenswert, daß *nicht* der große Krieg das Elementarereignis war, ohne das der Genozid nicht hätte stattfinden können. Grundlegend war vielmehr das Elementarfaktum der Struktur der islamischen Gesellschaft, und schon die greuelvollen Massaker unter Abdul Hamid während der Jahre 1894-96 waren mit keinem der Pogrome in Osteuropa auch nur entfernt vergleichbar[38] und konnten mit heutigen Begriffen sehr wohl als Genozid bezeichnet werden. Allerdings war eine tendenziell vollständige Vernichtung nur innerhalb des Krieges zu verwirklichen, und jede Darstellung wäre absurd, die der Situation des Krieges nicht große Aufmerksamkeit schenken würde.

Auf die Kriegssituation nimmt auch die Selbstverteidigung der Täter vornehmlich Bezug, und nur eine höchst parteiische Schilderung würde darauf nicht eingehen. Mit ihren insistenten Forderungen nach Reformen seien die Armenier, sagte Enver Pascha zu Beginn des Krieges zu seinen ehemaligen Freunden der Daschnak-Partei, der Türkei in der äußerst bedrohlichen Situation während der Balkankriege an die Gurgel gegangen und das werde nun gerächt werden. Im Rückblick behauptete Dschemal Pascha 1917 in einer Unterredung mit kirchlichen Vertretern, die Türkei habe 1914/15 einem Manne geglichen, »der von allen Seiten überfallen wird und in der höchsten Lebensnot zu den äußersten Mitteln greifen muß.«[40]

Er vergaß zu sagen, daß der erste Akt des türkischen Krieges ein Überfall auf russische Häfen im Schwarzen Meer gewesen war, und dennoch ist dem Argument ein gewisser Wahrheitsgehalt nicht abzusprechen, wenn man an den Vierfrontenkrieg denkt, den die Türkei gegen Russen, Engländer und Franzosen zu führen hatte. Nicht ohne Gewicht war auch die freilich nicht unstrittige Behauptung, der Katholikos von Etchmiadsin habe an die russische Regierung eine Dankadresse gerichtet und versichert, »die Armenier ständen auf der Seite des großen Rußland und seiner Verbündeten und sympathisierten mit ihnen.«[41] In zugespitzter Gestalt halten sich solche Argumente bis heute in der nicht ganz irrelevanten und nicht ausschließlich türkischen Literatur eines spezifischen »Revisionismus«, der die Provokation oder Schuld der Armenier besonders hervorhebt, und auch in der offiziellen Leugnungspolitik der türkischen Regierung, die diejenigen ins Gefängnis schickt, welche überhaupt von einem »Genozid an den Armeniern« zu sprechen wagen – allenfalls werden 200 000 armenische Opfer den weitaus höheren türkischen Kriegsverlusten gegenübergestellt.

Das wirkliche Ausmaß der Vernichtung ist von keinem statistischen Amt dokumentiert worden, und die großen Zahlen beruhen, wie die meisten großen Opferzahlen, auf unsicheren Schätzungen. Die größte Wahrscheinlichkeit dürfte der Zahl von 1 200 000 umgekommenen Armeniern zuzuschreiben sein, die damit nahezu 50% der ungefähr zweieinhalb Millionen Armenier ausmachen würden, welche vor 1914 in der Türkei lebten. Dennoch darf man von »vollständiger Vernichtung« der türkischen Armenier sprechen, denn diejenigen, die heute noch in Ostanatolien leben, bilden nur eine mikroskopische Minderheit.

Das Ausmaß der Leiden ist noch viel schwerer zu bestimmen, denn hier wäre auch die beste Statistik ohne Aussagekraft. Aber der folgende Satz dürfte gerechtfertigt sein: Ein schlimmeres Massenleiden als dasjenige der armenischen Frauen, die wochenlang fast ohne Verpflegung durch kahle Gebirge und glühend heiße Wüstenstrecken getrieben wurden, die als Vergewaltigte am Straßenrand starben, deren Kinder von herzlosen Bewachern an Felsen zerschmettert wurden und deren Hungerqualen in der Regel erst mit dem Tode zu Ende gingen, ist unvorstellbar.

Schwer festzulegen ist ebenfalls das Ausmaß der Hilfe, die ihnen zuteil wurde. Auch Muslime, die den Koran anders verstanden als die zornerfüllten Volksmassen, halfen, und die amerikanischen sowie deutschen Missionsstationen und Schulen versuchten, manchmal mit Erfolg, Hilfe zu leisten. Eine besondere Würdigung muß dem evangelischen Pfarrer Johannes Lepsius aus Potsdam zuteil werden, der sogar schwere Konflikte mit der deutschen Regierung nicht scheute und von dem sehr deutschfeindlichen Henry Morgenthau lobend als »Christian gentleman« charakterisiert wurde. Und eben dieser Henry Morgenthau machte den weitestgehenden Hilfsvorschlag, der in den Annalen dieses Völkermords verzeichnet ist, indem er der Hohen Pforte anbot, zwei Millionen Armenier nach den USA zu bringen.[42] Ob dieser Vorschlag realisierbar war, sei dahingestellt, aber er war generös und mußte diejenigen besonders beschämen, die wie der General von Kress gegen Ende des Krieges der Meinung waren, die Geschichte werde es nicht gelten lassen, »daß die beiden großen Christenreiche Mitteleuropas nicht imstande waren, wenigstens hier, wo es sich um Sein und Nichtsein eines ganzen Volkes handelt, ihren asiatischen Verbündeten ihren Willen aufzuzwingen«[43] und damit, wie man unter Verwendung einer auch damals schon nicht selten vorkommenden Wortprägung sagen könnte, »das größte Verbrechen der Weltgeschichte« zu verhindern.

Auch die Juden waren ein uraltes Religionsvolk, aber nicht wie die Armenier eine Volkskirche neben anderen, gleichartigen Kirchen, sondern sie waren bereits als die »Kinder Israel« das paradigmatische, das ursprüngliche Religionsvolk – nur zu kennzeichnen durch die Beziehung zu »ihrem« Gott, der ihnen in einer vielhundertjährigen Entwicklung zum »Weltgott«, zum einzigen Gott und Schöpfer des Alls wurde, ohne daß sie aufgehört hätten, sich selbst als dessen »auserwähltes Volk« zu betrachten. Zwar waren sie nicht eigentlich die »Erfinder des Monotheismus«, dessen Anfänge im Iran und in Ägypten zu suchen sind, aber sie lebten immer in dem Gegensatz, der zwischen dem »Volk Gottes« und der ganzen übrigen, »götzendienerischen«, Welt der »Heiden« oder der »Völker« (goyim) bestand. Der Staat, den sie auf der Landbrücke zwischen den Imperien Mesopotamiens und Ägyptens bildeten, wies zwar unter den Königen David und Salomon um die Wende vom zweiten zum ersten Jahrtausend v.Chr. einige Blütezeiten auf, war aber sogar zu dieser Zeit in seiner Existenz stark gefährdet, und von den danach entstandenen zwei Teilstaaten wurde der Nordstaat durch die Deportation der Bewohner vollständig vernichtet, während die Bevölkerung des judäischen Staates um Jerusalem auch nach der entscheidenden Niederlage durch die Babylonier im Jahre 586 zu großen Teilen im Lande blieb, nachdem die führende Schicht nach Babylonien verschleppt worden war. Hier im Exil wurden die alten Überlieferungen der Kriegsgeschichten, Hymnen und Predigten der Propheten gesammelt, redigiert und ergänzt, so daß allmählich die »Heilige Schrift« entstand, die später von den Christen als das »Alte Testament« bezeichnet wurde – nicht ein Buch, sondern eine ganze Bibliothek aus sehr unterschiedlichen Bestandteilen, eine »Gottesdichtung« ohnegleichen, die zu großen Teilen auch nichtjüdischen Menschen »ans Herz zu greifen« vermochte, aber auch die einzige »Heilige Schrift« der Menschheitsgeschichte, in der die Genozide der Vorfahren, vornehmlich Josuas (die möglicherweise nie wirklich stattgefunden hatten) nicht bloß erzählt, sondern vorbehaltlos glorifiziert werden.[44]

Eine nicht mehr bloß staatliche und »geschichtliche« Feindschaft mußte die Folge sein, sobald dieses singuläre Volk seinen Staat definitiv verlor und unter die anderen Völker zerstreut wurde. Aber das »Volk der Gerechtigkeit und des Gesetzes«, wie es sich hätte nennen können, übte schon auf die hellenistische Welt, in die viele Juden längst vor dem definitiven Untergang des Staates auswanderten, eine starke Anziehungs- und Verwandlungskraft aus, so daß ein erster großer Prozeß einer »Assimilation« einsetzte, der nicht nur viele Juden zu Hellenen, sondern in eins damit viele Hellenen zu Juden oder doch zu Judenfreunden werden ließ. Wenn also die uralte Erwartung, daß die heidnischen Völker sich bekehren und zusammen mit den Juden am heiligen Berg Zion den einen Gott verehren würden, sich der Realisierung zu nähern schien, so blieb diese Phase der »hellenistischen Assimilation« doch begrenzt, und für Tacitus waren die

Juden, die er freilich von den Christen nicht deutlich unterschied, vom »odium generis humani«, vom »Haß gegen das Menschengeschlecht« erfüllt. Die Predigt des Jesu von Nazareth und seine Hinrichtung am Kreuze wurde dann das entscheidende Ereignis für die weitere Geschichte der Juden, denn ihre Religion wurde nun durch die Lehre vom Messias als dem »Gottmenschen« und durch das Gebot der Missionierung aller Völker zu einer bloßen Vorstufe herabgesetzt, aber zugleich erhalten und geehrt. In der christlichen Welt, die seit etwa 300, zuerst bei den Armeniern, staatlichen Charakter annahm, mußten die Juden, die nach der Zerstörung ihres Staates und des Tempels in Jerusalem durch die Römer in alle Welt zerstreut waren, ein fremdartiges und dennoch verwandtes Element sein, der herrschenden Religion des »dreieinigen« Menschheitsgottes als Vorläufer nahe, und doch wegen ihrer »Verstocktheit« verhaßt und diesen Haß in den schwer zugänglichen Schriften ihrer Sprache wie dem Talmud mit großer Entschiedenheit erwidernd. Gerade als staatlose, über die ganze bekannte Welt verstreute Fremdlinge spielten sie eine große, wenn auch keineswegs exklusive Rolle bei der Entstehung und Ausbreitung der Geldwirtschaft, aber überall lebten sie in eng verbundenen Gemeinden als genuines Volk mit eigener Sprache in »Ghettos« zusammen, in denen sie relativ autonom existieren konnten, nicht viel anders als die christlichen Armenier im islamischen Millet-System.

Häufig Objekte von Verfolgungen und Vertreibungen, zumal den Volksmassen als »Wucherer« verhaßt und vergleichsweise reich, lebten sie im 18. Jahrhundert in ganz Europa nicht viel anders, als sie im Mittelalter gelebt hatten. Die Aufklärung setzte sich zunächst von außen und dann auch von innen in Gestalt der »maskilim«[45], zu denen in Deutschland auch Moses Mendelssohn zu zählen war, ihre »Verbesserung« zum Ziel, und die Französische Revolution machte ihnen das zwieschlächtige Angebot, sie als Individuen zu befreien, aber als reaktionäre, mit den Spuren des Mittelalters behaftete Nationalität aufzulösen. So geriet dieses Religionsvolk wie die Armenier, aber weit vor ihnen, in den Prozeß der »Säkularisierung« und identifizierte sich in führenden Vertretern mit der großen Bewegung des Liberalismus, ja einige seiner Abkömmlinge wie Moses Hess, Karl Marx und Ferdinand Lassalle trugen ganz wesentlich zur Entstehung der sozialistischen Bewegung bei. Der »Antisemitismus«, der um die gleiche Zeit aufkam, war nichts anderes als die Entsprechung zu den Auffassungen der »herrschenden Nation« in dem islamischen »millet-System«, aber von dem osmanischen System her gesehen, bildete er eine sehr schwache und zivilisierte Entsprechung, und nur in Rußland gab es eine genuine Analogie in Form der antijüdischen »Pogrome«, die aber bei weitem nicht das Ausmaß der Armeniermassaker erreichten. Meist als liberaler und auch jüdischer Kampfbegriff verwendet, stellte der »Antisemitismus« oft nichts anderes dar als die von vielen Juden akzeptierte Bestrebung, den Prozeß der dritten großen »Assimilation« voranzutreiben, der »europäischen« und vornehmlich »deutschen« nach der hellenistischen und der spanischen Assimilation; darin stimmten die beiden bekanntesten Antagonisten des sogenannten Berliner Antisemitismusstreites, Heinrich von Treitschke und Theodor Mommsen, durchaus überein. Aber so marginal der eigentliche, der wirklich judenfeindliche Antisemitismus im Deutschen Reich war, so gewiß konnte er sich auf die Tatsache stützen, daß auch die im Prozeß der Emanzipation befindlichen Juden, wie es ein jüdischer Historiker ausgedrückt hat, zum guten Teil die »fundamentale Unterschiedenheit von den Nationen, in deren Mitte sie lebten« nicht aufheben wollten und trotz aller Säkularisierung von der »eigensinnigen Entschlossenheit« erfüllt waren, im Sinne der jahrtausendealten »messianischen« Tradition »die Welt wieder zum Reiche Gottes zu machen«.[46] Eben dadurch wurde es möglich, daß der bedeutendste Denker unter den Antisemiten, Eugen Dühring, die Juden für ein »menschheitsgefährliches Volk« erklären und ihre Vernichtung fordern konnte.[47] Auch im liberalen 19. Jahrhundert blieben sie für die Christen, wie die Armenier für die Muslime, eine lebendige Provokation, und eine weitverbreitete Hoffnung der Juden ging dahin, was einer ihrer Vorkämpfer schon um die Mitte des Jahrhunderts als Realität konstatieren zu dürfen glaubte: die Juden hätten in ihrem Kampf um Emanzipation die europäischen Staaten vom Christentum emanzipiert.[48]

Es ist allgemein bekannt, daß auch Adolf Hitler die Juden für ein menschheitsgefährdendes Volk hielt und daß er ihre Vernichtung nicht bloß postulierte, sondern tatsächlich verwirklichte, nämlich durch den »Holocaust« der Jahre 1941–1945, der zwischen fünf und sechs Millionen Opfer forderte und mehr als 50% der europäischen Juden das Leben kostete. So sehr angesichts des Ungeheuerlichen den Nachlebenden »das Blut in den Adern erstarrt«, so sollte dennoch nicht vergessen werden, daß die Verluste der Armenier, wie erwähnt, in Prozentzahlen kaum geringer waren und daß die Täter einschließlich Hitlers ebensoviel Anspruch auf die Kenntnisnahme ihrer Motive und Ziele haben wie Enver, Talaat und die »Spezialorganisation« der Ittihadisten.

Dieses Motiv konnte nicht wie im armenischen Falle die Beseitigung eines geschlossen siedelnden Volkes als »Sperriegels« gegen die Konstituierung eines weit größeren Nationalstaates sein, denn die Juden bewohnten kein relativ geschlossenes Gebiet, aber eine gewisse Analogie läßt sich in dem selten ausdrücklich zu Wort gebrachten Tatbestand finden, daß die drei Millionen polnischen Juden als ein ernstes Hindernis für die Eroberung von deutschem »Lebensraum im Osten« angesehen werden konnten. Unter Vernachlässigung vieler Komplexitäten kann man indessen zwei Äußerungen Hitlers und eine Feststellung eines untergeordneten Beamten als den Kern der Motivation betrachten, die sich den »Holocaust« als Ziel setzte oder ihn als unvermeidlich in Kauf nahm.

Schon in »Mein Kampf« hatte Hitler den mit Recht vielzitierten Satz geschrieben, wenn es dem Juden »mit Hilfe seiner marxistischen Weltanschauung« gelinge, den Sieg über die Völker dieser Welt zu erringen, dann werde seine Krone der Totenkranz der Menschheit sein und am Ende werde der Planet, wie einst vor Jahrmillionen, menschenleer durch den Äther ziehen.[49] Diese Aussage gilt nicht ohne Grund als irrsinnig, und doch ist sie eine der frühesten Manifestationen einer heute allverbreiteten Furcht, daß die Menschheit sich selbst physisch zugrunde richten könnte. Niemand sieht heute mehr in »den Juden« die Ursache, aber jeder muß bei einiger Überlegung zugeben (und kann durchaus einen positiven Sinn mit der Feststellung verbinden), daß einzelne Juden sowohl bei der Entwicklung der Atom- und der Wasserstoffbombe wie bei der umweltgefährdenden »Globalisierung« eine weit überproportionale Rolle gespielt haben und spielen.

In einer seiner spätesten Äußerungen, der »Rede auf dem Platterhof« im Juli 1944[50], behauptete Hitler, auf längere Sicht werde derjenige »Rassekern« im deutschen Volk, »der eine kommerzielle Begabung ohne schöpferische Tätigkeit besaß«, nämlich das Judentum, zur stärksten Kraft geworden sein und dabei wäre das deutsche Volk völlig zersetzt worden.

Damit stellte er sich in eine Tradition hinein, die auch für die Frühsozialisten und nicht zuletzt für Marx bestimmend gewesen war, nämlich die Vorstellung von einem kausalen Zusammenhang zwischen Judentum und fortschreitender »kapitalistischer« Geldwirtschaft.

Die Ähnlichkeit mit jener eher marginalen Äußerung Envers liegt auf der Hand: das deutsche Kriegervolk, das »letzte Volk des Mars in Europa«, wie man es genannt hat, werde durch die Kommerzialisierung und durch die Aktivität der unkriegerischen Intellektuellen auf das ernsteste gefährdet. Aber gleich darauf bringt Hitler ein ganz andersartiges Motiv zu Wort und stellt dadurch unter Beweis, daß jener frühere Beweggrund, der antibolschewistische und im Kern antimarxistische, für ihn der stärkere war: »Der Bolschewismus würde Millionen und Millionen unserer Intellektuellen abgeschlachtet haben«.[51] Offensichtlich will Hitler sagen, daß nur er die Entschlußkraft besitze, die beiden gleich verhängnisvollen Entwicklungen abzuwenden und zwar durch die Vernichtung der Juden.

Diese seine Interpretation ist also durchaus »intentionalistisch«, »von oben her« gedacht, und ihr rationaler Kern ist offenbar jene »Rolle des Juden als Mitwirkender, Ärgernis, Täter, Testfall und Opfer« in der weltgeschichtlichen Auseinandersetzung, von welcher der große jüdische Geschichtsdenker Jacob Talmon spricht, und eben dieser Talmon erkennt unzweifelhaft auch dem Begriff des »jüdischen Bolschewismus« einen rationalen Kern zu, wenn er darauf hinweist, daß »praktisch alle Unterhändler in Brest-Litowsk Juden waren« und wenn er von dem »jüdisch geführten kommunistischen Regime in Bayern« spricht.[52]

Aber wie bei dem armenischen Völkermord ist ein »von unten« kommendes, ein »funktionalistisches« Motiv heranzuziehen.

Von Christopher Browning wird in einer verdienstvollen, in den »Holocaust and Genocide Studies« publizierten Abhandlung über »German Doctors and Polish Jews« die Rede eines führenden deutschen Medizinalbeamten auf einer Tagung von deutschen Ärzten in Bad Krynica zitiert, die auf die folgende Behauptung hinausläuft: das Beste sei natürlich genügend Nahrung, aber das sei nicht möglich wegen der Nahrungsmittelknappheit und der Kriegssituation. »Es gibt nur zwei Möglichkeiten: wir verurteilen die Juden im Ghetto zum Hungertod oder wir erschießen sie.«[53]Ganz ähnlich würde einer der türkischen Walis oder der »saptiehs« geurteilt haben: Angesichts der schlechten Versorgung auch der türkischen Bevölkerung mit Lebensmitteln könnten die vielen Züge der Deportierten nicht mit ausreichender Nahrung versehen werden.

Die Motivation der türkischen und der deutschen Täter stimmt also nur in der Verteidigung des Kriegertums gegen ein intellektuelles »Feindvolk« und in dem Hinweis auf die Kriegssituation überein, auf der Seite der Ittihadisten findet sich dagegen keine Analogie zu dem Vorwurf der Weltgefährdung durch die Juden und insbesondere ihrer hervorstechenden Rolle innerhalb des Bolschewismus. Diese Vorwürfe sind die negative Auslegung von Tatbeständen, die von den Betroffenen überwiegend als positive Herausforderungen betrachtet wurden. Der Vorwurf Envers war konkret und regional, der Vorwurf Hitlers dagegen war planetarisch und im Kern auf Konstruktionen und Vermutungen angewiesen. Hier liegt der erste große Unterschied zwischen den beiden Völkermorden.

Der zweite besteht darin, daß der Vernichtungsprozeß im Falle der Armenier »alt-barbarisch« war und im Falle der Juden »modern-barbarisch«, denn er war, auch abgesehen von der »industriellen Vernichtung« in »Gaskammern«[54], im ganzen vergleichsweise gut organisiert, und Analogien zu jenen wochenlangen Todes- und Hungermärschen der armenischen Frauen und Kinder gab es vor der Ausnahmesituation des Jahres 1945 nicht. Selbst der Hunger in den Konzentrations- und Vernichtungslagern war mit einer – sei es auch ganz unzureichenden – Unterbringung verbunden.

Der dritte ist dadurch gegeben, daß die Erbitterung der Massenmörder über frühere – bolschewistische – Massenmorde im türkischen Falle nicht vorlag und daß für Hitler der entscheidende Umstand nicht, wie für Enver, der Krieg, sondern die bolschewistische Revolution war.

Aber genügen diese Unterschiede, um den einen Völkermord einen »Holocaust« und den anderen einen »gewöhnlichen Genozid« zu nennen?

Das Argument der Absicht »vollständiger Vernichtung« als eines Kennzeichens bloß der Judenausrottung ist nicht haltbar, denn diese Intention war auch bei den Ittihadisten gegeben, und in beiden Fällen war die Zahl der Überlebenden keine »quantité négligeable«. Überdies hatten die Armenier nicht die Möglichkeit der Auswanderung, wie sie die deutschen Juden von 1933 bis 1939 besaßen. Es ist daher wahrscheinlich, daß Hitler bis zum September 1939 ja bis zum Umschlag der Kriegssituation im Dezember 1941, nur jene vollständige Vertreibung der Juden im Sinn hatte, die er in seiner Frühzeit 1919 »Entfernung« genannt hatte.[55] Was der ideologische »Bürgerkrieg« zwischen dem kommunistischen und dem nationalsozialistischen Staat möglich machte, war allerdings die Verwirklichung der inneren Konsequenz von Hitlers Gedanken.

Ebensowenig kann das Ausmaß der Leiden ein adäquates Kriterium sein, denn als Massenleiden konnte das armenische, wie oben festgestellt wurde, nicht übertroffen werden. Eine Selbstverteidigung der Täter gab es im Hinblick auf die Judenvernichtung in der Praxis nicht. Aber jedes ernste Nachdenken läuft darauf hinaus, daß die fast allverbreitete »philosemitische« Auffassung die Juden herabsetzt, indem sie aus einem weltgeschichtlichen Volk, das man als »das Volk der Nachgeschichte« oder »das

Volk der Weltzivilisation« kennzeichnen darf, eine Herde von »Schafen« macht, die sich ohne Vorahnung und Widerstand »zur Schlachtbank führen« ließen.

Von einer »Singularität« der Judenvernichtung darf nur dann die Rede sein, wenn man den planetarischen und metaphysischen Charakter von Hitlers Vernichtungswillen unterstreicht und ihn nicht als »Wahnsinn« unbegreifbar macht, sondern mit der jahrtausendealten Singularität der jüdischen Existenz zusammenbringt. Dann aber handelt es sich nicht mehr bloß um ein »Großverbrechen«, sondern auch um ein welthistorisches Verfehlen, das »Mitwirkende« zu Unrecht als »Urheber« verstand und zu einer Konsequenz gelangte, die nicht nur, wie es ganz selbstverständlich ist, in der moralischen Perspektive, sondern auch unter historischen Gesichtspunkten verurteilt werden muß.

Aber es ist deshalb noch nicht gerechtfertigt, die begrenzte Präfiguration der Armeniervernichtung schon durch die Wortwahl aus dem Blick zu bringen und eine, sei es natürliche, weithin aber auch artifizielle Selbstbezogenheit an den Tag zu legen. Daher halte ich es für richtig, selbst dann den Terminus »Holocaust« auch für den armenischen Fall zu verwenden, wenn die Singularität der »Judenvernichtung« mit richtigen und nicht mit unzureichenden oder falschen Argumenten begründet wird.

V.

In einem Ausblick ist nun festzustellen, daß der Vergleich zwischen den beiden »Holocausts« als solcher keinerlei kausalen Nexus in sich schließt. Aber eine unübersehbare Tendenz in der jüngsten Literatur geht dahin, in der Armeniervernichtung insofern einen »Holocaust vor dem Holocaust« zu sehen, als den deutschen Diplomaten und Soldaten in der Türkei eine schwere Mitschuld zugeschrieben wird, so daß es manchmal so aussieht, als habe in der Türkei eine Art von deutschem Probelauf zum Holocaust stattgefunden. Henry Morgenthau, der noch nichts von der künftigen Judenvernichtung wissen konnte, sagte in der Tat schon früh zu seinem Intimfeind, dem »preußischen Junker« von Wangenheim: »Die Schuld an diesen Verbrechen wird für immer Ihr Erbe sein.«[56] Aber schon die Tatsache, daß gerade der aktivste unter den armenierfreundlichen Diplomaten Deutschlands, der Konsul Rössler in Aleppo, in der alliierten Presse am frühesten einer gravierenden Beteiligung an den Deportationen beschuldigt wurde, läßt erkennen, ein wie hohes Maß an propagandistischem Selbstinteresse der alliierten Empörung über die Massaker zugrundelag.

Der Kern der Vorwürfe war von Anfang bis heute sehr einfach: Deutschland verfügte auch in der Türkei selbst über große militärische Macht und war der Hauptverbündete; es hätte also dem Völkermord ohne Mühe Einhalt gebieten können. Der Vorwurf verkennt, daß unter bestimmten Umständen der stärkere Alliierte mindestens ebensosehr von dem schwächeren Verbündeten abhängig sein kann wie dieser von ihm, und das Argument des Staatssekretärs Zimmermann dürfte unwiderlegbar sein: Deutschland könne die Vernichtung der Armenier nur dadurch stoppen, daß es das Bündnis mit der Türkei aufkündige und das sei aus militärischen und vitalen Interessen schlechterdings unmöglich[57]. Es ist sicherlich richtig, daß es den einen oder anderen Offizier gab, der sich sozialdarwinistischer Wendungen bediente, aber im großen und ganzen ergibt sich aus dem Blick auf die deutschen Diplomaten und Offiziere in der Türkei der überwältigende Eindruck, daß sie durchweg noch viel zu sehr Christen und im Geist des deutschen Idealismus erzogen waren, als daß die massenmörderischen Vorgänge in ihnen etwas anderes als Empörung und schieres Entsetzen hätte auslösen können.[58] Enver erzwang die Abberufung des Botschafters Graf Wolff-Metternich, weil dieser sich die Sache der Armenier »ganz zu eigen gemacht« habe.[59] Und nicht einmal die Generäle von Seeckt und von Lossow wurden zu Anhängern Hitlers, wenn sie auch in der Weimarer Republik eine bedeutende und, in den Augen von »Progressiven«, reaktionäre Rolle spielten.[60]

Es gibt eine einzige Ausnahme, durch die eine direkte Verbindung zu Hitler hergestellt wird, und dabei handelt es sich ausgerechnet um Max Erwin von Scheubner-Richter, der neben Rössler unter den deutschen Konsuln am entschiedensten für die Armenier eintrat und dessen damalige Einstellung nur Verblendung *nicht* als »human« charakterisieren kann. Aber seit seiner Rückkehr aus dem Baltikum wurde er zu einem der wichtigsten Mitarbeiter Hitlers, und als er am 10. November 1923 an dessen Seite beim Marsch auf die Münchener Feldherrnhalle von einer tödlichen Kugel getroffen worden war, nannte ihn Hitler in tiefer Trauer »unersetzlich«. Es ist nun gewiß nicht ausgeschlossen, einen Persönlichkeitswandel anzunehmen, der ihn aus einem Humanisten zu einem fanatischen Ideologen gemacht habe, welcher ganz wie Dietrich Eckart, Alfred Rosenberg und Hitler selbst viel vom »jüdischen Bolschewismus« sprach und dagegen agitierte.

Aber sollte nicht ein anderes Verständnis näherliegend und erhellender sein, obwohl es der modischen Tendenz zur Inkriminierung der Weltkriegsgeneration durch die jüngeren Deutschen der »Wohlstandsgesellschaft« widerspricht? Scheubner-Richter war nach dem Ausscheiden aus dem diplomatischen Dienst im Baltikum tätig, und er erlebte dort die bolschewistische Revolution. Es dauerte nicht lange, bis er verhaftet und zum Tode verurteilt wurde, aber infolge glücklicher Umstände entging er der Hinrichtung. Ist es nicht wahrscheinlich, daß er infolge seiner persönlichen Erlebnisse und mehr noch durch die Meldungen über den »roten Terror« und die Anfänge der Klassenvernichtung, welche in Riga etwa darin bestanden, daß deutsche Bürger das Eis der zugefrorenen Düna aufhacken mußten und dann hineingestoßen wurden, an die Vorgänge in der Türkei erinnert wurde und zu der Überzeugung gelangte, eine zwar andersartige, aber noch weit umfassendere Gestalt des »Völkermordes« nähere sich nun in bedrohlicher Weise den Grenzen Deutschlands und Mitteleuropas und gerade er müsse ihr mit Entschiedenheit entgegentreten? Dadurch wäre in der Tat ein kausaler Nexus zwischen der Armeniervernichtung und der späteren Judenvernichtung hergestellt, sofern man Scheubner-Richter für ein »alter ego« von Alfred Rosenberg hält, aber dieser Nexus wäre von ganz anderer Art, als er in der Literatur meist hergestellt wird. Allerdings müßte man gegen Scheubner-Richter den Einwand erheben, er habe nicht wahrnehmen wollen, daß die Bolschewiki gerade diejenigen militanten Pazifisten waren, die den Ausgangspunkt der Völkermorde des 20. Jahrhunderts, nämlich den Weltkrieg, definitiv überwinden wollten, und daher sei es als die größte Tragödie des Jahrhunderts, nicht aber als bloßes Großverbrechen zu bezeichnen, daß diese Pazifisten sich aufgrund ihrer sozialistischen Ideologie und der besonderen Umstände dazu geführt sahen, ihrerseits Massenmorde größten Umfangs zu begehen. Aber wenn ein solcher Irrtum Scheubner-Richters korrigiert werden muß, so könnte durch diese Einsicht doch ein Verständnis dafür geweckt werden, daß auch dasjenige, was diese erste Tragödie nach sich zog, Tragödiencharakter hatte, obwohl die wichtigste der Folgen nicht nur den Holocaust an den Juden, sondern zahlreiche andere Massenverbrechen implizierte. Unter den vielen Mittelgliedern wäre also auch der Holocaust an den Armeniern aufzuführen, doch nicht in der Weise einer direkten Herleitung, sondern gerade umgekehrt in Gestalt der ablehnenden Reaktion darauf, die von niemandem überzeugender repräsentiert wurde als von Max Erwin von Scheubner-Richter.[61]

Aber die Geschichte ist kein Bilderbuch »ad usum delphini«. Wer ihre Paradoxien nicht wahrhaben will, würde besser daran tun, sich der Dichtung zuzuwenden, die ja ihre eigene Art von Wahrheit besitzt.

Anmerkungen

1 Dan Diner: »Zwischen Aporie und Apologie« in Ders. (Hrsg.): Zu Historisierung und Historikerstreit, Frankfurt 1987, S. 62–73, 70, 73. »Ist der Nationalsozialismus Geschichte?« Vgl. unten S. 186
2 Eberhard Jäckel: Die elende Praxis der Untersteller. In »Historikerstreit. Die Dokumentation der Kontroverse um die Einzigartigkeit der nationalsozialistischen Judenvernichtung«. München/Zürich 1987, S. 115–122, S. 118
3 Steven T. Katz: The Holocaust in Historical Context. Vol. 1: The Holocaust and Mass Death Before the Modern Age. New York/Oxford 1994, S. 28
4 Alan L. Berger in Charny, Israel W.: Genocide. A Critical Bibliographical Review. Vol. I, London 1988, S. 59 ff.
5 Chalk, Frank/Kurt Jonasson: The History and Sociology of Genocide. Analyses and Case Studies. New Haven/London 1990, S. 323 ff.
6 Alfred Grosser: Ermordung der Menschheit. Der Genozid im Gedächtnis der Völker. München/Wien 1990, S. 50, 87, 145, 251
7 Yves Ternon: Der verbrecherische Staat. Völkermord im 20. Jahrhundert, Hamburg 1996, S. 154
8 Yehuda Bauer: A History of the Holocaust. New York 1982, S. 57f.
9 »The Armenian Genocide«, Vol. 8, München 1991, S. 124
10 »Holocaust and Genocide Studies«, Vol. 3, London 1988, S. 151–169, S. 165. Das Zitat von B. Lewis in dessen »The Emergence of Modern Turkey«, London 1961, S. 350
11 Richard G. Hovannisian: New Brunswick/London 1991 (zuerst 1986)
12 David Stannard: Uniqueness as Denial: The Politics of Genocide Scholarship. In: Is the Holocaust Unique?, Boulder 1996, S. 163 ff.
13 Vorwort zu Richard G. Hovannisian a.a.O. (Fn. 11)
Vgl. auch Florence Mazian: Why Genocide? The Armenian and Jewish Experiences in Perspective. Ames, Iowa, 1990.
14 Die Große Politik der Europäischen Kabinette 1871–1914, Bd. 12,1, S. 23
15 Ebda. S. 18
16 Zitiert nach Vahakn N. Dadrian: The History of the Armenian Genocide. Ethnic Conflict from the Balkans to Anatolia to the Caucasus. Providence/Oxford 1997, S. 149
17 Gerard Dedeyan (Hrsg.): Histoire des Arméniens. Toulouse 1982, S. 488 f.
18 Deutschland und Armenien 1914–1918. Sammlung diplomatischer Akten-

stücke. Hrsg. und eingeleitet von Dr. Johannes Lepsius. Potsdam 1919, S. 63 f., 66, 61, 66. Im Folgenden = »Lepsius«.

19 Ebda. S. 79

20 Ebda. S. 73. Wenig später, am 5. August, schrieb Scheubner-Richter, die Aussiedlung sei »in einen wahren Rache-, Vernichtungs- und Raubzug umgewandelt« – damit unterschied er abermals aufs klarste zwischen unumgänglichen militärischen »Maßnahmen« und Exzessen, die »einer auf Zivilisation Anspruch erhebenden Regierung unwürdig« seien.

21 Ebda. S. 86 f.

22 »Ambassador Morgenthau's Story«, Garden City-New York 1918, S. 328

23 Arnold J. Toynbee: Armenian Atrocities. The Murder of a Nation. With a Speech Delivered by Lord Bryce in the House of Lords. London/New York/ Toronto 1915, S. 61

24 Lepsius S. 84

25 Morgenthau a.a.O. (Fn. 22), S. 352

26 Toynbee a.a.O. (Fn. 23), S. 80

27 Ebda. S. 114, 104

28 Zitiert nach Hovannisian a.a.O. (Fn. 11), S. 49

29 Lepsius S. 165 f. Der Bericht stammt von dem Oberlehrer Dr. Niepage und wird von dem Direktor sowie zwei weiteren Lehrern mit Nachdruck bestätigt.

30 Ebda. S. 486 ff.

31 Morgenthau a.a.O. (Fn. 22), S. 388

32 Die Verteidigung dieses Berges ist bekanntlich das Thema von Franz Werfels Roman »Die vierzig Tage des Musa Dagh«. Obwohl Werfel die Unterredungen zwischen Lepsius und Enver Pascha ebenfalls mit dichterischer Freiheit behandelt, klingt ein Satz Envers auch unter historischen Gesichtspunkten glaubwürdig, mit dem er auf Lepsius' Rühmung des für die Türkei sehr wertvollen »Europäertums« der Armenier reagiert: »Unter den Armeniern gibt es gewiß eine beängstigende Menge von Intelligenz. Sind Sie wirklich ein Freund dieser Art von Intelligenz, Herr Lepsius? Ich nicht. Wir Türken besitzen von dergleichen Intelligenz wenig. Dafür aber sind wir die alte heroische Rasse, die zur Errichtung und Beherrschung eines großen Reiches berufen ist. Über Hindernisse werden wir deshalb hinwegsteigen.« (Frankfurt a. M. 1990, Lizenzausg. des Fischer Tb-Verlages, S. 164). Wenig später vergleicht Enver die Armenier mit einem Pestbazillus (S. 165)

33 Lepsius S. 377 ff.

34 Ebda. S. 404

35 Ebda. S. 418 ff.

36 Marjorie Housepian Dobkin: Smyrne 1922, Athen 1999[2]

37 In einem Gedicht eines überlebenden armenischen Dichters wird Gott folgendermaßen angeredet: »Send us to hell, send us to hell again; you made us

know it, alas, too well. Keep paradise for Turks, send us to hell!« Dadrian a.a.O. Fn.13, S. 162

38 Das Adjektiv »unvergleichbar« wird hier in dem populären Sinn verwendet; es bedeutet eigentlich »keinesfalls gleichzusetzen«.

40 Lepsius S. 357 f.

41 Ebda. S. 325 f.

42 Johannes Lepsius: Der Todesgang des armenischen Volkes, 4. Aufl., Potsdam 1930, S. 262. Daß indessen auch Morgenthaus Humanitarismus nicht ohne Zweideutigkeit bzw. Inkonsequenz war, macht der Satz sehr deutlich, den er bei der Durchreise durch Berlin zu dem Staatssekretär v. Jagow sagte, als dieser andeutete, die Deutschamerikaner würden sich vielleicht einem Kriegseintritt der USA widersetzen: »The first one who attempts it will be punished so promptly and so drastically that such movement will not go far.« (Morgenthau a.a.O., Fn. 22, S. 402) War er von Enver wirklich so weit entfernt, wie er meinte?

43 Lepsius S. 431

44 Vgl. Ernst Nolte: Historische Existenz. Zwischen Anfang und Ende der Geschichte? München/Zürich 1998, S. 165 ff.

45 »Maskilim« kommt von »haskala«, das so viel wie »Aufklärung« bedeutet.

46 »Geschichte des jüdischen Volkes«, hrsg. von Haim Hillel Ben-Sasson. Dritter Band »Vom 17. Jahrhundert bis zur Gegenwart« von Shmuel Ettinger. München 1980, S. 5

47 Eugen Dühring: Die Judenfrage als Frage des Rassencharakters und seiner Schädlichkeiten für Völkerexistenz, Sitte und Kultur. Nowawes 1901, 5. Aufl.

48 J. L. Bernays, zitiert nach J. Talmon: Israel Among the Nations. London 1970, S. 23

49 »Mein Kampf«, 73. Aufl. 1933, S. 69 f.

50 4. Juli 1944. Bundesarchiv NS 19/1452

51 Unter »unseren Intellektuellen« versteht Hitler hier zweifellos die »nationale Intelligenz«, die er von früh an positiv bewertet hatte.

52 Talmon a.a.O. (Fn. 48), S. 73

53 in »Holocaust and Genocide Studies« a.a.O. (Fn.10), S. 21–36, S. 27
Wie die Armenier fanden auch die deutschen Juden wenig Hilfe, obwohl leicht einzusehen war, daß Hitler als Ideologe ein ganz anderes Format hatte als Enver, so gewiß auch der jungtürkische Staat als »Ideologiestaat« zu bezeichnen ist. (Der deutsche Botschafter Graf Wolff-Metternich sprach in einem Brief an den Reichskanzler von Bethmann-Hollweg von der »vielköpfigen Hydra der Komitees«, deren chauvinistischen Fanatismus auch Enver und Talaat nicht zu bändigen vermöchten – Lepsius S. 277)
Die »revisionistische« oder besser: »negationistische« Annahme erscheint daher absurd, Hitler würde im Falle eines Krieges, den auch er als Kampf um die

Existenz ansah, weniger als Enver und Talaat von Vernichtungswillen gegen ein »Feindvolk« erfüllt sein, das er aus seiner antimarxistischen Grundeinstellung heraus als den Ursprung des Bösen in der Geschichte verstehen wollte. Die ausgedehnten Aktivitäten jüdischer Antifaschisten in England und Amerika sowie des erst 1936 gegründeten »World Jewish Congress« – Initiierung von Boykottmaßnahmen, Demonstrationszüge unter Mitführung von am Galgen aufgehängten Hitler-Puppen, öffentliche Appelle an die Regierungen Englands und der USA – schadeten den deutschen Juden eher, als daß sie ihnen Nutzen gebracht hätten; die Empörung über die Nürnberger Gesetze ging ins Leere, denn das Argument, das jüngst der Jerusalemer Historiker Moshe Zimmermann mit beträchtlichem Mut wieder aufgegriffen hat , war nicht zu widerlegen, es handle sich nur um eine Replik uralter Gesetze und Gewohnheiten der Juden selbst; die halbherzigen Bemühungen der westlichen Staaten, durch die Konferenz von Evian eine umfassende Auswanderung zu ermöglichen (die zahlenmäßig weit unter den zwei Millionen Armeniern Morgenthaus geblieben wären) führten nicht zu einem Erfolg; die Engländer schlossen die Grenzen Palästinas. Die ersten Nachrichten über die Massenvernichtungen in Polen stießen auf viel Skepsis, wenn sie auch, wie im armenischen Falle, die Ankündigung der Bestrafung der Verantwortlichen zur Folge hatten. Die frühesten Meldungen seit 1945 über die »vier Millionen Toten« in Auschwitz machten zwar einen tiefen Eindruck und trugen zur Entstehung des Staates Israel bei, aber den Überlebenden begegnete nicht nur in Polen, sondern sogar in Israel viel Gleichgültigkeit und Abneigung. Auch die Juden durften daher die Klage erheben, sie seien von der ganzen Welt im Stich gelassen worden.

Diese Situation änderte sich erst, als zu Beginn der sechziger Jahre der Prozeß gegen den aus Argentinien entführten Eichmann sowie der Frankfurter Auschwitz-Prozeß eine jüngere Generation mit den Tatsachen konfrontierte, die offenbar trotz der Riesenzahl der Kriegsverluste im Zweiten Weltkrieg als ganz außerordentlich und einzigartig empfunden wurden. Auch in der Geschichtswissenschaft nahm »die Endlösung der Judenfrage« nun einen anderen Rang bei der Interpretation des Nationalsozialismus ein. Seit etwa 1968 wurde dem »Holocaust«, wie die Judenvernichtung jetzt mehr und mehr genannt wurde, ein ständig steigendes Maß an Aufmerksamkeit zuteil, das für Juden und Deutsche das Präzedens der »Armeniergreuel« fast vollständig aus dem Blick brachte und die These der schlechthinnigen Unvergleichbarkeit und Unverstehbarkeit aufkommen ließ.

54 Es müßte »Gaskammern zur Menschentötung« heißen, denn der in Auschwitz und anderswo viel gebrauchte einfache Begriff bedeutete »Entwesungskammern« zur Tötung von Ungeziefer. Zu den nicht wenigen Ungenauigkeiten, die im Schwange sind und die den »Revisionisten« teilweise zur Begründung ihrer Kritik dienen, gehören Termini wie »Gasöfen« und »Ver-

brennung von Menschen« (statt: von Leichen) oder Fotografien von Zyklon-B-Kannen, die ohne Beweiskraft sind, da Zyklon-B vor allem ein überaus notwendiges Mittel zur Bekämpfung von Ungeziefer war. Die umgekehrte Tendenz, nicht das Moderne und Unerhörte am Holocaust zu unterstreichen, sondern das Altbekannte, das Ähnlichkeiten mit den Armeniermassakern aufweist, nämlich die Massenerschießungen durch Einsatzgruppen der SS und Polizeibataillone, ist vornehmlich von David Goldhagen zu einem Extrem geführt worden.

55 Z. B. in dem »Brief an Gemlich« vom September 1919. (Eberhard Jäckel/Axel Kuhn: Hitler. Sämtliche Aufzeichnungen 1905–1924, Stuttgart 1980, S. 88–90

56 Morgenthau a.a.O. (Fn. 22), S. 381

57 Lepsius(Nr. 300 v. 29. 9. 1916), S. 294

58 In den »Denkwürdigkeiten« von Colmar von der Goltz findet sich folgender Abschnitt aus einem Brief an seine Frau vom November 1915: »...und dann ging es in die nordsyrische Ebene hinab. In dieser bot sich uns der harmvolle Anblick der flüchtenden Armenier, die am Südfuß des Taurus angesiedelt werden sollen und bei denen natürlich, da menschliche Fürsorge bei so großen Massen nicht viel vermag, grenzenloses Elend herrscht. Eine fürchterliche Völkertragödie. Ohne Nahrung, ohne Versorgung, schutzlos strömten Tausende und aber Tausende einem unbekannten Ziele entgegen. Viele sterben an der Straße und bleiben unbeerdigt liegen. Man mußte in tiefster Seele Mitleid empfinden und konnte doch nicht helfen ...«
Es ist unvorstellbar, daß der Feldmarschall, der zwar ein entschiedener Militarist, aber ein hochgebildeter und vornehmer Mann war, selbst den Befehl zu der Auslösung von Vorgängen gegeben haben könnte, die er hier mit offenkundiger Aufrichtigkeit beklagt. (Colmar Freiherr von der Goltz: Denkwürdigkeiten. Bearbeitet und hrsg. von Friedrich Freiherr v.d. Goltz und Wolfgang Foerster. Berlin 1929, S. 428.) Im weiteren Text des Briefes schreibt v. d. Goltz die eigentliche »Schuld« England zu.

59 Artem Ohandjanian: Armenien. Der verschwiegene Völkermord. Wien/Köln/Graz 1989, S. 121. In einem Gespräch mit dem Botschafter sagte Talaat im Dezember 1915, wenn Deutschland sich wie die Türkei einer revolutionären Bewegung gegenüber gesehen hätte, würde es diese Bewegung ebenfalls mit Gewalt ausrotten. Wolff-Metternich protestierte lebhaft und versicherte, »daß wir niemals ähnlich handeln würden und nur den einer Schuld Überführten bestraften.« (Lepsius S. 207 f.) Er hatte recht hinsichtlich seiner Gegenwart und des Kaiserreichs, freilich nicht im Hinblick auf die deutsche Zukunft.

60 Als stärkster aller Beweise ist häufig (und in Reden kanadischer sowie amerikanischer Abgeordneter geradezu regelmäßig, wie sich in »The Armenian Genocide« a.a.O. Fn. 9 nachlesen läßt) ein Zitat aus der Rede Hitlers vor der Generalität am 22. August 1939 angeführt worden, das lautet »Wer redet heute noch von der Vernichtung der Armenier?« und mit dem er den Holocaust an-

gekündigt habe. Aber dieses Zitat stammt aus einer überaus fragwürdigen Version der Rede, welche aus Kreisen des militärischen Widerstandes und letzten Endes wohl von Admiral Canaris stammt und offensichtlich dazu bestimmt war, den Engländern zugespielt zu werden, um sie zum Handeln zu veranlassen. Nicht einmal im Nürnberger Prozeß gegen die Hauptkriegsverbrecher wurde diese Version, in der sich Hitler wie ein rabiater Schüler von Dschingis Khan gibt (»L 3«) als Beweisstück zugelassen, und in den ernstzunehmenden Nachschriften (PS-798, PS-1014, Raeder-27 und anderen) werden weder die Armenier noch Dschingis Khan erwähnt.

61 Zu Scheubner-Richter vgl. Paul Leverkuehn (= Erik Reger): Posten auf ewiger Wache. Aus dem abenteuerreichen Leben des Max von Scheubner-Richter. Essen 1938, Hans-Heinrich Wilhelm: Scheubner-Richter in Armenien. Unveröff. Manuskript.

(Originalbeitrag für die vorliegende Publikation, geschrieben Ende 2000)

9

Selbstkritische Überlegungen zu »Deutschland und der Kalte Krieg«

Wer im Jahre 1984 oder 1985 ein durch die späteren Ereignisse bestätigter Prophet sein wollte, der hätte zur Frage des Kalten Krieges und der Wiedervereinigung Deutschlands etwa folgendes sagen müssen: Der Kalte Krieg kann nur so an ein definitives Ende gelangen und Deutschland wird nur dann wiedervereinigt werden, wenn der Kommunismus zusammenbricht, wenn die Sowjetunion sich gezwungen sieht, den Rückzug aus den Satellitenstaaten anzutreten und wenn der mächtigste Vielvölkerstaat selbst durch die Kraft zahlreicher Nationalismen zerrissen wird. 1947 hatte James Burnham so etwas gesagt, und 1959 hatte William Schlamm es dem Sinne nach wiederholt, aber die beiden Ex-Kommunisten dachten an kriegerische oder kriegsähnliche Vorgänge, und insofern können auch sie nicht als bestätigte Propheten gelten. Zwar blieben gravierende Schwächezeichen der Sowjetunion im Westen nicht unbemerkt, und Seweryn Bialer stand nicht völlig allein da, als er 1987 sein Buch »Der hohle Riese« veröffentlichte, aber im ganzen muß man feststellen, daß niemand in der Mitte der achtziger Jahre die Ereignisse von 1989–1991 richtig vorhergesehen hat, und die paradoxe These dürfte gerechtfertigt sein, daß die Geschichte ausgerechnet zum Zeitpunkt ihres angeblichen Endes auf präzedenzlose Weise eine ihrer kennzeichnendsten Eigenschaften mit besonderer Klarheit zu erkennen gab, nämlich das Überraschende und Unerwartete hervorzubringen.

Dieses Überraschende wirft notwendigerweise seine Schatten – oder besser: seine Lichtstrahlen – auf alles, was in mehr als vier Jahrzehnten über den Kalten Krieg bzw. den »Ost-West-Konflikt« und über die Lage Deutschlands bzw. der beiden Staaten in Deutschland geschrieben worden ist. Diese Literatur ist längst unübersehbar geworden, aber man darf konstatieren, daß ein sehr großer Teil davon heute schlicht zu Makulatur geworden ist und bloß noch antiquarische Bedeutung hat, etwa sämtliche Bücher und Broschüren, welche die Geschichte auf einen Sieg des sowjetischen Sozialismus hinauslaufen sahen oder die unveränderliche Permanenz der deutschen Zweistaatlichkeit verkündeten. Aber auch wissenschaftliche Studien bleiben in einer solchen Situation nicht unberührt. So wurden die Untersuchungen zur Kriegsschuldfrage des Ersten Weltkriegs, etwa die Bücher von Harry Elmer Barnes oder von Luigi Albertini, in ihren Ergebnissen und Argumenten durch den Zweiten Weltkrieg zwar keineswegs wertlos, aber sie rückten doch in ein neues Licht, und der sogenannte Revisionismus hat sich bis heute nicht von dem Schlag erholt, den Hitlers Kriegspolitik ihm versetzte. Selbstkritik der Autoren ist also gegenwärtig geboten, auch wenn die Betreffenden immer noch der Überzeugung sein dürfen, sich von den polemischen Auseinandersetzungen der Publizistik ferngehalten zu haben und vom Streben nach wissenschaftlicher Objektivität geleitet gewesen zu sein.

Als ich zu Beginn der siebziger Jahre mein Buch »Deutschland und der Kalte Krieg« schrieb, wollte ich keinen Beitrag zu den »deutschlandpolitischen« Kämpfen liefern oder noch einmal die Frage aufwerfen, ob Westintegration und Wiedervereinigung einander ausgeschlossen hätten und ob eine blockfreie Neutralität ein gangbarer Weg gewesen sei. Ich wollte das Ganze des Kalten Krieges in den Blick nehmen, und Deutschland war nur als Beispiel wichtig, als der hervorstechendste Schauplatz unter mehreren Schauplätzen. Das Thema lautete daher nicht »Deutschland im Kalten Krieg«, und zum Befremden mancher Leser handelten viele Kapitel relativ ausführlich von China, Japan, Vietnam, Korea, Österreich, Jugoslawien und anderen Staaten. »Teilung« war im Kalten Krieg ja nicht etwa nur das Schicksal Deutschlands, sondern auch ansatzweise oder für längere Dauer dasjenige Österreichs, Vietnams, Chinas, Koreas usw. Aber es wurden nicht nur »Parallelen« zum Gegenstand, sondern auch »Kontraste«, etwa Israel und einige Befreiungskämpfe in der Dritten Welt. Die erkenntnistheoretische Begründung für diesen Versuch, »das Ganze« eines Vierteljahrhunderts der gegenwärtigen Weltgeschichte zum Thema zu machen, war die Auffassung, daß der Kalte Krieg an sein Ende gelangt sei, mindestens in gewisser Weise, und zwar durch die Einräumung der nuklearen Parität der Sowjetunion seitens der USA sowie durch den Abschluß der »Ostverträge« einschließlich des »Grundlagenvertrages« zwischen der Bundesrepublik Deutschland auf der einen und der Sowjetunion, Polen und der DDR auf der anderen Seite. Diese Auffassung war keine Imagination, sondern sie entsprach den Äußerungen der führenden Staatsmänner, des Amerikaners Nixon nicht weniger als des Deutschen Brandt. Ein »Ende« der Kämpfe und ihrer Erregungen ist aber die elementare Voraussetzung von Wissenschaft: Erst mußte der Weltkrieg von 1914–1918 zu Ende sein, bevor für wissenschaftliche Untersuchungen Raum geschaffen war – trotz der großen Namen der Verfasser waren die Publikationen Henri Bergsons und Max Schelers »Kriegsliteratur« gewesen.

Daher faßte ich zu Beginn von »Deutschland und der Kalte Krieg« die beiden entgegengesetzten Arten der anspruchsvolleren Literatur, die »etablierte« und die »revisionistische« Schule, distanzierend mit der unverkennbaren Intention in den Blick, über die beiden Einseitigkeiten hinauszugelangen.

Allerdings konnte ich mir nicht verbergen, daß es kein »Mittleres« zwischen den beiden Grundauffassungen geben konnte, nämlich zwischen der Überzeugung des Großteils insbesondere der amerikanischen Autoren, die Sowjetunion sei wegen ihres ideologisch und machtpolitisch begründeten Expansionismus die Hauptursache des Konflikts gewesen, und der entgegengesetzten Auffassung aller sowjetischen und einer nicht geringen Anzahl von amerikanischen Autoren, die USA seien infolge ihrer Mißachtung elementarer Sicherheitsinteressen der Sowjetunion und durch den Imperialismus der Ideologie der »offenen Tür« zum geschichtlichen Urheber des großen Streites geworden. Zwar war es nicht ausgeschlossen, die Gewichte so zu verteilen, daß nicht die eine Seite als »gut« und die andere als »böse« galt, aber im Kern war eine Entscheidung unumgänglich.

Es war mir keinen Augenblick zweifelhaft, daß ich der »etablierten Schule« weitaus näher stand, denn ich sah schon längst in der Entstehung eines genuinen Ideologie-Staates als des Trägers einer globalen und sozialreligiösen Missionsidee das entscheidende Ereignis der ersten Hälfte des 20. Jahrhunderts, nämlich in der Entstehung und Selbstbehauptung der kommunistischen Sowjetunion seit der »Oktoberrevolution« von 1917. Nie zuvor hatte ein großer Staat sich auf die Traditionen einer universalen »Arbeiterbewegung« berufen können; nie zuvor hatte ein Staat sich vorgenommen, einen »ganz anderen« Weltzustand herbeizuführen; nie zuvor hatte ein Staat zahlreiche Anhänger in aller Welt gehabt und eine relativ große Gruppe von Menschen, nämlich »die Bourgeoisie«, mit gewaltsamer Vernichtung bedroht, nachdem er diese Vernichtung in seinem Inneren auf radikale Weise durchgeführt hatte. Wenn man das enthusiastische Selbstverständnis dieses neuartigen Parteistaates ernst nahm, dann mußte die Konzeption der »etablierten Schule« weit mehr einleuchten als die Klagen der »Revisionisten« über die Bösartigkeit, mit der die Intervention von »vierzehn kapitalistischen Staaten« die junge Revolution habe in der Wiege ersticken wollen, und nichts mußte verständlicher sein als die im Westen schon bald aufkommende Überzeugung, man sei mit einem »totalitären« Feind konfrontiert, der mit seiner Mischung aus marxistischem Glauben und altüberlieferter russischer Barbarei die Gefahr aller Gefahren darstelle. Allerdings ließ sich nicht übersehen, daß dieser Totalitarismus eine unverkennbare Affinität mit den Traditionen der europäischen Aufklärung und der Linken aufwies und daß er von Anfang an, sogar in der Zeit des »red scare« in den USA, auf beträchtliche Sympathien selbst unter den Amerikanern zählen durfte. Daher beginnt »Deutschland und der Kalte Krieg« nach der methodologischen Einleitung mit einem Kapitel über »Das europäische System, seine Linke und seine Rechte« und geht dann zu den Vereinigten Staaten über, die nach Ursprung und Entwicklung als »erster Staat der Linken« bezeichnet werden. Auch die USA sind mithin ein »Ideologie-Staat«, freilich der weit ältere, und ihr Beispiel macht deutlich, daß die Ideologie nicht unverändert bleibt, sondern ihren ursprünglichen Impetus verliert und sich in die Richtung zu bloßer Überzeugung bzw. realistischer Politik wandelt. Aber da die Sowjetunion den »Kapitalismus« vernichten wollte, mußten die Vereinigten Staaten die Rolle des Hauptgegners spielen, wie groß die Sympathie in einigen intellektuellen Kreisen auch immer war, vorausgesetzt, daß sie sich von ihrem Isolationismus lösten und mit dem kommunistischen Staat in direkte Berührung kamen.

Das war von 1917 bis 1945 indessen nicht der Fall, und die Rolle des antikommunistischen Vorkämpfers übernahm eine neuartige politische Bewegung in Europa, die faschistische, welche ihre radikalste Erscheinungsform im deutschen Nationalsozialismus fand. Hitlers Nationalsozialismus wollte dem sowjetischen Kommunismus an Entschlossenheit gleichkommen und ihm in den Zielen vollständig entgegengesetzt sein, aber gerade deshalb blieb er eine artifizielle Nachahmung, die nicht über die gleiche innere Stärke verfügte wie der Feind. Da er jedoch die machtvollen preußisch-deutschen Traditionen in seine Dienste zu nehmen verstand, vermochte er nicht nur als Gegen-Bürgerkriegspartei 1933 den Sieg zu erringen, sondern er erwies sich als fähig, einen bürgerkriegsartigen Angriff gegen die Sowjetunion zu unternehmen und auch die sowjetische soziale (und teilweise physische) Vernichtung von Adel, Bürgertum, Intelligenz und selbstwirtschaftendem Bauerntum durch die biologische, ja in gewisser Weise metabiologische Vernichtung des europäischen Judentums sowie vieler Slawen, Geisteskranken und Zigeuner nachzuahmen und auf besonders gräßliche Weise zu übertrumpfen.

Da auch dieser »europäische Bürgerkrieg« ansatzweise in die Darstellung einbezogen wird, tritt neben die grundlegenden Konzeptionen vom Anfang durch die Entstehung der Sowjetunion und vom Ende um 1972 eine dritte als die strittigste: daß der Kalte Krieg der Zeit von 1945 bzw. 1947 bis 1972/73 in gewisser Weise eine Fortsetzung des Konflikts zwischen Kommunismus und Nationalsozialismus darstellte und daß er schlechterdings unvermeidbar war. Sie steht in schroffem Gegensatz zu der Auffassung, die den Ausgangspunkt des »Revisionismus« bildet, daß die »antifaschistische« Kriegskoalition zwischen der Sowjetunion Stalins und den USA Franklin Roosevelts ein Bündnis von weltanschaulich verwandten Mächten gewesen sei, welches die unleugbare Feindseligkeit überwunden habe und nur durch die Machinationen reaktionärer Kräfte torpediert worden sei. Sie akzeptiert aber ebensowenig die überwiegend sowjetische, doch auch in den USA und Europa verbreitete Überzeugung, die kapitalistischen und imperialistischen Vereinigten Staaten hätten sich nach 1945 als dasjenige enthüllt, was sie waren, nämlich als die »Wurzel des Faschismus«. Vielmehr wird die Frage sehr ernst genommen, ob die Kriegskoalition »Notallianz der Feinde oder ideologisches Bündnis« gewesen sei, und die ganze weitere Darstellung wird von der Überzeugung geleitet, daß der Kalte Krieg zwischen den USA und der Sowjetunion einen grundsätzlich anderen Charakter hatte als der Kampf zwischen dem nationalsozialistischen Deutschland und der Sowjetunion, weil sich auf der amerikanischen Seite die Tendenz zur ideologischen Radikalisierung nicht durchzusetzen vermochte.

Die Darstellung und Analyse des allbekannten Kalten Krieges beginnt daher erst auf Seite 135, und die übergreifende Fragestellung ist nicht die, wie es zur Teilung Deutschlands kam und welche Chancen die Versuche der Aufhebung dieser Teilung hatten. Man kann sie vielmehr folgendermaßen formulieren: Vollzieht sich im Verlauf der Auseinandersetzungen um West- und Osteuropa, der innenpolitischen Kämpfe im geteilten Deutschland, insbesondere des Ringens um »Wiederbewaffnung«, der heißen Kriege in Korea und Vietnam, aber auch der »innerkommunistischen Kalten Kriege« zwischen der Sowjetunion und Jugoslawien bzw. der Volksrepublik China eine Abschwächung und Wandlung der sowjetisch-kommunistischen Ideologie nach dem Vorbild der Abschwächung und

Wandlung der Ideologie Amerikas als der Stätte der Armen und Unterdrückten, so daß ein genuiner Friedensschluß und damit auch wissenschaftliche, um Objektivität bemühte Darstellungen des Kalten Krieges als einer abgeschlossenen Ära möglich werden?

Die Antwort war nicht ein so vorbehaltloses Ja, wie es auf den ersten Blick aussehen mag. Die Zeit des Abschlusses von SALT 1 und der deutschen Ostverträge wurde nicht als das definitive Ende des Kalten Krieges verstanden, sondern als der Eintritt des Kalten Krieges in seine Latenzphase. In dieser Periode würden so eigenartige Phänomene fortdauern und sich entwickeln wie die drei Versionen der »Konvergenztheorie« im Westen – die »amerikanische« bei Rostow, die »intermediäre« bei Sorokin und die »sowjetische« bei dem späten Toynbee – und die Renaissance von sehr unterschiedlichen Linksbewegungen mit unterschiedlichem Schicksal sowohl im Westen wie im Osten. Die Möglichkeit einer Wiederkehr der akuten Phase des Kalten Krieges war also nicht auszuschließen, aber noch im Nachwort von 1984 zur zweiten Auflage des Buches verstand ich diese Möglichkeit folgendermaßen: »Nur wenn sich eine fundamentale Veränderung der Machtverhältnisse im Zentrum des fortdauernden Ost-West-Konflikts anbahnte – wenn etwa in der Bundesrepublik Deutschland ein neuer Nationalismus der Linken und eine nicht mehr primär ökologische Fundamentalopposition das Bündnis mit der DDR suchten –, würde die Latenzphase des Kalten Krieges an ihr Ende kommen.«[1]

Das war, wie heute offensichtlich ist, eine eklatante Fehleinschätzung.[2] Sie resultierte, wie sich ebenfalls leicht wahrnehmen läßt, nicht so sehr aus einer Erkenntnis als aus einer Sorge, und auch an diesem Beispiel wird deutlich, wie sehr historische Untersuchungen von Emotionen mitbestimmt werden, sobald die Zukunft ausdrücklich oder unausdrücklich in den Blick gerät. Die Grundlage der Emotion war jedoch eine Überzeugung, die aus dem Studium von siebzig Jahren geschichtlicher Entwicklung gewonnen war, nämlich daß in den kommunistischen Staaten ein »politisches Bürgertum« die Führung habe, das weder die Schwächen noch die Stärken des westlichen Wirtschaftsbürgertums besitze, das aber jedenfalls große Kraft und Entschlossenheit an den Tag gelegt und »in seinem Bereich die Balkanisierung der Welt verhindert« habe.[3] Offenbar schwebte mir die Vorstellung vor, die Auseinandersetzung zwischen »Kommunismus« und »Kapitalismus« sei derjenigen zwischen Protestantismus und Katholizismus während der frühen Neuzeit vergleichbar und es sei wohl eine tiefgreifende Änderung, nicht aber ein Verschwinden der kommunistischen Regime möglich. Diese Auffassung scheint sich als falsch erwiesen zu haben, es sei denn, man könnte eine Analogie zwischen dem Untergang der Sowjetunion und einzelnen schweren Rückschlägen für eine der großen Konfessionen wie etwa der Schlacht am Weißen Berge herstellen.

Auf Deutschland angewendet, bedeutet diese Vorstellung, daß eine unbegrenzte Fortdauer der DDR angenommen wurde und daß die Forderung nach ihrem Verschwinden sogar nachdrücklich mit einem negativen Akzent versehen wurde, da ein solches Vernichtungspostulat heute zu ähnlich verhängnisvollen Folgen führen könne wie die innenpolitischen Vernichtungspostulate der Kommunisten und der Nationalsozialisten vor 50 bzw. 30 Jahren. Allerdings war damit keine offene oder versteckte Zustimmung zum System der DDR verknüpft, sondern zugrunde lag die Herausstellung des ungeheuren internationalen Drucks, der schon die Bundesregierung der Großen Koalition gezwungen hatte, erhebliche Abstriche an der Geltung der »Hallstein-Doktrin« zuzulassen, deren moralische Legitimität für mich grundsätzlich außer Frage stand. Aber es mußte tatsächlich so aussehen, als komme es mir darauf an, den Deutschen den Verzicht auf das Selbstbestimmungsrecht nahezulegen, wenn es hieß, ein tadelnder Vergleich mit den erfolgreichen Kämpfen um Selbstbestimmung in Vietnam, China oder den arabischen Staaten sei unangebracht, denn Deutschland lebe »in einer anderen historischen Zeit«.[4]

Das war folgendermaßen zu verstehen: Für jedes Volk gibt es eine Zeit, wo es seine nationale Selbstbestimmung als oberstes und exklusives Ziel betrachten darf, und diese Zeit lag für Deutschland im 19. Jahrhundert. Da aber eine solche Forderung als mit Entschiedenheit gewollte im 20. Jahrhundert zum atomaren Krieg der Supermächte führen konnte, ja vielleicht führen mußte, verlangte ein »transzendentales Interesse der Menschheit« den Verzicht der Deutschen auf die Durchsetzung (!) ihres nationalen Selbstbestimmungsrechts, ohne daß es dadurch als solches zum Erlöschen gebracht werden würde. Doch der Eindruck, daß einem Verzicht auf das Prinzip das Wort geredet wird, konnte durch die These verstärkt werden, daß als Folge der Anerkennung der Zweistaatlichkeit durch die sozialliberale Koalition die »faktisch vollständige Anerkennung der DDR« zu konstatieren sei.[5] Das Fehlen des Wortes »Anerkennung« und das stipulierte Fortgelten früherer Verträge, also auch des Artikels 7 des Deutschland-Vertrages, sah ich als bloße Überreste und »caput mortuum« an.

Die Geschichte verlief dann ganz anders, als nach dieser Kennzeichnung zu vermuten war. Ohne den »Überrest« der »Obhutspflicht für alle Deutschen«, der von starken Kräften in der Bundesrepublik energisch bekämpft worden war, wäre es schwerlich zur Wiedervereinigung gekommen, denn »Staatsbürgern der DDR« hätten die Botschaften der Bundesrepublik in Prag und Warschau verschlossen bleiben müssen. Aus der unrichtigen Gewichtung der Momente des Grundlagenvertrages ergab sich dann konsequent der Satz, das Staatsziel einer »westlichen Wiedervereinigung« sei mit der Anerkennung der DDR »als immerhin vorstellbares hinfällig geworden«.[6] Diese Aussage mag man »Defätismus« nennen, aber sie beruhte nicht auf Sympathie für ihren Inhalt, sondern auf der Meinung, daß ein Staat, der einen Schritt tat, welchen keine andere Regierung eines geteilten Staates vollzogen hatte, nicht die Kraft und Entschlossenheit haben könne, welche für die Ausnützung einer unerwarteten und günstigen Gelegenheit erforderlich sein würden. Daß das Selbstbestimmungsrecht als solches sofort wieder in seine volle Gültigkeit eintreten würde, sobald ihm kein »transzendentales Interesse der Menschheit« mehr entgegenstünde und sobald es sich im Einklang mit dem Freiheitswillen der Völker des »Ostblocks« befände, war mir nie zweifelhaft und brauchte nicht ausdrücklich unterstrichen zu werden. Die Zweifel bezogen sich auf das Eintreten einer solchen Situation und auf den nationalen Willen, sie wahrzunehmen.[7]

Ich glaube indessen nicht, daß diejenigen recht hatten, die unablässig das Fehlen eines solchen Willens beklagten und alle Neigungen zu einer Anerkennung der DDR, auf welchen Gründen sie auch beruhen und mit welchen Vorbehalten sie versehen sein mochten, als Fehltritt anprangerten. Heute sollte es evident sein, daß der »Sieg über den Kommunismus« im Kalten Krieg auf eine ganz andere Weise zustande gekommen ist, als er im »Europäischen Bürgerkrieg« nach dem Willen Hitlers hätte zustande kommen sollen, nämlich durch die totale Konfrontation und letztlich den Krieg. Zwar war ein Analogon zum Krieg unverkennbar: die Reagansche Hochrüstungspolitik der USA, welcher die Sowjetunion nichts mehr entgegensetzen konnte, nachdem ihr Versuch gescheitert war, mit Hilfe der westlichen Friedensbewegung eine europäische Reaktion auf die Aufstellung der SS-20-Raketen zu verhindern. Aber ebenso wichtig war – um die modische Kriegssprache zu verwenden – jene Strategie der Umarmung, die von ihren Protagonisten in aller Aufrichtigkeit vollzogen wurde und die der Sowjetunion sowie der DDR ihre beste Propagandawaffe entwand, nämlich die These, im Westen stehe ein neuer Faschismus zum Angriff bereit. Nicht minder wichtig war indessen das Überleben der antikommunistischen Grundauffassung, die während der siebziger Jahre im Westen so sehr zurückgedrängt war, daß der Begriff »Totalitarismus« zu einem »schmutzigen Wort« geworden zu sein schien. Das »westliche System« war, wie man sagen könnte, in seiner Gesamtheit klüger als jeder einzelne seiner Bestandteile unter Einschluß der Staatsmänner und der Vertreter der historischen Wissenschaft.

Auch ich hatte mir die Entwicklung anders vorgestellt, als sie tatsächlich verlaufen ist, und damit befinde ich mich in einer übergroßen Gesellschaft. Aber die eigentliche Konzeption von »Deutschland und der Kalte Krieg« war und ist nicht ganz leicht zu erkennen.

Sie implizierte in der Tat die Fortdauer der Sowjetunion und der DDR. Aber 1974 hatten beide immerhin noch 15 Jahre vor sich, mehr als die Zeitdauer des nationalsozialistischen Regimes. Wenn die Bundesrepublik während dieser Zeit die Politik der Hallstein-Doktrin fortgesetzt hätte, wäre sie in eine hoffnungslose Isolierung geraten. Wenn sie aus Überzeugung die Politik einer uneingeschränkten Anerkennung der DDR verfolgt hätte, wie es starke politische Kräfte und bedeutende Persönlichkeiten empfahlen, würde sie nicht imstande gewesen sein, die Chance wahrzunehmen, die sich im Herbst des Jahres 1989 bot. Mein Postulat für die deutsche Zukunft, wie sie sich nach dem Grundlagenvertrag abzeichnete, war in den folgenden Sätzen enthalten: Die Bundesrepublik habe eine moralisch und historisch gerechtfertigte Situation gegenüber der DDR aufgeben müssen. »Die DDR hat ihrerseits die historische und moralische Legitimität der Bundesrepublik nie anerkannt. Daß sie es lernt, diese Anerkennung zu vollziehen und daß die Bundesrepublik den Willen entwickelt, sie als ihr Recht zu verlangen, ist als Grundlage künftiger Koexistenz der Staaten der Welt ebenso wichtig wie die Anerkennung der Existenz Israels durch die Araber.«[8]

Eine solche Anerkennung konnten aber nur »Reformkommunisten« von der Art etwa Robert Havemanns, Ota Šiks oder Imre Poszgays aussprechen, und von ihnen durfte – wenn sie sich durchgesetzt hätten – erwartet werden, daß sie nicht nur den Stalinismus als »totalitär« bezeichneten, sondern auch den Anspruch Lenins und des Marxismus auf den Alleinbesitz der Wahrheit in Frage stellten. Damit wäre der Weg zu einer Gesamtanschauung des 20. Jahrhunderts als des Zeitalters eines siebzigjährigen Weltbürgerkriegs gebahnt gewesen, der in seiner ersten, europäischen, Hälfte vornehmlich von dem fundamentalen Gegensatz und der paradoxen Ähnlichkeit zwischen dem älteren bolschewistischen Regime und der imitativen Reaktion des radikalfaschistischen Nationalsozialismus geprägt war. Auf dieser Basis würde die Koexistenz der nicht-mehr-feindlichen, aber immer noch unterschiedlichen Systeme zustande kommen, so daß von einem globalen »Liberalen System« die Rede sein dürfte.[9]

Der Verzicht auf den angeblichen Alleinbesitz der Wahrheit und damit auf die Herzmitte der kommunistischen Ideologie wurde von Michail Gorbatschow ausgesprochen, und damit war der Kern des Postulats erfüllt. Erich Honecker und die Führung der DDR weigerten sich, diesen Schritt mitzuvollziehen und machten sich damit selbst zu einem bloßen »Überrest«, der einem Sturm nicht mehr widerstehen konnte. Aber damit ist die Frage noch nicht positiv beantwortet, ob die »westliche Wiedervereinigung«, wie sie sich in Deutschland tatsächlich vollzogen hat, und ob die Rückkehr der Länder des ehemaligen Ostblocks zur »Marktwirtschaft« tatsächlich ohne weitere Umstände den Überschritt in ein »Zeitalter jenseits des Weltbürgerkriegs« bedeuten. Eine hohe Wahrscheinlichkeit spricht dafür, daß entgegen meiner ersten Annahme das Ringen um das Verständnis des 20. Jahrhunderts zwischen einem konventionellen »Antifaschismus« auf der einen Seite und neuen Artikulationen der Totalitarismustheorie auf der anderen in der gegenwärtigen Situation bessere Voraussetzungen hat, als es sie im Rahmen jener »Koexistenz« gehabt hätte. Selbstkritik sollte auf allen Seiten dazu gehören, denn keine Richtung und keine Person erheben heute noch einen Anspruch auf Alleinbesitz der Wahrheit. Es wäre jedoch eine Relativierung von unzulässiger Art, wenn daraus gefolgert würde, daß alle Annäherungen gleichmäßig erhellend und eindringlich sind. »Deutschland und der Kalte Krieg« erhebt zwar gewiß keinen überschießenden, aber trotz aller unumgänglichen Selbstkritik einen sehr gewichtigen Anspruch, der nicht schon durch die richtige Feststellung zurückzuweisen ist, daß er kaum je wahrgenommen wurde.

Anmerkungen

1 Ernst Nolte: Deutschland und der Kalte Krieg. München 1974, zitiert nach der zweiten Auflage Stuttgart 1985, S. 589 f.

2 Wenn heute die berechtigte Frage nach »deutschen Irrtümern« aufgeworfen wird (so von Jens Hacker in dem gleichnamigen Buch mit dem Untertitel »Schönfärber und Helfershelfer der SED-Diktatur im Westen«, Berlin/Frankfurt 1992), sollte sie nicht nach Zettelkastenmanier durch Anführung einzelner Aussagen und aufgrund einer allzu selbstgewissen Einteilung in »richtig« und »falsch« beantwortet werden. Eine Bejahung der Zweistaatlichkeit Deutschlands konnte aus ganz unterschiedlichen Motiven erfolgen. Sie konnte die Konsequenz einer antipreußischen Orientierung in den Spuren des alten Reichsgedankens sein; sie konnte eine bloße Hinnahme aus der Überzeugung vom Vorrang des Weltfriedens vor dem Selbstbestimmungsrecht darstellen; sie konnte aus einer Sympathie für den Sozialismus im System der DDR erwachsen; sie konnte aus dem Bedürfnis hervorgehen, eine anschauliche Sühne für die singuläre Untat der »Judenvernichtung« vor Augen zu haben. Sie konnte in der Sorge ob einer inneren Bestandslosigkeit der Bundesrepublik als eines bloßen »Provisoriums« begründet sein. Sie konnte auch einer Nostalgie nach dem »alten Deutschland« entspringen, das unter vielen Gesichtspunkten in der DDR besser bewahrt war als in der Bundesrepublik. Die unbedingten Verfechter des Selbstbestimmungsrechts teilten sich in »realpolitische Bismarckianer«, die unter Wiedervereinigung den Anschluß der DDR und Ost-Berlins an die Bundesrepublik verstanden, die »prinzipiellen Bismarckianer«, welche die Wiederherstellung des Deutschen Reiches in den Grenzen von 1937 verlangten, und die Großdeutschen, die in dem von den Alliierten 1919 an Österreich gerichteten Anschlußverbot sowie in der Entrechtung der Sudetendeutschen einen Verstoß gegen das Selbstbestimmungsrecht erblickten. Und neben der Staatszielbestimmung des »Kernstaats« gab es diejenigen der »Freistatt« und des »Damms«, die beide eine Defensivposition implizierten, für welche sich lange Zeit sehr gute Gründe anführen ließen.

3 Ebda. S. 570

4 Ebda. S. 558

5 Ebda. S. 541

6 Ebda. S. 560

7 Als wirklich »defätistisch« bzw. ungerechtfertigt dürfen zwei Äußerungen bezeichnet werden, die ich außerhalb von »Deutschland und der Kalte Krieg« in Aufsätzen der Jahre 1978 bzw. 1983 getan habe. In dem Artikel »Pluralität der Hitlerzeit?« heißt es: »Ich gestehe, daß ich nicht nur nicht an die faktische Möglichkeit einer Wiedervereinigung Deutschlands als eines isolierten Aktes glaube, sondern nicht einmal an deren Wünschbarkeit. Ich bin nämlich davon

überzeugt, daß die Ostverträge das Ende einer Wiedervereinigung unter westlichen Vorzeichen bedeuten und daß nur noch eine kommunistische Wiedervereinigung möglich ist.« (»Was ist bürgerlich? und andere Artikel, Abhandlungen, Auseinandersetzungen«. Stuttgart 1979, S. 103 f.) Es sollte indessen nicht übersehen werden, wie stark der Marxismus und die unverhohlene Sympathie für die DDR unter den Studenten und nicht ganz wenigen Dozenten der Universitäten in der Bundesrepublik damals war.
Der andere Satz findet sich in dem Aufsatz »Deutsche Identität nach Hitler« und lautet: »Ich glaube nicht daran, daß aus dieser Situation heraus die Forderung nach Selbstbestimmung des deutschen Volkes durch freie Wahlen der angemessene Weg zu einer neuen deutschen Identität ist, so sehr das Prinzip als solches unverzichtbar bleibt. Es würde nach menschlichem Ermessen nur zur Angliederung eines konsumhungrigen an einen konsumsatten Weltbezirk führen.« (»Lehrstück oder Tragödie? Beiträge zur Interpretation des 20. Jahrhunderts«. Köln 1991, S. 210) Eine solche Geringschätzung des Wunsches zahlloser einfacher Menschen nach größerem und besserem Konsum ist nicht legitim, und ich bedauere sie. Damit ist freilich die Frage noch nicht entschieden, ob diese Art der Angliederung als solche »das letzte Wort« sein wird.
8 Ebda. S. 565
9 Aus mangelnder Kenntnis der wirklichen ökonomischen Gegebenheiten habe ich dabei viel zu wenig das Problem berücksichtigt, ob angesichts der einheitlichen Staatsbürgerschaft das dauerhafte Nebeneinander eines »Wohlstands-« und eines »Notstandsgebietes« nach einem Fall von Mauer und Stacheldraht überhaupt realisierbar war: das Festhalten an der »modernen Grenze« wäre ja für Reformkommunisten ebenso unmöglich gewesen wie die Zurückweisung von DDR-Bürgern für die Bundesregierung, sogar dann, wenn nachträglich die Anerkennung einer eigenen DDR-Staatsbürgerschaft erfolgt wäre. Die vielen hundert Milliarden DM, wie sie für die »neuen Länder« aufgebracht wurden, hätten als Hilfe für eine fortexistierende DDR schwerlich die parlamentarische Zustimmung gefunden.

(Vortrag bei der von Melvin Lasky geleiteten Tagung »Ein letzter Blick auf den Kalten Krieg«, Berlin, am 11.10.1992)

10

Historische Tabuisierungen in Deutschland

»Tabu« ist ein Begriff, der ursprünglich in die Ethnographie hineingehört: er bezeichnet – unter verschiedenen Namen wie auch »mana« – dasjenige, was in archaischen Kulturen für alle oder mindestens für die gewöhnlichen Zugehörigen dieser Kultur unzugänglich oder unberührbar ist: in positivem Sinne »das Heilige« und in negativem das Bedrohliche und Schadenstiftende. Häufig dürfen nur die Priester das Heiligtum betreten, und bloß den Zauberern wird zugetraut, daß sie sich dem Drohenden nähern, ohne Schaden zu nehmen. Aber auch in der Gegenwart findet der Begriff Verwendung, und er bedeutet nach wie vor das Unberührbare, dem man sich, wenn überhaupt, nur zaghaft und unter Inkaufnahme von Gefahren zuwendet. Doch während in archaischen Gesellschaften ein konkretes Tabu etwas Unvordenkliches ist, kann in der Moderne die Entstehung eines Tabus beobachtet und unter Umständen durch menschliches Handeln inauguriert – oder, wie postmoderne Schriftsteller gern sagen, – erfunden werden. Daher läßt sich hier der Begriff »Tabuisierung« bzw. »Tabuierung« bilden.

»Historische Tabuisierungen« beziehen sich auf das Gebiet der Geschichtswissenschaft, und auf den ersten Blick dürften alle Historiker folgendes sagen: Es gibt sicherlich eine Reihe von politischen Tabuisierungen, d. h. von selbstverständlichen Grundannahmen, die von den maßgebenden Kräften eines politischen Systems der Infragestellung entzogen und notfalls durch Strafandrohungen beschützt werden. Ein solches Tabu war noch in der spätesten Zeit des Dritten Reiches der künftige »Endsieg«, an dem zu zweifeln ein todeswürdiges Verbrechen war, und in der Sowjetischen Besatzungszone Deutschlands sowie später in der DDR hätte niemand gewagt, die Massenvergewaltigungen des Jahres 1945 oder das Hungersterben in fortexistierenden Konzentrationslagern auch nur zu erwähnen, geschweige denn mit politischer Intention zum Thema zu machen. Trotz der handgreiflichen Verschiedenheit müßte man wohl auch die »freiheitlich-demokratische Grundordnung« der Bundesrepublik Deutschland ein solches Tabu nennen, und jedenfalls wurde und wird sie mit großer Energie verteidigt. In der Geschichtswissenschaft aber gibt es keine unberührbaren und durch Strafandrohung geschützten Gebiete, so gewiß Bereiche existieren, denen lange Zeit hindurch wenig Aufmerksamkeit gilt, und intellektuelle Präferenzen auch in der Historiographie wahrnehmbar sind. Historische Tabus und Tabuisierungen jedoch kann und darf es nicht geben.

Dieses Urteil ist indessen vorschnell. Politik und Geschichtswissenschaft lagen in der Geschichte nicht so weit auseinander, wie hier vorausgesetzt wird, und das wesentliche dürfte sich auch in der Gegenwart nicht geändert haben.

Als Georg Gottfried Gervinus, der als Politiker in der Revolution von 1848 eine bedeutende Rolle gespielt hatte, aber schon längst vorher auch als einer der »Göttinger Sieben« in der Wissenschaft eine rühmliche Stellung einnahm, im Jahre 1850 seine umfangreiche »Einleitung zur Geschichte des 19. Jahrhunderts« veröffentlichte, die als ein Muster liberalen und progressistischen Denkens gelten darf, da wurde von der badischen Regierung ein Prozeß gegen ihn angestrengt, weil diese Schrift den Tatbestand »des Hochverrats und der Gefährdung der öffentlichen Ruhe und Ordnung« erfülle. In der Sache handelte es sich um die militante, wenn man will »streitbare« Verteidigung der Grundordnung der Restaurationszeit, und Gervinus wurde tatsächlich in der ersten Instanz verurteilt. Die höhere Instanz hob das Urteil jedoch auf, und die badische Regierung begnügte sich damit, Gervinus die »Venia legendi« zu entziehen.

Der durch seine Arbeiten zur ostfriesischen Geschichte und zur Sukzession der Dynastie Hannover in England bekannte, heute so gut wie vergessene Historiker Onno Klopp kritisierte, obwohl zunächst Protestant, die Reformation und dann Friedrich II. von Preußen aufs schärfste, und er ergriff im deutschen Bürgerkrieg von 1866 mit großer Tatkraft die Partei des blinden Königs von Hannover, Georgs V., mit dem er nach dem Triumph Bismarcks das Exil in Wien teilen mußte. Wie hätte dieser Vorkämpfer der katholisch-großdeutschen Geschichtsauffassung, für den Preußen das Prinzip des Bösen bedeutete, im preußisch-kleindeutschen Kaiserreich der Sybel und Treitschke eine Stelle finden können? Aber seine Bücher wurden publiziert und auch in Preußen gelesen, wenngleich durchweg scharf bekämpft.

Von eben dieser kleindeutsch-liberalen Tradition in ihrer hansestädtisch-großbürgerlichen Ausprägung kam Ludwig Quidde her, der aber wie nicht wenige seinesgleichen an der Figur Wilhelms II. Anstoß nahm und im Jahre 1894 ein Büchlein mit dem Titel »Caligula« publizierte, das innerhalb weniger Monate dreißig Auflagen erreichte, weil zahlreiche Leser in dem römischen Imperator den deutschen Kaiser erkannten und der ätzenden Kritik innerlich zustimmten. Aber Quidde hatte damit ein genuines Tabu verletzt, nämlich die geheiligte Majestät von Gottes Gnaden, und er wurde gleich vor Gericht gezogen. Seine Anwälte erwirkten jedoch einen Freispruch, weil Wilhelm II. in der Schrift nirgendwo auch nur erwähnt worden war, und Quidde schied dann, von nahezu allen Fachkollegen gemieden, aus der Wissenschaft mehr oder weniger aus, um sich ganz »dem Kampf um den Frieden« zu widmen, einer Aktivität, auf Grund deren er 1927 den Friedensnobelpreis erhielt.

Es ließen sich noch eine ganze Anzahl von Historikern aufzählen, die den vorherrschenden Tendenzen der Geschichtsschreibung im Kaiserreich und in der Weimarer Republik ablehnend oder mindestens kritisch gegenüberstanden und meist Nachteile in ihrer Laufbahn zu erleiden hatten: Eckart Kehr, Johannes Ziekursch, Veit Valentin, Ludwig Bergsträsser, Arthur Rosenberg und sogar Karl Lamprecht, der freilich ein Mitglied des »Alldeutschen Verbandes« war. Aber alle fanden doch Publikationsmöglichkeiten und Fürsprecher, ja Anhänger; und erst die nationalsozialistische Machtergreifung brachte sie zum Schweigen oder trieb sie wie Valentin und Rosenberg in die Emigration.

Nach der Katastrophe von 1945, die außer den politisch und »rassisch« Verfolgten zunächst von niemandem als »Befreiung« empfunden werden konnte, meldeten sich diejenigen, die hatten schweigen müssen, wieder zu Wort, und ein Teil der Emigranten kehrte zurück – ich nenne nur Friedrich Meinecke und Hans Rothfels. Doch wenn der Staat Preußen von den Alliierten aufgelöst wurde, so verschwand die preußisch-deutsche Geschichtsauffassung keineswegs, wie schon an der beherrschenden Figur Gerhard Ritters deutlich wurde, aber in aller Regel übten ihre Vertreter ein beträchtliches Maß an Selbstkritik und insofern an »Vergangenheitsbewältigung«. Daraus hätten neue Fragestellungen hervorgehen können, aber was es davon gab, wurde rasch überdeckt von dem Wiederaufgreifen der alliierten Kriegsschuldthese hinsichtlich des Ersten Weltkrieges durch Fritz Fischer[1] und durch die Radikalisierung seines Ansatzes von seiten einer jüngeren Generation von Historikern, die den Nationalsozialismus als eine konsequente Folge eines alten und antidemokratischen deutschen Sonderweges verstanden, welcher mit nur allzu großer Konsequenz seinen Höhepunkt in der »Endlösung der Judenfrage«, im millionenfachen Massenmord, in »Auschwitz« gefunden habe.

Von einer überwältigenden Erfahrung ausgehend und von machtvollen Tendenzen in aller Welt unterstützt, hat die Konzeption von der weltgeschichtlichen, aber in der deutschen Geschichte begründeten Einzigartigkeit von Auschwitz – die ursprünglich alles andere als populär war und nicht von einem Vertreter der neuen Sozialgeschichte zuerst entwickelt wurde[2] – einen solchen Vorrang gewonnen, daß sich ein Tabu gebildet hat, das weitaus stärker ist als irgendeins der Tabus, die sich früher im Grenzbereich von Politik und Geschichtswissenschaft gebildet hatten. Sogar eine Frage wie etwa »Ist Auschwitz ein Problem?« begegnet dem größten Mißtrauen und setzt sich dem Verdacht aus, eine »Verharmlosung« zu intendieren, die seit 1994 unter Androhung einer sehr schweren Strafe verboten ist, wenngleich eine Ausnahmeklausel für »wissenschaftliche Forschung« im Strafgesetzbuch nicht fehlt. Aber die Frage nach den »Problemen«, die sich mit einer geschichtlichen Gestalt oder einem historischen Phänomen verbinden, ist die Grundfrage der Geschichtswissenschaft überhaupt, der Geschichtswissenschaft in ihrer weitesten Bedeutung, und der Historiker sieht sich durch das praktische Verbot der Problematisierung vor das größte Problem gestellt, dem er begegnen kann. Allem zuvor ist nämlich festzustellen, daß es sehr gute Gründe für diese Tabuisierung gibt.

Jeder Mensch, der die Zeit des »Dritten Reiches« mit wachem Bewußtsein erlebt hat, erinnert sich nur allzugut, welchen Angriffen und Herabsetzungen nicht etwa nur die eingewanderten »Ostjuden«, sondern auch die jüdischen Staatsbürger einschließlich der ehemaligen und oftmals hochdekorierten Frontkämpfer unterlagen. Niemand, der Augenzeuge war, kann die Erinnerung an die Nacht vom 9. zum 10. November 1938 mit ihren Inbrandsetzungen von Synagogen, Verwüstungen von Geschäften und der Verhaftung von vielen Tausenden jüdischer Mitbürger aus seinem Gedächtnis verdrängen. Aber das Ziel aller dieser Vorgänge war die Emigration, die jeder Einzelne betreiben konnte, und grundsätzlich war die Rechtssicherheit noch nicht in Frage gestellt. Einen qualitativen Umbruch bedeutete nicht so sehr der Kriegsbeginn im September 1939, der bekanntlich für die meisten der deutschen Emigranten in Frankreich und Großbritannien und wenig später für die japanischstämmigen Staatsbürger der USA die Internierung nach sich zog, sondern der Ausbruch des deutsch-sowjetischen Krieges, dessen – höchst strittige – Kennzeichnung als »Präventivkrieg« zu den kleineren Tabus der deutschen Geschichtsschreibung gehört.

Am 22. Juni 1941 beginnt »Auschwitz« in der weitestmöglichen Bedeutung, nämlich die systematische Tötung vieler Tausender, ja bald Zehntausender von Juden hinter der östlichen Front durch die sogenannten Einsatzgruppen der SS und weitere SS-Verbände sowie in kleinerem Maße auch durch die Sicherungsdivisionen der Wehrmacht – zu einem Zeitpunkt mithin, als »Auschwitz« im engeren Sinne, nämlich das Lager zwischen Kattowitz und Krakau noch ebensowenig existierte wie jenes »Auschwitz« mittlerer Reichweite, das die genuinen Vernichtungslager wie Treblinka und Belzec bildeten.

Vom 2. Juli 1941 stammt der offizielle Einsatzbefehl Heydrichs für die Einsatzgruppen und -kommandos, der ihnen die Exekution ohne Gerichtsverfahren mehrerer feindlicher Gruppen aufgibt und der so etwas wie eine Erweiterung des sogenannten »Kommissarbefehls« der Wehrmacht darstellt. An der ersten Stelle werden die Funktionäre der Komintern genannt, es folgen die höheren, mittleren und radikalen unteren Funktionäre des Apparats der KPdSU, die »Volkskommissare« und am Ende die »sonstigen radikalen Elemente (Saboteure, Propagandeure, Heckenschützen, Attentäter, Hetzer usw.)«. Hier handelt es sich durchweg um politische Funktionen oder Aktivitäten, aber vor den »Volkskommissaren« erscheint eine Gruppe, für die partiell ein ethnisches oder »rassisches« Merkmal bestimmend ist, nämlich »Juden in Partei- und Staatsstellungen«[3]. Es ist möglich, daß schon vor Kriegsbeginn bei einer Besprechung mit den Kommandanten der Einsatzgruppen in Pretzsch an der Elbe von Heydrich ähnliche oder noch umfassendere Kategorien aufgezählt wurden, sicher ist, daß innerhalb weniger Wochen von den Einsatzgruppen eine starke Ausweitung vorgenommen wurde, partiell wohl autonom, im Kern aber auf Befehl von Himmler, und daß ab September mehr und mehr sämtliche erreichbaren Juden, soweit sie nicht zur Arbeit für die Wehrmacht unentbehrlich waren, erschossen wurden, und zwar Männer, Frauen und Kinder. Die zunächst noch zahlreichen – schon in sich als Symptome einer »kollektivistischen Schuldzuschreibung« fragwürdigen – Hinweise auf »Vergeltung« für die NKWD-Massenmorde an Ukrainern oder auf die Tötung und Verstümmelung gefangengenommener deutscher Soldaten sind um diese Zeit bereits so gut wie verschwunden. Ich erspare mir, auf die schrecklichen Einzelheiten einzugehen, mit denen jeder Leser des Buches von Daniel Goldhagen zur Genüge vertraut ist. Das entscheidende ist, daß am Kern der Dinge, d. h. an der Tötung von mehreren Hunderttausend Juden im rückwärtigen Heeresgebiet kein Zweifel möglich ist: Die sogenannten »Ereignismeldungen UdSSR« der Einsatzgruppen, die Berichte der SS-Generäle Stahlecker und Katzmann, die zahlreichen Augenzeugenberichte, Briefe und Tagebücher von SS-Männern und einfachen Soldaten, die Geständnisse der Täter in den Nachkriegsprozessen lassen keinerlei Zweifel, daß der Chef der Einsatzgruppe D, Otto Ohlendorf, später in Nürnberg die Wahrheit sagte, als er auf die bohrenden Fragen der Ankläger, wie er, persönlich doch offenbar ein gebildeter, ja sympathischer Mann, eine so schreckliche Tat habe begehen können, der 90 000 Menschen zum Opfer gefallen seien, antwortete: »Es war ja Befehl, daß die jüdische Bevölkerung total ausgerottet werden sollte«, und zwar einschließlich der Kinder.[4]

Ich könnte nun, wie es der ehemalige Bundestagspräsident Jenninger in der Rede vom November 1988 tat, die ihn sein Amt kostete, den »Gräbe-Bericht« über die Massenerschießungen bei Dubno mit seinen blutigen Details wiedergeben, aber ich begnüge mich damit, in starker Verkürzung den Bericht der sogenannten Gruppe Arlt aus Minsk anzuführen, der die »Dehumanisierung« besonders deutlich erkennen läßt, welche gegenüber den Juden vorgenommen wurde: »Die Judentransporte trafen in regelmäßigen Abständen in Minsk ein und wurden von uns betreut ... So beschäftigten wir uns wieder mit dem Ausheben von Gruben im Siedlungsgelände ... Etwa 4000 Juden wurden an diesem Tage der Erde übergeben«.[5] So kann man nur schreiben, wenn man Menschen nicht als Menschen, sondern als giftige Insekten betrachtet, die bloß als tote unter der Erde unschädlich sind. Wer sich Vorgänge wie diese vor Augen stellt, der wird es für völlig unglaubwürdig halten, daß im Jahre 1942 die mit größter Brutalität aus den Ghettos von Lemberg und Warschau in die Güterzüge nach Belzec und Treblinka getriebenen Juden von dort aus zu Siedlungszwecken »nach Osten« transportiert wurden. Es ist nach meiner Ansicht unbestreitbar, daß »Auschwitz« schon im Gange war, als nach einem Grundsatzentschluß Hitlers, der höchstwahrscheinlich bald nach der Kriegserklärung an die USA im Dezember 1941 gefaßt wurde, eine abermalige qualitative Veränderung erfolgte und mit dem Bau jener Lager begonnen wurde, in denen nun die Juden ganz Europas »betreut« werden sollten, um den Terminus der Gruppe Arlt zu verwenden. Aber was der

Oberscharführer Arlt dachte, war lange zuvor von Adolf Hitler in einer umfassenden Perspektive vorgedacht worden, als er im ersten Band von »Mein Kampf« folgendes schrieb: »Siegt der Jude mit Hilfe seines marxistischen Glaubensbekenntnisses über die Völker dieser Welt, dann wird seine Krone der Totenkranz der Menschheit sein, dann wird dieser Planet wieder wie einst vor Jahrmillionen menschenleer durch den Äther ziehen. Die ewige Natur rächt unerbittlich die Übertretung ihrer Gebote ... Indem ich mich des Juden erwehre, kämpfe ich für das Werk des Herrn.«[6]

Man muß in der Tat versucht sein, Dan Diner zuzustimmen, der 1987 im Zusammenhang des »Historikerstreits« folgendes schrieb: »Auschwitz ist ein Niemandsland des Verstehens, ein schwarzer Kasten des Erklärens, ein historiographische Deutungsversuche aufsaugendes, ja außerhistorische Bedeutung annehmendes Vakuum. Nur ex negativo, nur durch den ständigen Versuch, die Vergeblichkeit des Verstehens zu verstehen, kann ermessen werden, um welches Ereignis es sich bei diesem Zivilisationsbruch gehandelt haben könnte.«[7]

Aber indem man sich eingesteht, daß jeder Historiker, ja jeder denkende Mensch durch diese Feuerpforte von »Auschwitz« hindurchgehen muß und daß die Überzeugung sich aufdrängen kann, hier sei »etwas« an sein definitives Ende gelangt – der Faschismus, Deutschland, Europa oder sogar »die Geschichte« –, so darf man es dennoch nicht unterlassen, die Fragen zu stellen, die den Historiker in sein größtes Dilemma stürzen: Ist es tatsächlich zulässig, angesichts eines »Unverstehbaren« auf die Maxime des Verstehenwollens zu verzichten?[8] Wird in der Konfrontation mit solchen Taten die Frage nach den Motiven der Täter überflüssig, ja verwerflich? Kann es ohne tiefe Beunruhigung wahrgenommen werden, daß keine Differenz der Ergebnisse und der Erklärungen vorhanden ist, in deren Erörterung doch sonst ein so großer Teil der Wissenschaft besteht? Läßt es sich ohne Widerspruch hinnehmen, daß alle Emphase, je berechtigter oder auch nur verständlicher sie ist, kritische Fragen, ja den Hinweis auf Widersprüche und sogar das schlichte Abwägen als moralisch unzulässig, weil »kalt«, und als unmenschlich versteht? Darf der Historiker, der Wissenschaftler, der rationale Mensch indessen ohne ein Aufbegehren damit einverstanden sein, daß alles Nachdenken erstirbt und durch eine Haltung des Schauderns ersetzt wird, wie sie einem authentischen Tabu gegenüber tatsächlich angemessen ist? Muß der Historiker auf sich als Wissenschaftler Verzicht leisten, wenn er als Mensch in das richtige, auf unverkennbare Weise religiöse Verhältnis zu dem grundlegenden Tatbestand der Geschichte des 20. Jahrhunderts, ja möglicherweise der Geschichte im ganzen treten will?

Doch wenn hinsichtlich der Ereignisse jene »Bandbreite« nicht vorhanden ist, die normalerweise die Voraussetzung wissenschaftlicher Kontroversen sein kann, so ist sie vielleicht bei den Interpretationen zu finden, auch wenn die Feststellung sich von selbst versteht, daß keine Interpretation imstande ist, die Massentötung von Wehrlosen und zumal von Frauen und Kindern zu rechtfertigen. Ich wähle zunächst drei Bücher von jüngeren Historikern aus, denen gegenüber jeder Verdacht gegenstandslos ist, es könne ihnen auch nur um »Verharmlosung« gehen.

Götz Aly kritisiert in seinem 1995 erschienenen Buch »Die Endlösung« jene zahlreichen Historiker, welche die Endlösung »vom offenkundigen Gesamtzusammenhang isolierten und sich dadurch der Möglichkeit begaben, die Himmlersche Rassen- und Umsiedlungspolitik in ihrer komplexen Gesamtheit und aus ihrer inneren Logik heraus zu analysieren.«[9] Vor allem ist nach seiner Auffassung der Zusammenhang zwischen der Aussiedlung der volksdeutschen Minderheiten aus der Sowjetunion und der Vertreibung der Juden in der frühen Phase des Krieges nicht genügend beachtet worden. Ein solcher Zusammenhang sei von Himmler selbst zunächst nicht gesehen worden, weil eine Umsiedlung der Baltendeutschen in das Reich nicht geplant gewesen sei. Aber dann habe einer der Führer der lettischen Deutschen Himmler ausgemalt, »wie lebendig die Angst vor dem Bolschewismus in Riga sei, wie gut sich die Deutschen dort an das Massaker vom 22. Mai 1919 erinnerten.«[10] Damit sei Himmler vor eine Situation gestellt worden, die ebenso unvorhersehbar gewesen sei wie der Abschluß des Stalin-Hitler-Paktes, und in der Folge sei eine Fülle von Improvisationen, ja von chaotischen Zuständen entstanden, wobei es vor allem um die Beschaffung von Wohnraum für die Umgesiedelten ging, welche die Juden in den ehemals polnischen Gebieten zwar besonders stark, aber nicht ausschließlich betroffen habe; Aly behauptet sogar, schon im Herbst 1939 seien gebrechliche Baltendeutsche von SS-Leuten abgeholt und getötet worden. Im Spätherbst 1940 hätten Hunderttausende von Menschen in Umsiedlerlagern festgesessen – Juden, Polen und Deutsche –, die zwar unterschiedlich ernährt wurden, aber in ganz ähnlicher und kümmerlicher Lage waren. In dieser Situation habe die Beseitigung der Juden den einfachsten Ausweg dargestellt und die ersten Maßnahmen hätten rasch eine spezifische Dynamik gewonnen, die schließlich zur definitiven Endlösung führte. Durch diese Auffassung werde »der Holocaust historisch faßbar« gemacht; er erscheine nicht länger als »rassistische Wahnsinnstat«, sondern als Ereignis, das »der Analyse zugänglich« sei, und zwar mit gewöhnlichen historischen Mitteln.[11] In der Tat erhalten jetzt Zufälligkeiten, Überraschungen, Improvisationen, Ratschläge und Initiativen von untergeordneten Stellen einen Platz, den sie nicht oder nur ganz am Rande haben würden, wenn der »Holocaust« auf eine einsame Entscheidung Hitlers zurückzuführen wäre.[12]

In dem umfangreichen Buch von Christian Gerlach »Kalkulierte Morde. Die deutsche Wirtschafts- und Vernichtungspolitik in Weißrußland 1941 bis 1944« hat ein Begriff zentrale Bedeutung, der bis dahin in der Holocaust-Literatur kaum je erwähnt wurde, nämlich der Begriff der (englischen) Blockade, die Deutschland bekanntlich von der Nahrungsmittelzufuhr weitgehend abschloß und die ja schon bei der Niederlage Deutschlands im Ersten Weltkrieg eine entscheidende Rolle gespielt hatte. Daher habe es ein Ziel gegeben, das von der gesamten deutschen Führungsschicht geteilt worden sei, nämlich »›Blockadefestigkeit‹ zu erreichen, sei es auch mit den mörderischsten Mitteln«. Dieses Ziel sei der Grund für die »kalkulierten Morde« gewesen, die keineswegs allein die jüdische Bevölkerung, sondern in noch stärkerem Maße die sowjetischen Kriegsgefangenen und auch die ganze Stadtbevölkerung betroffen habe, der »Hungerplan« der deutschen Führung habe sogar den Tod von 30 Millionen Russen postuliert und daher erscheine »mit Blick auf Weißrußland eine ausschließlich auf die Verbrechen an der jüdischen Bevölkerung beschränkte Darstellung zu den nationalsozialistischen Zielen nicht sinnvoll«.[13] Wie Aly sucht Gerlach also einen rationalen, verstehbaren Grund für die Massentötungen, und er findet ihn in Erwägungen, die er »ökonomisch« nennt. Damit taucht eine Metapher auf, die der Verfasser nicht unterstreicht, die aber trotzdem unumgänglich ist, nämlich das Bild Deutschlands als einer von feindlicher Übermacht und von der Aushungerung bedrohten Festung wie Numantia oder Masada. In keiner Festung dieser Art kommen die Befehlshaber um die Frage herum, welche Teile der Bevölkerung zugrunde gehen müssen, wenn die Besatzung kampfkräftig bleiben und imstande sein soll, die Festung bis zum Entsatz durch verbündete Truppen oder bis zu einem heroischen Ende zu verteidigen. Unzweifelhaft würde es sich um die Alten, die Kranken, die Kinder und natürlich die etwa feindlich eingestellten Bevölkerungsteile handeln. Vielleicht würde es in den Augen des Kommandanten sogar als human gelten, diese Schwachen gleich zu töten, statt sie den Qualen des langsamen Hungertodes und die Besatzung der Gefahr von Seuchen auszusetzen. Die einzige Alternative zu dieser furchtbaren, ja tragischen Situation würde die Kapitulation sein. Beispiele für eine so humanitäre Klugheit sind jedoch in der Geschichte nicht viele zu finden; fast immer wurde der heroische Untergang vorgezogen. So ist der Verfasser zwar von einer »Rechtfertigung« oder auch nur »Verharmlosung« des großen »Judenmordes« in Weißrußland weit entfernt, den er in zahlreichen, Abscheu und Schrecken hervorrufenden Details beschreibt,[14] aber »verstehbar« (nicht »verständlich«) wird die Massentötung in hohem Grade.

Die entgegengesetzte Auffassung vertritt Thomas Sandkühler in seiner Untersuchung »›Endlösung‹ in Galizien. Der Judenmord in Ostpolen und die Rettungsinitiativen von Berthold Beitz 1941–1944«. Auch hier wird ein grauenhaftes und zweifellos zutreffendes Gemälde von zahllosen Massenmorden dem Leser vor Augen gestellt, das allerdings nach meiner Auffassung ebenso wie dasjenige Gerlachs nur durch die Fülle der Details über »Nürnberg« hinauskommt; aber da beträchtliche Aufmerksamkeit der Produktion im galizischen Erdölgebiet um Drohobycz gilt, wo Beitz tätig war, tritt die große Wichtigkeit der jüdischen Ingenieure und Facharbeiter stark hervor. Doch auch diese Menschen wurden trotz aller Bemühungen von Beitz und gleichgesinnten Deutschen nicht von der »Endlösung« ausgenommen, und Sandkühler vermag irgendeinen rationalen Grund dafür nicht zu erkennen: »Die Vernichtung der Juden war eine Aufgabe und Herausforderung, die allen Widernissen zum Trotz und gegen alle ökonomische Vernunft durchgeführt wurde ... ein vollständig sinnloses Verbrechen, durchgeführt mit den Mitteln des modernen Verwaltungsstaates.«[15]

Die These von der Verstehbarkeit und – bösen – Rationalität des Holocaust erhält indessen unerwartete Unterstützung von jüdischen Autoren, denen es wie Yurij Suhl, Reuben Ainsztein und neuerdings Arno Lustiger vor allem darum geht, die These zu widerlegen, die Juden hätten sich »wie Schafe zur Schlachtbank« treiben lassen. Sogar im nationalsozialistischen Deutschland waren nach Lustiger »ungefähr 2000 junge jüdische Menschen aktiv in der direkten antifaschistischen Untergrundarbeit«, welche im zahlenmäßigen Vergleich »einer Massenbewegung von 600 000 bis 700 000 aktiven deutschen Antifaschisten« entsprochen hätte – einer Massenbewegung, die es bekanntlich nicht gab. Die linkszionistische Jugendorganisation »Hechaluz« habe dank ihrer straffen Organisation in ganz Europa Hervorragendes bei der Rettung jüdischer Kinder und durch ihre

Beteiligung am bewaffneten Kampf geleistet, und ein anderer Historiker des jüdischen Widerstandes beziffert diese Kämpfer sogar mit 120 000. Im Warschauer Getto, schreibt Lustiger, hätten sich auch sowjetische Fallschirmspringer befunden und beachtliche Organisationsaktivitäten seien im Gange gewesen, bevor die Massendeportation am 22. Juli 1942 begann. Offenbar nimmt Lustiger auch eine starke Beteiligung von Juden an, wenn er ein Schreiben des Generalgouverneurs Frank an den Reichsminister Lammers vom April 1943 zitiert: »Die Morde an den Deutschen nehmen in furchtbarer Weise zu.« So kann er behaupten, »daß die jüdische Beteiligung an der polnischen Partisanenbewegung als unverhältnismäßig hoher Beitrag herausragt«, eine Beteiligung, zu der auch »11- bis 14jährige Kinder« und erst recht die Frauen einen Beitrag leisteten. Und dieser jüdische Widerstand begann nach Lustiger nicht etwa erst mit dem Kriegsausbruch: der jüdische Anteil an den Internationalen Brigaden des Spanischen Bürgerkrieges war weit überproportional hoch, und im ganzen macht Lustigers Buch deutlich, daß die deutschen Armeen in der Sowjetunion sich in einer »Losowski-Situation« befanden, jener Situation, die der hohe sowjetische Funktionär S. A. Losowski, auch er jüdischer Abkunft, im Jahre 1936 noch voller Zuversicht den »Imperialisten« vor die Augen gehalten hatte: »Ihr wollt Krieg haben, ihr Herren? Probiert es. Und ihr werdet in euren eigenen Werken, Fabriken und Kolonien Krieg haben«. In den deutschen Industriebezirken gab es allerdings nicht einmal Ansätze zu einem solchen Krieg, und wenn Sebastian Haffner sein Kapitel über »Hitlers Erfolge« noch etwas ausgeweitet hätte, würde er auch diesen Umstand erwähnt haben, aber im russischen und polnischen Hinterland spielte sich trotz der großen anfänglichen Sympathien der ukrainischen und der baltischen Bevölkerung dieser Krieg tatsächlich ab, und bekanntlich hat das Oberkommando der sowjetischen Partisanen 1945 die Behauptung aufgestellt, nicht weniger als 500 000 deutsche Soldaten seien von Partisanen getötet worden. Die exzessive Reaktion, die Künftiges und noch Unbewiesenes vorwegnahm, war nichts anderes als jenes »Auschwitz in der weitesten Bedeutung«, der präventive Partisanenkampf, welcher nach dem Kriege von den Franzosen in Algerien und von den Amerikanern in Vietnam mit ähnlichen, wenngleich längst nicht so umfassenden Methoden geführt wurde.[16]

Im Hinblick auf dieses »Auschwitz« gibt es meines Wissens auch in der sogenannten »revisionistischen« oder negationistischen Literatur[17] keine ernsten Zweifel, obwohl hier und da Belzec und Sobibor für »Durchgangslager« erklärt wurden und sogar die Existenz von Treblinka bestritten worden ist. Alle Kritik und aller Zweifel konzentrieren sich auf das »Auschwitz in der engsten Bedeutung«, auf das Lager Auschwitz. Hier liegt also jene Differenz in der Darstellung von Ereignissen vor, eine Differenz, welche in der »etablierten« Literatur aber nicht ausgetragen wird, weil vielfach sogar besonders prononcierte Zeugenaussagen als »Tabus« betrachtet werden, wenngleich gewiß nicht durchweg.

Die frappierendste Negation war eine »offizielle«, nämlich die Ersetzung der bis dahin fast allgemein vorherrschenden Zahl der Auschwitz-Opfer von vier Millionen auf 1,1 bis 1,5 Millionen einschließlich der Seuchentoten. Auswirkungen auf die jüdische Gesamtopferzahl von »sechs Millionen« hatte diese Reduzierung allerdings nicht, und das kann nur dadurch erkärt werden, daß die polnisch-kommunistische Lagerleitung der Nachkriegszeit die Zahl so außerordentlich erhöht hatte, um ein Gleichgewicht zwischen jüdischen und polnischen Opfern wahrscheinlich zu machen. Gravierender war die Behauptung, in den »angeblich« zur Menschentötung verwendeten Gaskammern in Auschwitz-Birkenau sei nur wenig von den so gut wie unzerstörbaren Zyanid-Rückständen zu finden, während in den der Entwesung dienenden Gaskammern sogar eine Blaufärbung der Wände zu beobachten sei. Noch frappierender war die von denselben »Negationisten« um Robert Faurisson herrührende These, die Einwurflöcher in den Decken der »angeblichen« Gaskammern zur Menschentötung gebe es überhaupt nicht. In dem sumpfigen Gelände von Birkenau hätten überdies die vielfach bezeugten Massenverbrennungen in tiefen Gruben nicht stattfinden können. Die noch häufiger bezeugten meterhohen Flammen, die aus den Kaminen der Krematorien emporschossen, seien eine technische Unmöglichkeit, ganz wie die spurenlose Beseitigung von bis zu 24 000 Menschen an einem Tage; im übrigen ließen alliierte Luftaufnahmen des Lagers keinen Rauch aus den Kaminen und keine Menschenansammlungen vor den Krematorien erkennen. Aus den ebenfalls erst seit kurzem zugänglichen »Totenbüchern von Auschwitz« gehe hervor, daß sehr wohl alte Menschen und Kinder im Lager vorhanden gewesen seien, so daß die These von der sofortigen und nicht-registrierten Vernichtung aller Schwachen, Kranken und Alten nicht stimmen könne. Die »dantesken« Erzählungen von den massenhaft ins offene Feuer geworfenen Kindern oder den aus Sadismus herrührenden Begrabungen von lebenden Häftlingen ständen in einem schroffen Gegensatz zu den gültigen Vorschriften, die selbst für Prügelstrafen die Genehmigung aus

Berlin und im Falle von Frauen sogar von Himmler persönlich vorsahen. Vor allem aber werde in nahezu sämtlichen Häftlingsberichten der große Anteil der »Capos« übergangen, um alle Grausamkeit den relativ wenigen im Lager tätigen SS-Leuten zuschieben zu können – aus der Empörung darüber, daß die hochprivilegierten Männer der (meist kommunistischen) Lagerleitungen sich nach dem Kriege nicht selten zu Sprechern der von ihnen gequälten »gewöhnlichen« Häftlinge machten, ist die Arbeit des ersten »Revisionisten«, des französischen Häftlings und späteren Abgeordneten der Nationalversammlung Paul Rassinier hervorgegangen.

Auf alle diese Behauptungen und Fragen gibt es Antworten, die aber kaum je in direkter Auseinandersetzung mit der »revisionistischen« Literatur artikuliert werden, und ich würde sie anführen, wenn mir mehr Zeit zur Verfügung stünde. Ich begnüge mich mit der Formulierung eines Postulats: alle großen, viele Menschen hautnah berührenden Ereignisse erzeugen um sich einen Kranz von Gerüchten, ja oft genug von Mythen. Nicht ohne weiteres die Zeugenaussagen und die zugrundeliegende Realität zu identifizieren, gehört auch im Hinblick auf das Lager Auschwitz zu den unverzichtbaren Aufgaben der Wissenschaft, der Fall Wilkomirski[18] hat ja noch jüngst gezeigt, wie leicht sich Zeugenaussagen »erfinden« lassen. Ich denke, daß es an der Zeit ist, mit der »Tabuisierung« des Lagers Auschwitz ein Ende zu machen und volle Wissenschaftsfreiheit nicht zu unterbinden. Aber selbst wenn – was in meinen Augen unmöglich ist – die allbekannten Hauptmerkmale des Lagers Auschwitz: die Opferzahlen, die spurenlose Vernichtung von mehr als 20 000 Menschen am Tag, die Gaskammern zur Menschentötung sich als Mythen erwiesen, würde jenes andere und größere »Auschwitz« der intendierten Ausrottung aller Juden bestehen bleiben, und sogar im Vergleich zu »Katyn« würde weiterhin von »Singularität« die Rede sein dürfen, denn die Tötung der 15 000 polnischen kriegsgefangenen Offiziere war ein durch und durch politisches Verbrechen und nicht eine biologische, ja metabiologische Untat.

Läßt sich eine umfassendere, angemessenere Sichtweise von »Auschwitz« entwickeln? Ich habe in meinem Buch über den »Europäischen Bürgerkrieg« versucht, eben das zu tun, und ich zitiere zum Schluß zunächst einige in meinen Augen überaus erhellende Sätze aus einer Ereignismeldung der Einsatzgruppe C vom September 1941. Dort heißt es: »Selbst dann, wenn eine sofortige hundertprozentige Ausschaltung des Judentums möglich wäre, wird dadurch noch nicht der politische Gefahrenherd beseitigt. Die bolschewistische Arbeit stützt sich auf Juden, Russen, Georgier, Armenier, Polen, Letten, Ukrainer; der bolschewistische Apparat ist in keiner Weise mit der jüdischen Bevölkerung identisch. Bei dieser Sachlage würde das Ziel einer politisch-polizeilichen Sicherung verfehlt werden, würde man die Hauptaufgabe der Vernichtung des kommunistischen Apparates zugunsten der arbeitsmäßig leichteren Aufgabe, die Juden auszuschalten, in die zweite oder dritte Reihe stellen.«[19]

Hier wird also die Judenvernichtung als eine von der Hauptaufgabe ablenkende Nebenaufgabe verstanden, denn die Hauptaufgabe ist der Kampf gegen »den Bolschewismus«, der zahllose nichtjüdische Anhänger hat und kein nationales, sondern ein internationales Phänomen ist. Die Juden sind gewiß wichtige Mitwirkende, aber keineswegs die Urheber.

Was der SS-Offizier hier »Arbeitserleichterung« nennt, das muß man im Blick auf Adolf Hitler »Denkerleichterung« nennen. Selbst wenn man nur »Mein Kampf« liest, sieht man gleich, daß Hitler zahlreiche, in seinen Augen negative Phänomene aufzählt, wie etwa die Anonymisierung der Wirtschaft oder die Zusammenhanglosigkeit der modernen Kultur, welche in einen weltgeschichtlichen Komplex hineingehören, den zu erzeugen auch die begabteste Menschengruppe nicht fähig ist. Aber in seinem Drang, einen faßbaren Erreger und Feind wahrzunehmen, macht Hitler »den Juden« zum »Drahtzieher der Geschicke der Menschheit« und läßt die Juden damit entweder als »Teufel« oder als »Übermenschen« erscheinen.[20] Ganz in der Spur Hitlers bewegt sich unter radikaler Umkehrung der Wertung die heute übliche Entgegensetzung von »Tätervolk« und »Opfervolk«, welche ebenfalls die eigentliche Initiativkraft, die revolutionäre und übernationale Partei, schlicht fortläßt. Um zu versuchen, die mythologisierenden Konkretisierungen, welche zur Tabuisierung herausfordern, auf Menschenmaß zu reduzieren, will ich in großer Kürze sagen, worüber ich mich wundere:

Ich wundere mich über alle Menschen, die den Bolschewismus nicht ernst nehmen, welcher mit der Errichtung eines ideokratischen, Welterlösung verheißenden, sich auf den uralten »Menschheitsgedanken« eines nachgeschichtlichen Zustandes der Harmonie stützenden Regimes in dem räumlich größten und an Ressourcen reichsten Staat der Erde nach meiner Auffassung das grundlegende politische Ereignis des 20. Jahrhunderts war.[21] Aber dieses Ereignis hatte zwei unterschiedliche Aspekte: den enthusiasmierenden, der den englischen Sozialisten Tom Mann 1920 sagen ließ, Sowjetrußland sei einer Riesenglocke gleich, die der ganzen Welt das Heil verkünde, und den entsetzenerregenden, der wenige Jahre später dem

Volkssozialisten Melgunow die Feder in die Hand gab, um Vernichtungsvorgänge zu beschreiben, die auch von den Ereignismeldungen der Einsatzgruppen an Schrecklichkeit nicht oder allenfalls quantitativ übertroffen werden. Rudolf Höß schrieb, nach dem Willen des RFSS sei das Lager, dessen Kommandant er war, die »größte Menschenvernichtungsanlage aller Zeiten« geworden, aber in einem noch weiter zurückreichenden Rückblick sprach ein hochachtbarer »jüdischer Bolschewist«, der die Schreckenstaten seiner Jugendzeiten nicht verleugnete, nämlich Lew Kopelew, von dem sowjetischen Lagersystem, dem »Gulag«, als von »dieser riesenhaften, vielgliedrigen und vielstöckigen, unersättlich gefräßigen Menschenvertilgungsmaschine«.[22] Die politisch denkenden und handelnden Menschen des 20. Jahrhunderts mußten sich fast mit Notwendigkeit für einen der beiden Aspekte entscheiden; der Historiker dieser Epoche muß versuchen, sie zusammenzusehen und zusammenzudenken.

Ich wundere mich über die Juden, die überall nur bestrebt zu sein scheinen, sich den Status der wichtigsten Opfer zu erhalten und die anscheinend bis auf wenige Ausnahmen nicht wahrhaben wollen, daß es sehr wohl eine enge, leicht begreifliche, sowohl äußere wie innere Beziehung zwar nicht zwischen »den« Juden, wohl aber zwischen vielen Juden und dem Bolschewismus gab. Selbst Zitate von bedeutenden Juden sind in Deutschland tabuisiert, wenn sie dem erwünschten Bild nicht entsprechen, aber ich will trotzdem eine Aussage von Simon Dubnow anführen, dem großen jüdischen Historiker, der schließlich selbst im Holocaust zugrunde ging. Er schrieb im Herbst 1918 nach den Attentaten auf Lenin und den Tscheka-Chef von Leningrad Uritzki: »Es ist gut, daß gerade Juden diese Tat vollbracht haben. So haben sie die furchtbare Schuld gesühnt, mit der sich Juden durch ihre Beteiligung am Bolschewismus beladen haben.«[23] Die neben Herzl bedeutendste Gründergestalt Israels, Chaim Weizmann, hat mit klaren Worten gesagt, daß die Juden die entschiedensten Feinde Hitlers gewesen seien, aber ein großer Teil der heutigen Juden wünscht offenbar, daß ihre Vorfahren nicht ein weltgeschichtliches Volk, sondern eine Gruppe von beklagenswerten Opfern waren.

Ich wundere mich über die Deutschen, die zwar imstande zu sein scheinen, bei der Lektüre des »Schwarzbuches des Kommunismus« Entsetzen zu empfinden, die jedoch den Zeitgenossen dieser Schrecken nicht das Recht zugestehen, ähnliche Empfindungen gehabt zu haben und daraus die Entschlossenheit zu militanter Selbstverteidigung abzuleiten. Aber da unsere Historiker zum überwiegenden Teil die Kämpfe der Liberalen des

Bismarck-Reichs weiterkämpfen, gehen sie mit einigen abschätzigen Worten über die Tatsache hinweg, daß die späteren Massenmörder – Hitler, Himmler, Heydrich und auch Hess sowie Göring – von Haß, Zorn und Erbitterung gegen frühere Massenmörder erfüllt waren. So haben die Vorfahren der heutigen Deutschen nicht einen letzten Endes verfehlten und gleichwohl welthistorischen Kampf geführt, sondern sie haben sich außerhalb jedes Zusammenhanges, der über die preußischen Junker und den deutschen Antisemitismus hinausginge, nur entsetzlicher Massenmorde schuldig gemacht. Dann muß die Konzeption vom Ringen zweier übernationaler, freilich auch durch zusätzliche Momente verunstalteter Reinigungsideologien als Verharmlosung oder gar als Rechtfertigung von Auschwitz erscheinen. Aber kein Verbrechen hört auf, ein Verbrechen zu sein, weil es sich gegen ein früheres Verbrechen richtete und zudem auf überschießende Weise. Schuldig ist jeder, der unter welcher Begründung auch immer, und im deutschen Fall gegen den klaren Wortlaut der Militärstrafgesetze, Wehrlose ohne Gerichtsverfahren tötete. Doch der Begriff der »Schuld« ist auf Nationen und übernationale Gebilde nicht ohne tiefgreifende Vorbehalte und Differenzierungen anwendbar. Wohl aber darf man von jenem welthistorischen Verfehlen sprechen, dem möglicherweise das Adjektiv »tragisch« hinzugefügt werden sollte.

Ich weiß wohl, daß alle »gutgesinnten« Menschen, die so etwas hören und für die ein allen Zusammenhängen und jeglichem Nachdenken enthobenes »Auschwitz« der einzige Orientierungspunkt in einer unübersichtlich gewordenen Welt ist, nun die »Faschismuskeule« in die Hand nehmen und die angebliche »Relativierung« angreifen, die besser »Relationierung« genannt werden sollte und die dem negativ-nationalistischen »Absolutismus« in der Tat entgegengesetzt ist. Es mag sie und auch die andere Seite, sofern sie sich zu äußern wagt, überraschen, wenn ich folgendes hinzufüge: Ich stimme weitgehend einem Satz von Walther Rathenau zu, der 1918 sagte, in hundert Jahren werde der Bolschewismus überall in der Welt gesiegt haben, aber er werde sich so verändert haben, daß er für die gegenwärtigen Bolschewiki nicht mehr erkennbar sein werde. Ich glaube, daß es ein großes Verfehlen war, als in Deutschland eine aus verständlichen Gründen militant antibolschewistische und allerdings »unreine«, nämlich zugleich bloß-nationalistische und biologistisch orientierte Partei zum Sieg gelangte und sich das Ziel setzte, den Bolschewismus, der auf freilich verzerrte Weise den Eintritt in die »Weltzivilisation« oder die »Nachgeschichte« vorwegnahm, völlig zu vernichten. Es wäre besser gewesen, mehr Vertrauen in die eigene Gesellschaftsordnung des »Liberalen Systems« zu setzen und jener künftigen Veränderung mit einiger Zuversicht entgegenzusehen, die dann durch den »Kalten Krieg« der USA und ihrer Verbündeten in den frühen neunziger Jahren tatsächlich zustande kam. Ob auch Teilaspekten des Nationalsozialismus eine Zukunftsbedeutung zuzuschreiben ist, lasse ich dahingestellt; der ganze und genuine Nationalsozialismus Hitlers gehört unwiderruflich der Vergangenheit an. Die Furcht vor seinem Wiedererstehen und gar vor einer Wiederholung von »Auschwitz« ist entweder töricht oder Manipulation zu durchsichtigen Zwecken. Ob die weitere Entwicklung allerdings der Menschheit Gutes oder Schlimmes bringen wird, ist in der Gegenwart noch nicht zu entscheiden.

Wenn ich nun ausdrücklich auf den Anfang dieses Vortrags zurückkommen und erklären wollte, inwiefern in der deutschen Gegenwart ein Fall von besonders akuter historischer Tabuisierung vorliegt, müßte ich einen zweiten Vortrag halten. Aber nicht ganz wenige von Ihnen werden immerhin in Umrissen wissen, was gemeint ist.

Anmerkungen

1 Fritz Fischer: Griff nach der Weltmacht. Die Kriegszielpolitik des kaiserlichen Deutschland 1914/18. Düsseldorf 1961

2 Siehe Otto Dov Kulka: Die deutsche Geschichtsschreibung über den Nationalsozialismus und die »Endlösung«. Tendenzen und Entwicklungsphasen 1924–1984. In »Historische Zeitschrift« (HZ) 240 (1985), S. 599–640

3 Longerich, Peter (Hrsg.): Die Ermordung der europäischen Juden. Eine umfassende Dokumentation des Holocaust 1941–1945. München/Zürich 1989, S. 116 f.

4 IMG, Bd. IV, S. 374. Die Berichte von Katzmann und Stahlecker befinden sich in Band XXXVII

5 »Unsere Ehre heißt Treue«. Kriegstagebuch des Kommandostabes RFSS. Tätigkeitsberichte der 1. und 2. SS-Inf.-Brigade und von Sonderkommandos der SS. Hrsg. von Fritz Baade u. a. Wien/Frankfurt 1965, S. 252 f.

6 Mein Kampf, 73. Aufl., München 1933, S. 69 f.

7 Dan Diner: Zwischen Aporie und Apologie. Über Grenzen der Historisierbarkeit des Nationalsozialismus. In: Ders.(Hrsg.): Ist der Nationalsozialismus Geschichte? Zu Historisierung und Historikerstreit. Frankfurt 1987, S. 73

8 Eine der seltenen Ausnahmen, wo innerhalb der »etablierten« Literatur ein Verstehenwollen sich artikuliert, ist in dem Standardwerk von Helmut Krausnick und Hans-Heinrich Wilhelm »Die Truppe des Weltanschauungskrieges.

Die Einsatzgruppen der Sicherheitspolizei und des SD 1938–1942« (Stuttgart 1981) zu finden, und zwar in der folgenden Formulierung: »Ob Hitler und seine nächsten Berater sich (1940/41) wirklich vor der Weltrevolution gefürchtet haben, ist eher fraglich. Aber nicht nur sie trauten seit der Oktoberrevolution, der Kulakenverfolgung, den Säuberungen von 1937/38 und den Erfahrungen auf inner- und außerdeutschen Bürgerkriegsschauplätzen den Bolschewisten fast jede Grausamkeit zu. Den besten Schutz gegen bolschewistische Grausamkeiten hatten die Nationalsozialisten jedoch stets darin gesehen, daß sie selbst früher und, wenn möglich, noch härter als ihre Gegner zuschlugen ...« (S. 490)

9 Frankfurt 1995, S. 24

10 Ebda. S. 39. Von der sowjetischen Besatzungspolitik in Ostpolen und Weißrußland sowie – dem Sinne nach – in den baltischen Staaten schreibt Thomas Sandkühler (s. unten Fn. 15), ihr seien zwischen 1939 und 1941 wahrscheinlich mehr Menschen zum Opfer gefallen als der deutschen in West- und Zentralpolen (S. 53). Wie genau die deutsche Führung die Vorgänge im sowjetischen Besatzungsgebiet beobachtete, geht auch aus einem Satz hervor, den Hitler im Dezember 1940 zu dem bulgarischen Gesandten Draganoff sagte: »Er schildert in starker Form die terroristischen Zustände, die Erschießungen und Abtransporte von Intelligenz in Zügen, die niemals angekommen sind. Der Zustand dort sei für europäische Begriffe einfach grauenhaft.« (Andreas Hillgruber (Hrsg.): Staatsmänner und Diplomaten bei Hitler, Bd. 1, Frankfurt 1967, S. 385). Zu dieser Zeit konnte Hitler von »Katyn« noch nichts wissen, das bereits acht Monate zuvor in Weißrußland stattgefunden hatte. Wäre ihm dieses extrem völkerrechtswidrige Großverbrechen bekannt gewesen, würde er für seine »völkerrechtswidrigen Befehle« vermutlich noch schärfere Formulierungen gewählt haben. (In der deutschen Kriegsgefangenschaft wurden auch die polnischen Offiziere jüdischer Abkunft im großen und ganzen korrekt behandelt.)

11 S. 374, 388

12 Dazu gehört auch die Auswirkung der Nachricht von der Deportation der Wolgadeutschen, die Anfang September 1941 bekannt wurde. Zu den Folgen der Ermordung vieler Tausender von Gefängnisinsassen durch den NKWD in Lemberg und zahlreichen anderen Orten Ostpolens wenige Tage nach dem 22. Juni 1941 vgl. neuerdings Bogdan Musial: »Konterrevolutionäre sind zu erschießen«. Die Brutalisierung des deutsch-sowjetischen Krieges im Sommer 1941. Berlin/München 2000

13 Hamburg 1999, S. 47

14 So zitiert Gerlach aus dem Brief eines deutschen Soldaten, dessen Echtheit durch eine Nachkriegsvernehmung bestätigt wurde, folgendes: »... und wir knallten sie ((Säuglinge)) schon im Fliegen ab, bevor sie in die Grube und ins Wasser flogen. Nur weg mit dieser Brut, die ganz Europa in den Krieg gestürzt

hat und jetzt auch noch in Amerika schürt.« (S. 589). Andererseits weist Gerlach ebenfalls auf Aussagen hin, die mit hoher Wahrscheinlichkeit von Kriegsgefangenen in der Sowjetunion erpreßt wurden. Daher ist es verwunderlich, daß er häufig ohne nennenswerte Quellenkritik auf das von Wassilij Grossman und Ilja Ehrenburg herausgegebene »Schwarzbuch« über den Mord an den sowjetischen Juden Bezug nimmt, dessen extreme Parteilichkeit schon durch die zeitgenössische sowjetische Kritik deutlich wird, nach der die ausführlichen Darstellungen »über die schändlichen Aktivitäten der Volksverräter« unter den Ukrainern, Litauern u. a. »die Kraft der Hauptanklage gegen die Deutschen abschwächten« (neu herausgegeben von Arno Lustiger, Reinbek 1994, S. 1069). Aber sogar dieses Buch betont den Reaktions- und Antwortcharakter vieler deutscher Maßnahmen mehr, als es in der deutschen Literatur üblich ist.

15 Bonn 1996, S. 385, 21 f.

16 Arno Lustiger: Zum Kampf auf Leben und Tod. Das Buch vom Widerstand der Juden 1933–1945. Köln 1994, S. 53, 81 f., 256, 315, 525 ff. Die 120 000 Chaluzim: Ferdinand Kroh, David kämpft. Vom jüdischen Widerstand gegen Hitler. Reinbek 1988, S. 34. Losowski nach »Schulthess' Europäischer Geschichtskalender« 1936. Die 500 000 Deutsche Gerlach a.a.O., S. 866

17 Diese »revisionistische« Literatur ist in Deutschland entweder unbekannt wie die zahlreichen Bände des amerikanischen »Journal of Historical Review« und der französischen »Annales d'histoire révisionniste« oder verboten wie die von »Ernst Gauss« herausgegebenen »Grundlagen der Zeitgeschichte. Ein Handbuch über strittige Fragen des 20. Jahrhunderts«, Tübingen 1994. Die vollständigste Sammlung von Studien und Stellungnahmen des wichtigsten der Vorkämpfer dieses »Revisionismus« ist: Robert Faurisson, Ecrits révisionnistes«, 4 Bde, o.O., 1999.

18 Binjamin Wilkomirski: Bruchstücke. Aus einer Kindheit 1939–1948. Frankfurt 1995 (Suhrkamp). Inzwischen wurde das Buch vom Verlag zurückgezogen.

19 Ernst Nolte: Der europäische Bürgerkrieg 1917–1945. Nationalsozialismus und Bolschewismus. Berlin (5. Aufl.) 1997, zuerst 1987, S. 541 bzw. 592

20 Adolf Hitler in Franken. Reden aus der Kampfzeit. Nürnberg 1939, S. 152. Selbst Hannah Arendt verwendet in ihren Kriegsschriften »Hitler« und »Teufel« als Synonyme (»Vor Antisemitismus ist man nur noch auf dem Monde sicher. Beiträge für die deutsch jüdische Emigrantenzeitung ›Aufbau‹ 1941–1945«. Hrsg. von Marie Luise Knott. München/Zürich 2000). Andererseits sind gewisse Ähnlichkeiten wie etwa die Vorstellung vom »Werden zum Volk« frappierend.

21 Der Nationalsozialismus ist ohne die Einbeziehung des Bolschewismus nicht zu verstehen, und ohne ihn hätte Roosevelt die Fesseln der Neutralitätsge-

setzgebung nicht abstreifen können. Der Aufstieg der USA zur »einzigen Weltmacht« setzte den »europäischen Bürgerkrieg« voraus.

22 Wie sehr die deutsche Führungsspitze sich noch im Jahre 1940 in einem Abwehrkampf gegen »Verbrecher« begriffen sah und wie wenig sogar Himmler und Heydrich an eine physische Beseitigung der Juden dachten, geht aus zwei einschlägigen Äußerungen mit großer Klarheit hervor. Himmler lehnte in einer Denkschrift vom Mai 1940 »die bolschewistische Methode (sic!) der physischen Ausrottung eines Volkes aus innerer Überzeugung als ungermanisch und unmöglich« ab (Vjh. f. Ztgesch., Bd. 5, 1957, S. 197), und Heydrich begründete im Sommer 1940 das sogenannte Madagaskar-Projekt mit folgenden Worten: »Die Juden sind uns wegen unseres Rassenstandpunktes feindlich gesinnt ... Wir müssen sie beseitigen. Eine biologische Vernichtung wäre aber des deutschen Volkes als einer Kulturnation unwürdig ...« (Aly a.a.O., S. 11)

23 Simon Dubnow: Mein Leben, Berlin 1937, S. 224. Dazu wären Aussagen von deutschen bzw. deutsch-jüdischen Autoren zu vergleichen, die aus den Jahren 1919–1921 stammen.
Thomas Mann 1919: »Wir sprachen auch von dem Typus des russischen Juden, des Führers der Weltbewegung, dieser sprengstoffhaften Mischung aus jüdischem Intellektual-Radikalismus und slawischer Christus-Schwärmerei. Eine Welt, die noch Selbsterhaltungsinstinkt besitzt, muß mit aller aufbietbaren Energie und standrechtlicher Kürze gegen diesen Menschenschlag vorgehen ...« (Tagebücher 1918–1921, Frankfurt 1981, zweite Auflage S. 223)
Arnold Zweig 1919 über Rosa Luxemburg: »Sie war, sie ist die jüdische Revolutionäre des Ostens, die bis in jede Fiber antimilitaristische, der Gewalt feindliche, schließlich selbst der Gewalt verfallene, ein Leben lang kämpfende Trägerin der Idee. ...« Fortsetzung des Zitats siehe S. 233 (»Grabrede auf Spartacus«, Die Weltbühne, Jg. 1919,1, S. 77 f.).
Jakob Wassermann 1921 (unter Bezugnahme auf eine lange zurückliegende Begegnung mit einem jungen russischen Juden, dessen Schwester bei einem Pogrom ermordet worden war) »...so fühlte ich doch mit jeder Sekunde gewisser: ... Da ist der Explosivstoff, da ist der Mensch der Katastrophe ... Die schneidende Logik und das wissenschaftliche Fundament des Vernichtungswillens rissen die Kluft zwischen ihm und mir auf. ... Wo das Unbedingte verlangt, wo reiner Tisch gemacht wurde, wo der staatliche Erneuerungsgedanke mit frenetischem Ernst in die Tat umgesetzt werden sollte, waren Juden, sind Juden die Führer ... Juden sind die Jakobiner der Epoche.« (Mein Weg als Deutscher und als Jude, zuerst 1921, S. 120, 124.)
Wer solche Zitate zusammenzustellen wagt, der gilt in Deutschland als »Apologet Hitlers« und wohl gar als jemand, der nicht die Mörder, sondern die Ermordeten schuldig spricht. Aber die betreffenden Publizisten und Historiker geben sich keine Rechenschaft darüber, daß sie ganz in der Tradition von

»Nürnberg« stehen, jenem Prozeß der Sieger gegen die Besiegten, der nicht zuletzt dadurch charakterisiert war, daß über die »Kriegsverbrechen« der Alliierten und insbesondere der Sowjetunion nicht gesprochen werden durfte. Sie wissen anscheinend nicht einmal, daß nach deutschem Recht die Staatsanwälte nicht lediglich Anklagematerial sammeln, sondern die Umstände mitberücksichtigen sollen, welche der Entlastung der Angeklagten dienen. So weigern sie sich, den Gedanken auch bloß zu erwägen, daß nur vom Verstehbaren her die qualitative Differenz des Unverstehbaren oder doch Unverständlichen, des Singulären, faßbar wird. Daher bleibt ihnen eine allerdings kühne, nie gestellte Frage ganz fern: Sollte »Auschwitz«, d. h. die »Judenvernichtung«, gerade deshalb so extrem gewesen sein, weil Hitler angesichts der Macht der »kulturstaatlichen« Traditionen in der deutschen Gesellschaft nur hier der Radikalität eines Vernichtungswillens freie Bahn geben konnte, die Stalin oder schon Lenin und Sinowjew gegen viel größere Gruppen der eigenen Bevölkerung entfesselt hatten? Im Sommer 1944 ließ Hitler dann nicht mehr, wie Stalin, eine Anzahl seiner Generäle erschießen, sondern das Urteil lautete auf »Erhängen«. Auch hier wird die qualitative Differenz faßbar, die niemand begreift, der sie an den Anfang und nicht an das Ende der Erörterung stellt.

24 Vgl. Rudolf Hess 1927 in einem Brief an eine Cousine: »Der Tscheka ihre Aufgabe war und ist die Beseitigung der einst führenden Schichten in Rußland, die Ausrottung der Intelligenz, vom Gelehrten bis zum Unternehmer von einst ... Die Beschreibungen dieser Blutorgien sind grauenhafter als alle Vorstellungen der Phantasie. Nach monatelanger Gefangenschaft der ziemlich wahllos zusammengetriebenen Opfer in kalten finsteren Kellern ... geschah die Abschlachtung auf abwechslungsreichste und unterhaltsamste Weise, z. B. durch Einblasen überhitzten Dampfes ... Dazwischen hat man auch zum Spaß Einzelne nach allen Methoden mittelalterlicher oder chinesischer Folter umgebracht wie Därme aus dem Leib winden, Augen ausbrennen usw. ... Wenn ich Dir davon schreibe, so nur aus einem Grunde: Nur wer sich Obiges lebendig vor Augen hält, darf über uns und unsere Methoden urteilen.« (Rudolf Hess: Briefe 1908–1933, München 1987, S. 376 f.)
Das Selbstverständnis der entgegengesetzten Seite läßt sich durch die Anführung eines Abschnitts aus der Tscheka-Zeitung »Das Rote Schwert« vielleicht am besten anschaulich machen: »Die alten Systeme der Moral und der Menschlichkeit lehnen wir ab. Sie wurden von der Bourgeoisie erfunden, um die unteren Klassen unterdrücken und ausbeuten zu können. Unsere Moral ist ohne Vorbild und unsere Menschlichkeit absolut, denn sie basiert auf einem neuen Ideal: jegliche Form von Unterdrückung und Gewalt zu zerstören. Uns ist alles erlaubt, denn wir sind die ersten in der Welt, die das Schwert nicht zur Unterdrückung und Versklavung erheben, sondern um die Menschheit von ihren Ketten zu befreien ... Blut? Mag es in Strömen fließen! Denn nur Blut kann das schwarze Banner der Piratenbourgeoisie in eine rote Fahne ver-

wandeln, die Fahne der Revolution. Denn nur der endgültige Tod der alten Welt kann uns auf immer vor der Rückkehr der Schakale bewahren.« (Stéphane Courtois u. a. »Das Schwarzbuch des Kommunismus ... München/ Zürich 1998, zuerst Paris 1997), S. 117 f. Vgl. S. 40
Es springt ins Auge, daß dieser »absolute Humanismus« mörderischer sein muß als jede »Unmenschlichkeit«. Man muß vor Vorurteilen blind sein, wenn man nicht wahrnimmt, welche Art des Fanatismus die ursprüngliche und authentische ist.

(Vortrag vor dem »Harnackhaus-Kreis« der Berliner Wissenschaftlichen Gesellschaft am 7.12.2000)

11

Die Erfahrung des Bösen in der neueren Geschichte und das Scheitern der Erlösungsideologien

Seitdem die Epoche Rankes an ihr Ende gekommen ist, verwenden Historiker kaum je den Begriff des »Bösen«. Sie meinen wohl, davon dürfe wie von Gott und dem Teufel bloß auf der Kanzel die Rede sein und nur Geistliche seien befugt oder verpflichtet, das Wort in den Mund zu nehmen. Wenn ein Historiker dann selbst auf der Kanzel steht, kann er nicht umhin, sich ausdrücklich über dasjenige Rechenschaft zu geben, was ihm, und zumal dem Zeithistoriker, bei näherer Betrachtung nicht gar so unvertraut ist. Die ersten Wege werden indessen die Alltagserfahrung und die Philosophie weisen.

Wenn ein Kind aus Neugierde die heiße Ofenplatte betastet und sich den Finger verbrannt hat, wird die Mutter ihm eindringlich sagen, das Ding sei böse, und wenig später wird es von sich aus einen Erwachsenen »böse« nennen, der ihm einen Wunsch versagt oder gar eine Strafe zumißt. »Böse« wäre mithin alles, was dem Kinde zu schaden scheint oder seinen Spielraum beschränkt. Aber Beschränkung und insofern Schädigung ist auch für jeden Erwachsenen eine alltägliche Realität. Der Nachbar grüßt ihn nicht, der Kollege verleumdet ihn bei dem Chef, der Scheckfälscher betrügt ihn, von einem Dieb wird er bestohlen. Doch auch er selbst, der nie etwas Verbotenes und insofern Böses tut, rast in seinem Inneren vor Zorn über eine Zurücksetzung und wünscht seinem Konkurrenten eine schwere Krankheit oder den Tod, und er schlägt vielleicht sein Kind, wenn es zum wiederholten Male zu spät aus der Schule nach Hause kommt. So verschieden alle diese Vorgänge sind, so implizieren sie doch allesamt Schädigungen irgendwelcher Art; man könnte sie als das Normal-Böse oder besser das Schlechte bezeichnen. Dieses Schlechte begegnet uns unablässig, und wir tragen es ständig in uns selbst; nur in einer »Gemeinschaft der Heiligen« würde es nicht existieren.

Aber von Zeit zu Zeit stoßen wir auf ein Schlechtes, das von diesem Alltags-Schlechten qualitativ verschieden ist und das wir dann mit größerem

Recht ein »Böses« nennen mögen. Die Jungen, die einer Fliege nach und nach die Beine ausreißen, weil sie an den Zuckungen des Tieres Freude haben, gehören schon in diesen anderen Bereich, und wir unterscheiden aus gutem Grund den Sadisten, der sich an den Qualen seines Opfers weidet, von dem bloß Zornigen, der in besinnungsloser Wut den Gegner zu Boden schlägt. Und gehört nicht auch der Hochmütige in diese Kategorie, der andere Menschen wegen ihrer Armut oder wegen ihrer niedrigen Kulturstufe geringschätzt und ihnen die »Menschenwürde« nicht zugesteht, die wir in jedem Menschenwesen achten sollten. Müßte dann aber nicht die Vergangenheit unserer ganzen westlichen Kultur »böse« genannt werden, da sie doch jahrhundertelang Menschen anderer Rasse und Kultur verachtet, versklavt und bestenfalls »zivilisiert« hat? War dieses Böse indessen nicht die Voraussetzung dafür, daß die Mißachteten zu einem neuen Selbstbewußtsein gelangten und sich einen anerkannten Platz in einer umfassenderen Zivilisation erkämpften? Von diesem Verhältnis zwischen dem Herrn und dem Knecht hat Hegel in einem großen Kapitel seiner »Phänomenologie des Geistes« gehandelt, und nach Goethes allbekanntem Wort ist der Teufel ein Teil von jener Kraft, die stets das Böse will und stets das Gute schafft.

Immanuel Kant prägte den Begriff des »radikal Bösen« und bezeichnete damit eine besondere Form des »natürlichen Hanges des Menschen zum Bösen«. Dessen Stufen sind die menschliche »Gebrechlichkeit« oder die »Schwäche des Herzens, die »Unlauterkeit« als die Vermischung unmoralischer Triebfedern mit den moralischen und als höchste die »Verderbtheit« oder »Bösartigkeit«, nämlich die Annahme pflichtwidriger Maximen.[1] Da das höchste Gebot der Pflicht die Ausrichtung des individuellen Willens auf den Gesichtspunkt der Allgemeinheit ist, gerät das bloß Individuelle in den Bereich des Bösen, und Schelling erklärt ausdrücklich die Selbstheit für das Böse, sofern sie sich von dem Universalwillen losgerissen hat. Schon für einige der Vorsokratiker war ja die Individualität als solche das Böse gewesen, und von christlichen Philosophen wurde die Sünde, als der Abfall von Gott, mit dem »Bösen« identifiziert. Aber es gibt im christlichen Denken ebenfalls den Begriff der »felix culpa«, und für Kant ist der Hang zum Bösen auch wieder die Vorbedingung aller Moralität. So läßt sich in der Philosophie wie in der Alltagserfahrung ein Aufeinanderbezogensein des Bösen und des Guten konstatieren, das den Begriff des »radikalen Bösen« weniger eindeutig macht, als er auf den ersten Blick zu sein scheint.

Den Historiker aber lenken die Alltagserfahrungen und die Philosophie rasch auf sein eigenes Gebiet hin. In der Regel schreibt er die Geschichte – oder besser das kleine Stückchen der Geschichte, für das er ein Spezialist ist, – aus der übergreifenden Perspektive des Fortschreitens der Zivilisation oder aus dem Blickwinkel der Entstehung von Imperien bzw. Staaten, aber er kann sie auch als eine Folge entsetzlicher Greuel sehen. Timur Leng errichtete Pyramiden aus den Schädeln erschlagener Feinde, damit der Schrecken vor seinen Heeren vorhergehe und die Gegner lähme; die christlichen Kreuzfahrer wateten nach der Eroberung von Jerusalem bis zu den Knöcheln im Blut der erschlagenen Muslime und Juden; die Krieger Tillys warfen bei der Eroberung Magdeburgs zu ihrem Vergnügen Kinder in die Flammen; Cromwell ließ in Irland die Einwohner ganzer Städte »über die Klinge springen«; die Feldherren der französischen Revolutionstruppen rühmten sich in offiziellen Schriftstücken, die konterrevolutionären Männer der Vendée mitsamt ihren Frauen vernichtet und die Kinder »unter den Pferdehufen zermalmt« zu haben, damit in Zukunft keine »Straßenräuber« mehr die Welt des revolutionären Fortschritts bedrohen könnten. Und heute braucht niemand ein Historiker zu sein, um sich der Greuel des Zweiten Weltkriegs zu erinnern: des »rape of Nanking« der Japaner mit seinen 150 000 zu Tode gequälten Opfern der Zivilbevölkerung, der Hunderttausende von Verhungerten im belagerten Leningrad, der 600 000 deutschen Männer, Frauen und Kinder, die unter den Flächenbombardements der angloamerikanischen Bomberflotten im Feuersturm verbrannten oder in Luftschutzkellern erstickten, der Millionen von deutschen, polnischen und russischen Juden schließlich, die von Einsatzgruppen erschossen, in Ghettos von Seuchen dahingerafft oder in Auschwitz und Treblinka auf quasi-industrielle Weise zu Tode gebracht wurden. Ist es wirklich zulässig, innerhalb dieser Greuel Unterscheidungen vorzunehmen und zu sagen, die einen seien Opfer des Blutrausches gewesen, der nur allzuleicht und zu allen Zeiten die Soldaten erfasse, die anderen aber seien ohne militärische Notwendigkeit und aus kühlem Kalkül getötet worden, oder die Feststellung zu treffen, die Frauen und Kinder der einen Seite hätten zu den Angreifern gehört und die Frauen und Kinder der anderen Seite zu den Angegriffenen oder gar zu einer unbeteiligen Gruppe? Muß man nicht mit Kant im Krieg als solchem das Urböse im Menschen sehen, und ist der Anspruch einer Opfergruppe, aus allen anderen herausgehoben zu sein und ein singuläres Schicksal erlitten zu haben, nicht sogar ein Ausfluß jener Selbstigkeit, jenes kollektiven Egoismus, in dem

Schelling und Kant das Böse sahen? Muß man nicht vielmehr allgemein vom »Geschichtsbösen« sprechen?

Ich will versuchen, auf diese Fragen zunächst durch die Wiedergabe einer persönlichen Erfahrung zu antworten, in der überhaupt keine Anschauung von Greueln enthalten ist und die mir doch eine Ahnung davon vermittelte, daß es ein Böses geben könne, das sich qualitativ von dem – wie man es nennen könnte – »normalen« Geschichtsbösen der Greuel und Blutbäder unterscheidet.

Ich war während des Krieges, wohl 1942, als nicht kriegsdienstfähiger Student während der Ferien zur Arbeit in einem großen Rüstungsunternehmen im Hessischen verpflichtet. Eines Sonntagnachmittags fuhr ich mit einigen Kommilitonen von einem kurzen Ausflug in einem Zuge zu der Arbeitsstätte zurück. Auf einer kleinen Station hielt der Zug etwas längere Zeit, und als wir aus dem Fenster herausschauten, sahen wir auf dem Bahnsteig zwei Frauen, die sich unter Tränen voneinander verabschiedeten. Die eine war eine Greisin, die den gelben Judenstern trug, die andere war eine jüngere Frau, die nicht gekennzeichnet war. Neben ihnen standen zwei SS-Männer mit geschultertem Gewehr. Sie herrschten die junge Frau an, sie solle nun endlich gehen, und kamen dann mit der Greisin direkt auf unseren Waggon zu. Mit einer barschen Handbewegung forderten sie uns auf, das Abteil zu räumen, und dann fuhr der Zug ab.

Ich weiß nicht, in welchem Verhältnis die Greisin und die jüngere Frau standen; wahrscheinlich handelte es sich um eine Mutter, die mit einem »Arier« verheiratet gewesen war und die nach dem Tode des Mannes nun das Privileg verlor, das der Tochter weiterhin gewährt war. Ich wußte auch nicht, wohin die alte Frau transportiert wurde; in den Zeitungen war ja nur von dem »Altersghetto« Theresienstadt die Rede, aber es war bekannt, daß viele Juden »in den Osten« deportiert wurden. Ich weiß heute noch nicht, ob sie vielleicht überlebt hat. Aber schon bald stellte ich mir die Frage, ob mir hier nicht ein Böses begegnet sei, das böser war als alle Greuel und Massenmorde. War es je in der Weltgeschichte vorgekommen, daß eine alte Frau nur deshalb von ihrer Tochter getrennt und ins Unbekannte weggebracht wurde, weil sie angeblich einer anderen »Rasse« angehörte als ihr »eigen Fleisch und Blut«? In der Sowjetunion der dreißiger Jahre hatte man Millionen von »Kulaken« in überfüllten Viehwagen über Tausende von Kilometern in die Steppe transportiert, wo sie verhungern mochten, aber man hatte doch die Familien zusammengelassen und nicht den Vater verschickt, weil er ein Ukrainer war und den Sohn verschont, weil seine

Mutter aus Rußland stammte. Hier, im nationalsozialistischen Deutschland, war offenbar ein anderes, ein böseres Prinzip in die Welt gekommen; es war legitim, eine Unterscheidung zu treffen.

Was dieses »Andere« war oder *auch* war, will ich durch eine idealtypische Konstruktion deutlich zu machen versuchen, die indessen ein »fundamentum in re« hat. Stellen wir uns vor, der entscheidende Mann, Hitler, habe bald nach dem Beginn des Krieges gegen die Sowjetunion die – möglicherweise richtige, wahrscheinlich übertriebene, aber später von keinem Geringeren als Jean-Paul Sartre in rühmender Absicht bestätigte – Nachricht erhalten, in Frankreich hätten sich Juden in besonders starkem Maße an Attentaten gegen deutsche Soldaten beteiligt, und deshalb habe er befohlen, alle Juden aus Frankreich abzutransportieren. Ein solcher Befehl läßt sich als exorbitante Präventivmaßnahme gewiß nicht billigen, aber immerhin verstehen. Männer mittleren Ranges organisierten die Deportation, und sie durften dabei der Überzeugung sein, nur ihre Pflicht zu erfüllen, Übergriffe und Grausamkeiten wären nicht vorgekommen. Die im Osten vorbereiteten Lager hätten sich als viel zu klein erwiesen, Seuchen und Hunger hätten zahlreiche Menschen dahingerafft. Und da hätten die niederen Chargen der Endstufe sich die Frage vorgelegt, ob es nicht »humaner« sei, diesen Menschen einen raschen Tod zu verschaffen, als sie über Monate hin qualvoll zugrundegehen zu lassen. Solche Überlegungen gab es tatsächlich. Müßten die Motive ihrer Urheber nicht am Ende als »gut« und jedenfalls nicht als »böse« bezeichnet werden? Aus einem verstehbaren Befehl, aus pflichtgemäßen Handlungen und aus »humanitären« Motiven wäre ein Vernichtungsunternehmen ohnegleichen geworden, sobald jener Befehl sich nicht nur auf die französischen, sondern auch auf die polnischen und die russischen, die griechischen und die ungarischen Juden bezogen hätte. Das singulär Böse, das hier vorläge, wäre nicht eigentlich von einzelnen Menschen ins Werk gesetzt worden – ein schriftlicher Befehl Hitlers zur Judenvernichtung hat sich bekanntlich bis heute nicht auffinden lassen –, sondern von einer menschlich-übermenschlichen und sehr modernen Realität, der weitgetriebenen Arbeitsteilung, welche hier die »Rädchen« zu persönlich schuldlosen Teilen innerhalb des bösen und schuldigen Ganzen gemacht hätte.

Das Normal-Böse ist verstehbar. Kriegsgreuel sind im allgemeinen verstehbar. Hier aber rühren wir an den Rand eines Unverstehbaren, und zwar gerade deshalb, weil alle einzelnen Schritte und Stufen leicht nachvollziehbar sind. Dieses Ganze muß mehr sein als bloß die Addition seiner einzelnen Teile. Im Prinzip wäre es ja vorstellbar, daß der Anteil von Männern zwischen 20 und 25 Jahren an den Attentätern besonders hoch gewesen wäre und daß diese ganze Gruppe von Franzosen abtransportiert worden wäre, aber dann hätte es sich nicht um das gleiche Phänomen gehandelt. Es ist an der Zeit, daß wir uns nach der Vergegenwärtigung von Alltagserfahrungen, philosophischen Definitionen und Gedankenexperimenten der konkreten Geschichte zuwenden. Ich tue das, indem ich in aller gebotenen und eigentlich unzulässigen Kürze grundlegende Geschehnisse des 20. Jahrhunderts unter drei Gesichtspunkten zusammenzusehen versuche, für die das Verwirrende im Verhältnis zwischen Gut und Böse, wie es sich bereits jetzt gezeigt hat, maßgebend ist. Die drei Thesen lauten:

1. Ein Überschwang des Guten brachte Böses hervor.
2. Das Radikal-Böse schloß Gutes in sich.
3. Die guten Menschen waren nicht frei von Bösem.

ad 1: Im Jahre 1917 war das Aufbegehren gegen den Krieg in keinem Lande und in keiner Armee stärker als in Rußland und in der russischen Armee. Wie einst für Kant erschien nun nach fast drei Jahren unerhörter Blutverluste der Krieg für Millionen von Menschen in ganz Europa als das Urböse, und über die normale Erschöpfung und Kriegsverdrossenheit hinaus wuchs die Erkenntnis, daß der mit allen modernen Mitteln geführte Krieg sich selbst des Bodens beraubt, auf dem er steht, weil sogar ein vollständiger Sieg der einen Seite auch für diese so verlustreich ist, daß kein genuiner Friede, sondern nur eine Nachkriegszeit voller Trauer und Depression die Folge sein kann.

Wenn irgendetwas »gut« heißen durfte, so war es der Wunsch nach dem Ende des großen Schlachtens, und die Armee des Zarenreiches, schlecht geführt und schlecht ausgerüstet, wie sie war, hatte besonders fühlbare Blutopfer gebracht. Die Revolution der Friedenssehnsucht, im Februar 1917 noch überdeckt vom Kriegswillen der Provisorischen Regierung und erst mit der Oktoberrevolution zum Abschluß gebracht, war also »gut« zu nennen, und gut war ihr Wunsch, die Erde für immer von der Geißel des Krieges befreit zu sehen. Daher fand sie in der Welt viel Zustimmung, nicht zuletzt in den USA, die ja von Anfang an unter der Fahne des Ideals des Ewigen Friedens in den Krieg gezogen waren, obwohl in der konkreten Situation der Wille der neugebildeten Sowjetregierung zum Abschluß eines separaten Friedensvertrages mit den Mittelmächten für die Alliierten in höchstem Maße bedrohlich war.

Aber die neue Regierung der bolschewistischen Partei unter Lenin und Trotzki wollte nicht nur eine Regierung des Friedens sein, sondern sie betrachtete sich als die Vorkämpferin des Sozialismus in der Welt. In der sozialistischen Bewegung hatte sich seit den vierziger Jahren des 19. Jahrhunderts alle Kritik konzentriert, die jemals an dem System der ungefesselten Konkurrenz zwischen Staaten, Firmen und Einzelnen geübt worden war, und als Gegenbild war die Vorstellung eines Gesellschaftszustandes entwickelt worden, in welchem die ganze Menschheit zusammenleben würde, wie nach verbreiteter Meinung in den Urzeiten die Großfamilien und Stämme lebten und in jüngster Vergangenheit die Einwohner, der auf Kooperation gegründeten und überschaubaren Siedlungen Robert Owens und der Fourieristen.

Auch diese Vorstellung war als solche gut, weil sie sich am möglichen Gutsein und nicht am faktischen Bösesein von Menschen orientierte, und die Behauptung ist zulässig, daß die Sozialisten aller Länder die erstaunlichste Sammlung von guten und wohlmeinenden Menschen waren, die es nach dem Ende der großen Zeiten der Kirchen gegeben hatte. Aber als der unumgängliche Weg zum Ziel galt seit Marx und Engels der »Klassenkampf«, d. h. praktisch die Revolution als Bürgerkrieg, an deren Ende die integrale Verwirklichung des Guten und damit die Erlösung der Menschheit vom Bösen, ja Satanischen der Konkurrenzgesellschaft oder des »Kapitalismus« stehen würde. Diesen Willen zu einem letzten Kampf und zu einer integralen Realisierung des Guten nenne ich den Überschwang des Guten, der also nicht mit den überaus guten Taten etwa der Mutter Teresa zu verwechseln ist. Er stieß keineswegs nur auf den egoistischen Widerstand der »besitzenden Klassen« und auf die Feindseligkeit der kapitalistischen Staaten, sondern er wurde schon früh als ein falsches Verständnis vom Gang der Geschichte und von der Natur des Guten wie des Bösen kritisiert. Aber die Protagonisten des Guten proklamierten in Rußland die Vernichtung der »schuldigen Klasse«, der »Bourgeoisie«, die bei all ihren leicht erkennbaren Schwächen doch ein Hauptelement der geschichtlichen Entwicklung der »europäischen Kultur« bzw. der »westlichen Zivilisation« gewesen war, und in einem Bürgerkrieg von beispielloser Wildheit und Brutalität vollzog sich diese Vernichtung tatsächlich. Zehn Jahre später war es nicht etwa der Wille eines »asiatischen Despoten«, sondern die tiefeingewurzelte Feindschaft der planwirtschaftlichen Partei, die den Angriff gegen das selbstwirtschaftende Bauerntum, die »Kulaken«, ins Werk setzte und viele Millionen von Opfern in Kauf nahm. Mit der Sowjetunion war ein Staat entstanden, der anders war als alle anderen Staaten, ein Staat, der einen unvergleichlich höheren Anspruch stellte, weil er die »Befreiung der Menschheit« zu seiner Sache machte, ein Ideologiestaat, der die Regeln des traditionellen Rechts und Völkerrechts als »bürgerlich« verachtete und der es dennoch lernte, wie ein normaler Staat auf dem Klavier der Diplomatie zu spielen. Noch nie war seit dem Ende der Jakobinerherrschaft ein großer Staat so wenig bloßer Staat und so sehr gläubige Bewegung gewesen, die an zahlreichen Stellen der Welt, nicht zuletzt in Deutschland, einen opferwilligen Enthusiasmus ohnegleichen und nicht minder einen präzedenzlosen Schrecken hervorzurufen vermochte. Daß der große Schwung in den zurückgebliebenen Verhältnissen Rußlands gleichsam steckengeblieben und dadurch in die Hände eines Despoten namens Stalin geraten sei, der unter dem Motto der »Entwicklung des Sozialismus in einem Lande« eine triviale Entwicklungsdiktatur errichtet habe, blieb eine These von Randgruppen in den kommunistischen Parteien, aber diese These erregte in der öffentlichen Meinung der »kapitalistischen« Länder die Hoffnung auf eine baldige Wiederherstellung der internationalen Normalität. Nur Randgruppen der Rechten blieben weiterhin allein auf den Terror der Tscheka und die Klassenvernichtung ausgerichtet, und sie sahen darin nicht einen »Überschwang des Guten«, sondern die vollständige Realisierung des Bösen.

ad 2: Eine dieser Randgruppen war der deutsche Nationalsozialismus, und nur blanke Voreingenommenheit kann leugnen, daß Adolf Hitler durch die Erfahrung der Revolution von 1918 und besonders durch seine engen Kontakte zu Rußlanddeutschen und russischen Emigranten von früh an auf das Phänomen der russischen Revolution und des Bolschewismus fixiert war. Aber er hätte die Konzeption, die er daraus entwickelte, nie zum Zentrum einer erfolgreichen, ihrerseits Enthusiasmus und Schrecken verbreitenden Ideologie machen können, wenn die Empörung über das »Unrecht von Versailles« nicht in allen deutschen Parteien und Schichten so stark gewesen wäre und wenn die NSDAP nicht eine Antwort auf die Wirtschaftskrise in die Diskussion hätte bringen können, die weit radikaler war als die Vorschläge der liberalen Parteien und weit weniger radikal als das Programm der Kommunisten, eine Antwort, die ihr viel Spott eintrug und die sich doch mindestens kurzfristig als sehr erfolgreich erwies, nämlich die Forderung, das Konkurrenzsystem oder den Kapitalismus nicht abzuschaffen, sondern in Dienst zu nehmen. Das Aufbegehren gegen einen als ungerecht empfundenen Frieden war nicht böse und jedenfalls in der Weltgeschichte weitverbreitet; der Wille zur nationalstaatlichen Überwindung der Wirtschaftskrise war nicht böse, sondern zum mindesten verständlich. Beides konnte freilich den Krieg wieder in die Welt bringen, den die große Überzahl der Menschen nach wie vor als das »Urböse« empfand. Aber der innerste Kern der Konzeption Hitlers mußte den Krieg von neuem erzeugen, denn er bestand in der Idee, die militante Herausforderung des sowjetischen Kommunismus auf militante, bloß im ersten Schritt national beschränkte und bürgerkriegsartige Weise anzunehmen und in eins mit dem Sieg einer antikommunistischen oder »westlichen« Weltbewegung das angebliche »Raumproblem« Deutschlands zu lösen oder – mit anderen Worten – an die Stelle des deutschen Nationalstaates einen arischen Rassenstaat zu setzen, der allen »asiatischen« oder orientalischen Einflüssen entzogen sein würde. Es ließe sich leicht zeigen, daß unlösbare Widersprüche in dieser Konzeption enthalten sind, aber es kommt jetzt vor allem darauf an zu sehen, in welche innere Abhängigkeit von dem Feinde, dem älteren Ideologiestaat, der jüngere Ideologiestaat des Nationalsozialismus dadurch geriet und schon als Bewegung immer geraten war. Der Idee der klassenlosen Weltgesellschaft war auf der gleichen Ebene nur die Idee der hierarchisch geordneten und planetarischen Rassengesellschaft entgegenzusetzen, innerhalb deren die deutsche Nation in ihrer bisher bekannten Gestalt verschwinden mußte, aber man benötigte auch einen radikal bösen Weltfeind in Entsprechung zu »dem Kapitalisten« des Marxismus, welcher zwar auch ein böses Prinzip, aber gleichwohl ein positives Entwicklungsstadium der Geschichte verkörperte. Diese Entsprechung und Gegenfigur war für den Nationalsozialismus »der Jude«, und eben damit wurde das Prinzip der kollektivistischen Schuldzuschreibung auf einen präzedenzlosen Höhepunkt gebracht, denn dieser Feind hatte überhaupt nichts Gutes mehr an sich, sondern er war das radikal Böse. Die Erlösung, welche auch die Ideologie des Nationalsozialismus proklamierte, war letzten Endes nichts anderes als die Erlösung vom jüdischen und bolschewistischen Messianismus. Der aber wurde als ein Hauptgrund jener Intellektualisierung der Welt betrachtet, welche sich anschickte, das »Gesetz der Natur« zu zerstören, nämlich die in unablässigen Kämpfen und Kriegen sich stets verändernde, aber demnächst für unabsehbare Zeit von den Deutschen oder besser den Germanen dominierte Hierarchie von

Nationen und Rassen. So mußte dem sowjetischen Konzept des Weltrevolutionskrieges die Idee des nationalsozialistischen und antikommunistischen Lebensraumkrieges entsprechen und der sozialen Vernichtung der bürgerlichen Klasse durch die Bolschewiki die biologische Vernichtung des jüdischen Volkes als der Vormacht einer »antinatürlichen« Weltentwicklung. Die »Endlösung der Judenfrage« als physische Vernichtung war im innersten Kern von Hitlers Gedanken enthalten, ja sie machte diesen Kern aus. Damit schloß der Nationalsozialismus eine »kollektivistische Schuldzuschreibung« in sich, die viel eklatanter gegen die mit der Moderne gegebene Differenzierung verstieß – bis hin zur Ermordung von jüdischen Kriegsteilnehmern, die mit dem Eisernen Kreuz ausgezeichnet waren – als die entsprechende Schuldzuschreibung der Kommunisten, welche sich letztlich auf das System der Marktwirtschaft bezog, und so verkörperte das Regime einen Widerstand gegen die moderne Weltentwicklung hin zur Selbstbestimmung von Nationen und Individuen, der zwar auf seine Weise ebenfalls modern, aber ganz und gar vergeblich war. Diesem Widerstand lag eine Maxime zugrunde, die sich nicht auf die ganze Menschheit ausdehnen ließ, da sie einem Volk als solchem das Existenzrecht absprach, ohne auch nur die Möglichkeit einer Wandlung bzw. Besserung einzuräumen. So realisierte er jenen Begriff Kants von der »Verderbtheit«, und daher darf und muß Hitlers Nationalsozialismus heute als das radikal Böse gelten.

ad 3: Alle Menschen, die gut sein wollen, müssen sich in der Verneinung dieses radikal Bösen und in der Entschlossenheit einig sein, dessen etwaige Wiederkehr zu verhindern. Aber auch sie entgehen der Widersprüchlichkeit im Verhältnis zwischen dem Bösen und dem Guten nicht.

Die guten Menschen sprechen mit Recht von dem radikal Bösen des Nationalsozialismus und der »Endlösung«. Aber sie tendieren dazu, aus dem radikal Bösen ein absolutes Böses zu machen, das aus dem geschichtlichen Zusammenhang der Epoche herausgelöst und allenfalls mit untergeordneten Faktoren wie den ostelbischen Junkern oder dem »christlichen Antisemitismus« in Beziehung gesetzt wird.

Sie sehen über den Gulag hinweg, um allein Auschwitz ins Auge zu fassen. Kaum je gestehen sie sich ein, was jüngst ein durchaus nicht auf »Exkulpation«, sondern weit eher auf »Inkriminierung« ausgerichteter Autor, Jörg Friedrich, in einem bemerkenswerten Buch feststellte: daß »Hitlers Mordregister«, bevor er in den sowjetischen »Menschenverschleiß- und

Vernichtungsstaat« einfiel, »nichts entfernt damit Vergleichbares enthielt.«[2] Sogar nach Kriegsbeginn trauten sich, abermals nach diesem Autor, die Einsatzgruppen im besetzten Polen noch nicht eine solche Aktion zu, wie sie der NKWD in den ostpolnischen Gebieten mit der Ausrottung der in seine Hände gefallenen polnischen Offiziere schon gewohnheitsmäßig vornahm. Erst nach dem Einfall in die Sowjetunion erreichte der Rassenmord die Dimension des nicht bloß zeitlich früheren Klassenmordes. Das eine und das andere wurde dadurch keineswegs identisch, und die guten Menschen, nicht zuletzt die volkspädagogisch orientierten Schriftsteller in Deutschland, haben nicht unrecht, vor einer solchen Identifizierung zu warnen, selbst wenn sie im geheimen oder auch offen der Überzeugung sind, es sei nicht dasselbe, wenn um der Einheit der Menschheit und der Gleichheit der Menschen willen getötet und wenn zur Aufrechterhaltung und Neubegründung von Herrschaftsverhältnissen gemordet werde. Aber sie geraten ins offenkundige Unrecht, wenn sie Greuel um Greuel der »faschistischen« Seite aufzählen und sogar dann die Greuel der sowjetischen Seite verschweigen, wenn es sich unzweifelhaft um Vorbedingungen handelte. Kaum irgendwo in der deutschen Literatur, wohl aber in dem russischen – in der Sowjetunion freilich unterdrückten – Roman von Kusnezow[3] sind die nachträglichen Sprengungen und Inbrandsetzungen in der Innenstadt Kiews geschildert, die beträchtliche Verluste unter den deutschen Soldaten und eine ungeheure Erregung unter der ukrainischen Bevölkerung hervorriefen, eine Erregung, die sich sofort zu Unrecht gegen die jüdische Bevölkerung richtete und eine Prämisse der nicht nur ganz unverhältnismäßigen, sondern auch in der Sache inadäquaten »Vergeltungsaktion« von Babij Jar war. Zwar gibt es nicht wenige Zeugenberichte, die davon erzählen, daß in Auschwitz kleine Kinder in das Feuer von brennenden Gruben geworfen und Häftlinge lebend in Krematoriumsöfen geschoben worden seien, aber selbst wenn die extremsten Zeugenaussagen richtig wären, würden sie Auschwitz verharmlosen, nämlich normalisieren, denn in den Archiven finden sich Berichte über Greueltaten an deutschen Kriegsgefangenen, die – wie in den Bürgerkriegszeiten etwa die »Pfählungen« von Popen – an Scheußlichkeit nicht zu übertreffen sind, und im ostpreußischen Nemmersdorf stießen die deutschen Verbände bei der Wiedereroberung auf Leichen von Frauen und Kindern, die nackt an Scheunentore genagelt waren. Aber Auschwitz wäre auch dann und gerade dann singulär, wenn kein SS-Mann sich je an einem KZ-Insassen vergriffen hätte und wenn die anonyme Todesmaschine bloß von Gehorsam und nicht von Emotionen gekennzeichnet gewesen wäre. Gerade in der Annäherung an diesen Idealtyp besteht die Einzigartigkeit und auch der Unterschied gegenüber den NKWD-Morden in Katyn und Lemberg sowie zu den fessellosen Rachetaten in Nemmersdorf. Aber die guten Menschen, die den sinnlichen Eindruck der Einzigartigkeit dadurch verstärken wollen, daß sie Katyn, Lemberg und Nemmersdorf verschweigen, handeln nicht gut, sondern böse.

Und diese guten Menschen rauben, um das Gute zu sichern, nicht nur der Geschichte dieses Jahrhunderts ihren düsteren Ernst und die Tragik, die in der Verkehrung des Guten in das Böse beschlossen liegt, sondern sie machen sich oft genug sogar das Böseste ihrer Feinde zueigen. Es ist kein Zweifel, daß die Verteidigungsstrategie der Generäle und Diplomaten bei den Nürnberger Nachfolgeprozessen ein allzu simplistisches Bild von den Vorgängen im deutsch-sowjetischen Kriege zeichnete, indem sie alle Schuld an Mordtaten und Vernichtungsaktionen auf Hitler und die Einsatzgruppen Heydrichs schoben, selbst aber einen relativ normalen Krieg gegen einen freilich unnormalen Gegner geführt zu haben beanspruchten.

Doch als mit dem Ende der fünfziger Jahre die »Aufarbeitung« der nationalsozialistischen Vergangenheit durch die deutsche Justiz begann, stellten viele und wahrlich nicht die schlechtesten Menschen in Deutschland mit tiefem Schrecken fest, daß die meisten Angeklagten in der neuen Prozeßserie ganz ähnliche Menschen waren wie die Masse ihrer deutschen Mitbürger, daß sie seit 1945 als tüchtige Polizisten oder Verwaltungsbeamte tätig waren und ein tadelsfreies Leben geführt hatten. Die guten Menschen zogen daraus jedoch nicht den Schluß, daß »Verbrechen gegen die Menschheit« ganz besondere Situationen und Verhältnisse zur Voraussetzung haben und daß so gut wie alle Menschen, sie selbst eingeschlossen, zu Komplizen werden und sich dennoch wieder in gewöhnliche Menschen zurückverwandeln konnten, sofern nicht sadistische und verbrecherische Neigungen zum Vorschein gekommen waren. Sie gelangten vielmehr zu dem Ergebnis, daß viel zu wenig gestraft worden sei und daß im Grunde jeder Deutsche schuldig geworden sei. Hier und da, auch in früheren Büchern des eben zitierten Jörg Friedrich, scheint die Auffassung durch, daß die allein wirklich adäquate Antwort auf den Genozid am jüdischen Volke der Vergeltungsgenozid an den Deutschen im Sinne Morgenthaus gewesen wäre. So wird die kollektivistische Schuldzuschreibung, die als unzulässige Generalisierung einer der wichtigsten Anfänge des radikal-Bösen war, umgedreht und zu einer Waffe des Guten gemacht, und gerade dadurch bestätigt sich ihr böser Charakter.

Ich komme zum Schluß: Daß die beiden Regime, die einen so wichtigen Teil der Geschichte des 20. Jahrhunderts bestimmt haben und die man während der letzten Jahrzehnte nur noch zögernd »totalitär« zu nennen wagte, gescheitert sind, ist heute eine triviale Wahrheit. Nicht ganz so leicht zu sehen ist, daß beide, also auch der Nationalsozialismus und in Ansätzen schon der Faschismus, Erlösungsideologien und gleichwohl sehr verschieden waren. Der Charakter der Erlösungsideologie springt beim Kommunismus als der militanten Form des Sozialismus ins Auge; hinsichtlich des Nationalsozialismus, der oft bloß als militante Gestalt des Nationalismus gilt, muß er erst herausgearbeitet werden. Das Ende der beiden Regime wiederum war auf handgreifliche Weise verschieden: Der Nationalsozialismus ging im Feuer des von ihm in Gang gesetzten Krieges und unter den Flüchen der ganzen Welt zugrunde, sodaß seine Untaten als »deutsche Verbrechen« rasch vor Gericht kamen; der sowjetische Kommunismus hielt den Wettbewerb mit der am meisten begünstigten aller großen Mächte nicht durch, nicht zuletzt deshalb, weil er schließlich der Verführungskraft der sehr materialistischen und hedonistischen »westlichen Zivilisation« nur noch Appelle und Dogmen entgegensetzen konnte. Aber dieser Kommunismus stellte sich am Schluß und zumal in seiner deutschen Provinz, der DDR, in einer Gestalt dar, die in seiner Zielsetzung angelegt war: als die Sicherung des Daseins für die Masse der kleinen Leute, welche die immanenten Zwänge bejahten, und als nicht-mehr-grob-terroristische Fesselung all derjenigen, die gegen die materielle und geistige Enge aufbegehrten. Daher war der Vernichtungsangriff auf die »schuldigen Klassen« nahezu vergessen, und so gut wie kein Verantwortlicher wurde vor Gericht gestellt. Der Nationalsozialismus hingegen hatte in den Siegeszeiten seines Krieges gezeigt, was er nach seinem Triumph gewesen wäre: ein Regime biologischer »Gesundung« nach der Vernichtung des »Weltfeindes«, das auch die »kranken« Teile des deutschen Volkes beseitigt und eine unzerbrechliche Hierarchie von Völkern bzw. Rassen, von Schichten und Einzelnen geschaffen haben würde. Damit hatte er sich zu Wilsons Idee der Ausweitung von Demokratie, d. h. individueller und nationaler Emanzipation, in einen ebenso schroffen Gegensatz gestellt wie zu Lenins Konzept der Weltrevolution, und es blieb von ihm nach dem Sieg seiner gegensätzlichen und doch verwandten Feinde scheinbar keine Spur.

Wenn wir freilich den gegenwärtigen Zustand der Welt ins Auge fassen, dann müssen wir angesichts der unsagbaren Greuel, die sich vor unserer Haustür und jedenfalls vor unseren Fernsehaugen in Bosnien und Ruanda, in Angola und im Sudan und an vielen anderen Stellen der Welt vollziehen, uns eingestehen, daß das Böse als das Geschichtsböse jedenfalls nicht aus der Welt verschwunden ist und daß die Haltung der Ersten Welt, unserer eigenen, »den Westen« nachträglich die Legitimation seines Krieges gegen das Dritte Reich gekostet hat, soweit sie sich auf die Anprangerung von Greueln stützte. Wenn der Sozialismus als Idee den Untergang des realen Sozialismus überdauert hat, so hat offenbar die militante und kriegerische Durchsetzung nationaler oder auch stammesmäßiger Interessen in großen Teilen der Welt den Sturz des Nationalsozialismus überlebt. Es gibt sogar wieder »Weltanschauungsstaaten« wie etwa den Iran. Dennoch wäre es unangebracht zu behaupten, seit 1945 habe sich das Wesentliche, die Macht des Geschichtsbösen, nicht verändert.

Gerade diese Behauptung könnte uns den Weg zu einer letzten und überaus befremdlichen Einsicht versperren. Im Raum der Ersten und weiterhin maßgebenden Welt befinden sich die guten Menschen, d. h. diejenigen, die das Geschichtsböse überwinden und auch die Schädigungen von Einzelnen durch Einzelne oder Gruppen bedeutungslos machen wollen, im Einklang mit einer Weltentwicklung, die Hitler aufhalten wollte, indem er in hilflosem Verlangen nach Anschaulichkeit die Juden für deren Urheber erklärte. Es könnte sein, daß das Gute, freilich eng verknüpft mit dem egoistischen Bestreben, nicht nur die größte Schädigung, den Krieg, auszuschalten, sondern alle Schädigungen zu minimieren, so stark würde, daß kein Einzelner mehr imstande wäre, Gutes zu tun, da ihm die Möglichkeit, Böses zu wollen und zu realisieren, abgeschnitten wäre. Vielleicht würde das Böse sich dann im zwischenmenschlichen Bereich und sogar gegenüber der Erde im ganzen einen subtileren Raum schaffen, vielleicht aber wären die Menschen zu einer Art übermenschlicher Automaten »jenseits von Gut und Böse« geworden.

So tun wir an der Wende der Zeiten gut daran, uns denkend und weiterdenkend der Worte des »Vater unser« zu erinnern: »Und erlöse uns von dem Bösen«. Im Blick auf die Vergangenheit müssen wir sagen: Diese Worte dürfen nur im Hinblick auf Gott als den Schöpfer oder den Weltgrund oder den deus absconditus gesprochen werden; wenn sie auf einen innerweltlichen Feind bezogen werden, entstehen Erlösungsideologien, und das Normal-Böse oder Geschichtsböse wird zum Radikal-Bösen, das zunächst dem Überschwang des Guten entspringt.

Im Blick auf die Zukunft aber muß sich uns das Wort der Bibel vielleicht auf der Zunge verwandeln und etwa folgendermaßen lauten: »Bewahre uns vor dem Übermaß des Guten, das uns die Möglichkeit nimmt, zwischen Gut und Böse zu wählen; rette uns vor dem reinen Licht und gewähre uns weiterhin Dunkelheiten, damit wir Menschen bleiben, die zwar das Böse und das radikal Böse der Erlösungsideologien hinter sich gebracht haben, die aber der Grenzen und auch des Bösen weiterhin bedürfen, damit sie nicht von dem Grenzenlosen in sich selbst überwältigt werden, das Philosophen »Transzendenz« nennen und das ihnen als innerstes Erbteil gegeben ist.«

Anmerkungen

1 Immanuel Kant: Die Religion innerhalb der Grenzen der bloßen Vernunft. Erstes Stück. Von der Einwohnung des bösen Princips neben dem guten; oder über das radicale Böse in der menschlichen Natur

2 Jörg Friedrich: Das Gesetz des Krieges. Das deutsche Heer in Rußland 1941 bis 1945. Der Prozeß gegen das Oberkommando der Wehrmacht. München/Zürich 1993, S. 823

3 A. Anatoli (Kusnezow): Babij Jar. Roman. München/Zürich/Wien 1970

(Vortrag von der Kanzel der »Berger Kirche« in Düsseldorf auf Einladung von Pfarrer Martin Krolzig am 6.6.1994)

12

Rückblick und Rechenschaft nach vier Jahrzehnten

Vom »Faschismus in seiner Epoche« bis zur »Historischen Existenz«

Ich bin mir bewußt, daß das Thema dieses Vortrags im Munde eines Historikers als schwer verständlich, wenn nicht sogar als anmaßend empfunden werden muß. Das Recht, nach 40 Jahren einen Rückblick vorzunehmen, gesteht man einem bekannten Künstler gern zu; und von einem einflußreichen Politiker darf man sogar erwarten, daß er am Ende seines Lebens der Öffentlichkeit Rechenschaft über die Entscheidungen gibt, die er getroffen hat. Es würde jedoch gewiß nur für einen Kreis engster Fachgenossen von Interesse sein, wenn ein Historiker für die Darstellung seines Lebenswerks den Titel wählte: »Von dem Buch über den Großen Kurfürsten bis zu den Studien zur Vorgeschichte der Balkankriege«. Aber als im Jahre 1963 mein Buch »Der Faschismus in seiner Epoche. Action française – italienischer Faschismus – Nationalsozialismus« erschienen war, schrieb die »Neue Rundschau«: »Nolte legt diese Logik der Geschichte des Faschismus schon in dessen Struktur frei. Den erkämpften und gewaltsamen Sieg über den Faschismus wiederholt er in seinem Werk für die Geschichtsschreibung«, und das Hauptorgan der aufkommenden marxistischen Linken, »Das Argument«, glaubte feststellen zu dürfen, heute scheine die Zeit dafür reif zu sein, daß die Wissenschaft über den Kalten Krieg triumphiere, und das Buch über den »Faschismus in seiner Epoche« habe als eins der ersten eine Bresche geschlagen.

Aber am Rande der vielen zustimmenden Äußerungen waren auch Urteile ganz anderer Art zu finden. Das führende Organ der radikalen Rechten, »Nation Europa«, meinte, das ungewollte Verdienst des Buches bestehe darin, gezeigt zu haben, »wie sehr alle Kulturen und alle Völker von den Trägern der praktischen und der theoretischen Transzendenz bedroht sind«, und als Sprecher der DDR-Geschichtsschreibung behauptete Joachim Streisand, das Buch beweise, wie sehr man in Westdeutschland hinsichtlich der Frage nach dem Faschismus »noch um eine ganze historische Epoche zurück« sei.[1]

Dieses Werk, das außerhalb allen Zusammenhanges mit der akademischen Geschichtswissenschaft geschrieben und dann doch durch die Initiative Theodor Schieders von der Universität Köln als Habilitationsschrift angenommen wurde, stand also von vornherein in einem Mittelpunkt des zeitgenössischen, weit über die Historie hinausgreifenden Interesses. Das war nur zum geringsten Teil das Verdienst seines Autors. Zehn Jahre früher, 1953, wäre ein Buch, das den Begriff »Faschismus« im Titel geführt hätte, vermutlich auf das Desinteresse gestoßen, das nach dem Ende der »Entnazifizierung« und zum Beginn des »Wiederaufbaus« der Erinnerung an die »Nazizeit« begegnete, und zehn Jahre später, 1973, wäre es wohl als ein weiterer Beitrag zu einem »Modethema« abgetan worden. Große öffentliche Aufmerksamkeit kann ein Werk der Geschichtswissenschaft nur dann hervorrufen, wenn es einen Gegenstand von potentiell hervorstechender Wichtigkeit erstmals zum Thema macht. Der Autor mag wenige Jahre später vergessen sein, nachdem er sich »normalen« Forschungsaufgaben zugewandt hat.

Meine nächsten Bücher, »Deutschland und der Kalte Krieg« von 1974 und »Marxismus und Industrielle Revolution« von 1983 sind sogar von der Wissenschaft kaum zur Kenntnis genommen worden, und sie wurden in keine fremde Sprache übersetzt. Aber ein zufällig entstandener Zeitungsartikel mit dem nicht von mir selbst gewählten Titel »Die Vergangenheit, die nicht vergehen will« löste 1986 den sogenannten »Historikerstreit« aus, von dem man sagen muß, er habe noch weit mehr an Aufmerksamkeit erregt als der »Faschismus in seiner Epoche«, doch diesmal ganz überwiegend im negativen Sinne. Der am weitesten verbreitete Vorwurf zielte auf die angebliche »Verharmlosung« oder »Relativierung« des Nationalsozialismus, und es läßt sich nicht leugnen, daß der weitaus größte Teil der Stimmen aus Wissenschaft und Publizistik sich mit Nachdruck, ja mit Leidenschaft gegen mich – und auch gegen Andreas Hillgruber – aussprachen. Bei vielen jüngeren Historikern wurde es nun rasch zur Gewohnheit, daß ich nicht mehr zitiert wurde und daß sogar »Der Faschismus in seiner Epoche« in den Literaturlisten keine Aufnahme mehr fand. Ich unterlag mithin einer Art von Ächtung, spätestens seit 1994, nachdem ich mich in der FAZ negativ zur Verschärfung des Gesetzes zur sogenannten »Auschwitz-Lüge« ausgesprochen und mit dem »Spiegel« ein langes Gespräch geführt hatte, das in mancher Hinsicht »politisch unkorrekt« war. Im Sommer 2000 erschien in eben diesem Magazin ein Artikel von Marcel Reich-Ranicki mit der Überschrift »Tollheit mit Methode«, in dem der »Papst der deutschen Literaturkritik« unter anderem folgendes schrieb: »Es ist schon ein Kreuz mit diesem Nolte, dem höchst dubiosen Historiker ... Seit vielen Jahren wirbt er um Verständnis für den Nationalsozialismus, er ist bemüht, ihn zu verteidigen und natürlich die deutschen Verbrechen zu bagatellisieren ... Ist dieser Nolte überhaupt noch zurechnungsfähig?«[2] Schon in seiner höchst populären, in Deutschland vielhunderttausendfach verbreiteten Autobiographie »Mein Leben« hatte mich Reich-Ranicki eine »trübe, ja verächtliche Figur der deutschen Zeitgeschichte« genannt.[3] Ich war also, wie es scheint, in Deutschland – wenn auch nicht in Italien oder in Frankreich – definitiv zur »Unperson« geworden. Die Frage ist: Hatten sich meine Auffassungen zwischen 1963 und 2000 so sehr geändert, daß ich mit Recht aus einem, wie man sagen könnte, »Liebling« der öffentlichen Meinung zu deren Haßobjekt geworden war, oder war die Änderung überwiegend auf der anderen Seite zu verzeichnen?

Ich werde nun folgendermaßen vorgehen: Zunächst will ich in einem Rückblick die wesentlichen Fragestellungen und Gedankengänge meiner Bücher herauszustellen versuchen, wenngleich in stärkster Verkürzung. Dann werde ich, nicht ganz ohne Zuspitzung, über diejenigen »Thesen« Rechenschaft geben, die am meisten Anstoß erregt haben.

Der »Faschismus in seiner Epoche« läßt bereits durch seinen Untertitel erkennen, daß es sich um ein Werk der vergleichenden Geschichtsbetrachtung handelt; insofern hätte auch damals schon der Vorwurf der »Relativierung« erhoben werden können. Aber das geschah allenfalls ganz am Rande, denn der Ton lag offenbar vornehmlich auf der Unterscheidung, wenn die Action française als »Frühfaschismus«, der italienische Faschismus als »Normalfaschismus« und der deutsche Nationalsozialismus als »Radikalfaschismus« charakterisiert wurden. Wichtiger war jedoch, daß über die einzelnen faschistischen Bewegungen und Regime nicht nur unter verschiedenen Fragestellungen wie etwa »Geschichte«, »Doktrin« und »Praxis« viel an Erzählung und Analyse vorgelegt wurde, sondern daß auch »der Faschismus« als generischer, übergreifender Begriff eingegrenzt, »definiert« wurde, und zwar folgendermaßen: »Faschismus ist Antimarxismus, der den Gegner durch die Ausbildung einer radikal entgegengesetzten und doch benachbarten Ideologie und die Anwendung von nahezu identischen und doch charakteristisch umgeprägten Methoden zu vernichten trachtet, stets aber im undurchbrechbaren Rahmen nationaler Selbstbehauptung und Autonomie«.[4]

Diese Definition bedeutet, daß der Faschismus nicht ohne Bezugnahme auf das ältere Phänomen des Marxismus verstanden werden kann und daß, um ein bekanntes Wort von Max Horkheimer abzuwandeln, vom Faschismus schweigen soll, wer nicht vom Marxismus reden will. Aber der Marxismus wird nicht etwa angeklagt und verworfen, sondern er gilt offenbar als ein ungemein starkes und bedeutendes Phänomen, da er den faschistischen Antimarxismus und offenbar auch andere Antimarxismen zur Bezugnahme zwingen, ja sogar erzeugen kann. Und beim Marxismus bleibt diese »Faschismustheorie« nicht stehen, sondern sie nimmt ausdrücklich auf jene Gesellschaftsordnung Bezug, aus der sowohl der Marxismus wie der Faschismus hervorgegangen sind und die als die Gesellschaftsordnung des »Liberalen Systems« bezeichnet wird. Diese wird wiederum mit einem philosophischen Begriff in Beziehung gesetzt, demjenigen der »Transzendenz«, dem »Wesen des Menschen«.

In der Gesellschaft des Liberalen Systems, so heißt es, wird die Transzendenz, die als »Weltbezug« oder »Weltoffenheit« den Menschen von allen anderen Wesen unterscheidet, erstmals über Religion und Philosophie hinaus »praktisch«, d. h. zur konkreten Weltbemächtigung. Von hier aus erklärt sich die zweite und philosophische Definition des Faschismus, die sich auf den Nationalsozialismus als »Radikalfaschismus« beschränkt: »Der Nationalsozialismus war der Todeskampf der souveränen, kriegerischen, in sich antagonistischen Gruppe. – Er war praktischer und gewalttätiger Widerstand gegen die Transzendenz«.[5]

Wenn man bedenkt, welch große und positive Bedeutung der Begriff »Fortschritt« im Marxismus hat und wie nahe es liegen mag, »Transzendenz« als »Fortschritt« zu verstehen, dann kann sich der Gedanke aufdrängen, in diesem Scheitern des Nationalsozialismus einen Sieg des Marxismus oder mindestens des Progressivismus zu sehen, zumal das Scheitern aufs engste mit dem Versuch einer »Endlösung der Judenfrage« zusammengebracht wird, in welcher der nationalsozialistische Vernichtungswille sich auf freilich vermittelte Weise gegen die Transzendenz richtet. Daher kann gesagt werden, den Millionen der Opfer des nationalsozialistischen Vernichtungswillens werde durch diese Interpretation »die höchste aller Ehren« zuteil, nämlich die Einsicht, »daß sie, die als Bazillen vertilgt wurden, nicht als unglückliche Opfer eines widerwärtigen Verbrechens starben, sondern als Stellvertreter bei dem verzweifeltsten Angriff, der je gegen das menschliche Wesen und die Transzendenz in ihm geführt wurde.«[6]

Aber der Eindruck, in seinem Ergebnis bringe das Buch nichts anderes als den Triumph des Marxismus über seinen faschistischen Todfeind zu Wort, war unrichtig. Gewiß war der ganze Faschismus schon durch den Ausgang von der »Action française« der europäischen konterrevolutionären Tradition zugeordnet worden, und die Kennzeichnung der Intention von Charles Maurras, den »autark-souveränen, kriegerischen, aristokratischen Staat des Ancien régime als Paradigma für alle französischen Zeiten« bedingungslos zu verteidigen bzw. wiederherzustellen,[7] läßt das Verfehltsein und die Aussichtslosigkeit des Unternehmens noch anschaulicher werden als im Falle Hitlers. Aber »Transzendenz« bedeutet eben nicht »Fortschritt« in der üblichen Konnotation mit positiver Unwiderstehlichkeit, sondern sie ist als »neutraler Strukturbegriff« gefaßt. Und daher wird der Grundemotion von Maurras, der Angst, die er angesichts der sich abzeichnenden Weltentwicklung hin zu Barbarei und Kulturlosigkeit empfindet, viel Verständnis entgegengebracht. Und ebenso wird eine durchaus menschliche Empfindung, eben die Angst, als Ursprung der Reaktionen Adolf Hitlers wahrgenommen, so daß die Vorstellung vom »absoluten Bösen«, so entsetzlich die resultierenden Taten sind, nicht akzeptiert werden kann. Auch der Marxismus wird ja in der angeführten Definition unzweideutig als eine »Vernichtungslehre« gekennzeichnet, und bekanntlich hat er aus seinem Vernichtungswillen noch weniger ein Geheimnis gemacht als der Nationalsozialismus.

Was er vernichten wollte, war »der Kapitalismus« und in der Praxis »das Bürgertum« oder »das Unternehmertum«. Zwar zielte dieser Vernichtungswille, anders als derjenige des Nationalsozialismus, nicht – oder nur in geringem Maße – auf die physische Ausrottung einer Personengruppe ab; er war vielmehr von der zuversichtlichen Erwartung getragen, daß »die Geschichte« selbst diese Vernichtung vornehmen werde, indem sie das ausgebeutete »Proletariat« zur übergroßen Mehrheit der Bevölkerung machen werde. Aber »das Bürgertum« war einer der am meisten charakteristischen Bestandteile der Gesellschaftsordnung des »Liberalen Systems«; es mochte mithin sein, daß der Vernichtungswille gegen »die Kapitalisten« ebenso in die Irre ging wie der Vernichtungswille gegen die Juden und daß daher sogar in der »Reaktion« von Maurras und Hitler mehr als bloße Verstehbarkeit enthalten war. Ein hohes Maß an Anschaulichkeit vermittelt die Figur Mussolinis, die Hauptperson des weiten, dem italienischen Faschismus gewidmeten Teils. Es wird nachgewiesen, daß der junge Mussolini einer der Hauptvertreter des »revolutionären Marxismus« (und nicht etwa bloß eines romantischen Syndikalismus) in Italien war, ja seit 1912 *der* Hauptvertreter, welcher innerhalb des europäischen Sozialismus einen Platz neben Lenin und Rosa Luxemburg beanspruchen durfte. Als solcher macht er im Rahmen des Buches die wichtigste Ursache der »Angst« sowohl von Maurras wie von Hitler anschaulich, eben den Marxismus als das erste Phänomen der Weltgeschichte, in dem das von jeher vorhandene »Aufbegehren« der Armen und Unterdrückten, doch nun auch der chiliastisch gesinnten Intellektuellen, zu einer großen, zuversichtlich einen »Endsieg« erwartenden Organisation geworden war – bei den Reichstagswahlen von 1912 errang die deutsche Sozialdemokratie mehr als ein Drittel der Stimmen, und Mussolinis »Partito Socialista Italiano« brachte den Ministerpräsidenten Giolitti bei dessen Kolonialunternehmen gegen Libyen in schwere Bedrängnis. Aber der Ausbruch des Weltkriegs und das Verhalten der sozialistischen Massen und Parteien wurde von allen Linkssozialisten wie Lenin und Luxemburg als »Katastrophe« und als »Verrat« empfunden. Mussolini dagegen stellte sich auf die Seite der kriegswilligen Strömungen im zunächst neutralen Italien, weil er – »wie Marx und Engels« – einen engen Zusammenhang zwischen Krieg und Revolution für gegeben hielt, und er trat 1919 an die Spitze der neugegründeten faschistischen Bewegung, die noch geraume Zeit linkssozialistisch sein wollte und dann immer entschiedener den Weg des Nationalismus und der Bekämpfung des »bolschewistischen Revolutionsversuchs« einschlug. Mussolini begnügte sich jedoch nicht damit, die »bolschewistische Trunkenheit« des italienischen Proletariats zu geißeln, sondern er setzte seinen ehemaligen Genossen ganz nüchtern und rational auseinander, sie befänden sich mit ihrer These vom bevorstehenden Ende des Kapitalismus in einem schweren Irrtum, denn diesem Kapitalismus ständen noch mehrere Jahrzehnte der Entwicklung bevor. Damit befand er sich offensichtlich im Recht, und es ist nicht möglich, den »italienischen Bürgerkrieg« zwischen Kommunisten und faschistischen Antikommunisten bloß zu verurteilen, so abstoßend die faschistischen Methoden von »Rizinusöl und Schlagstock« zweifellos waren.

Daher war es zwar nicht unrichtig, wenn »Der Faschismus in seiner Epoche« ganz überwiegend als ein »antifaschistisches« Buch verstanden wurde, aber es handelte sich um einen distanzierten und selbstkritischen Antifaschismus, der dem Gegner nicht von vornherein und in jeder Hinsicht unrecht gab.

Als 1974 »Deutschland und der Kalte Krieg« publiziert wurde, hatte der Antifaschismus der neomarxistischen Studentenbewegung im Zeichen seiner Lehrer, nicht zuletzt meines Marburger Kollegen Wolfgang Abendroth, große Schritte in die Richtung einer andersartigen Auslegungsmöglichkeit getan, und ich sah darin eine regionale Phase der neuen – in Wahrheit älteren – Auseinandersetzung ideologischer Mächte, des »Kalten Krieges« zwischen der bolschewistischen, sich als realisierten Marxismus verstehenden Sowjetunion und den kapitalistischen Vereinigten Staaten von Amerika. An die Stelle des »europäischen Bürgerkrieges« trat also der »Weltbürgerkrieg«, und Deutschland spielte darin eine bedeutende Rolle, aber die merkwürdige Rolle des Heraustretens aus dem Zentrum der Ereignisse. So wurde der Gegenstand sehr stark ausgeweitet, sowohl in zeitlicher wie in räumlicher Hinsicht: nicht nur von »Präfigurationen« des Kalten Krieges in der Antike war nun die Rede, sondern auch von Korea, von Vietnam und von Israel. Aber das Thema des Faschismus verschwand so wenig wie dasjenige des Marxismus oder des Liberalen Systems. Im Hinblick auf den antikommunistischen Putsch von 1965 in Indonesien mit seinen Hunderttausenden von Opfern wurde z. B. gesagt, fünfzig Jahre nach der Russischen Revolution sei das Prinzip der Vernichtung ohne Umwege durch das Prinzip der Gegenvernichtung beantwortet worden und damit sei auch Licht auf die durch ein Mythologem vermittelte »Judenvernichtung« in Deutschland gefallen.[8] Die Russische Revolution wurde nun nicht mehr primär durch ihre Folgen in Italien zum Thema, sondern unmittelbar, und sie wurde als »enthusiastisch und enthusiasmierend, Schrecken erregend und notwendig den Gegenschrecken hervorbringend« gekennzeichnet.[9] Dem »Liberalen System« war ein eigenes Unterkapitel gewidmet, und darin wurde der Begriff der »europäischen Revolution« entwickelt, die sowohl in England wie in Frankreich »originär, tiefgreifend und dennoch nach Begriffen der extremen Linken unvollendet war« und der erst 1917 in Rußland ein andersartiger Typus von Revolution an die Seite trat.[10] So war der Titel des Buches in gewisser Weise irreführend, weil zu eng, denn er hätte besser »Die Linke in der Geschichte und die Ära des Kalten Krieges« gelautet, und die ersten, folgenreichen Vorwürfe, die aus Amerika kamen, gingen insofern in die Irre, als sie aus dem Titel auf »Nationalismus« schlossen und deshalb Warnungen artikulierten. Aber ich bestreite nicht, daß mir die deutsche Studentenbewegung als Zeugnis der »inneren Kraft« der extremen Linken besonders wichtig war, und so geriet das Buch am Ende in die Nähe der damals aktuellen Auseinandersetzungen um die »Anerkennung der DDR« und die Zukunft Deutschlands. Es wurde dort nämlich eine Version der unumgänglichen »Entspannungspolitik« entfaltet, die von dem faktisch eingeschlagenen Weg erheblich abwich und doch die Ereignisse von 1989/90 nicht antizipierte und insofern einen konkreten Irrtum darstellte. Dieses »insofern« bedürfte freilich einer ausführlichen Erläuterung, die an dieser Stelle nicht zu geben ist (siehe oben S. 168-179).

Nach den schweren Turbulenzen des »maoistischen« Endstadiums der Studentenrevolution ging ich für ein Jahr von Berlin nach England und leistete hier die wichtigsten Vorarbeiten zu »Marxismus und Industrielle Revolution«, dem einzigen meiner Bücher, das im engen Sinne ein »gelehrtes« heißen darf, weil es die Wurzeln des Marxismus in der seit etwa 1760 stattfindenden intellektuellen Auseinandersetzung um das neuartige Phänomen der »Industriellen Revolution« entdeckt und auf ungewohnte, auch den Toryismus und den frühesten Antikapitalismus einbeziehende Weise zum Thema macht. Abermals geht es zugleich um das »Liberale System«, das ja nirgendwo bereits so weit ausgebildet war wie in dem England einer überall sonst unbekannten »Volksfreiheit« und einer »deliberierenden Aristokratie«. Der »dialektische Denkansatz« wird so charakterisiert, daß er Marx und Engels in Stand gesetzt habe, »die beiden Hauptauslegungen der Industriellen Revolution, die toryistische und die frühsozialistische bzw. antikapitalistische auf der einen Seite und die nationalökonomische auf der anderen, zu einer Einheit zusammenzufassen, die zugleich einen schroffen Angriff gegen beide in sich schloß«.[11] Die Vorstellung eines Endzustandes und der vorherigen Vernichtung aller entgegenstehenden Realitäten war ein notwendiger Bestandteil dieses Denkansatzes, und so konnte Friedrich Engels zu einem Zeitpunkt, wo bedeutende englische Nationalökonomen wie Robert Torrens und Richard Jones die Bedeutung des Unternehmertums für die wirtschaftliche Entwicklung mit deutlicher Kritik an Adam Smith herausgearbeitet hatten, den »gnädigen Herren vom Kapital« im Januar 1848 höhnisch zurufen: »Wir haben euch vorderhand nötig ... ihr müßt den Patriarchalismus vernichten, ihr müßt zentralisieren ... Zum Lohn dafür sollt ihr eine kurze Zeit herrschen ... ihr sollt bankettieren im königlichen Saal und die schöne Königstochter freien, aber, vergeßt es nicht, ›Der Henker steht vor der Türe‹«.[12]

Ein Gesang von Henker, Tod und Grab ist auch der intellektuelle Marxismus von Marx und Engels immer geblieben, der auf seine Weise eine nur halbversteckte Angst in eine Anklage gegen »Urheber«, ja an einigen

Stellen gegen die »bis ins innerste Herz jüdische« moderne Welt ummünzte, aber ich sage ausdrücklich, von Marx' abstraktem und insofern scheinbarem Antisemitismus könne man nur durch ein Mißverständnis zu Hitlers konkretem und wirklichem Antisemitismus kommen, obgleich dieses Mißverständnis begreiflich sei. Trotzdem bedeutet die »Transformation des Marxismus durch den Leninismus«, die als »Ausblick« das Thema des letzten Kapitels ist,[13] einen qualitativen Umbruch, da »nie zuvor ein zivilisierter Staat Geiselnahme und Sippenhaft zu seiner offiziellen Politik gemacht hatte«[14] und da sich schon sehr rasch die bolschewistische Partei unter dem Zeichen eines »Klassenkampfes«, der gegen eine große Minderheit der Bevölkerung geführt werden mußte, als »die größte Kraft planmäßiger Vernichtung« erwies, die es in der modernen Geschichte der Menschheit gegeben hatte.[15] Und Adolf Hitler, der im Personenregister neben Michail Bakunin, Jeremy Bentham, Thomas Robert Malthus und vielen anderen kaum auftaucht, ist gleichwohl in doppelter Weise anwesend: als Widerlegter, der seinem Hauptfeind, dem Marxismus, eine ganz unzureichende Deutung zukommen ließ, der jedoch gerade deshalb das Konzept einer Gegenvernichtung entwickeln konnte, das aus Nebenbemerkungen von Marx eine ganze Geschichtsphilosophie vom Unheil des für »jüdisch« erklärten »Fortschritts« machte.

Ich muß es im Rückblick für ein Unglück halten, daß das Thema des »Europäischen Bürgerkrieges 1917–1945«, das im Kern schon im »Faschismus in seiner Epoche« enthalten war und dessen detaillierte Behandlung sich nach den weiteren Büchern von 1974 und 1983 sozusagen aufzwang, durch einen von zufälligen Umständen verursachten Zeitungsartikel mit ziemlich plakativen Formulierungen vorweggenommen wurde. In der Tat war das gleichnamige Buch, das dann im Herbst 1987 erschien, im Frühjahr 1986 in den Grundzügen fertig, als ich mich veranlaßt sah, einen für die Frankfurter »Römerberggespräche« vorgesehenen und mir nachträglich entzogenen Vortrag mit der viel zitierten Überschrift als Artikel in der »Frankfurter Allgemeinen Zeitung« zu publizieren. Zwar hatte ich schon längst zuvor einige der von Zorn, Haß und Erbitterung erfüllten Äußerungen Adolf Hitlers zu den Vernichtungsvorgängen der Russischen Revolution – dem »GULag«, wie man abkürzend und vorwegnehmend sagen mag – angeführt, aber seine Aussage über den »Rattenkäfig« als singuläres Folterinstrument der Tscheka wirkte offenbar für viele Leser wie ein Schlag, so überaus erhellend für Hitlers Nichtvergessenkönnen sie war, und die zentrale Frage schien alles auf den Kopf zu stellen, was es an »Vergangenheitsbewältigung« in Deutschland gab: »Vollbrachten die Nationalsozialisten, vollbrachte Hitler eine ›asiatische‹ Tat vielleicht nur deshalb, weil sie sich und ihresgleichen als potentielle oder wirkliche Opfer einer ›asiatischen‹ Tat betrachteten? War nicht der Archipel GULag ursprünglicher als Auschwitz?«[16] Damit schien das seit vielen Jahren – man könnte sogar sagen, seit dem »Faschismus in seiner Epoche« – so sehr Herausgestellte, »Auschwitz«, aus einem Primären zu etwas Sekundärem herabgesetzt zu sein, und während Hitler seit kurzem mehr und mehr für eine Personifizierung des »absoluten Bösen« erklärt worden war, schien ihm hier ein Maß an Verständnis entgegengebracht zu werden, das mit dem Begriff der »Verharmlosung« nicht zu erfassen war. Es fehlt mir daher nicht an Verständnis für die Explosion an Empörung, welche die Folge dieses Artikels und der Hauptinhalt des sogenannten Historikerstreits war.

Aber kaum einer der Publizisten und nur wenige der Historiker nahmen die Erläuterungen, Einschränkungen und Qualifizierungen zur Kenntnis, die ein Jahr später in Gestalt des Buches greifbar wurden. Mit ihm wurde abermals ein Stück vergleichender, sowohl erzählender wie analysierender Geschichtsschreibung vorgelegt, die nun auch im Detail ebensosehr auf die Russische Revolution und umrißhaft auf die Geschichte Sowjetrußlands wie auf die nationalsozialistische Machtergreifung und umrißhaft auf die Geschichte des Dritten Reiches einging. Die bolschewistische und bereits marxistische Vorstellung vom »bevorstehenden Untergang der Weltbourgeoisie« wurde ebenso ernst genommen und doch »relativiert« wie das nationalsozialistische Schreckbild von »dem Juden«, der die Russische Revolution »gemacht« habe und sogar der »Drahtzieher der Geschicke der Menschheit« sei.[17] Insofern erschien das bisher als »primär« Angesehene, der Nationalsozialismus, in der Tat als sekundär, ja als eine »verzerrte Kopie«, die freilich auch ältere und eigenständige Wurzeln hatte. Aber zumal in dem umfangreichen Vierten Kapitel »Strukturen zweier Einparteistaaten« wird auch der schroffe Unterschied zwischen den beiden Vernichtungskonzeptionen herausgearbeitet, derjenigen des »absoluten Humanismus« und des radikalen Egalitarismus, welche alle geschichtlich gewordenen Differenzen zwischen Klassen, Staaten und Geschlechtern zerstören will, auf der einen Seite, und derjenigen der Beseitigung alles dessen, was in eine ursprüngliche und gesunde Welt der kriegerischen Gruppen Schwächung und Krankheit – und insofern Geschichte – hineingebracht hat, auf der anderen. Zwei im Grunde archaische Konzeptionen sind also miteinander konfrontiert, die aber als militanter Universalismus bzw. militanter Partikularismus in einem verschiedenartigen Verhältnis zu der erkennbaren Welttendenz stehen, die man heute meist »Globalisierung« nennt. Von einer »Gleichsetzung« kann also keine Rede sein, wohl aber von einem »Ernstnehmen« und von der Skepsis gegenüber einer Parteinahme, die sich immer auf die Besiegten und die Opfer der Vergangenheit beruft und nicht wahrhaben will, daß die Nachfahren dieser Besiegten und dieser Opfer die Sieger und teilweise die Täter von heute sind, so daß der Moralismus der Nachgeborenen vom Opportunismus nicht leicht unterscheidbar ist.

Sowohl Publizisten wie Historiker hätten aber nach der Lektüre des »Europäischen Bürgerkriegs« sagen können und sagen müssen: Hier ist nach dem negativ-nationalistischen, dem marxistischen, dem progressivistischen, dem jüdischen, und dem strukturell-totalitarismustheoretischen Paradigma der Interpretation der Geschichte des 20. Jahrhunderts in Anknüpfung an die früheren Bücher des Autors ein weiteres Paradigma entwickelt worden, das von allen das älteste und einleuchtendste sein sollte, weil es die schroff entgegengesetzten und doch im Prinzip übereinstimmenden Interpretationen der kämpfenden Ideologiestaaten nicht von außen kritisiert, sondern aus der Distanz heraus objektiviert und ihrer Einseitigkeit entkleidet.[18] Aber nicht zufällig ist das im ältesten Begründete dasjenige, was als wissenschaftliches Werk das Jüngste ist, nämlich die »historisch-genetische Version der Totalitarismustheorie«, welche den übrigen Versionen ihr Recht läßt, weil sie weiß, daß die geschichtliche Realität viel zu umfangreich und widerspruchsvoll ist, als daß sie mit *einem* Paradigma zureichend erfaßt werden könnte. Diese ganz einfache Überlegung ist allerdings bisher so gut wie nie vollzogen worden, weil sogar Historiker es in der Regel vorziehen, als »anstößig« empfundene Sätze oder Halbsätze herauszugreifen und zu kritisieren.[19]

Ich will nun über die Verwendung eines Begriffs und den Sinn eines Satzes Rechenschaft geben, die in einen Bereich gehören, welcher der meisttabuisierte von allen ist und der in meinen Büchern zwar auf vielfältige Weise umrissen, aber nicht als solcher thematisiert worden ist. Es handelt sich um den Begriff »jüdischer Bolschewismus« und um meinen Satz, der etwa im Briefwechsel mit François Furet zu finden ist, auch in dem Antisemitismus Hitlers habe es einen »rationalen Kern«, d. h. einen verstehbaren, nachvollziehbaren Gehalt gegeben.[20] Kein Begriff unterliegt in Deutschland und der ganzen Welt einer einhelligeren Verurteilung, keine meiner »Thesen« ist so einmütig zurückgewiesen worden, auch von Furet. Und doch muß sich in diesem Bereich am ehesten zeigen, ob auch auf Adolf Hitler die Maximen der Geschichtswissenschaft Anwendung finden können, nämlich die Forderung, im Rahmen des irgend Möglichen auch das Unverständliche verstehbar zu machen, den Motiven aller Handelnden gerecht zu werden und Objektivität selbst dann anzustreben, wenn auf seiten des Historikers leidenschaftliche und gerechtfertigte Impulse vorliegen.

Ich richte zunächst die Hauptaufmerksamkeit auf das Substantiv »Bolschewismus« und fasse das Adjektiv »jüdisch« nur nebenher ins Auge. Dabei beschränke ich mich zunächst auf den Zeitraum von 1919 bis 1923, in dem Hitlers Ideologie sich ausbildete und jedenfalls erstmals artikuliert wurde.

In dem frühesten und besonders wichtigen Zeugnis von Hitlers Denken, dem im Auftrag des Hauptmanns Mayr geschriebenen Brief an Adolf Gemlich vom 16. September 1919 kommt das Wort »Bolschewismus« nicht vor. Hauptthema ist das Streben nach Geld, der »Tanz um das goldene Kalb«, die das Wesen der Juden ausmachten und die das Verlangen nach »Entfernung der Juden« zu einem elementaren Gebot der Bewahrung der eigenen Lebensform werden ließen. Erst am Schluß schreibt Hitler, die Juden seien »ja auch die treibenden Kräfte der Revolution« gewesen. Der Zusammenhang von Judentum und Geldwirtschaft wird in den Reden, die Hitler nach seinem Eintritt in die »Deutsche Arbeiterpartei« vom Oktober 1919 an hielt, ebenfalls immer wieder hervorgehoben; offensichtlich handelte es sich um eine Verarbeitung der von den Linksparteien ins Zentrum gestellten Verdammungsurteile über den »Kapitalismus«. Das zweite Hauptthema ist der Friede bzw. das Diktat von Versailles, also der aktuellste aller Gegenstände der damaligen Diskussion, dem Hitler durch den Vergleich mit dem Frieden von Brest-Litowsk einen besonders eindrucksvollen Aspekt abzugewinnen suchte. Im Dezember wird den Juden, wie in dem Brief an Gemlich, der Vorwurf gemacht, »durch Hetze und Aufwiegeleien den Bruderkrieg zu schüren«. Am 16. Januar 1920 wird erstmals von den Kommunisten gesprochen, die nicht erkennen, daß sie »dem Großkapital dienen«, dessen »Schützer« die Juden sind. In den Notizen zu einer Rede am 9. Februar 1920 sind folgende Stichworte verzeichnet: »Diktatur«, »Marx und Engels«, »Bestrafung gegen Wucherer (Galgen)«, und es folgen die Sätze: »Bolschewisten im Anmarsch« sowie »Die Russen stehen vor Polen«. Hitler nimmt offensichtlich auf den von

Pilsudski initiierten Krieg gegen Sowjetrußland Bezug, der den Polen und Ukrainern inzwischen die ersten großen Rückschläge gebracht hatte und der nach einer für ganz Europa angstvollen Periode erst im August durch das unerwartete »Wunder an der Weichsel« entschieden werden sollte. In der folgenden Zeit häufen sich die Bezugnahmen auf den Bolschewismus und Sowjetrußland, und ich verzichte jetzt auf die Terminangaben. Am meisten und nachdrücklichsten bringt Hitler mit unverkennbarer Leidenschaft den »Massenmord an der nationalen Intelligenz« bzw. deren »Ausrottung« zur Sprache, und er nennt das Regime »die jüdische Blutdiktatur« oder »die Diktatur einer rücksichtslosen Minderheit«. An der Spitze stehe Lenin, »der Massenmörder«; nicht weniger als 300 000 Hinrichtungen seien unter den scheußlichsten Umständen vorgenommen worden. Im »russischen Leichenhaus« vollziehe sich »das Abschlachten der Geistigen« und dadurch werde das Volk zu »Sklaven« gemacht, obwohl »das Jammern der Millionen dem rettungslosen Hungertod geweihten Arbeiter, Weiber und Kinder« die Massen zum Aufstand von Kronstadt getrieben habe. Der Bolschewismus sei eine »Geisteserkrankung«, die entweder im »Blutrausch des Wahnsinns« enden oder zur »Abrechnung« führen müsse. In »Räte-Rußland« ständen »Trotzki, Lenin, Sobelsohn« an der Spitze, »drei Juden«, die dem Volk 14 Stunden an täglicher Arbeit aufzwängen, nachdem sie den »Sozialismus des Klassenkampfes« gepredigt hätten, der etwas ganz anderes sei als der »wahre deutsche Sozialismus«, den die NSDAP vertrete. Im Sommer 1922 verknüpft Hitler die russische Schreckensherrschaft mit der Vergewaltigung des Rheinlands durch die Franzosen: »Chinesische Henker treiben in Petersburg ihr Handwerk, und am Rhein steht die schwarze Schmach«. Die Geschichte vom Rattenkäfig der chinesischen Tscheka wird von Hitler in seinen öffentlichen Reden nicht wiedergegeben, aber sie war im »Völkischen Beobachter« zu lesen, der sie anscheinend aus der dänischen »Berlingske Tidende« übernommen hatte, und 20 Jahre später sollte sich zeigen, daß sie sich Hitler tief eingeprägt hatte. Es handle sich um einen Kampf auf Leben und Tod zwischen zwei Weltanschauungen, in welchen es nur Sieger und Vernichtete geben werde, denn diese Einstellung sei dem Marxismus in Fleisch und Blut übergegangen. Die Bolschewisierung Deutschlands bedeute jedoch die Vernichtung der gesamten christlich-abendländischen Kultur überhaupt. Sie schließe »Brand und Scheiterhaufen und Blutgerüste« ein; vor wenigen Jahren habe man ja in München ein kleines Beispiel erlebt.[21]

Ich breche hier ab und weise lediglich darauf hin, daß sich die frappierendsten Aussagen in »Mein Kampf« nahtlos an diese frühen Äußerungen anschließen, zumal in dem großen »Sündenregister«, das »den Juden« kurz vor dem Ende des Ersten Bandes vorgehalten wird: »Nun beginnt die große letzte Revolution ... Aus dem demokratischen Volksjuden wird der Blutjude und Völkertyrann ... Das furchtbarste Beispiel dieser Art bietet Rußland, wo er an dreißig Millionen Menschen in wahrhaft fanatischer Wildheit teilweise unter unmenschlichen Qualen tötete oder verhungern ließ, um einem Haufen jüdischer Literaten und Börsenbanditen die Herrschaft über ein großes Volk zu sichern.«[22]

Es wird meines Erachtens zu wenig wahrgenommen, daß gerade die wichtigsten »antisemitischen« Aussagen einen Bezug zum »Marxismus« aufweisen, wie etwa in der vielzitierten Prophezeiung über den möglichen Sieg des Juden über die Völker dieser Welt, der den Untergang der Menschheit implizieren würde, denn es heißt, daß der Jude diesen Sieg »mit Hilfe seines marxistischen Glaubensbekenntnisses« erringen könnte.[23] Und als von Versailles und Brest-Litowsk, ja vom »Kapitalismus« kaum noch die Rede ist, bleibt die anklagende Bezugnahme auf Sowjetrußland und die Verknüpfung von Bolschewismus und Judentum unverändert erhalten: der neu ernannte Reichskanzler scheut sich Anfang März 1933 nicht, der Sowjetunion die »Hunderttausende, ja Millionen« von Erschossenen vorzuhalten, und der Herr Europas sagt dem ungarischen Reichsverweser Horthy im März 1943, man solle »die Bestien« nicht schonen, »die uns den Bolschewismus bringen wollten«[24] – nur der Kenner weiß, daß Hitler 20 Jahre zuvor in einem Interview mit einem amerikanischen Journalisten dem Sinne nach dasselbe gesagt hatte: Japaner und Juden seien alte Völker mit alten Kulturen, aber in den USA könnten die Japaner nicht zu Staatsbürgern werden, obwohl sie doch nie einen Staat zugrunde gerichtet hätten und nicht, wie die Juden, »carriers of Bolshevism« seien.[25]

Es kann also kaum einen Zweifel geben, daß das Verhältnis zum Bolschewismus eine von Angst, Haß und Zorn geprägte Grundbeziehung im Leben Adolf Hitlers war. Den möglichen Einwand, es habe sich um einen bloßen Vorwand zum Zweck des Machtgewinns und der Machterhaltung gehandelt, halte ich für unbegründet.

Die zweite Frage, die auch in vergleichbaren Fällen zu stellen ist, nämlich ob die leidenschaftliche Erfahrung in der Realität begründet oder vielleicht eine bloße Obsession war, beantworte ich folgendermaßen: Wer die Schilderungen des »Roten Terrors« liest, die der »Volkssozialist« Melgunow in seinem 1924 auf deutsch publizierten Buch gab, dem mußte das Blut in den Adern erstarren; wer 1938 wie Joseph Goebbels das Buch von Iwan Solonewitsch »Die Verlorenen« zur Kenntnis nahm, eine der frühesten und bewegendsten Schilderungen des »Gulag«, der mußte vor Entsetzen aufschreien als 1973 der »Archipel Gulag« von Alexander Solschenizyn erschien, da vollzog sich zwar nicht in Deutschland, wohl aber in Frankreich ein tiefgreifender Umschlag der Stimmung gegenüber der bis dahin vorherrschenden Sowjetfreundlichkeit, und als 15 Jahre später in Paris das »Schwarzbuch des Kommunismus« veröffentlicht wurde, da wurde zwar viel Kritik an vermutlich überhöhten Zahlenangaben laut, aber gegenüber dem Kern der Feststellungen gab es keine begründeten Einwände. Heute ist um die Einsicht, so bestürzend sie sein mag, nicht mehr herumzukommen: daß die späteren Massenmörder – Hitler, Goebbels, Himmler – von Schrecken und Zorn über einen früheren großen Massenmord erfüllt waren und daß sogar die exorbitant scheinenden Zahlenangaben Hitlers aus den zwanziger Jahren zwar vermutlich weit übertrieben, aber keinesfalls erfunden oder aus der Luft gegriffen waren. Diese Männer waren von derjenigen Empfindung geprägt, welche Lenin und Sinowjew zu Unrecht der ganzen »Bourgeoisie« zuschrieben, nämlich einer »bis zum Wahnsinn reichenden Angst und Erbitterung«. Hier einen »kausalen Nexus« abzustreiten, grenzt selbst an Irrsinn.[26]

Und dennoch können alle diese Feststellungen nicht das »letzte Wort« sein. Der »kausale Nexus« mußte nicht die konkrete Form annehmen, die er in der Realität gewann, und der Einwand ist völlig richtig, daß Hitler und seine Leute auf sehr einseitige Weise nur den schreckenerregenden Aspekt des Bolschewismus wahrgenommen hätten und nicht den enthusiastischen und enthusiasmierenden. Ob sie nicht auf indirekte Weise diesen Aspekt sehr wohl wahrnahmen und gerade dadurch beunruhigt wurden, wäre freilich zu fragen, und auf unzweideutige Weise findet sich jene »Anerkennung für den Gegner« , die mitten im politischen Kampf einen Schritt auf die wissenschaftliche Objektivität hin darstellt, nur in der Rede Hitlers vor dem Industrieklub in Düsseldorf am 27. Januar 1932, wo er Lenin eine »gigantische Erscheinung« nennt.[27]

Vor allem aber ist die Interpretation, die den richtig oder doch halbrichtig herausgestellten Tatbeständen zuteil wird, überaus fragwürdig. »Der Jude« ist eine mythologische Figur, und der Begriff führt eine »kollektivistische Schuldzuschreibung« mit sich, welche die vielfältige Realität einem versimpelnden Urteil von bloß moralischer oder moralistischer Art unterwirft, ganz wie der polemisch gemeinte Begriff »Marxismus« die gravierenden Unterschiede der politischen Realität zu übersehen sucht. Freilich liegt eine fast ebenso unzulässige Zusammenfassung solchen Begriffen wie »die Bourgeoisie«, »das Kleinbürgertum«, »die Deutschen« und sogar »die Börsianer« zugrunde, und es hat mit Recht ein Entsetzen ganz besonderer Art hervorgerufen, als die kollektivistische Schuldzuschreibung, welche Hitler und seine Anhänger vornahmen, zu einer Massenvernichtung führte, die im Vergleich zu den Massenvernichtungen der Bolschewiki einen Überschritt von der sozialen in die biologische oder ethnische Dimension darstellt. Insofern wird der »Endlösung« oder dem »Holocaust« oder der »Shoah« mit Recht Einzigartigkeit zugeschrieben, aber diese Kennzeichnung sollte nicht alle weiteren Fragen und Feststellungen ebenso verhindern, wie die Obsession durch die Schrecken des Bolschewismus in der gesamten nationalsozialistischen Literatur sogar den Ansatz zu einem objektiven Verständnis verhindert hat. Gibt es für den ganz besonderen Haß gegen die Juden, den nicht bloß Hitler empfand, nicht doch vielleicht einen verstehbaren, aber deshalb noch keineswegs gerechtfertigten oder auch bloß verständlichen Grund in der Realität? – für einen Marxisten ist ja doch der Widerstand der Kapitalisten gegen ihre Enteignung vollkommen verstehbar und dennoch geschichtswidrig und illegitim. Gibt es in vielen Juden, ja in der jüdischen Tradition vielleicht einen Impuls, der bei ihnen ausgeprägter ist als bei den meisten anderen Menschen und den nur ein verblendeter Feind von vornherein »schlecht« nennen kann?

Margret Boveri druckt in ihrem Buch »Wir lügen alle« einen Artikel Paul Scheffers ab, der damals – 1927 – der Korrespondent des »Berliner Tageblatts« in Moskau war und der zu der schweren Krise Stellung nahm, die damals einen Krieg zwischen England und der Sowjetunion in den Bereich des Möglichen rückte. Scheffer schrieb, die wirklichen Machthaber im Kreml seien für Journalisten unzugänglich und nur mit ihren weltrevolutionären Projekten beschäftigt. Daher befänden sich die Engländer »dem einzigen weltumspannenden politischen Antrieb«, der heute existiere, unmittelbar gegenüber. Diese Männer aber seien »Kämpfer wie niemand sonst.«[28] Scheffer will nur den weltpolitischen Vorrang der bolschewistischen Sowjetunion herausstellen, und er spricht nicht von »Juden«. Aber es ist in der wissenschaftlichen Literatur unbestritten, daß der zahlenmäßige Anteil von Menschen »jüdischer Abstammung« auch nach der Entmachtung Trotzkis noch sehr beträchtlich war, und mit ebenso großer

Selbstverständlichkeit wird von jüdischen Autoren festgestellt, daß die zahlreichen »jüdischen Bolschewisten«, keineswegs, wie die Zionisten behaupteten, »entjudete Juden« waren, sondern daß sie aufs tiefste von der »jüdischen Utopie« des »Reiches Gottes« geprägt waren, freilich eines »Reiches Gottes« ohne Gott. Einer der geistvollsten Juden der Gegenwart, George Steiner, nennt den Marxismus »that utterly Judaic secular messianism«[29], und Arnold Zweig charakterisierte Rosa Luxemburg im Januar 1919 mit folgenden Worten: »Sie war, sie ist die jüdische Revolutionärin des Ostens, die bis in jede Fiber antimilitaristische, der Gewalt feindliche, schließlich selbst der Gewalt verfallene, ein Leben lang kämpfende Trägerin der Idee. Jüdinnen dieser Art, geweiht in ihrer Besessenheit und ganz rein in ihrem Wollen, haben den Zarismus gestürzt ... Frauen, und darum der gerechteren Gestaltung dieses Daseins verschrieben, rastlos und von Ungeduld geschüttelt, ohne Wissen von den besonderen Wegen des russischen oder deutschen Volksgeistes, haben sie den Ideen der Revolution gelebt, und ihnen sind sie gestorben.«[30] Und wenn hier die Bewunderung mit Distanz verbunden ist, so hat sich doch auch wieder und wieder jüdische Selbstkritik gegen dieses jüdische Engagement gerichtet – angefangen von dem großen Historiker Simon Dubnow, der im September 1918 schrieb, durch die Attentate gegen Lenin und den Petrograder Tscheka-Chef Uritzki hätten die Juden Leonid Kanegiesser und Fannija Kaplan das »furchtbare Unrecht« gesühnt, das die Juden durch ihre starke Beteiligung an der bolschewistischen Revolution auf sich geladen hätten[31], bis hin zu Sonja Margolina, die sich stolz als die »Tochter eines jüdischen Bolschewisten« bezeichnete und den fast unglaublichen Mut besaß, in einem Deutschland, das unter dem Schatten der Nürnberger Prozesse steht und stehen will, wo bekanntlich nur von »deutschen Kriegsverbrechen« gesprochen werden durfte, folgendes zu schreiben: »So wurde der nicht selten gebrochen russisch sprechende jüdische (lettische) Kommissar mit Lederjacke und Mauserpistole typisch für das Erscheinungsbild der revolutionären Macht ... Die Tragödie des Judentums bestand darin, daß es keine politische Option gab, um der Rache der geschichtlichen Sünde der Juden – ihre exponierte Mitwirkung am kommunistischen Regime – zu entgehen. Der Sieg des Sowjetregimes hatte sie zeitweilig gerettet, die Vergeltung stand ihnen noch bevor.«[32]

Ich bin daher überzeugt, daß der Begriff des »jüdischen Bolschewismus« nicht bloß eine bösartige Erfindung zu politischen Zwecken darstellt, sondern daß er geschichtlich gut genug begründet ist, um nicht von der Wissenschaft ausgeschlossen zu werden, wie grauenhaft die nationalsozialistische Konsequenz auch gewesen ist. Nur wenn er nicht mehr von vornherein ausgestoßen und tabuisiert wird, kann »Auschwitz« der eigentlichen Gefahr entgehen, die ihm heute droht: daß es durch die Isolierung vom »Gulag« und von der kriegerischen Auseinandersetzung der beiden großen Ideologiestaaten des 20. Jahrhunderts zwar nicht zur Lüge, wohl aber zum wissenschaftswidrigen Mythos wird. Wenn »der Andere«, d.h. dessen abweichende, argumentativ vertretene Interpretation, verfemt oder gar verboten statt bloß zurückgedrängt ist, fehlt der Wissenschaft der Spielraum, ohne den sie nicht existieren kann.

Ich muß indessen zum Abschluß noch in äußerster Kürze auf dasjenige Buch zu sprechen kommen, das eines fernen Tages als mein Hauptwerk gelten mag und das im Untertitel zu diesem Vortrag genannt wurde, nämlich auf die »Historische Existenz. Zwischen Anfang und Ende der Geschichte?«, das 1998, wie 35 Jahre zuvor »Der Faschismus in seiner Epoche«, im Piper Verlag erschienen ist.

Die drei Bücher vom Anfang der neunziger Jahre, diejenigen über Nietzsche, Heidegger und das Geschichtsdenken im 20. Jahrhundert, gehören insofern eng zu den vorhergehenden, als sie zu zeigen versuchen, daß die Auseinandersetzung zwischen dem Marxismus und einem ganz überwiegend nicht-faschistischen Antimarxismus im 20. und ansatzweise bereits im 19. Jahrhundert die philosophische Parallele zu dem Ringen zwischen dem militanten Universalismus und dem militanten Partikularismus in der Politik gewesen ist.[33] Daß der Nationalsozialismus im Rahmen dieser Konzeption nicht mit einer Serie von Schimpfreden abgetan werden kann, springt ins Auge, aber ebenso klar sollte sein, wie sehr für mich der Umstand der bewegendste Grund zum Nachdenken über die europäische Geschichte der letzten zwei Jahrhunderte gewesen ist, daß der reaktive Fanatismus der nationalsozialistischen »Weltanschauung« den ursprünglichen Fanatismus der bolschewistischen Ideologie durch die widermenschliche Schrecklichkeit seiner Taten noch übertraf und daß mithin aus der »Entsprechung« eine »Über-Entsprechung« wurde. Doch auch ohne Studium sollte für jedermann erkennbar sein, daß zwei große und überaus wichtige Menschengruppen im Zwanzigsten Jahrhundert zu Zielen eines ernsthaften und in der Geschichte tief verwurzelten Vernichtungswillens wurden, nämlich »Bourgeois«, Bürger, und Juden – zwei Gruppen, die sich zwar vielfältig überschnitten, die aber durch ihre Feinde weitgehend voneinander getrennt wurden. Gerade deren Angehörige sollten sich dem Nachdenken über die Zusammenhänge nicht verweigern.

Wer in meinem Denkversuch, demjenigen eines »bürgerlichen Intellektuellen« und selbstkritischen Angehörigen der Gesellschaft des »Liberalen Systems«, eine Bagatellisierung oder gar Propagierung des Nationalsozialismus sieht, wie Marcel Reich-Ranicki es tut, stellt damit, wie ich meine, nur den Mangel an Bereitschaft unter Beweis, sich auf wissenschaftlich notwendige Unterscheidungen einzulassen. Nicht weniger gedankenlos sind diejenigen, die mir ein »Eintreten für die radikale Rechte« zum Vorwurf machen; sie haben nicht zur Kenntnis genommen, daß es schon im »Faschismus in seiner Epoche« für das singuläre Hauptkennzeichen des Liberalen Systems erklärt wird, es lasse auch den grundsätzlichen, den »systemfeindlichen« Gegner zu Wort kommen, freilich nicht zur Tat.

Das Werk über die »Historische Existenz« kann dem informierten Leser als etwas ganz Neues erscheinen, und er dürfte verwundert sein, wenn er auf den ersten 500 Seiten noch nichts über Marxismus, Faschismus und Kalten Krieg, ja kaum etwas über das Liberale System gelesen hat, wohl aber ganze Kapitel über das Gilgamesch-Epos, über das Alte Testament und sogar über »Ökonomie und Sexualität«. Die auf den ersten Blick verwirrende Vielfalt wird indessen dadurch strukturiert, daß es sich um die Darlegung und Analyse der Kategorien der »Historischen Existenz«, ihrer »Existenzialien«, handelt. Eine solche Darlegung und Analyse ist jedoch erst dann möglich, wenn ein anderer, ein »nachgeschichtlicher« Zustand in den Blick getreten ist, und der informierte Leser wird sich bei der Lektüre zum »Faschismus in seiner Epoche« zurückgeführt glauben, wo gesagt wird, die Gestalt Hitlers sei als der »Abschluß eines Weltalters« anzusehen. So wird der Kampf zwischen Nationalsozialismus und Bolschewismus bzw. Amerikanismus nicht mehr nur als Ringen zwischen einem mit partikularen Zügen behafteten – insofern »unreinen« – Universalismus und einem wider seinen Willen von universalistischen Zügen durchdrungenen – mithin ebenfalls »unreinen« – Partikularismus gesehen, sondern als die Auseinandersetzung zwischen zwei Mächten, die sich als Vorkämpfer der Nachgeschichte verstehen, und einem ebenfalls ideologisch ausgerichteten Staat, der die Geschichte retten will und doch deren Hauptwesenszüge zerstört.

Und damit treten die Juden und mit ihnen der Zionismus in einer Weise hervor, zu der es in den früheren Büchern nur Ansätze gab, denn die Israeliten und deren Nachfahren, die Juden, haben sich seit bald 3 000 Jahren als das »Volk der Nachgeschichte« verstanden, und man kann sie nicht stärker herabwürdigen als durch die Annahme, sie hätten in einer Epoche, als es um ihre eigenste Sache ging, kein stärkeres Bestreben gehabt, als ein ruhiges und unangefochtenes Leben zu führen.[34] Daher ist es vorstellbar, daß jener Leser mich fragte: »Warum verkünden Sie nicht als Endergebnis Ihres Nachdenkens von vier Jahrzehnten die Einsicht, daß »die jüdische Idee« gesiegt hat? Warum beziehen Sie nicht von neuem jene eindeutige Position, die man Ihnen im Jahre 1963 zuschrieb?«

Darauf muß ich mit einem Geständnis antworten: Ich habe während meiner ganzen bewußten Existenz jene »Menschen, die glauben«, als welche Romain Rolland im Jahre 1920 die Bolschewiki bezeichnete[35], am höchsten geschätzt – nicht nur die Bolschewiki – und neben den großen Denkern als die einzig würdigen, wenngleich oft genug erschreckenden Gegenstände meiner Studien betrachtet, aber ich habe, vielleicht nur aus Gründen einer allzu späten Geburt, mich keiner dieser Glaubensrichtungen anzuschließen vermocht, und ich habe mich ihnen überall entgegengestellt, sei es auch auf bloß intellektuelle Weise, wo sie nach der totalen Macht zu greifen versuchten. Daher blieb mir nur der Weg des Geschichtsdenkens, der in meinem Fall mit dem der Geschichtswissenschaft mehr oder weniger eng verknüpft war. So habe ich nicht zuletzt den »Verkehrungen und Paradoxien« des realen Geschichtsverlaufs nachgespürt, und so kann ich zwar vom Sieg einer Idee sprechen, aber nicht vom Sieg bestimmter Gruppierungen, an denen sich vielmehr jene Verkehrungen auf besonders frappierende Weise vollziehen mögen. Und die Idee selbst darf letzten Endes nicht als ethnisch bestimmt gedacht werden, so daß nur der folgende Satz mir verläßlich begründet zu sein scheint: Auch wir Europäer sollten die »Nachgeschichte« oder die »Weltzivilisation«, über die Heidegger so harte Worte gesagt hat, ohne grundsätzliches Widerstreben akzeptieren, aber wir sollten uns, anders als die große Mehrzahl der Amerikaner, bewußt sein, daß diese Nachgeschichte für unabsehbare Zeit stärker von Geschichtlichem durchdrungen sein wird, als ihre Lobredner wahrhaben wollen, und wir sollten das Vertrauen haben, daß diese widerspruchsreiche Realität nicht etwas bloß Negatives ist.

Anmerkungen

1 1/1964 (Neue Rundschau), 3/1964 (Argument); Juli 1964 (Nation Europa), XI, 1963 (Zeitschrift für Geschichtswissenschaft)

2 Nr.41/2000, S. 244
3 Marcel Reich-Ranicki: Mein Leben. Stuttgart 1999, 545. Vgl. unten S. 349
4 Der Faschismus in seiner Epoche, München 1963 (10. Aufl. 2000), S. 51
5 Ebda. S. 507
6 Ebda. S. 512
7 Ebda. S. 189
8 Deutschland und der Kalte Krieg. München 1974, S. 569 (2. Aufl. Stuttgart, S. 528)
9 Ebda. S. 122
10 Ebda S. 85 bzw. 44
11 Marxismus und Industrielle Revolution, Stuttgart 1983, S. 456
12 Ebda. S. 461 f.
13 Ebda. S. 481 f.
14 Ebda. S. 525
15 Ebda.
16 »Historikerstreit«, München/Zürich 1987, S. 45
17 Adolf Hitler in Franken, Nürnberg o. J., S. 152
18 Vgl. Ernst Nolte: Die historisch-genetische Version der Totalitarismustheorie. Ärgernis oder Einsicht? In »Zeitschrift für Politik«, Jg. 43 (1996), S. 111–122
19 Die »neuen Themen«, die unter jüngeren Historikern seit 1968 immer beliebter geworden sind – Sozialgeschichte, Alltagsgeschichte, Geschlechtergeschichte, Körpergeschichte u. a. – haben ihre eigene Dignität, auch wenn sie mit dem Anti-Exklusivismus verbunden sind, der offenbar von der Vorstellung des alleinigen Rechts des – anscheinend im Gegensatz zu »Nationen« und »Klassen« nicht »konstruierten« oder »erfundenen« – weltbürgerlichen Zustands ausgehen. Aber allem Anschein nach ist »der Holocaust« noch stärker ins Zentrum gerückt als je zuvor, und die Haupttendenz geht offenbar in eine doppelte Richtung: die vollständige Isolierung des nicht bloß »einzigartigen«, sondern »einzigen« Ereignisses und gerade umgekehrt die Ausdehnung der »absoluten« Verwerfung auf den ganzen Okzident, ja auf die Geschichte als solche. Nur in Nebenbemerkungen wird manchmal deutlich, um wieviel komplexer die Vorgänge waren und wie wenig das anti-deutsche Schwarz-Weiß-Bild ausreicht. So schreibt Dieter Pohl, es habe gegenüber den schrecklichen und im Kern bekannten Ausrottungsaktionen unter der einheimischen Bevölkerung »kein warmes Mitgefühl« gegeben und die Auffassung sei weitverbreitet gewesen, daß »die Strafe der Geschichte über die Juden gekommen« sei (Dieter Pohl: Nationalsozialistische Judenverfolgung in Ostgalizien 1941–1944. München 1997, S. 318) Von hier aus wird die zweifellos übertreibende Behauptung einer deutschen Zeitung im besetzten Lemberg immerhin nachvollziehbar, die im Rückblick auf die pogromartigen Reaktionen der ukrainischen Bevölkerung auf die Massenmorde des NKWD im Juni/Juli 1941 schrieb: »Wäre nicht gleichzeitig mit der deutschen Wehrmacht Ordnung und

Disziplin nach Galizien gekommen, die arische Bevölkerung hätte die jüdische Frage auf sehr radikale Weise gelöst.« (Thomas Sandkühler: Endlösung in Galizien. Der Judenmord in Ostpolen und die Rettungsinitiativen von Berthold Beitz. Bonn 1996, S. 114.) Aller Vermutung nach wäre der »Holocaust« ohne den »Antisemitismus« der polnischen, ukrainischen und baltischen Bevölkerung gar nicht realisierbar gewesen, und man sollte sich bei der Verwendung dieses undifferenzierten Begriffs vor Augen halten, daß ein so bedeutender Kopf wie Julius Marow, selbst jüdischer Abkunft und noch als Führer der Menschewiki lange Zeit ein respektierter Partner Lenins, die jüdische Bourgeoisie der russischen Westgebiete als »the meanest and most wretched bourgeoisie in the world« bezeichnet hatte (Israel Getzler: Martov. Melbourne 1967, S. 24). Es gab also reale und tiefgreifende Konflikte, und auch die nationalsozialistische These, Juden bildeten den Kern und die eigentliche Kraft der kommunistischen Parteien Osteuropas, fand unter der bäuerlichen Bevölkerung und der »nationalen Intelligenz« viel Zustimmung.
Heinrich Himmler selbst hat für den Vernichtungskampf der SS gegen das Judentum zwei sehr unterschiedliche Erklärungen gegeben. In seiner Rede vom 4. Oktober 1943 bei der SS-Gruppenführertagung in Posen sagte er: »Wir hatten das Recht, wir hatten die moralische Pflicht, dieses Volk, das uns umbringen wollte, umzubringen.« (IMG XXIX, S. 146 – Dokument 1919-PS, S. 110–173). Wörtlich genommen, ist diese Erklärung der bare Unsinn, denn der »Reichsbund jüdischer Frontsoldaten« und der »Verband nationaldeutscher Juden« waren so patriotisch wie nur möglich, aber wenn das »wir« als »Bürgertum« verstanden wird und »dieses Volk« als »kommunistische Ostjuden«, dann gibt der Satz einen gewissen Sinn. Die andere Erklärung kam einer nüchternen Feststellung viel näher und wurde im Zusammenhang der Verhandlungen Himmlers mit einem Vertreter des Jüdischen Weltkongresses während der letzten Kriegswochen gegeben: ein Feind wie das Ostjudentum im Rücken seiner Armeen sei für das Deutsche Reich untragbar gewesen. (Totenkopf und Treue. Heinrich Himmler ohne Uniform. Aus den Tagebuchblättern des finnischen Medizinalrats Felix Kersten. Hamburg o. J., S. 376).
Diese Feindschaft datierte nicht etwa erst von den »Nürnberger Gesetzen«, sondern mindestens von der nationalsozialistischen Machtübernahme am 30. Januar 1933. So schrieb das Deutsche Konsulat in Czernowitz bereits im Mai 1933 zur Begründung der Ablehnung eines deutschfreundlichen Vortrags von seiten eines deutschen Juden: »Bei dem blinden Haß der hiesigen Juden, der aus den trüben Quellen ihrer Presse genährt wird und der jede andere Information von vornherein und ohne jede Nachprüfung ablehnt, kann eine Propagandarede von Dr. Adler, so gut sie an sich gemeint ist, zur Zeit nur schaden.« (PA des AA, R 98444).
Bei all dem versteht es sich von selbst, daß auch die radikalste wechselseitige Feindschaft die Tötung wehrloser Menschen keinesfalls zu rechtfertigen ver-

mag. Wer allerdings meint, die Berichte über Auschwitz und Treblinka seien auch über die Quantität der Opfer hinaus an Grauenhaftigkeit nicht zu übertreffen, der sollte die deutschen Publikationen über »Bolschewistische Verbrechen gegen Kriegsrecht und Menschlichkeit« lesen, die das Auswärtige Amt nur im Ausland verbreiten ließ, da sie in der deutschen Bevölkerung schwerste Beunruhigung, ja Panik ausgelöst haben würden.
Wer, wie viele der jüngeren Historiker, die wechselseitige Feindschaft einfach fortläßt und sich mit dem verwischenden Kampfbegriff »Antisemitismus« begnügt, der schreibt trotz aller stupenden archivalischen Kenntnisse im Grunde Bücher »ad usum delphini« Teutonici.

20 François Furet/Ernst Nolte: »Feindliche Nähe«. Kommunismus und Faschismus im 20. Jahrhundert. Ein Briefwechsel. München 1998 (zuerst Rom 1997), S. 21, 35 ff., 45 f.

21 Eberhard Jäckel zus. mit Axel Kuhn: Hitler. Sämtliche Aufzeichnungen 1906–1924, Stuttgart 1980, S. 88 f. (an Gemlich), 90, 108 f.,127, 138,172,202, 220, 243, 275, 279 f., 374, 644, 663, 703, 755. Es ist kennzeichnend, daß auf den 750 Textseiten, die Ian Kershaw in seiner zweibändigen Hitlerbiographie allein dem Hitler der Zeit von 1889 bis 1936 widmet, so gut wie keiner dieser Sätze angeführt wird. An nicht wenigen Stellen verknüpft Hitler solche Charakterisierungen mit der Forderung nach »Beseitigung« oder »Vernichtung« der Juden. So schreibt er etwa am 3. Juli 1920 an den Major Konstantin Hierl, den späteren »Reichsarbeitsführer«: »So wenig ich einer Tuberkelbazille einen Vorwurf machen kann einer Tätigkeit wegen, die für den Menschen Zerstörung bedeutet, für sie aber Leben heißt, so sehr bin ich aber auch gezwungen und berechtigt, um meiner persönlichen Existenz willen den Kampf gegen die Tuberkulose zu führen durch Vernichtung ihrer Erreger.« (S. 156)
Aber angesichts der vielen Versuche, Hitler aus dem Bereich des Menschlichen auszustoßen und ihn ebenso zu verteufeln, wie er selbst »den Juden« verteufelte, tut man gut daran, sich das folgende vor Augen zu stellen: Vermutlich ist nirgendwo aus bester deutscher bildungsbürgerlicher Tradition heraus der Nationalsozialismus so entschieden wegen seiner Barbarei und Unkultur verurteilt worden wie von dem jungen Sebastian Haffner in seiner »Geschichte eines Deutschen«, die 1939 in England geschrieben wurde und bis zum Herbst 1933 reicht. (Stuttgart 2000) Längst bevor er Kenntnis von Auschwitz haben konnte, charakterisiert er »die Nazis« ständig mit de-humanisierenden Termini wie »Bestien«, »Tiere«, »Haifischgesichter«, und er erwägt als Rettungsmittel »die physische Destruktion aller mit dem Wolfsbazillus Behafteten« (S. 140). Da er den Kommunisten zwar eine schwere Mitschuld zuschreibt, sie aber »Schafe im Wolfspelz« nennt (S. 118), bleibt er von der gleichen Unterschätzung der Gegner Hitlers nicht weit entfernt, die später die osteuropäischen Juden als »Schafe, die zur Schlachtbank geführt wurden« verstanden.

22 Mein Kampf, 73. Aufl., 1933, S. 358

23 Ebda. S. 69 f.

24 Ernst Nolte: Der europäische Bürgerkrieg 1917–1945, S. 35; Andreas Hillgruber Staatsmänner und Diplomaten bei Hitler, Bd.2, S. 256 f. Vgl. oben S. 43

25 Jäckel-Kuhn a.a.O. (Fn. 21), S. 1025

26 Lenin, Der linke Radikalismus: »... Sie (die Bourgeoisie) ist durch den ›Bolschewismus‹ in Schrecken versetzt und ist fast bis zum Irrsinn gegen ihn erbittert.« (AW II, S. 743)
Grigorij Sinowjew: Zwölf Tage in Deutschland. Hamburg 1921, S. 62 (»Nur die ... Rote Fahne ... schlug die wütenden Attacken der aus Haß und Angst wie irrsinnigen Konterrevolutionäre zurück.«)

27 Max Domarus: Hitler. Reden und Proklamationen 1932–1945. Bd. I, Würzburg 1962, S. 77. Aus kaum einer anderen Rede wird so klar, daß Hitler sich als Vorkämpfer der »weißen Rasse« (und nicht etwa bloß Deutschlands) sehen wollte.

28 Margret Boveri: Wir lügen alle. Eine Hauptstadtzeitung unter Hitler. Olten/Freiburg 1965, S. 149

29 George Steiner in Cohen/Gelber/Wardi: Comprehending the Holocaust. Frankfurt 1988, S. 54

30 Die Weltbühne 1919, 1, S. 77 f. (»Grabrede auf Spartacus«)

31 Simon Dubnow: Mein Leben. Berlin 1937, S. 15

32 Sonja Margolina: Das Ende der Lügen. Rußland und die Juden im 20. Jahrhundert, Berlin 1992, S. 45, 67. Wenn Sonja Margolina nicht in einer Umwelt schriebe, die so gut wie ausschließlich die Diskriminierungen und Leiden der deutschen Juden vor der nationalsozialistischen Machtergreifung im Auge hat, würde sie zweifellos den Wunsch gehabt haben, diese Leiden besonders herauszustellen. Da sie aber wissenschaftlich denkt und daher in erster Linie dasjenige akzentuiert, was durch den »mainstream« mit Schweigen zugedeckt wird, kann sie schreiben, die 1920 begonnene Kampagne gegen das jüdische Bürgertum und die Rabbiner habe die Züge eines schamlosen Karnevals getragen, aber sie sei nicht »so grausam und gemein« gewesen »wie die Jagd, die auf orthodoxe Priester und russische Adlige gemacht wurde.«(S. 79). Wenn man bedenkt, daß auch Frauen von längst verstorbenen »Ehemaligen« wie etwa Popen keine Lebensmittelkarten erhielten, daß »Bourgeois« aus ihren Wohnungen exmittiert, zu Zwangsarbeiten herangezogen und auf jede vorstellbare Weise gedemütigt wurden, dann wird das Urteil zum moralischen Zwangsgebot, die »Judenverfolgung« im nationalsozialistischen Deutschland sei bis zum November 1938 weitaus weniger brutal gewesen als die »Verfolgung der burschui« in Sowjetrußland.

33 »Nietzsche und der Nietzscheanismus«, Berlin 1990 (zweite Auflage München 2000), »Geschichtsdenken im 20. Jahrhundert. Von Max Weber bis Hans Jonas«, Berlin 1991; »Martin Heidegger. Politik und Geschichte im Leben und Denken«. Berlin 1992

34 Für »große Juden« wie Chaim Weizmann war es immer ganz selbstverständlich, daß die Juden die entschiedensten Feinde Hitlers waren. (»In the fight against the Nazi monster no one could have had a deeper stake, no one could have been more fanatically eager to contribute to the common cause, than the Jews.« »Trial and Error«, Bd.II, S. 417, Philadelphia 1949), und jede kriegführende Nation der Welt hätte einen Appell wie denjenigen des »Jüdischen Antifaschistischen Komitees« in Moskau vom 24. August 1941 (»Dringt in die Gebiete der Hitler-Henker ein und lähmt sie auf jede Weise«), auf die Weizmann im Namen aller Juden der Welt eine enthusiastische Antwort gab (»The Letters and Papers of Chaim Weizmann«, Vol. XX, Series A, Jerusalem 1979, S. 196), mit der sofortigen Internierung eines so offensichtlichen »Feindvolks« beantwortet. Die meist eher vorausgesetzte als ausdrücklich entwickelte Behauptung, »deutsche Mörderbanden« seien über eine freundlich oder doch neutral gesinnte jüdische Bevölkerung hergefallen, schließt so etwas wie eine »unwahre Richtigkeit« ein, denn sie kann nicht erklären, wieso die Einsatzgruppen von »Erbitterung« erfüllt waren und weshalb sich riesige Menschenmassen versammelten, wenn sie einen ergriffenen »Tschekisten« öffentlich hängten. Der qualitative Unterschied wird erst sichtbar, wenn im Anschluß Hunderte von Juden erschossen wurden, gegen die keine individuelle Anklage erhoben worden war.

35 »Diese Männer glauben«, notierte Rolland schon 1920 (Gerd Koenen: Die großen Gesänge. Lenin, Stalin, Mao Tse-tung: Führerkulte und Heldenmythen des 20. Jahrhunderts. Frankfurt 1991, S. 115)
Es müßte für jeden Historiker tief deprimierend sein zu sehen, wie sehr in großen Teilen der deutschen Literatur und Essayistik die einfachsten Maximen der Geschichtswissenschaft zugunsten der dogmatisierten These von der »Singularität des Holocaust« mißachtet werden, einer These, die nur am Ende, aber nicht am Anfang der Überlegungen stehen sollte. Dagegen ist es tröstlich festzustellen, wie verschieden das Bild ist, das sich aus Aussagen »großer Juden« ergibt – nicht nur Weizmanns, sondern auch Herzls, der in seinem »Judenstaat« um die Jahrhundertwende folgendes schrieb: »Die gebildeten und besitzlosen Juden fallen jetzt alle dem Sozialismus zu. Die soziale Schlacht müßte also jedenfalls auf unserem Rücken geschlagen werden, weil wir im kapitalistischen wie im sozialistischen Lager auf den exponiertesten Punkten stehen.« (Theodor Herzl, Zionistische Schriften Bd. 1, Tel Aviv 1934, S. 37.) Für Herzl wäre mithin sogar der Begriff »jüdischer Sozialismus« schwerlich anstößig gewesen, ebensowenig wie für Moses Hess, der sich sogar noch eindeutiger ausdrückte. Aber Herzl verwarf diese Realität nicht, sondern er suchte sie durch seinen zionistischen National-Sozialismus zu überwinden.

(Vortrag vor dem »Kuhnke-Kreis« in Düsseldorf am 20.1.2001)

13

»Niederlage« oder »Befreiung«

Die Problematik des 8. Mai 1945

Die Frage, ob der 8. Mai 1945 für die Deutschen eine »Niederlage« oder eine »Befreiung« bedeutet habe, ist falsch gestellt, sofern sie auf die Empfindungen der großen Mehrzahl der Bevölkerung im Augenblick der Beendigung des Zweiten Weltkriegs zielt. Wenn unter »Befreiung« ein noch viel tieferes »Aufatmen« verstanden wird, als es eine Geisel nach dem Ende einer vielstündigen Geiselnahme fühlt, dann war das Empfinden der Befreiung so gut wie allgemein: Der große Krieg, in dem sich die feindlichen Armeen in Ost und West seit über zwei Jahren den deutschen Grenzen mehr und mehr genähert hatten, während die Luftflotten der Engländer und der Amerikaner eine der deutschen Städte nach der anderen zerstörten, war mit der Besetzung des ganzen Landes an sein Ende gekommen, und die stets gegenwärtige Todesgefahr schwand für die meisten Einzelnen dahin. »Befreit« fühlte man sich zugleich nicht so sehr von einem spezifisch nationalsozialistischen Terror, sondern von dem für alle spürbarsten Totalitarismus, den unerbittlichen Anforderungen eines »totalen Krieges«. Eine große Zahl von Deutschen war jetzt auch von der eigenen »Führergläubigkeit« befreit: Adolf Hitler hatte offenbar die Unwahrheit gesagt, als er immer wieder die »Wunderwaffen« in Aussicht stellen ließ, die in letzter Stunde den Sieg bringen sollten.

Aber kein Deutscher vermochte zu übersehen, daß dieses »Aufatmen«, das auch die alliierten Soldaten empfanden, und diese Befreiung von einer Gläubigkeit, die weit über die nationalsozialistische Partei hinausgereicht hatte, sich inmitten eines Vorgangs vollzog, für den der Terminus »Niederlage« viel zu schwach war. Eine Niederlage, ja eine katastrophale Niederlage, hatte Frankreich im Sommer 1940 erlitten, aber es behielt eine Regierung, und wenn die wenigen Anhänger des Generals de Gaulle den schließlichen Sieg der Engländer erwarteten, so richtete sich die weit größere Anzahl derer, die dem Marschall Pétain vertrauten und am Parlamentarismus der Dritten Republik verzweifelten, auf eine bescheidenere, aber ehrlichere Existenz im neuen Europa der »Achsenmächte« ein. Im vollständig besetzten Deutschland übernahmen jedoch die Siegermächte selbst die Regierung, und an die große Flucht der ostdeutschen Bevölkerung schloß sich beinahe nahtlos die noch größere Vertreibung der Deutschen aus dem von Polen faktisch annektierten östlichen Viertel des Reichsgebiets, aus der Tschechoslowakei und aus anderen Ländern Osteuropas an. Vor allem aber: die Anklagen, die nach dem Ersten Weltkrieg von seiten der Alliierten gegen die Deutschen erhoben wurden und die schon so ungewöhnliche Vorwürfe wie die »abgehackten Kinderhände« in sich schlossen, hatte man guten Gewissens empört zurückweisen können, jetzt dagegen war angesichts der zahllosen, von den alliierten Truppen in den Konzentrationslagern vorgefundenen Toten und der ersten Meldungen über gigantische Massenmorde im Osten an Juden, Polen, sowjetischen Kriegsgefangenen, Zigeunern und anderen Menschen derartiges nicht mehr möglich: Die Niederlage, die weit schwerer war als alle bis dahin bekannten Niederlagen und oft genug das Wort »Karthago« hervorrief, stellte sich zugleich als eine moralische Niederlage ohnegleichen dar. Keine Frage lag näher als die nach den »Schuldigen«, denn in diesem Punkte gab es einen sicheren Halt: An diesen Verbrechen war die übergroße Mehrheit der Deutschen jedenfalls nicht beteiligt gewesen, und die Antwort schien sich aufzuzwingen: Schuldig war Hitler, schuldig war die SS, schuldig waren vielleicht sogar alle Mitglieder der NSDAP. Dennoch ließ sich die Frage nach der indirekten Schuld nicht abweisen: Hatten nicht die Kapitalisten Hitler in den Sattel geholfen, hatte nicht nahezu die Hälfte der deutschen Wähler 1933 Hitler ihre Stimme gegeben, waren am Ende nicht sogar die meisten Hitlergegner dem Obrigkeitsstaat zugetan und insofern mitschuldig? Jede der rasch wiedergegründeten Parteien gab auf Fragen dieser Art eine andere, eine umfassendere oder weniger umfassende Antwort. Es bedurfte keiner »Feindpropaganda«, daß die Deutschen inmitten einer Befreiung, die nur ein »Aufatmen« und überdies die Auflösung einer fundamentalen Illusion war, und im Wirbel einer Niederlage, die weit mehr als eine militärische Niederlage, nämlich das Ende eines ganzen Geschichtsweges bedeuten mußte, sich zwei Imperative zu eigen machten, den Imperativ des »Nie wieder!« und den Imperativ »Bestrafung der Schuldigen«. Nie wieder sollte Deutschland allein mit nahezu der ganzen übrigen Welt konfrontiert sein, und diesmal sollten, anders als 1918, die Verantwortlichen endgültig ausgeschaltet werden.

Wenn man die Deutschen im Sommer 1945 danach gefragt hätte, so würden sie wohl folgendes als ihren höchsten Wunsch artikuliert haben: in dem restierenden Teil Deutschlands ein materiell sehr bescheidenes, aber in der Auseinandersetzung mit der Vergangenheit geistig reiches und politisch neutrales Dasein in einer Welt zu führen, die von den siegreichen Alliierten als Ordnungsmächten in beständigem Frieden erhalten würde.

Aber dieser Wunsch fand keine Erfüllung. Die Weltgeschichte ging nicht in einen harmonischen Endzustand über, und Deutschland sah sich bald in den neuen Konflikt der beiden Hauptsiegermächte einbezogen, welcher Züge eines ideologischen Weltbürgerkrieges zwischen »Sozialismus« und »Kapitalismus« aufwies. Ihren »Wiederaufstieg« verdankten die Bewohner Westdeutschlands der Parteinahme in diesem Konflikt, aber sie bezahlten ihn mit der Zustimmung zu der Teilung ihres Landes, die in der neuen Feindschaft zwischen den Alliierten von gestern begründet war, aber ohne diese Zustimmung schwerlich hätte zur Wirklichkeit werden können. So entstand eine neue geschichtliche Situation, und so drängten sich neue Anklagen neben die alten: Statt des so sehr gewünschten idyllischen und bescheidenen Ruhezustandes in einem armen und verkleinerten, aber nach wie vor einheitlichen Deutschland wurde die »Bundesrepublik Deutschland« zu einer hochgerüsteten »Mark des Westens«, und noch früher wurde die »Deutsche Demokratische Republik« zu einer »Mark des Ostens«. Die neue Schuldfrage, ob die Westdeutschen nicht um kurzfristiger Vorteile willen an den Brüdern und Schwestern im Osten Verrat geübt hätten, konnte sich mit der alten Schuldfrage verbinden und zu der These werden, dieselben »reaktionären Kräfte«, die für den Sieg des Nationalsozialismus verantwortlich gewesen wären, hätten sich nun mit den Amerikanern verbündet und die Teilung der Nation herbeigeführt. Das Regime der SED in der DDR, das eine gewaltige Fluchtbewegung verursachte, blieb gleichwohl auch in Westdeutschland eine geistige Macht, so sehr Walter Ulbricht verhaßt sein mochte: Wenn der radikalste Nationalbolschewist von einst, der nun auf die Seite der SED getreten war, Ernst Niekisch, im Jahre 1946 ein Büchlein mit dem Titel »Deutsche Daseinsverfehlung« geschrieben hatte, so ließ sich die Auffassung der SED und ihrer westdeutschen Freunde während der fünfziger Jahre und darüber hinaus folgendermaßen zusammenfassen: In Gestalt der Bundesrepublik verfehlte das bürgerliche Deutschland einschließlich der opportunistischen Sozialdemokraten abermals die geschichtliche Aufgabe, nämlich ein friedliches, antifaschistisches und einheitliches Deutschland zu schaffen. Wenn die Bundesrepublik aber insgesamt »bürgerlich« war, dann konnte sie nur durch einen revolutionären Umsturz zum Verzicht auf ihre ganze bisherige Identität gebracht werden. Mit dem Jahr 1968 machte sich der aktivistische Teil der akademischen Jugend in der Bundesrepublik diese Überzeugung zu eigen. Daher handelte es sich also in einer völlig veränderten Situation um einen verschärfenden Rückgriff auf die Auffassung, die 1945 den Siegern und den besiegten Deutschen gemeinsam gewesen war.

Die Bundesregierung setzte dieser Anklage lange Zeit die von einer gewaltigen Mehrheit getragene Überzeugung entgegen, das SED-Regime habe als Satellit der kommunistischen Sowjetunion Deutschland »gespalten« und es komme darauf an, zunächst den westlichen Teil von dem zweiten Totalitarismus der deutschen Geschichte frei zu halten und schließlich durch das Beispiel der westlichen Lebensform, aber auch durch eine »Politik der Stärke« die Teilung des Vaterlandes zu überwinden. Da diese immer noch sehr »deutsche« Konzeption indessen allzuleicht durch die antiimperialistische Kritik der Gegenseite angreifbar schien, wurde sie mehr und mehr durch die Bereitschaft ersetzt, die Teilung Deutschlands im Interesse der Wahrung des Weltfriedens als Dauerzustand hinzunehmen und die eigene Identität im »Europäertum« zu suchen.

Jede der beiden Seiten radikalisierte also bestimmte Züge des Selbstverständnisses von 1945 und leistete damit tendenziell auf dasjenige Verzicht, was 1945 noch unbestritten gewesen war: daß die Deutschen trotz des Irrwegs, den sie mit dem Nationalsozialismus eingeschlagen hatten, und ungeachtet ihrer Zustimmung zu einem Zusammenwachsen Europas das Recht und die Pflicht besaßen, eine Nation zu sein wie die anderen Nationen und daß ihre Geschichte trotz des preußischen Militarismus und des wilhelminischen Obrigkeitsstaates keine bloße Wegbereitung des Nationalsozialismus gewesen sei.

Als den Deutschen im Jahre 1989/90 ohne viel eigenes Verdienst im Rahmen der weltgeschichtlichen Schwächung und des schließlichen Zusammenbruchs der kommunistischen Regime in Osteuropa die Wiedervereinigung in den Schoß fiel, da konnten sich die zwei entgegengesetzten Auffassungen paradoxerweise zu einer Art Synthese zusammenfinden: Der Nationalsozialismus war als das »absolute Böse« zu verwerfen und die deutsche Identität sollte sich in einer noch zu schaffenden »multikulturellen Gesellschaft« auflösen, welche die kurze Periode des deutschen Nationalstaats teils durch den Regionalismus und teils durch den europäischen Bundesstaat ablöse.

Nur vor diesem Hintergrund wird es verstehbar, daß die Frage überhaupt aufkommen konnte, ob der 8. Mai 1945 als Tag der »Befreiung« und nicht als der Tag einer Niederlage zu betrachten sei. Ohne Zweifel war er nun als ein wesentliches Datum in einem Befreiungsprozeß erkennbar geworden, aber zu diesem Befreiungsprozeß von den beiden Totalitarismen des Jahrhunderts, die nacheinander über ganz Deutschland und über einen Teil Deutschlands geherrscht hatten, mußten ebenfalls der Tag der Gründung der Bundesrepublik und das Datum des 3. Oktober 1990 als des Vollzugs der Wiedervereinigung gehören. Gewiß durfte nun auch Deutschland sich in gewisser Weise zu den Siegern zählen, wenn der Triumph der westlich-liberalen Regierungsweise der Schluß- und Höhepunkt der Weltgeschichte des 20. Jahrhunderts war. Aber nicht darin bestand die Intention der offiziellen Gedenkveranstaltungen. Nicht das Befreiungsempfinden der großen Mehrzahl der Deutschen im Jahre 1945 – das große Aufatmen und die abschiednehmende Desillusionierung – sollte in seiner unlöslichen Verbindung mit dem Bewußtsein der mehr als nur katastrophalen Niederlage sowie ihren entsetzlichen Folgen für fast alle Deutschen die Leitlinie des Empfindens und Gedenkens sein, sondern das Befreiungsempfinden der Insassen der Konzentrations- und Vernichtungslager sowie der meisten der übrigen Völker Europas. Es war charakteristisch, daß ein bekannter deutscher Politiker sagte, da die anderen Nationen Europas den 8. Mai als den Tag ihrer Befreiung feierten, müßten die Deutschen dasselbe tun. Ein höherer Grad von Geschichtsvergessenheit ist kaum noch vorstellbar.

Dennoch ist diese Art der Verdrängung geschichtlicher Unterschiede im Interesse einer Angleichung an die Nachbarvölker nicht die folgenreichste Art der Geschichtsvergessenheit. Schlimmer ist diejenige, die gerade aus der Anklage hervorgeht, die nationalsozialistische Vergangenheit werde vergessen und verdrängt, einer Anklage, die in den fünfziger Jahren gewiß nicht ganz ohne Berechtigung war. Inzwischen ist daraus aber jene Quasi-Theologie vom Nationalsozialismus als dem »absoluten Bösen« geworden, das auf letztlich unerklärbare Weise von 1933 an in Deutschland geherrscht und seinen schlechthin unvergleichlichen Höhepunkt in der Untat der »Endlösung der Judenfrage«, in dem »Holocaust«, gefunden habe. Im Dienst dieses Bösen stand, so wird der Gedanke weitergeführt, insbesondere die deutsche Wehrmacht, die während des Raub- und Vernichtungskrieges gegen die Sowjetunion und vorher schon in Polen zahllose Verbrechen beging, so daß jeder einzelne Soldat, bis zum Gemeinen hinunter, sich als Handlanger des Bösen betrachten müßte, wenn er wirklich in sich ginge und das propagandistisch geschönte Bild von der »anständigen Wehrmacht« und der »bösen SS« endlich hinter sich ließe. Nun ist sogar in dieser Konzeption ein Kern des Richtigen enthalten, obgleich gewiß jeder in einem Sturm der Empörung untergegangen wäre, der sie vor 1968 dargelegt hätte – ihr Erfolg kam erst mit dem Generationenkampf, der die jungen Feinde von Imperialismus und Kapitalismus gegen die alternde Generation der Kriegsteilnehmer aufstehen ließ. Ein abermaliger Höhepunkt wurde gerade bald nach der Wiedervereinigung Deutschlands erreicht, und der Hintergrund war hier insbesondere die Furcht, daß die nationalsozialistische Interpretation der Geschichte in einer abermals jüngeren Generation eine Auferstehung erleben könne – die erstaunliche Verbreitung nationalsozialistischer Symbole und »faschistischer« Tendenzen im nachkommunistischen Rußland gab ja zu erkennen, daß diese Furcht nicht völlig grundlos war. Aber von der wirklichen Geschichte mit ihren Widersprüchen, Verschlungenheiten und Tragödien blieb nichts übrig, wenn Deutschland von 1933 bis 1945 der Schauplatz eines quasimetaphysischen Vorgangs gewesen war, in dem die Macht des Bösen schließlich durch die Macht des Guten von außen niedergerungen worden war. Und wenn es in den Monaten vor dem 8. Mai 1995 als höchst anstößig galt, das Wort »Niederlage« auch nur in den Mund zu nehmen, so bestand der Grund nicht darin, daß man sich der anderen Seite der Niederlage, nämlich des angeblich eigenen Sieges, nicht mehr erinnern wollte, sondern maßgebend war die Befürchtung, daß mit diesem Wort auch die Erinnerung an all das Schreckliche wieder lebendig werden würde, was Deutsche nach dem Ende des Krieges erleiden mußten und was nur dann sein Gewicht verlor, wenn die Millionenzahl der zivilen Opfer von Luftangriffen, Flucht und Vertreibung angesichts der Einmaligkeit und Unvergleichbarkeit des »deutschen« Verbrechens der Judenvernichtung bis zum Wesenlosen verblaßte und sogar gerechtfertigt zu sein schiene. Daß man dadurch eine ganze Generation von Menschen gegenüber gegenwärtigen Kriegen und Genoziden abstumpfte, indem alle Opfer von vornherein als »Opfer zweiter Klasse« eingestuft werden mußten, nahm man in Kauf.

Aber wer den 8. Mai 1995 nur als den 50. Jahrestag des Endes des »Hitlerkrieges« zu verstehen sucht und wer diesen Hitlerkrieg als »deutschen Krieg« interpretiert, der verfehlt seinen Gegenstand von vornherein, weil er das Verständnis von 1945 noch einseitiger macht, als es damals war, statt den Weg zu beschreiten, welcher der Weg der Wissenschaft ist und darin besteht, eine große und unmittelbare Empfindung weder bloß zu perpetuieren noch mittels eines betonten »Revisionismus« durch ihr Gegenteil zu ersetzen, sondern mit dem Willen zu abwägender Gerechtigkeit sich ein Bild von der Epoche im ganzen zu machen und dadurch den einzelnen Geschehnissen ihre historische Komplexität zurückzugeben. Eben dies geschah nach dem Zeitalter Napoleons I., den die Zeitgenossen nach seiner Niederlage im Jahr 1815 einhellig als »Teufel« oder »Dämon« verdammt hatten, und auch nach dem amerikanischen Bürgerkrieg von 1861–1865, dessen Ende die Nordstaaten für geraume Zeit als einen Sieg über das böse Prinzip schlechthin betrachteten. Und so ist heute die Feststellung unerläßlich, daß der Zweite Weltkrieg nur in gröbster Vereinfachung als »Hitlerkrieg« zu betrachten ist und daß er in Wahrheit mehrere Ebenen oder Schichten aufwies.

Der Angriff gegen Polen gehört in seinem Ansatz zu der Gattung der »Revisionskriege« und man könnte ihn insofern sogar als einen »Weimarer Krieg« charakterisieren, denn kein Staatsmann der Weimarer Republik hatte sich mit dem Verlust Posens und Westpreußens abgefunden, und nahezu alle hatten einen späteren Krieg zur Wiedergewinnung dieser Gebiete nicht ausgeschlossen. Aber daß Hitler ihn 1939 in Gang setzte, entsprach keineswegs seinen eigenen Wünschen und Plänen, sondern war eine Folge des Willens der Westmächte, eine Fortsetzung der unblutigen, aber durch Druck, Drohung und Wortbruch erreichten Erfolge des Jahres 1938/39 nicht hinzunehmen. Die elementare Voraussetzung des Kriegsausbruchs war indessen der Nichtangriffspakt mit der Sowjetunion, der Hitler-Stalin-Pakt, der in Wahrheit ein Vertrag zur vierten Teilung Polens war und der zugleich die gravierendste Niederlage Hitlers darstellte, weil er es ihm unmöglich machte, »seinen« Krieg zu führen, nämlich unter Duldung der Westmächte die Sowjetunion anzugreifen. Die Politik, die dem Siege folgte, ließ es rasch augenfällig werden, daß hier kein »europäischer Normalkrieg« geführt worden war, sondern ein Krieg der Raumeroberung und der siedelnden Verdrängung der Bevölkerung, wie ihn die Alldeutschen bereits vor 1914 gefordert hatten. So ist der Krieg gegen Polen als »deutscher Überfall« auf ein Nachbarland ganz unzureichend charakterisiert – er war in gewisser Hinsicht weit weniger und in anderer Hinsicht weit mehr als ein »Überfall«.

Erst recht war der Krieg gegen Frankreich kein »Überfall« – schon deshalb nicht, weil Frankreich am 3. September Deutschland den Krieg erklärt hatte, wenngleich gewiß aufgrund seiner Bündnisverpflichtungen gegenüber Polen. Es war vielmehr ein klassischer Revisionskrieg, wie er in der Geschichte immer wieder von erstmals besiegten Mächten geführt worden ist: man denke an das Österreich Maria Theresias oder an das Ägypten Sadats im Jahre 1973.

Daß umgekehrt ein Staat zur Bewahrung eines früheren Sieges in einen Krieg eintritt, ist nur die Kehrseite dieser uralten historischen Medaille; die USA Franklin Roosevelts aber intervenierten in der Form präventiver Neutralitätsverletzungen nicht infolge einer Bündnisverpflichtung, sondern ebensosehr aus ideologischen wie aus machtpolitischen Motiven: Ihnen gegenüber befand sich Hitler für geraume Zeit in einem unerklärten Verteidigungskrieg, und auch nach dem Dezember 1941 blieb er weitaus mehr Objekt, als daß er zum Subjekt geworden wäre.

Eine genaue Parallele zum Ersten Weltkrieg bedeutete die Fortsetzung des Krieges zwischen England und Deutschland, aber Hitler ließ hier bewußt keinen Angriffsgeist erkennen, weil er nach wie vor und vergeblich hoffte, die Konstellation »seines« Krieges wiederhergestellt zu sehen.

Diesen »seinen« Krieg konnte Hitler erst vom 22. Juni 1941 an gegen die Sowjetunion führen, und seinen Äußerungen in den Monaten und Wochen vorher ist deutlich anzumerken, daß er sich von der schweren Last des paradoxen Vertragsabschlusses mit dem ideologischen Feind befreit fühlte. Der antibolschewistische Impetus war in der Tat schon vor 1923 neben dem revisionistischen Willen zur Beseitigung von »Versailles« das stärkste Motiv Hitlers gewesen, und die Aufrichtigkeit dieses Motivs läßt sich so wenig bezweifeln wie seine Kraft. Wenn es je jenen entschlossenen Führer eines antibolschewistischen Kreuzzuges gab, den sich schon 1918 viele Mitglieder des vor der Ausrottung stehenden Bürgertums Rußlands erträumt hatten, dann war es Hitler, und die Merkmale eines ideologischen Befreiungskrieges blieben immer erkennbar – auf negative Weise in dem sogenannten Kommissarerlaß, der unter Beweis stellte, wie stark in Hitler und auch in vielen seiner Generäle die Erinnerung an den russischen Bürgerkrieg von 1918–1920 war, und auf positive Weise in der freilich ganz halbherzigen Zusammenarbeit mit dem General Wlassow und den Kaukasusvölkern.

Aber dieser antibolschewistische Befreiungskrieg kam über Ansätze nicht hinaus, weil Hitler ihn als »Kampf um Lebensraum« verstand, d. h. als Raub- und Vernichtungskrieg, so daß Stalin die Chance erhielt, einen »Vaterländischen Krieg« zur Abwehr des »faschistischen Untiers« zu führen. Dieser Aspekt des Krieges beruhte auf einer älteren Wurzel, der deutschen Eroberung großer Teile Rußlands während der Jahre 1917 und 1918, welche den Ausweg aus den Nöten der englischen Blockade bieten sollte. Das ältere und engere der geschichtlichen Motive gewann so die Oberhand über das jüngere und breitere. Was seit 1917 ein »europäischer Bürgerkrieg« als ideologische Auseinandersetzung innerhalb der Nationen gewesen war, behielt zwar seine Prägekraft, wurde aber von der urtümlichsten Gestalt des Krieges überformt, dem Kampf zweier Staaten um Raum und Überleben.

Das ideologische Moment verengte und konzentrierte sich indessen auf eine ganz besondere Weise. Der Antimarxismus, als den Hitler seinen Antibolschewismus von Anfang an auffaßte, stand unter dem ideologischen Zwang, dem außerordentlich populären Feindbild des Gegners, dem »Kapitalisten«, ein Feindbild von ebenso umfassender Natur entgegenzusetzen. Dieser Feind war für alle Nationalsozialisten »der Jude«, und zwar vornehmlich als angeblicher Urheber des Bolschewismus, aber auch als der paradigmatische Bourgeois und Geldmensch, der er schon für die frühen Sozialisten wie Fourier und Proudhon gewesen war. Wenn Hitler einen »Weltfeind« beseitigen wollte, der in seinen Augen der Urheber der »russischen Blutdiktatur« und der »Ausrottung der nationalen Intelligenz« gewesen war, dann mußte er auf den »Gulag« durch »Auschwitz« reagieren. Viele Anzeichen weisen darauf hin, daß er, der von manchen Historikern ein »schwacher Diktator« genannt wird, bei weitem der radikalste und fanatischste Kopf unter den Nationalsozialisten war: Während die Deportationen der Juden »in den Osten« wohl von allen Nationalsozialisten und von vielen Nicht-Nationalsozialisten in Europa für unvermeidlich und berechtigt gehalten wurden – so himmelschreiend dieses Verfahren zumal gegenüber ehemaligen Soldaten und Offizieren des Ersten Weltkriegs in den Augen aller Deutschen hätte sein sollen – ist es eine Tatsache, daß sogar Heinrich Himmler einen Genozid wie »Auschwitz« noch 1940 für »bolschewistisch« erklärte, daß er also ein Jahr später unter dem Zwang eines stärkeren Willens stand. Die »Judenvernichtung« war mithin die extremste Konsequenz der nationalsozialistischen Ideologie, und dennoch war sie der verborgenste Teil des großen Krieges – noch im Sommer 1944 war Auschwitz trotz des hervorragenden Nachrichtendienstes der polnischen Untergrundarmee ein unbekannter Name. Nur dann wird diese Ebene des Krieges eine »deutsche« und letztlich eine »europäische« Schuld, wenn man unterstellt, daß das Wissen von den Deportationen und die Mitwirkung daran mit der Zustimmung zur Massenvernichtung identisch waren.

So war der Zweite Weltkrieg ein mehrgestaltiger Krieg, und wer diese Mehrgestaltigkeit nicht wahrhaben will, um »1933« von »1917« zu lösen und um einen einheitlichen »Hitlerkrieg« anklagen zu können, verfälscht die Geschichte und verdirbt damit die Erinnerung, die sich an den 8. Mai 1945 knüpft. Welcher der verschiedenen Aspekte für den einzelnen Deutschen am ehesten sichtbar war, hing weitgehend vom Zufall ab: viele Millionen durften bis fast zum Ende überzeugt sein, daß sie »für Deutschland« kämpften. Daß sie damit objektiv zur »Zerstörung Deutschlands« beitrugen, wie spätestens durch die Vernichtungsbefehle Hitlers vom April 1945 augenfällig wurde, stellt unter den vielen Tragödien des 20. Jahrhunderts eine der größten dar. Diese Tragödie durch »Befreiungsfeiern« und kollektivistische Schuldzuschreibung auch weiterhin aus dem nationalen Geschichtsbewußtsein herauszuhalten, war und ist offensichtlich der Zweck eines »Gedenkens«, das nur allzuviel Ähnlichkeit mit Gedankenlosigkeit hat. Aber den wohltuenden Simplizia zu widerstehen, war von jeher eine der vornehmsten Aufgaben der Wissenschaft.

(Vorgesehen als Einleitung zur Diskussionsrunde der für den 8.5.1995 in München geplanten und dann abgesetzten Veranstaltung »Gegen das Vergessen«)

14

Europa vor der Jahrtausendwende

Bevor man über das Thema »Europa vor der Jahrtausendwende« sprechen kann, muß geklärt werden, was unter »Europa« zu verstehen ist. Nach den Feststellungen, Beschreibungen und Analysen, die dann folgen können, ist die Frage zu stellen, ob die pathetisch klingende Wendung »Europa vor der Jahrtausendwende« gerechtfertigt ist oder ob es genügen würde, mit einer bescheideneren Formulierung von »Europa im letzten Jahrzehnt des 20. Jahrhunderts« zu sprechen.

Wer sich 1960 über das Thema Europa geäußert hätte, würde vermutlich gesagt haben: Man muß vor allem Unterscheidungen treffen: »Europa« als geographisch-kultureller Begriff ist nicht dasselbe wie das Europa der »Europäischen Gemeinschaften« (im Plural) - von diesem Europa ist das Europa der Europäischen Freihandelszone zu unterscheiden, die EFTA, und diesen beiden ökonomischen – im Falle der »Sechs« tendenziell auch politischen – Vereinigungen steht das östliche Europa des »Comecon«, des »Rates für gegenseitige Wirtschaftshilfe«, gegenüber, innerhalb dessen wiederum die Sowjetunion als die unstrittige Führungsmacht und die »Satellitenstaaten« Osteuropas zu unterscheiden sind. Es gibt also mindestens vier »ökonomische bzw. ökonomisch-politische Europas«, und die größte Macht des Kontinents, die neben den USA einzige »Supermacht«, die Sowjetunion, erstreckt sich nicht nur bis zur Grenze Europas am Ural, sondern sie nimmt auch die riesigen Landmassen Nordasiens, d. h. Sibiriens ein, dessen Einwohner (abgesehen von den Autochthonen) sich durchweg als »Europäer« betrachten.

Im Jahre 1975 hätte man von einem »Europa der Neun« sprechen müssen, dem seit kurzem neben den Gründungsmitgliedern Frankreich, Italien, Deutschland, Niederlande, Belgien und Luxemburg auch Großbritannien, Dänemark und Irland angehörten und das sich nun selbst als »Europäische Gemeinschaft« (im Singular) bezeichnete, – aus gutem Grunde, denn es handelte sich um eine Vereinigung, die neben ihren leitenden Organen, dem Ministerrat, der Kommission und dem Gerichtshof, über ein Parlament verfügte, das nach den bald verwirklichten Planungen aus Direktwahlen hervorgehen würde. Der Stärkung des EG-Europa entsprach eine erhebliche Schwächung des EFTA-Europa, aber die Trennung zwischen West- und Osteuropa war seit dem Bau der Berliner Mauer im August 1961 noch viel schärfer geworden; der »Kalte Krieg« zwischen den beiden »Supermächten« ging weiter, obwohl die Tendenz zur Entspannung mehr und mehr in den Vordergrund trat, so daß etwa im Jahre 1975 unter Beteiligung der USA das europaweit gültige KSZE-Abkommen von Helsinki geschlossen werden konnte.

Im Jahre 1995 war jenes »Europa der Neun« zum »Europa der Fünfzehn« geworden, der Name »EG« wurde durch »EU« ersetzt, auf der Konferenz von Maastricht war die Einführung einer gemeinsamen Währung beschlossen worden; die EFTA existierte praktisch nicht mehr, das Comecon war mit dem Zusammenbruch der Sowjetunion ebenfalls dahingeschwunden, und am Sitz der EU in Brüssel drängten sich die Beitrittskandidaten, vornehmlich die größeren Staaten Osteuropas. Nur eine Einbeziehung Rußlands, der »russischen Föderation«, wurde nicht erwogen, und dem Beitrittswunsch der nichteuropäischen und islamisch-säkularen Türkei verschloß man sich weiterhin. Aber es war nun möglich, ja wahrscheinlich geworden, daß das ganze geographisch-kulturelle Europa mit alleiniger Ausnahme Rußlands zu einer ökonomischen, vielleicht sogar zu einer politischen, einer bundesstaatlichen Einheit werden würde, so daß jene Differenzierungen, die man bisher immer vornehmen mußte, wenn man von Europa sprach, hinfällig geworden sein würden. Im Rückblick durfte man mit Gelassenheit derjenigen Schwierigkeiten und Verzögerungen gedenken, von denen der Prozeß der europäischen Einigung keineswegs frei geblieben war, insbesondere der langen Stagnation der sechziger Jahre, als das Veto des französischen Präsidenten de Gaulle die Erweiterung des »Europa der Sechs« für beinahe ein Jahrzehnt verhindert hatte. Mit größerer Emotion mochte man sich freilich der früheren Pläne und Projekte erinnern, die eine genuine politische Union Europas zuversichtlich ins Auge faßten: den Bundesstaat Europa, der nicht etwa nur eine gemeinsame Währung, sondern auch eine einheitliche Sicherheits- und Außenpolitik haben würde. Davon blieb »Maastricht« weit entfernt, aber man durfte aus der Erinnerung an den Deutschen Zollverein Hoffnung schöpfen, der seit 1834 35 Jahre lang existierte, bevor der wirtschaftlichen Einheit Deutschlands die politische Einheit folgte, eine Einheit, die kurioserweise noch bis 1888 die drei Hansestädte aus der Zollgemeinschaft herausließ, so daß es, wenn man die Vorverhandlungen seit 1818 hinzunimmt, insgesamt 70 Jahre gedauert hatte, bis die volle ökonomische und politische Einheit eines Deutschland hergestellt war, das indessen die deutschen Teile Österreichs nicht einschloß. So darf trotz der langen Zeitdauer, die von der Unterzeichnung der Römischen Verträge im Jahre 1957 bis zur Gegenwart reicht, die Geschichte der Einigung Europas in der »EU« als eine wahre Erfolgsgeschichte betrachtet werden, ganz wie die Geschichte der Einigung Deutschlands und Italiens im 19. Jahrhundert eine Erfolgsgeschichte war.

Aber zur Artikulation von Triumphgefühlen und zur Zeichnung zwangsläufiger Geschichtslinien besteht auch heute kein Grund: Zu den wichtigsten Voraussetzungen der Einigung Deutschlands und Italiens gehörten außenpolitische Faktoren wie die Schwächung Österreichs durch den Krieg Napoleons III. im Jahre 1859/60 und die freundschaftliche Haltung Rußlands im Jahre 1870; das vorläufige Ende dieser Einigungen war aber die katastrophale Niederlage Deutschlands im Zweiten Weltkrieg und in gewisser Weise ebenfalls der freilich ambivalente, durch glückliche Umstände gemilderte Zusammenbruch Italiens im Jahre 1943. Auch die europäische Einigung, so erfolgreich sie sich ausnimmt, hing von äußeren, von weltpolitischen Faktoren ab; sie weist eine Anzahl von Problemen bzw. von Gefährdungen auf, und ihre Zukunft ist noch ungewisser als die Zukunft von älteren politischen Gebilden wie etwa Rußlands oder selbst der USA.

Jene Erfolgsgeschichte, die es jedenfalls erlaubt sein läßt, seit 1990 das ökonomisch-politische Europa der EU mit dem geographisch-kulturellen Europa unter Aussparung Rußlands praktisch gleichzusetzen, ist nur zum geringeren Teil auf das Wirken von europäischen Staatsmännern wie Robert Schuman, Alcide de Gasperi, Konrad Adenauer, Jean Monnet und später von Leo Tindemanns, Walter Hallstein und Jacques Delors zurückzuführen: Ihre erste und grundlegende Voraussetzung war die außerordentliche Schwächung aller europäischen Staaten durch den Zweiten Weltkrieg und mehr noch ihre Bedrohung durch die Übermacht der Stalinschen Sowjetunion auf dem Kontinent. Die ersten Anstöße zur Selbstbehauptung kamen von englischer und amerikanischer Seite: von Winston Churchills Züricher Rede im Jahre 1946 sowie vom Marshall-Plan 1947, und ohne die Unterstützung der USA wäre der Prozeß der europäischen Einigung schwerlich auch nur ernsthaft in Gang gekommen, ja als den eigentlichen Impuls mag man ein anderes Negativum ansehen, nämlich die von Frankreich ebenso wie von den USA als unumgänglich empfundene Einbindung Deutschlands, das zehn Jahre zuvor fast den ganzen Kontinent erobert hatte und ohne dessen streng kontrollierte Mitwirkung ein erfolgreicher Widerstand gegen die Sowjetunion nicht möglich zu sein schien. Deshalb war die NATO, deren maßgebendes Mitglied die USA waren, für viele Jahre weitaus wichtiger als die Montanunion und die »Europäische Wirtschaftsgemeinschaft«, denn der Zweck der NATO war nach der sicherlich zugespitzten Aussage ihres ersten Generalsekretärs Lord Ismays, »die Amerikaner drinnen-, die Russen draußen- und die Deutschen niederzuhalten.« Die Behauptung wäre daher nicht ganz abwegig, die einzige autonom-europäische Entscheidung dieser Jahrzehnte sei der anscheinend anti-europäische Entschluß de Gaulles gewesen, die NATO durch den Austritt Frankreichs aus der militärischen Integration zu schwächen und den bundesstaatlichen sowie »atlantischen« Tendenzen die Begriffe »Europa der Vaterländer« und »Europa vom Atlantik bis zum Ural« entgegenzustellen. Aber die Konzeption des letzten der großen Weltkriegsstaatsmänner führte bloß eine Verzögerung herbei, und an dem grundlegenden Ereignis des sogenannten Falls der Berliner Mauer im November 1989 sowie der darauf folgenden Wiedervereinigung Deutschlands im Jahre 1990 hatte die Politik der Bundesrepublik Deutschlands nur einen kleinen Anteil, während Frankreich und England trotz ihrer vertraglichen Verpflichtungen sogar Versuche der Gegenwirkung machten; das »Ende des Kalten Krieges« wurde vielmehr hauptsächlich durch die gigantische Aufrüstungspolitik des amerikanischen Präsidenten Reagan und das Offenbarwerden der ökonomischen Ineffizienz des sowjetischen Systems sowie durch den antisowjetischen Widerstand von Polen und »Dissidenten« verursacht. Wie schwach Europa war, wurde gerade in dieser Zeit offenkundig, denn die entscheidende militärische Aktion blieb faktisch allein den USA überlassen, als der irakische Diktator Saddam Hussein durch die Besetzung Kuweits die Versorgung gerade Europas und auch Japans mit dem lebenswichtigen Öl in ernste Gefahr brachte.

Wenig später waren es wieder die USA, die einen prekären Friedensschluß durchsetzten, als unmittelbar vor den Toren des »eigentlichen« Europa auf dem Balkan ein von genozidalen Aktionen begleiteter Krieg um das Schicksal der Bestandteile des zerfallenen Mehrvölkerstaats Jugoslawien ausbrach. Die Erfolgsgeschichte des Zusammenschlusses von EU-Europa erfolgte also auf der Basis einer fundamentalen Erfolgslosigkeit oder sogar eines Versagens: der Unfähigkeit, die eigenen Angelegenheiten in die eigenen Hände zu nehmen und ohne die ständige Hilfe des »großen Bruders« auszukommen, der doch unter wirtschaftlichen Gesichtspunkten ein gefährlicher und durchaus nicht immer fairer Konkurrent war. Aber darin kam wohl nur die Grundtatsache zum Vorschein, die man »Globalisierung« genannt hat und die ja sogar die USA in eine Fülle von kleinen Abhängigkeiten zwingt, ohne daß sie freilich aufhörten, eine in letzter Instanz souveräne Weltmacht zu sein. Gerade einige amerikanische Politiker und Denker, wie etwa Zbigniew Brzezinski, fordern die Europäer auf, ebenfalls eine solche Weltmacht zu werden und sich dadurch mindestens in eine Reihe mit der Volksrepublik China und einem künftigen Indien zu stellen. Von den materiellen und mentalen Ressourcen her wäre eine solche Entwicklung keineswegs ausgeschlossen, und es gibt ja in der Tat einige zögernde Versuche der Europäer, eine mit der amerikanischen nicht schlechthin übereinstimmende Außenpolitik zu führen wie etwa im Hinblick auf Israel und die Palästinenser, wo man ein umfassenderes Verantwortungsgefühl an den Tag zu legen versucht, als die amerikanische Öffentlichkeit es mit ihrer einseitigen Parteinahme zu entwickeln vermag. Daher ist der Gedanke nicht völlig auszuschließen, daß das künftige Europa »der Einundzwanzig« oder sogar »der Fünfunddreißig« zu einem autonomen, wenngleich keineswegs allen weltwirtschaftlichen Zusammenhängen entnommenen Großraum werden könnte, der sich gleichberechtigt neben die anderen Großräume der Erde wie den russisch-sibirischen, den chinesisch-ostasiatischen und den nordamerikanischen stellt. Bloß durch den Hinweis, daß Carl Schmitt als ein angeblicher »Wegbereiter des Faschismus« einen solchen Gedankengang vertreten habe, wird man künftig wohl keine leichten Siege mehr erringen können, denn Carl Schmitt war keineswegs der einzige Verfechter einer solchen Konzeption. Es dürfte indessen viel wahrscheinlicher sein, daß gerade die Erweiterung um viele weitere Staaten mit ihren unvermeidlichen Differenzen und ganz unterschiedlichen Potenzen ökonomischer Art ein einheitliches und entschiedenes Handeln unmöglich machen wird, so daß Europa noch mehr als bisher ein ohnmächtiger Großraum aus Kleinstaaten sein würde.

Die subtilste aller Schwierigkeiten für Europa – und auf andere Weise auch für die USA – besteht darin, daß seit 1989/91 der Feind weggefallen ist, der jahrzehntelang den stärksten Impuls für seine Einigungsbestrebungen gab. Bis zum Ende der achtziger Jahre konnten die Europäer angesichts der feindlichen Supermacht im Osten und der Forderungen der

Dritten Welt nach Entkolonialisierung, ja Entschädigung und Wiedergutmachung für den einstigen Imperialismus kaum anders als defensiv denken, aber sie hatten immerhin wenig Zweifel über die unmittelbaren Notwendigkeiten ihrer Selbstbehauptung. Jetzt sind sie anscheinend nur noch von Freunden umgeben, aber jeder dieser Freunde richtet Ansprüche an sie, und wenn es nur der Anspruch auf die kostenträchtige Aufnahme in die EG ist.

Bevor ich auf die inneren Probleme und Schwierigkeiten eingehe, mit denen Europa sich in der Gegenwart konfrontiert sieht, will ich in aller Kürze die Gedankengänge von zwei – nichteuropäischen – Denkern nachzeichnen, die in der Öffentlichkeit besonders häufig erörtert worden sind und in denen der Versuch zu sehen ist, jene grundlegende Orientierung zu geben, ohne die keine Gesellschaft auskommen kann, welche sich nicht als ungefährdeten Teil eines ökonomischen Weltzusammenhanges zu sehen vermag, jene Orientierung, die Amerika und Europa seit der Truman-Doktrin von 1947 durch die Konzeption von Zusammenstoß der »totalitären Regime« mit den Völkern der »freien Welt« erhielten und die für alle Staaten des »realen Sozialismus« bis 1989 in der marxistischen Lehre vom notwendigen und baldigen Sieg einer neuartigen, weltweiten Gesellschaftsformation ohne Klassen und ohne Staaten bestand. Die Rede ist von Francis Fukuyama und Samuel Huntington.

Selten hat ein Zeitschriftenaufsatz so großes Aufsehen erregt wie derjenige von Francis Fukuyama, der im Sommer 1989 in der Zeitschrift »The National Interest« unter dem Titel »The End of History?« erschien und noch vor Ablauf des Jahres ins Deutsche und andere Sprachen übersetzt wurde. Dieses Aufsehen war eigentlich nicht recht verständlich, denn von der bevorstehenden »Nachgeschichte« war zumal in europäischen Büchern und Zeitungen oft die Rede gewesen, und der Begriff schien geradezu ein fester Bestandteil des Denkens der »Postmoderne« zu sein. Die Hauptthese, die gleich zu Beginn dargelegt wurde, konnte als eine Neuformulierung der alten amerikanischen Idee betrachtet werden, daß die Welt für die Demokratie sicher gemacht werden müsse, und der Autor begründete seine Auffassung durch einen Rückgriff auf Hegel und den russisch-französischen Geschichtsdenker Alexandre Kojève. Mit starker Betonung verkündete Fukuyama den »Triumph des Westens, des westlichen Denkens«, der vor allem in der völligen Erschöpfung aller Alternativen zum westlichen Liberalismus bestehe – das 20. Jahrhundert kehre an seinem Ende zu den Überzeugungen seiner Anfänge zurück: nicht eine Konvergenz von Kapitalismus und Sozialismus sei das letzte Wort des Zeitalters, sondern »der klare Triumph des wirtschaftlichen und politischen Liberalismus«. Sogar in der Sowjetunion und in der Volksrepublik China setze sich »die konsum-orientierte westliche Kultur« mehr und mehr durch, und so gelangte Fukuyama gleich zu Anfang seines Aufsatzes zu einer weitreichenden Schlußfolgerung: »Vielleicht sind wir nicht Zeugen der Beendigung des Kalten Krieges oder des Abschlusses einer bestimmten Phase der Nachkriegsgeschichte, sondern des Endes der Geschichte schlechthin: das heißt, des Endes der ideologischen Entwicklung der Menschheit sowie der allgemeinen Einführung der westlichen liberalen Demokratie als finaler Regierungsform.«[1] Offenbar war man auch im Sommer 1989 von der Macht und Dauerhaftigkeit der Sowjetunion trotz aller Nachrichten über unerwartete Wirkungen von »glasnostj« und »perestroika« noch sehr überzeugt und den Wechselfällen des Kalten Krieges so nahe, daß man diese zuversichtliche Siegesmeldung eines Autors, der als der stellvertretende Leiter des Planungsstabes des amerikanischen Außenministeriums vorgestellt wurde, mit einer nur von leisen Zweifeln eingeschränkten Hoffnung zur Kenntnis nahm, während die These vom baldigen Ende der Geschichte im allgemeinen nicht akzeptiert wurde. Fremdartig und herausfordernd war ja auch die Bezugnahme auf Kojève, für den schon Napoleon das Zeitalter des auf den Ideen der Französischen Revolution beruhenden homogenen Universalstaates heraufgeführt hatte, ein Zeitalter, das nach Kojève seine Verwirklichung in den westeuropäischen Nachkriegsstaaten fand, welche Fukuyama seinerseits als »jene fetten, wohlhabenden, selbstzufriedenen, nur sich selber sehenden, willensschwachen Staaten« charakterisiert, »deren größtes Vorhaben nichts Heroischeres war als die Schaffung des Gemeinsamen Marktes«.[2] Nicht Despotismus ist also nach Kojève und Fukuyama das Kennzeichende des homogenen Universalstaates, sondern gerade das Aufgehen aller Individuen in dem Bemühen um ökonomisches Wohlergehen, das für Aufschwünge, Ideen und Heroismus keinen Raum läßt. Daher ist ein resignativer Ton nicht zu überhören, wenn Fukuyama schreibt: »Wir können den Inhalt des homogenen Universalstaats definieren als eine liberale Demokratie im politischen Bereich, verbunden mit der mühelosen Beschaffung von Videorekordern und Stereoempfängern im wirtschaftlichen Bereich«.[3] Eben dieser Zustand ist aber in großen Teilen der Welt offensichtlich nicht gegeben. Fukuyama schränkt daher seine These vom »Ende der Geschichte« ein: In der »Dritten Welt« geht die Geschichte weiter und spielen sich noch für unabsehbare Zeit Kriege sowie Bürgerkriege ab, getragen von der Opferbereitschaft oder dem Fanatismus zahlreicher Individuen, nur in der »westlichen Welt«, d. h. in Westeuropa und in den USA, ist die Geschichte an ihr Ende gekommen. Der Rest der Welt ist lediglich nicht mehr imstande, ideologische Ansprüche zu erheben und höhere Formen der menschlichen Gesellschaft repräsentieren zu wollen, wie es der nun gescheiterte Marxismus-Leninismus-Maoismus viele Jahrzehnte lang zu tun vermochte. So werden Terrorismus und nationale Befreiungskriege nur noch in den Randbezirken der Welt einen Platz haben. Aber das Ende des Aufsatzes ist auf einen ganz pessimistischen Ton gestimmt, der erkennen läßt, daß Fukuyama der Gesellschaftsordnung, deren definitiven Sieg er verkündet, keineswegs in kritikloser Bewunderung gegenübersteht. »Das Ende der Geschichte wird eine sehr traurige Zeit sein. Der Kampf um Anerkennung, die Bereitschaft, sein Leben für ein völlig abstraktes Ziel einzusetzen, der weltweite ideologische Kampf, der Wagemut, Tapferkeit und Phantasie hervorbrachte, und der Idealismus werden ersetzt durch wirtschaftliche Kalkulationen, endloses Lösen technischer und Umweltprobleme und die Befriedigung ausgefallener Konsumentenwünsche. In der posthistorischen Periode wird es weder Kunst noch Philosophie geben, sondern nur mehr bloß die ständige Pflege des Museums der Menschheitsgeschichte.«[4] Er habe äußerst ambivalente Empfindungen, gesteht Fukuyama, »in bezug auf die Zivilisation, die nach 1945 in Europa geschaffen wurde mitsamt ihren nordatlantischen und asiatischen Ablegern«, und er schließt mit der eigenartigen Vermutung, daß vielleicht gerade die Aussicht auf kommende Jahrhunderte der Langeweile die Geschichte wieder in Gang setzen werde. Fukuyama schreibt also dem Europa der Zeit nach 1945 eine sehr große Bedeutung zu und zählt die USA zu seinen bloßen »Ablegern«. Aber aus einzelnen Nebenbemerkungen, die er in einem späteren Buch weiter ausführte, geht hervor, daß für ihn die japanisch-ostasiatische Kultur mehr Zukunft hat als die europäisch-amerikanische, weil sie bestimmte Tugenden aufrechterhalte, die in den USA und in Europa vergessen seien oder sogar verächtlich gemacht würden: Fleiß, Disziplin, Respekt vor dem Alter.

Aus all dem läßt sich ein ganz anderes Szenario der Weltentwicklung ableiten, wenn man einige Akzente anders setzt. Europa und die USA erscheinen dann nicht mehr als die siegreiche, aber dekadente Spitze der Weltentwicklung, sondern als ein zwar hochentwickelter, aber bedrängter und in einer Verteidigungsposition befindlicher Teil der Welt; denn andere

Teile der Welt formieren sich auf der Basis ihrer uralten Traditionen neu und treten in ein Konkurrenzverhältnis zum »Westen«, insbesondere der Islam entwickelt einen Fundamentalismus, der die alte Idee Mohammeds vom Gegensatz zwischen dem »Kriegsgebiet« und dem islamischen Friedensgebiet wieder aufgreift, und die Welt stellt sich also als ein Konfliktgebiet verschiedener »Kulturen« dar, die in neuzeitlichem Gewande alte historische Kämpfe wiederaufnehmen. Der westlichen Welt kommt zwar ein gewisser Vorrang zu, aber sie hat längst ihre temporäre Suprematie verloren und kann nur durch Mühe und Entschlossenheit die großen Gefahren überwinden, die sogar ihre bloße Selbstbehauptung keineswegs gesichert sein lassen. Ein solches Szenario schlösse natürlich einen Aufruf zur Kampfbereitschaft in sich, und man könnte behaupten, es wandle die Feindschaft zwischen Ideologien, welche die Ära des Kalten Krieges bestimmte, in eine Feindschaft zwischen Kulturen und altüberlieferten Lebensformen um, während Fukuyamas Zukunftsbild gerade den Verlust des Feindes als den neuartigsten, aber durchaus nicht rundum positiven Tatbestand erscheinen lasse.

Vier Jahre nach dem Erscheinen von Fukuyamas Artikel hat in der Tat ein anderer Zeitschriftenaufsatz dieses entgegengesetzte Geschichtsbild entwickelt und dadurch mindestens ebensoviel Aufsehen erregt, mit dem Unterschied freilich, daß dem Autor nicht bloß viel Kritik, sondern auch ausgeprägte Feindseligkeit begegnete. Es handelt sich um den amerikanischen Politikwissenschaftler Samuel Huntington und seinen Aufsatz »The Clash of Civilizations?«, der im Sommer 1993 in den »Foreign Affairs« erschien und ebenfalls später zu einem Buch ausgearbeitet wurde. Wie Oswald Spengler und Arnold Toynbee unterscheidet Huntington eine Reihe von »Kulturen«, aber er läßt deren Entwicklung nicht wie Spengler auf einen jeweils gleichartigen Zustand, nämlich die erstarrte und seelenlose »Zivilisation« hinauslaufen, und er sieht sie nicht wie Toynbee auf dem Wege zu einer gemeinsamen und positiven »Weltzivilisation«, sondern er hebt die Differenzen und die Konflikte zwischen ihnen aufs nachdrücklichste hervor. Diese Kulturen sind: die westliche, d. h. nordamerikanisch-westeuropäische, die christlich-orthodoxe Rußlands und einiger Teile Osteuropas, die vom Konfuzianismus bestimmte »sinische«, die davon verschiedene japanische, die buddhistische, die hinduistische, die islamische, die afrikanische und die lateinamerikanische. Einen Vorrang der westeuropäisch-nordamerikanischen Kultur sieht er darin, daß sie es war, die erstmals die »Modernisierung« in die Welt brachte, welcher sich heute keine der anderen Kulturen entziehen kann. Aber diese Modernisierung zerstört nicht etwa die Eigenart der anderen Kulturen, sondern bringt neuartige, zur Selbstbehauptung, ja zum Ausgreifen entschlossene Formen dieser Kulturen hervor, die man Fundamentalismen nennt. Als einen anschaulichen Beweis für den Vorrang der Kulturkonflikte führt Huntington das ehemalige Jugoslawien an, wo sich nicht so sehr die Völker der Kroaten, der Serben und der muslimischen Bosniaken voneinander trennten, sondern wo die Grenzlinien zwischen dem westlich-christlichen Abendland, der byzantinisch-orthodoxen Welt und dem Islam ihre geschichtsbestimmende Kraft an den Tag legten. Seine Aufmerksamkeit wendet Huntington vornehmlich dem Islam zu, der in seinen Augen eine besonders aggressive Form des Fundamentalismus entwickelt hat und dem gegenüber die westliche Kultur in einer Verteidigungsposition ist, nicht zuletzt deshalb, weil die islamischen Völker des Maghreb und des Nahen Ostens »junge Völker« sind, die den alternden Völkern des Westens an demographischer Vitalität weit überlegen sind. Für die Zukunft schließt Huntington daher Kriege zwischen den Kulturen nicht aus, anscheinend nicht so sehr Kriege zwischen dem Islam und dem Westen, die ja in der Gegenwart schon seit Jahrzehnten stellvertretend und mit völligem Mißerfolg für die islamische Seite zwischen Israel und seinen arabischen Nachbarn geführt wurden und werden, sondern einen Krieg zwischen China und den USA. Huntington teilt also nicht die Meinung Fukuyamas, Kriege seien nur noch in der Dritten Welt möglich und »große Kriege« seien ausgeschlossen, er sieht vielmehr ein langes und durchaus »geschichtliches« Zeitalter der Kulturkonflikte heraufziehen, welches das Zeitalter der nationalen und der ideologischen Konflikte, das 20. Jahrhundert, ablöst und doch in gewisser Weise fortsetzt.

Es ist nur allzu begreiflich, daß Huntington von all denjenigen heftig angegriffen wird, welche Begriffe wie »Konflikt« und »Feindschaft« für überholt, ja für Ausflüsse von »Rassismus« halten, und er müßte auch von Fukuyama scharf kritisiert werden, wenn dessen Auffassung schon vollständig in den ersten, triumphalistisch klingenden Abschnitten seines Aufsatzes enthalten wäre.

Aber jedenfalls zeichnen die Gedankengänge dieser beiden Denker große Linien, aus denen sich ein unterschiedliches, ja gegensätzliches Selbstverständnis gerade der Europäer ergibt, die dieses Selbstverständnis nun nicht mehr, wie während der langen Jahrzehnte des »kurzen 20. Jahrhunderts« zwischen 1914 bzw. 1917 und 1989/91 aus dem Gegensatz von

Liberalem System und Totalitarismus, von Kommunismus und Faschismus, von Sozialismus und Kapitalismus herleiten können. Wenn ich mich nun den inneren Schwächen und Gefährdungen des Europas der (gegenwärtig noch) Fünfzehn, der »Europäischen Union« zuwende, deren innenpolitische Erfolge und außenpolitische Schwächen ich umrissen habe, übergehe ich vieles Einzelne und zweifellos Wichtige, um einige wenige zentrale Tatsachen und Probleme ins Auge zu fassen. Ich übergehe die Umweltgefährdung und den Kampf dagegen, so gewiß er in Europa größere Fortschritte gemacht hat als in anderen Teilen der Welt, und weiterhin die Nationalitätenkonflikte von der zivilisierten Unfreundlichkeit zwischen Dänen und Deutschen über den punktuellen Terror im Baskenland und Nordirland bis zu den blutigen Auseinandersetzungen von teilweise genozidalem Charakter im ehemaligen Jugoslawien und an den Rändern der früheren Sowjetunion. Ich spare den Regionalismus und dessen Infragestellung der Nationalstaaten »von unten« statt wie durch einen Brüsseler Eurozentralismus »von oben« aus, ferner die Problematik der Ölversorgung und der Atomenergie, das Vordringen einer linksorientierten Medienelite durch die populäre Kritik an Ungleichheit und Eliten, das Aufkommen rechter Massenparteien wie des »Front National« in Frankreich und der »Alleanza Nazionale« in Italien, das Anwachsen von Kriminalität und Drogenhandel und vieles andere. Ich konzentriere mich vielmehr auf drei Probleme, deren innerer Zusammenhang nicht auf den ersten Blick erkennbar ist: 1. Deutschland, 2. den Antiokzidentalismus, 3. die Migration.

ad 1: Deutschland scheint im Rahmen der Einigung Europas viel weniger ein »Problem« zu sein als etwa Frankreich und gar Großbritannien, von denen das eine Land den Einigungsprozeß lange Zeit blockiert hat, während das andere sich nur unter vielfältigen Widerständen einigermaßen einbeziehen ließ. Die Bundesrepublik Deutschland gab vielmehr einige der wichtigsten Impulse und hat schon ganz früh in ihrer Verfassung die Möglichkeit, ja Wünschbarkeit weitgehender Souveränitätsverzichte zugunsten eines übernationalen Zusammenschlusses festgelegt. Aber beruhte der ausgeprägte »Europäismus« der Deutschen nach 1945 nicht auf zwei Grundtatsachen, von denen die eine durch Schwächung der Erinnerung, aber auch durch »Historisierung« allmählich an Kraft verliert, während die zweite bereits durch den realen Geschichtsgang aufgehoben ist: nämlich auf dem Versuch des »Dritten Reiches«, durch Gewalt eine Einigung Europas herbeizuführen und darüber hinaus durch eine unfaßbare Untat einen anderen und angeblich besseren Weltzustand hervorzubringen sowie auf der Faktizität der Teilung des ehemaligen Reiches in zwei ideologisch tief verfeindete Staaten, die Bundesrepublik Deutschland und die Deutsche Demokratische Republik? Es gibt keinen natürlicheren Affekt als den, daß jüngere Menschen sich dagegen auflehnen, durch eine unablässige, von leicht erkennbaren und sicher durchaus nicht unberechtigten oder gar unverständlichen Interessen geleitete Erinnerung an Untaten einiger oder sogar zahlreicher Väter und Großväter, an denen aber in Wahrheit auch viele nichtdeutsche Väter und Großväter Anteil hatten, in eine Art von Schuldhaft genommen und ihrer geistigen Bewegungsmöglichkeiten beraubt zu werden. Und seit 1990 ist der größere deutsche Teilstaat, die Bundesrepublik, nicht mehr eine »Mark des Westens« im Schatten der Befestigungen und Mauern einer Weltgrenze, sondern das durch die Kriegsfolgen allerdings erheblich verkleinerte Deutschland ist wieder ein Staat unter anderen Staaten in der Mitte Europas geworden. Ein Autor, den man nicht eines konventionellen Nationalismus bezichtigen kann, der sich vielmehr als Anhänger und Biograph Adenauers einen Namen gemacht hat, publizierte vor kurzem ein Buch mit dem Titel »Die Zentralmacht Europas. Deutschlands Rückkehr auf die Weltbühne«.[5] Unter den Fragen, die er stellt, sind solche wie die folgenden: Werden die Deutschen nach dem Beispiel ihres Bundespräsidenten immer das Empfinden haben, durch den Vertrag von Maastricht »aus der Mittellage erlöst« zu werden, oder werden sie sich irgendwann dem Gulliver Jonathan Swifts vergleichen, der von Zwergen gefesselt wurde? Werden sie sich damit abfinden, daß eine weit höhere Zahl von deutschen Stimmen erforderlich ist, um einen Abgeordneten in das Europäische Parlament zu entsenden, als portugiesische Stimmen für einen Portugiesen? Werden sie es widerstandslos auf sich nehmen, viel größere finanzielle und sonstige Lasten zu tragen als die übrigen Europäer; werden sie nicht auf die Dauer jenen Stimmen wieder Gehör schenken, die ihnen sagen, sie seien während der Bonner Periode ein »entkernter Staat«, ein Satellit der Amerikaner gewesen und sie würden immer noch in diesem Zustand festgehalten? Werden sie nicht eines Tages die ihnen von der eigenen Regierung und den Brüsseler Behörden aufgezwungene Einheitswährung wieder abschütteln, falls sich herausstellen sollte, daß ihnen der »Euro« nicht, wie einst die DM, Wohlstand verschafft, sondern ihr Volksvermögen vermindert? Werden sie nicht jene wohltuende Analogie zwischen der Entwicklung des Deutschen Zollvereins und der Europäischen Gemeinschaft mit der einfachen Bemerkung zurückweisen, schon längst vor 1800 habe es ein deutsches Volk mit einheitlicher Sprache gegeben, aber im Jahre 2000 existiere kein »europäisches Volk« und es werde vermutlich niemals existieren? Werden die Deutschen es in indefinitum widerspruchslos hinnehmen, daß der Anti-Germanismus bei den Miteuropäern und zumal in den USA immer neue Blüten treibt und daß sogar jede Regung selbständigen, um Objektivität bemühten Denkens als »rechtsextremistisch« oder sogar als »neonazistisch« angeprangert wird? Könnten nicht am Ende sogar die heute noch ganz wenigen Stimmen die Oberhand gewinnen, die dazu raten, sich von der Scheinfreundschaft der Amerikaner abzuwenden und mit den emotional so viel näher stehenden Russen ein Bündnis zu schließen, das Europa wieder autonom machen und die Amerikaner in den großen und selbstgenügsamen Weltwinkel verweisen würde, den sie mit Recht ihr eigen nennen? Die Angst vor einem erneuten Auftauchen des deutschen Nationalismus, ja sogar eines normalen deutschen Nationalbewußtseins durchherrscht ohne Worte oder auch mit Worten den Prozeß der weiteren Einigung Europas: die Furcht vor einem »vierten Reich« ist in der politischen Klasse Bonns ebenso verbreitet wie in Paris und London. So übertrieben solche Befürchtungen auch sind, so gewichtige Gegenargumente ins Spiel gebracht werden können, richtig ist so viel: Frankreich, Großbritannien und Italien können den weiteren Fortgang der europäischen Einigung zwar verzögern, wenn sie ihre Interessen ernsthaft beeinträchtigt sehen, aber nur Deutschland kann diese Einheit möglicherweise sprengen. Deshalb geht die nachdrücklichste aller Forderungen dahin, es müsse alles Erdenkliche getan werden, um die Sprengkraft eines neuen deutschen Nationalismus zu entschärfen, ja zu beseitigen. Die Frage ist allerdings nicht zu umgehen, ob der richtige Weg darin besteht, auch das Wiederentstehen eines »normalen«, dabei sicherlich sehr komplizierten, von allem »Hurrapatriotismus« weit entfernten Nationalbewußtseins zu bekämpfen oder ob nicht der alternative Weg der Hinnahme und Bejahung der bessere wäre.

Aber ließe sich eine solche modifizierende Wiederherstellung nicht allenfalls bei Mitgliedern der italienischen »Alleanza Nazionale« akzeptieren, die den Beweis erbracht hätten, daß sie den Expansionismus und die Minderheitenunterdrückung der faschistischen Ära in aufrichtiger Überzeugung verurteilen und lediglich darauf bestehen, die italienische Geschichte und Identität im ganzen zu bejahen und auch Mussolini nicht ohne Differenzierungen in den Abgrund der Verdammung oder des Vergessens zu stoßen? In Deutschland jedoch, so ist gerade in Deutschland zu hören, hat im Nationalsozialismus Hitlers das absolute Böse Gestalt angenommen, und das ist auf vielfältige Weise durch die unheilvolle Geschichte des Bismarck-Reiches vorbereitet worden, ja schon Luther hat sich des Antisemitismus schuldig gemacht. Diese Verwerfung des bisherigen Deutschlands, vor 1990 oft mit der Bejahung der Zweistaatlichkeit verbunden, fand einen symptomatischen Ausdruck in der Behauptung eines der bedeutendsten deutschen Schriftsteller im Jahre 1990, die Wiedervereinigung Deutschlands sei abzulehnen, denn Auschwitz sei ein Erzeugnis des deutschen Nationalstaates gewesen, und ein neuer deutscher Nationalstaat werde ein neues Auschwitz hervorbringen. Eine solche Selbstverwerfung, welche die ganze deutsche Geschichte von Auschwitz her interpretierte, war seit dem Beginn der Achtundsechziger-Bewegung in Deutschland weit verbreitet, und es ist leicht zu sehen, daß ihre Folge nur ein neuer deutscher Sonderweg sein kann, allerdings ein Sonderweg der Selbstlähmung und alltäglichen Zerknirschung. Dabei war der Weg zu einem gerechteren Verständnis der deutschen und europäischen Geschichte zu Anfang der sechziger Jahre offen gewesen: Man wußte damals noch, daß man den Nationalsozialismus nicht ohne seine innere Bezogenheit auf den sowjetischen und deutschen Kommunismus verstehen kann und daß auch Auschwitz kein unbegreiflicher Einbruch des Außerhistorischen in das Historische war, sondern letzten Endes auf einer zwar ungerechtfertigten, aber nicht etwa völlig grundlosen Schulderklärung beruhte, nicht anders als die negativ-nationalistischen Attacken gegen »das deutsche Volk«. Es war bereits unter Beweis gestellt, daß keine »Apologie Hitlers« die Folge sein mußte, wenn das allgemein-europäische Moment am Aufkommen von Faschismus und antibolschewistischem Antijudaismus herausgestellt wurde. Aber unter dem Eindruck des Vietnam-Krieges und auch des weltweiten Verlangens nach »Entspannung« ließ sich die 68er Generation zu einem blindwütigen Kampf gegen ihre Väter hinreißen, in dem ein berechtigter Kern mit vielen Übersteigerungen verknüpft wurde. In den folgenden Jahrzehnten führte diese Generation mit großem Erfolg den angekündigten »Marsch durch die Institutionen« durch, und wenn sie sich auch beträchtlich veränderte und – selbst ganz bürgerlicher Abkunft – »verbürgerlichte«, so vermochte sie doch eine eigene Partei, die sogenannten »Grünen«, hervorzubringen und nicht nur unter den Sozialdemokraten, sondern auch in den Reihen der Christdemokraten großen Einfluß zu gewinnen. Daher ist es in hohem Maße unwahrscheinlich, daß die

Wiedervereinigung Deutschlands zu den eben umrissenen »rechten« Konsequenzen führt; die viel größere Wahrscheinlichkeit besteht darin, daß der »negative Nationalismus« der Linksparteien die Direktion der deutschen Politik übernimmt. Man könnte meinen, die übrigen europäischen Staaten hätten Grund, sich dazu zu gratulieren, denn alle Befürchtungen über eine Wiederkehr deutscher Machtansprüche und deutschen Auftrumpfens würden damit definitiv hinfällig werden. Aber diese Erwartungen dürften sich als illusionär erweisen. Vermutlich würde ein Deutschland der »Achtundsechziger« rasch die Rolle des Lehrmeisters des übrigen Europas übernehmen, des Lehrmeisters im Moralisieren, in ökologischen Diktaten und in der Bekämpfung der sogenannten »Fremdenfeindlichkeit«. Auch in dieser Rolle könnte Deutschland also zu einem Sprengstoff für die Einheit Europas werden.

ad 2: Immerhin könnte ein Deutschland, das die Bundeswehr abschafft, für die Auflösung der NATO plädiert und einen quasi-religiösen Erinnerungskult um den als »absolutes Böses« verstandenen Nationalsozialismus und dessen Opfer institutionalisiert, für die übrigen europäischen Partner ein wünschenswerter, weil objektiv schwacher Partner sein, wenn nicht in nahezu allen Ländern Europas die Tendenz erkennbar wäre, die isolierende Verwerfung des Nationalsozialismus zu einer entschiedenen Selbstkritik Europas, d. h. zum Antiokzidentalismus hin auszuweiten. Es gibt ja gute und objektive Gründe für eine solche Selbstkritik, und man muß sogar sagen, daß Selbstkritik eine der kennzeichnendsten Eigentümlichkeiten gerade der europäischen Kultur ist. Die Europäer haben tatsächlich im Mittelalter große Angriffskriege gegen die islamische Welt geführt, die sie selbst als »Kreuzzüge« bezeichneten, sie haben am Beginn der Neuzeit Süd- und dann Nordamerika mit Methoden erobert, die teilweise als genozidal zu bezeichnen sind, sie haben den »Negerhandel« in Gang gesetzt, der im ganzen kaum weniger an Opfern forderte als die Unterwerfung der Indios und die Bekämpfung der Indianer, sie haben sich schließlich im Zeitalter des Imperialismus unter rücksichtsloser Gewaltanwendung zu Herren der Welt gemacht, wenngleich nur für kurze Zeit. Sie waren überdies die Vorkämpfer einer patriarchalistischen Religion, die ihnen das feindselige Ausgreifen gegen die Welt und die Unterdrückung des weiblichen Geschlechts als der »Pforte zur Hölle« vorschrieb; Ökologisten, welche die Naturfrömmigkeit der Indianer beschwören, und Feministinnen, die bei den Kanaanäern die Freizügigkeit eines orgiastischen Geschlechtslebens rühmen, sind zwar entschiedene Gegner des »Antisemitismus«, aber sie greifen den Fanatismus der monotheistischen Propheten mit ebenso scharfen Worten an, wie einst die Nationalsozialisten den angeblichen »Händler- und Zuhältergeist« des Alten Testaments angegriffen hatten. Auch der anti-industrielle Teil der Linken führt die Entstehung der verhängnisvollen »Megamaschine«, welche dabei ist, die Menschheit in einer Welt der Künstlichkeit zugrundezurichten, auf okzidentale Prämissen zurück, ganz wie es Max Weber mit entgegengesetzter Wertsetzung getan hatte. Als gefährliche Apologeten werden daher nicht nur diejenigen verdammt, die einen Zusammenhang zwischen »Auschwitz« und dem »Gulag« sehen, sondern auch diejenigen, welche der Meinung sind, den christlichen Kreuzzügen sei die große Offensive der islamischen Kriegerreligion vorhergegangen, die Kolonialisierung Amerikas habe auch dessen Erschließung bedeutet, der »Negerhandel« habe nicht bloß ökonomische, sondern auch humanitäre Ursachen gehabt und die imperialistische Herrschaft der Engländer und Franzosen habe in Afrika und Indien weitaus weniger an Blutopfern gefordert als die »Entkolonialisierung« und deren Nachgeschichte. Ein okzidentales Kulturbewußtsein ist heute sicherlich ebensowenig ohne Selbstkritik möglich wie ein deutsches Nationalbewußtsein, aber es muß nicht notwendigerweise selbstzerstörerisch sein, denn ohne grobe Einseitigkeiten und die Verleugnung historischer Tatsachen ist eine solche Selbstzerstörung und Selbstverwerfung nicht möglich. Letzten Endes handelt es sich, um an Fukuyama anzuknüpfen, um eine Verdammung der Geschichte mit ihren Kriegen und Konflikten aus der Perspektive einer »Nachgeschichte«, in der Friedenserhaltung und ungestörter Handelsverkehr die obersten Postulate sind.

ad 3: Huntington würde freilich einwenden, eine so wohlmeinende und humanitäre Einstellung sei leider keineswegs universal, sondern nur für den gegenwärtigen Geisteszustand der okzidentalen Kultur charakteristisch, so daß sie eine vielleicht entscheidende Schwächung in einem weltweiten Ringen bedeute, bei dem es für den Westen längst nicht mehr um Eroberungen, sondern um die bloße Selbstbehauptung gehe. Man braucht Huntingtons Befürchtungen hinsichtlich künftiger kriegerischer Zusammenstöße zwischen den Kulturen nicht zu teilen, um hier in der Tat das größte aller inneren Probleme Europas zu erkennen, das in der großen Einwanderung aus aller Welt und vornehmlich den Faktoren besteht, welche sie ermöglichen.

Migration ist ein Hauptmerkmal menschlicher Existenz überhaupt, ja man kann sie in biologischen Tatsachen begründet sehen. Die Idee, daß Flüchtlingen geholfen und Verfolgten Asyl gewährt werden solle, ist eine der ältesten und edelsten in der Menschheitsgeschichte. Die Einwanderung der in Frankreich unterdrückten Hugenotten nach Preußen erwies sich als großer Gewinn, und was wäre Sizilien, wenn nicht Welle um Welle von Einwanderern dorthin gelangt wäre! Die Vereinigten Staaten würden gar nicht existieren, wenn sie nicht ein Einwandererland wären. Aber alle diese Migrationen waren entweder von dem aufnehmenden Staat gewollt und gesteuert, oder es handelte sich um gewalttätige Invasionen, die auf bewaffneten Widerstand stießen, oder es ging um die Besiedlung relativ leerer Räume, die von den bisherigen Bewohnern als hilfreich empfunden wurde. Völlig neuartig in der Weltgeschichte aber ist der Sachverhalt, daß ein Recht von Menschen, die irgendwo unter Diskriminierung leiden, auf Aufnahme in einem Land ihrer Wahl festgelegt wird, daß diesen Flüchtlingen ein Anspruch auf Unterhalt gewährt wird und daß starke Strömungen in den Zufluchtsländern auf den Fortfall aller Beschränkungen, auf »offene Grenzen« drängen, obwohl es sich in der Regel um dichtbesiedelte Länder handelt. Auch in den USA ist dieser Sachverhalt gegeben, aber er kann sich relativ leicht in die Tradition des Einwandererlandes einfügen. In Europa dagegen kommt die ganze Paradoxie und Konfliktträchtigkeit der neuen Situation zum Vorschein. Die Maxime, daß jeder Mensch als Mensch das Recht hat, dort seinen Wohnsitz zu nehmen, wo er ein besseres Leben erwarten darf, kann eine Konsequenz der urliberalen Lehre von den Vorteilen der Freizügigkeit und von der Mobilität der Produktionsfaktoren sein, aber sie wurde von jeher durch das entgegengesetzte Postulat eingeschränkt, daß jeder Staat das Recht haben muß, Zuziehende, für die er keine Verwendung hat, zurückzuweisen. Das humanitäre Prinzip der »offenen Grenzen für alle Hilfsbedürftigen« zerbricht diese Einschränkung und ist dadurch in Gefahr, auf doppelte Weise die gute Intention in ihr praktisches Gegenteil zu verkehren: Dieses Prinzip läßt sich nicht verallgemeinern, denn es müßte, konsequent umgesetzt, dazu führen, die zuerst Anklopfenden zunächst einmal zurückzuweisen, da es sich bei ihnen in der Regel gerade um die »Bessergestellten« und Aktiveren aus den armen Ländern handle, und den wirklich Bedürftigen, den Ärmsten der Armen, Transportmöglichkeiten zur Verfügung zu stellen, die sie nach Europa bringen würden. Die entfernte Folge würde sein, daß auf künstliche Weise der Zustand eintreten würde, den Malthus für das schließliche Resultat einer natürlichen Entwicklung hielt: daß auf einen Menschen ein Quadratmeter Land entfallen würde. Die nächste Folge wäre aber zweifellos das rapide Anwachsen von Kriminalität und der Aufstieg von neuartigen Parteien der extremen Rechten, die mit großer Heftigkeit die »demographische Aggression« der ebenso kinderreichen wie armen Länder anklagen würden.

Wir halten einen Augenblick inne und stellen ein Gedankenexperiment an: Angenommen, im Jahre 1910 wäre ein Plan der Vereinigung Kerneuropas, insbesondere Deutschlands und Frankreichs, ernsthaft erwogen worden. Damals war die Geburtenrate in Deutschland bekanntlich erheblich höher als in Frankreich. Die Konsequenz der mit der Vereinigung eng verknüpften Freizügigkeit hätte aller Vermutung nach darin bestanden, daß die Franzosen innerhalb von drei Generationen zur Minderheit im eigenen Lande geworden wären. Es kann nicht den geringsten Zweifel geben, daß die damaligen Franzosen, die sich ihrer Eigenart gegenüber den Deutschen sehr bewußt waren, den Unionsplan einhellig und leidenschaftlich abgelehnt haben würden. Heute hat sich die positive Einschätzung nationaler Differenzen sehr verringert, und das ist im Prinzip ein begrüßenswerter Tatbestand, aber es ist gleichwohl unwahrscheinlich, daß viele Europäer derselben Meinung sind wie viele Deutsche, es mache im Grunde keinen Unterschied, ob die eigenen Nachkommen oder eine Bevölkerung ganz anderer Art im jeweiligen Teil Europas lebe; jede abweichende Auffassung sei sogar zu verdammen, da sie auf dem »Blutprinzip« beruhe und »rassistisch« sei. In der Tat dürften diese Menschen auch die Tatsache als positiv werten, daß die Fertilitätsrate der Ehen in Deutschland und ebenso in Italien auf 1,3 Kinder abgesunken ist, d. h. zur Selbsterhaltung längst nicht mehr ausreicht. Das wiederum ist die Folge eines weltgeschichtlich völlig neuartigen Tatbestandes: eines der zahllosen Lebewesen hat sich infolge seiner Ausstattung mit Vernunft und bestimmter geschichtlicher Umstände so weit von dem »Gattungscharakter« entfernt, der alles individuelle Leben beherrscht, daß für zahlreiche Einzelne die egoistische »Selbstverwirklichung« zum obersten Ziel wird. Jenes »humanistische« Konzept und diese Wirklichkeit eines neuen »Liberismus« verstärken einander wechselseitig, und das Resultat ist zwingend: in spätestens 200 Jahren wird es die Nationen der Deutschen, der Franzosen und der Italiener nicht mehr geben, und Europa wird von einer gewiß recht heterogenen »Bevölkerung« bewohnt sein, für die der Begriff der »europäischen Kultur« ein Fremdwort ist, – es sei denn, die fernliegende, aber nicht völlig auszuschließende Möglichkeit habe sich verwirklicht, daß eine einflußreiche Minderheit der Nachkommen von Chinesen, Ghanaern und Indonesiern ein näheres Verhältnis zu Goethe und Hegel, zu Beethoven und Schubert, zu Dante und Manzoni entwickelt hätte als die zu bloßen Supermarktkunden herabgesunkenen »Alteinwohner.«

Einen solchen Gedankengang auch nur zu artikulieren, ohne ihn zugleich einer scharfen Kritik zu unterziehen, gilt freilich in weiten Kreisen zumal Deutschlands als »politisch inkorrekt«, als nationalistisch, partikularistisch, ja »rassistisch«. Die Konsequenz könnten nur der Aufbau einer »Festung Europa« sein, die sich von der übrigen Welt abschließe, eine Haltung unmenschlicher Härte gegenüber Hilfsbedürftigen und am Ende sogar die Forderung nach positiver Diskriminierung von kinderreichen Familien und eine am Vorbild der faschistischen Regime orientierte »Bevölkerungspolitik«.

An all diesen Einwänden ist so viel richtig, daß es einen Rückweg vom emanzipatorischen Liberismus und Individualismus zu naturhafter Gattungsmäßigkeit nicht gibt. Aber es ist sehr wohl möglich, daß mehr und mehr junge Menschen aus Einsicht und freiem Entschluß die Opfer der Kinderzeugung und -erziehung auf sich nehmen, welche ihren Vorfahren von der Natur oder von einer naturorientierten Konvention aufgezwungen wurden. Es ist ebenfalls richtig, daß die bloß-egoistische Verteidigung regionalen Wohlstands ohne moralische Berechtigung ist. Aber sehr wohl ist der Gewinn der Einsicht möglich, daß Universalität und Unterschiedlichkeit so wenig einen genuinen Gegensatz darstellen wie Gattung und Individuen, daß aber gewisse Differenzen wie Hunger auf der einen Seite und Übersättigung auf der anderen nicht hinzunehmen sind. Daher ist eine große Anstrengung der entwickelten Teile der Welt und nicht zuletzt Europas mit Nachdruck zu fordern, um dem Übel an der Quelle entgegenzutreten, so daß sie guten Gewissens ihr Recht auf die veränderungsbereite Erhaltung ihrer jeweiligen Identitäten wahrnehmen und von den Ländern der »Dritten Welt« verlangen dürfen, ihre Bevölkerungsprobleme wie die Volksrepublik China in eigener Regie und auf jeweils eigene Weise zu lösen. Weder Fukuyamas »Ende der Geschichte« noch Huntingtons »Kampf der Kulturen« müssen, zumal für Europa, das letzte Wort sein.

Zum Abschluß komme ich auf die Ausgangsfrage zurück: Wenn über die Gegenwart und die Zukunft Europas nur so viel zu sagen wäre, daß sich in den neunziger Jahren aus dem »Europa der Zwölf« das »Europa der Fünfzehn« gebildet hat und daß daraus wohl innerhalb weniger Jahre das »Europa der Einundzwanzig« werden wird, dann wäre in der Tat der Titel »Europa im letzten Jahrzehnt des 20. Jahrhunderts« der adäquatere. Aber ich habe, wenngleich nur im flüchtigsten Umriß, zu zeigen versucht, daß weit größere Fragen zur Entscheidung anstehen und daß viel dunklere Wolken am Horizont aufgezogen sind, als sie aus der möglichen Verwässerung des europäischen Einigungsprojekts durch die Aufnahme allzu vieler Mitglieder resultieren können, und deshalb glaube ich, daß der Titel »Europa vor der Jahrtausendwende« gerechtfertigt ist.

Anmerkungen

1 Francis Fukuyama: Das Ende der Geschichte? In »Europäische Rundschau« 17, 4/1989, S. 3-25, S. 3 f.
2 Ebda. S. 6
3 Ebda. S. 11
4 Ebda. S. 25
5 Hans-Peter Schwarz: Die Zentralmacht Europas. Deutschlands Rückkehr auf die Weltbühne. Berlin 1994

(Vortrag an der Scuola Superiore dell'Amministrazione dell'Interno, Rom, am 11.12.1997, publiziert in »Instrumenta. Rivista di cultura professionale« II, 6 (1998))

15

Die europäische Geschichte: ein Prozeß der Selbstzerstörung?

Die Frage, ob die europäische Geschichte als ein Prozeß der Selbstzerstörung zu betrachten sei, muß auf den ersten Blick befremdend wirken. Einer der bemerkenswertesten und erfreulichsten Vorgänge des letzten Jahrzehnts war ja die fast einmütige Hinwendung der osteuropäischen Intellektuellen zu »Europa«, d. h. zu jener Gesamtheit von Lebensweisen und Traditionen, denen der »reale Sozialismus« der Sowjetunion und ihrer Satellitenstaaten mit seinem engen Dogmatismus, seiner Polizeistaatlichkeit und seinem Kampf gegen alle »bürgerlich« genannten Überlieferungen schroff entgegengesetzt war.

Es handelte sich dabei offensichtlich um eine Entsprechung zu jener Hinwendung zum »Abendland«, die sich nach 1945 überall in jenen Teilen Europas vollzog, die nicht von sowjetischen Truppen besetzt waren. Hier lag vornehmlich die Überzeugung zugrunde, daß der Nationalsozialismus, der sich mit lauten Worten für den entschiedensten Gegner des sowjetischen Kommunismus erklärt hatte, in Wahrheit ein Regime gewesen sei, das ebenfalls gegen die bedeutendsten Traditionen Europas gerichtet war, und wenn damals die »Tischgespräche« Hitlers schon bekannt gewesen wären, würde man der Behauptung eine höchst anschauliche Bestätigung entnommen haben, wenn die Germanen Mohammedaner geworden seien, würden sie die Welt erobert haben. Aber man hätte in dieser Äußerung sicherlich einen bloß punktuellen, von einer abseitigen, wenngleich überaus mächtigen Persönlichkeit herrührenden und keinesfalls symptomatischen Verzicht auf eine Bejahung der geschichtlichen Eigenart Europas gesehen und daher solche Worte schwerlich als eine innere Selbstzerstörung Europas betrachtet.

Heute, an der Schwelle der Jahrtausendwende, würde es wohl niemand wagen, mit positivem Akzent vom »christlichen Abendland« als einer Realität zu sprechen. Es löst in Europa offenbar weithin Zustimmung im Sinne selbstkritischer Empörung aus, wenn die Türkei der Europäischen Union den Vorwurf macht, durch ihre Ablehnung der Aufnahme des islamischen und außereuropäischen, aber immerhin säkularen Landes gebe sie zu erkennen, daß sie sich als einen »christlichen Klub« betrachte, und in der Mitte eben dieses »christlichen Klubs« konnte der Religionsstifter als »Balkensepp« verhöhnt werden, ohne daß die Justiz einschritt.

Seit geraumer Zeit ist die Familie der Gegenstand heftiger Angriffe, und diesseits aller intellektuellen Attacken gegen Patriarchalismus und autoritäre Erziehung wird sie gerade dann am meisten geschwächt, wenn Eltern und Kinder sich zwar sehr häufig in der Wohnung aufhalten, aber als Mitglieder einer »modernen Familie«, jeweils innerlich voneinander weit entfernt, vor dem eigenen Fernsehapparat oder dem eigenen Computer sitzen. Wer anti-autoritär erzogen worden ist, hält es für unzumutbar, im Autobus oder im Zug für einen alten und gebrechlichen Menschen den Platz zu räumen, aber die Gefahr, daß er oder sie selbst zum Opfer eines Verbrechens wird, ist weit größer als zu den fernen Zeiten des autoritären und reaktionären Bildungswesens. Kaum eine Vorstellung ist heute grotesker als die, in den Universitäten seien »Tempel der Wissenschaft« zu sehen; in deren Fluren werden die riesigen Massen der Studierenden vielmehr zum Kampf gegen die »Leistungsgesellschaft« sowie die »Eliten« aufgerufen, und »Schwule und Lesben« machen mit großer Lautstärke auf ihre angebliche Diskriminierung aufmerksam, ja sie bilden wichtige Teile der organisierten Selbstregierung der Studenten. In allen Städten blüht der Drogenhandel, und die Polizei ist nicht zuletzt deshalb nahezu machtlos, weil ihre Angehörigen schon seit Jahrzehnten auf dehumanisierende Weise als »Bullen« und als »Schweine« attackiert werden. Wer Soldaten als »Mörder« beschimpft, bleibt straflos; wer denselben kollektivistischen Schuldvorwurf allerdings gegen Gruppen richten würde, die als verfolgt gelten oder ehemals verfolgt waren, hat mit schweren Strafen zu rechnen, und daran wäre gewiß kein Anstoß zu nehmen, wenn nicht so sehr gegen Gleichmäßigkeit und Gerechtigkeit verstoßen würde. Von Tugenden oder gar »Kardinaltugenden« wagt niemand mehr zu reden, sofern sie nicht den Kampf gegen alle möglichen Arten der Ungleichheit befördern, denn sie gelten als »Sekundärtugenden«, deren sich angeblich auch die Bewachungsmannschaften von Konzentrationslagern rühmen konnten, und solche Bewachungsmannschaften scheint es nur im nationalsozialistischen Deutschland gegeben zu haben.

Der Alltag in den Ländern Europas und zumal in den USA wird allerdings ganz und gar von einer »Totalkommerzialisierung« bestimmt, und wenn Pierre de Coubertin von der Hoffnung erfüllt war, durch die Olympischen Spiele werde die »Jugend der Welt« in eine Sphäre edlen und von materiellen Interessen gelösten Wettstreits emporgehoben, so gleichen die Spitzensportler am Ende des 20. Jahrhunderts bunten Litfaßsäulen, und die Werbeeinnahmen, die daraus erwachsen, übertreffen nicht selten die »Preisgelder«, mit denen verglichen die viel bekämpften Profite kleiner Unternehmer gering sind. Wie wenig der »Kapitalismus« des 19. Jahrhunderts, den Marx im Auge hatte, wirklich ein Kapitalismus, nämlich von bedenkenlosem Gewinnstreben erfüllt war, macht ein einziger Blick auf das Verhalten der Sensationspresse und bestimmter Verlage klar: wenn nicht die staatliche Gesetzgebung immer noch gewisse, wenngleich sehr weit gezogene Grenzen setzte, würde es sicher nicht an einem Mangel von Anbietern liegen, daß das interessierte Publikum sich auch an genuinen Vergewaltigungen, ja sogar an Lustmorden ergötzen dürfte. Das »Streben nach Glück«, das die Verfassung der USA als »Menschenrecht« proklamiert, wird offenbar weithin als die Aufforderung zu bloß individueller »Selbstverwirklichung« verstanden, und die einfachste Form dieser Selbstverwirklichung ist der Gewinn von Lust, worin alle Menschen gleich sein können, sobald sie sich aus den Gefängnissen ihrer geschichtlichen Traditionen mit deren unterdrückenden Verboten und Geboten befreit haben.

Freilich können aus dieser allgemeinen Tendenz keine gemeinsamen Überzeugungen erwachsen, die sich eben nur aus dem Gegensatz zu Anderem gewinnen lassen, und schon heute denkt mancher mit Nostalgie an die Zeit zurück, da die Existenz der bedrohlichen kommunistischen Supermacht im Osten den Bewohnern der »westlichen Welt« und am meisten den eingeschlossenen Bürgern von Berlin-West das Gefühl vermittelte, im Kampf für die edle Sache der Freiheit eng miteinander verbunden zu sein. Wenn die Freiheit aber keinen Feind mehr hat, dann stehen nur noch Ansprüche gegeneinander, und alle Einzelnen machen rasch die Erfahrung, daß mit dem Fortfall des »Feindes der Freiheit« zahllose kleine Freiheiten sich miteinander konfrontiert finden und daß daraus ein allgemeines Klima der Frustration, des Verdrusses und einer meist noch dumpfen, manchmal aber auch schon akuten Feindseligkeit entsteht.

Es gibt also sehr viele gute Gründe für die »Kulturkritik«. Konrad Lorenz schreibt, alles, was dazu angetan scheine, menschliches Leiden zu mildern, wirke sich »in entsetzlicher und paradoxer Weise zum Verderben der Menschheit aus«, und er scheut sich nicht, die gegenwärtige Zivilisation mit einem bösartigen Tumor zu vergleichen.[1] Die Entfesselung der Triebe zerstöre die Kultur, und man müsse von einer »fortschreitenden Infantilisierung« des Zivilisationsmenschen sprechen. Neil Postman stimmt ihm insofern zu, als er feststellen zu dürfen glaubt, daß durch das Fernsehen, insbesondere das amerikanische, dem Kindwerden der Erwachsenen ein »Erwachsenwerden« der Kinder und damit ein »Verschwinden der Kindheit« entspreche. Im Fernsehen werde alles zur Story, als Narkotikum ohnegleichen mache es sowohl die Vergangenheit wie die Geschichte zu Belanglosigkeiten.

Günter Anders sprach schon 1956 von der »fleischlichen Tölpelhaftigkeit« des Menschen, der sich neben der Perfektion seiner Apparate »antiquiert« vorkommen müsse. Erwin Chargaff, Naturforscher und jüdischer Emigrant aus Deutschland, scheut vor der schroffen Aussage nicht zurück, die Menschen der Gegenwart lebten und stürben »auf einem gottverlassenen Misthaufen«, und der Entgottung der Natur entspreche die Verarmung der Menschenseele.

Aussagen wie diese kann man schwerlich als »reaktionär« oder »nostalgisch« abtun, denn Männer wie Lorenz und Chargaff sind Wissenschaftler höchsten Ranges, und sie üben mithin Selbstkritik, wenn sie, wie Chargaff, von der »unseligen Imprägnierung unseres Lebens durch die Wissenschaften« sprechen.[2] Und ein Begriff, der bei ihnen eher implizit ist, hat ja in der Gestalt von Massenbewegungen, die sich selbst in betonter Weise einen modernen Charakter zuschreiben, eine machtvolle, schlechterdings unübersehbare Verkörperung erfahren, nämlich der Begriff der »Selbstvernichtung«. Daß die Menschheit am Rande der Selbstvernichtung stehe, hat die »Friedensbewegung« immer wieder hervorgehoben, aber sie sah die Gefahr ganz vornehmlich in der atomaren Rüstung der zwei feindlichen und im Kalten Krieg befindlichen Supermächte; die Umweltbewegung dagegen brauchte auf ihre Hauptthese nicht zu verzichten, als der Kalte Krieg zu Ende gegangen war, denn für sie kann auch eine in Frieden lebende Menschheit sich selbst zugrunde richten, indem sie den Boden und die Flüsse, ja die Meere durch die Abfallprodukte ihrer Industrie vergiftet, die lebenserhaltende Ozonschicht zerstört und im eigenen Müll erstickt.

Aber wenn die Furcht vor der Selbstvernichtung der Menschheit durch ihre eigenen Fortschritte vermutlich das neuartigste und kennzeichnendste Phänomen am Ende des 20. Jahrhunderts ist, so ist doch der Fortschritts- und Wissenschaftsglaube, der im 19. Jahrhundert die fast unbestrittene Vorherrschaft besaß, keineswegs erstorben, zumal nicht in den USA, und es wäre eine grobe Einseitigkeit, wenn wir ausschließlich auf die Stimmen der Kulturkritiker hören wollten. Autoren wie Nicholas Negroponte, Marvin Minsky, Bill Gates und Alvin Toffler unterstreichen mit größtem Nachdruck die außerordentlichen Erfolge, welche die mit der Technik verschmelzenden Naturwissenschaften gerade in den letzten Jahrzehnten errungen haben: die Überwindung aller Entfernungen im »Weltdorf« der mehr und mehr zu Einheit gelangenden Welt, in welcher grundsätzlich jedes Individuum in Sekundenschnelle mittels Telefon, Fax und vor allem »E-Mail« mit jedem anderen Individuum Kontakt aufnehmen kann, die erstaunlichen Fortschritte der Medizin, die dazu geführt haben, daß die durchschnittliche Lebensdauer in den fortgeschrittenen Teilen der Welt nahezu doppelt so hoch ist wie zu Beginn des 19. Jahrhunderts, und auch die ständig anwachsende Produktivität der Wirtschaft, die mit immer weniger Menschen immer größere Gütermengen erzeugt. Zwar stellen sie in der Regel nicht in Abrede, daß diese triumphalen Erfolge nicht ohne Kehrseite sind – sie verschweigen nicht die »strukturelle« Arbeitslosigkeit großer Massen von Menschen, welche gerade durch die Rationalisierung der Produktion hervorgebracht wird, und sie könnten die steigende Abstraktheit der menschlichen Beziehungen anführen, die dem Charakter der Beziehungen in einem genuinen Dorf so sehr entgegengesetzt ist – doch sie heben mit Nachdruck hervor, daß nur bessere und umfassendere Technik die Wunden zu heilen vermag, welche die Technik geschlagen hat und daß die Empfehlungen einer Rückkehr zum »einfachen Leben«, die von radikalen Ökologen wie Rudolf Bahro gegeben werden, nichts anderes als phantasievoller Unsinn sind. Aber über die Auffassungen und Empfehlungen eines so geistvollen Philosophen wie Hans Jonas können sie sich nicht ebenso leicht hinwegsetzen, und in dem Werk über das »Prinzip Verantwortung« dieses Denkers ist ein Satz zu lesen, der die schlichte, auf Beobachtungen beruhende Kulturkritik und deren Begriff der Selbstzerstörung mit der »europäischen Geschichte« in Zusammenhang bringt, indem es heißt, das Prinzip einer »Zukünftigkeitsethik« könne nicht bei dem »rücksichtslosen Anthropozentrismus« stehenbleiben, der die herkömmliche und besonders die hellenisch-jüdisch-christliche Ethik des Abendlandes auszeichne.[3]

So läge denn in den ersten Anfängen der »europäischen«, d.h. der »abendländischen«, von Jerusalem, Athen und Rom herkommenden Geschichte der Anfang jener Phänomene, die auf den ersten Blick nur wie eine von außen oder allenfalls vom Rande herkommende Zerstörung erscheinen? Dem kann man nicht zustimmen, bevor man sich nicht andere geschichtliche Beispiele vor Augen gestellt hat, in denen Zerstörung oder Klagen über Zerstörung und Niedergang noch handgreiflicher vorzufinden sind, als es heute von seiten der Kulturkritik geschieht.

Die »Kulturrevolution« in China ging vermutlich auf Machtkämpfe in der obersten Führung der KP Chinas zurück, d. h. Mao Tse-tung wollte dadurch die schon verlorene Alleinherrschaft zurückgewinnen und noch fester begründen. In all dem war sie gleichwohl eine »Revolution gegen die Kultur«, nämlich gegen die spezifische Überlieferung Chinas und insofern gegen dessen Geschichte, also, wie es schien, ein Prozeß der Selbstzerstörung.

Ich zitiere aus den Erinnerungen einer jungen Chinesin, der Tochter eines hohen Parteifunktionärs: »Lin Biao hielt eine Rede und rief die Roten Garden auf, die Schulen zu verlassen und die »vier alten Dinge« zu zerschlagen – nämlich die »alten Ideen, die alte Kultur, die alten Gewohnheiten und die alten Sitten. Auf diese Aufforderung hin gingen die Roten Garden in ganz China auf die Straßen ... sie brachen in die Häuser ein, zerschlugen deren alte Kunstwerke (antiques), zerrissen die Gemälde und die kalligraphischen Arbeiten. Sie zündeten Scheiterhaufen an, um Bücher zu verbrennen. Sehr bald waren nahezu alle Kostbarkeiten, die sich in privatem Besitz befanden, zerstört ... Museen wurden geplündert. Paläste, Tempel, alte Gräber, Statuen, Pagoden, Stadtmauern: alles, was alt war, wurde attackiert ... Im Zentrum Pekings wurden einige Theater und Kinosäle in Folterkammern verwandelt. Von ganz Peking wurden die Opfer hierhergebracht«.[4]

Aber all das war nicht wirklich neu. Es war eine Fortsetzung jener großen Kampagne gegen »die Rechten«, mit der Mao ein Jahrzehnt zuvor alle Ansätze zum Wiedererwachen der überlieferten chinesischen Kultur nach dem unerwarteten Erfolg der »Hundertblumenbewegung« zerschlagen hatte, und der Korrespondent eines deutschen Magazins beschrieb im Rückblick voller Wehmut, wie im Verlauf der kommunistischen Herrschaft aus dem geheimnisvollen alten Peking, in dem es 300 Buch-Antiquariate gegeben hatte, eine »moderne« Stadt geworden war, in deren Zentrum man mehr als tausend Fabriken eröffnet hatte, nachdem die schönen alten Innenhofhäuser mit ihren Toiletten und Badezimmern als Brutstätten des »Klassenfeindes« durch slumartige Massenquartiere ersetzt worden waren.

Zwar könnte man einige Analogien aus der jüngsten Geschichte Europas anführen, sowohl im deutschen Jahr 1933 wie in der deutschen, italienischen und französischen »Studentenrevolution« von 1968, aber ein so offenkundiger und verbreiteter Prozeß einer Selbstzerstörung hatte doch nirgendwo stattgefunden. Handelte es sich in China indessen wirklich um eine »Selbstzerstörung«? Handelte es sich nicht vielmehr um einen Prozeß, der »von außen«, eben vom »Westen«, induziert war und der hier lediglich eine Gestalt annahm, die in hohem Maße extremistisch und doch auch wieder sehr »chinesisch« war? Ruft etwa eine tendenzielle Selbstzerstörung der europäischen Kultur im Bereich anderer Kulturen eine bloß noch viel anschaulichere Form der Selbstzerstörung hervor, die mithin so etwas wie eine zur Karikatur verzerrte Spiegelung ist?

Wir wollen jedoch noch einen weiteren Ansatz machen, um zu überprüfen, ob nicht ein nostalgischer Pessimismus, zu dem jeder neigen muß, welcher an der »neuen Unübersichtlichkeit« der desinformierenden und manipulierenden »Informationsgesellschaft« Anstoß nimmt, das Urteil trübt und die eigene Neuartigkeit überschätzt.

Die Vorstellung vom Niedergang in der Geschichte ist ja viel älter als das Fortschrittsbewußtsein, so gewiß die Idee der allmählichen Verbesserung nicht fehlt. Folgendermaßen beschrieb Hesiod, neben Homer der älteste Dichter Griechenlands, um 700 vor Christus seine Gegenwart:

»Faustrecht gilt, da der eine die Stätte des andern zertrümmert.
Nicht wird Eidestreue gewürdigt, nicht erntet die Güte,
Nicht die Gerechtigkeit Dank …
nur trauriges Elend
Bleibt den sterblichen Menschen, und nirgends ist Abwehr des Unheils.«

Diesem traurigen Zustand stellt der Dichter die früheren Geschlechter der Menschen gegenüber, die allesamt besser waren, zumal das erste, das »goldene«, dem alles Erwünschte eigen war, weil der »nahrungspendende Acker unbestellt in neidloser Fülle Frucht trug«. In moderner Ausdrucksweise könnte man sagen: angesichts der in der Vorzeit verwirklichten Utopie stellt sich die Realität der Gegenwart als böse und verwerflich dar. Aber der Niedergang der Geschichte entspringt offenbar dem Willen der Götter: er ist kein Prozeß der Selbstzerstörung.

Anders sehen die Dinge bei Platon und Polybios aus, wo die beste Verfassungsform, die Monarchie, sich von sich aus zum Abstieg in die Aristokratie, die Demokratie und schließlich in die Tyrannis forttreibt. Aber der tiefste Punkt ist kein endgültiger, sondern gerade das Übermaß des Bösen und Negativen erzeugt den Umschlag zur Monarchie zurück, so daß ein Kreislauf, eine »anakyklosis«, eintritt, die im Prinzip unaufhebbar ist, die bei Polybios jedoch den Ausweg der »gemischten Verfassung« offenläßt, welche die Stärken der reinen Typen vereinigt und eben dadurch deren Schwächen vermeidet, so daß sie dem Prozeß der Selbstzerstörung oder Selbstüberholung nicht mehr ausgesetzt ist.

Eine Vorstellung vom Niedergang, der indessen nicht unaufhebbar ist, liegt auch den Predigten der Propheten des Alten Testaments zugrunde, aber sie ist keineswegs auf den abendländischen Kulturkreis beschränkt. So läßt zum Beispiel der große islamische Historiker und Geschichtsphilosoph Ibn Chaldun alle Geschichte von der »aschabija«, dem Gemeinschaftsempfinden der ursprünglichen Sippen und Stämme ausgehen, einem Empfinden, das sich auch noch einige Zeit hält, wenn Reichsgründungen und Luxus die Glanzlichter der Kultur erzeugen, das sich aber immer mehr abschwächt und schließlich eine letzte Stufe hervorbringt, die Stufe einer bloßen Zivilisation, die dem Untergang vorausgeht. Selbstzerstörung ist also der Grundcharakter jeder Kultur, und damit nimmt Ibn Chaldun wesentliche Gedankengänge von Giambattista Vico und Oswald Spengler vorweg. Die unumgängliche Konsequenz wäre, daß sich alle diejenigen täuschen, welche die negativen Phänome der Gegenwart als spezifische Eigentümlichkeit der europäischen Kultur und Geschichte charakterisieren; es würde sich vielmehr um allgemeine Phänomene handeln, deren Analogien sich in weit entfernten Zeiten aufweisen lassen. Naturwissenschaftler machen sogar darauf aufmerksam, daß Prozesse der Selbstzerstörung schon unter Tieren, ja sogar letzten Endes als kosmische Prozesse zu beobachten sind: Seefahrer setzten einst auf der Insel Fernando Póo einige Ziegen an Land, für die sie keine Verwendung hatten, und als sie nach vielen Jahren wieder an der Insel vorbeikamen, stellten sie fest, daß die Tiere, da sie auf der Insel keine Feinde vorfanden, sich sehr rasch vermehrt hatten, deshalb alle Pflanzen auffraßen und schließlich allesamt zugrunde gegangen waren; gewisse Ameisenarten halten sich Blattläuse als eine Art Sklaven und werden dadurch allmählich so träge, daß sie bald den Angriffen anderer Ameisenarten zum Opfer fallen; der Weltprozeß im ganzen ist ein Prozeß der Entropie, in dem schließlich alle Energiedifferenzen ausgeglichen werden, so daß, wenngleich nach dem Verlauf gigantischer Zeitspannen, die Erstarrung im »Kältetod« die unvermeidliche Folge ist.

Aber es sind schwerlich diese Thesen von allgemeiner Art, welche die »Kulturkritiker« zum Innehalten und zum erneuten Nachdenken veranlassen sollten, sondern es ist die Erinnerung an frühere Denker, die uns zeitlich noch recht nahe sind, und die etwas spezifisch Europäisches zu beobachten und zu kritisieren glaubten, einen Prozeß der Zersetzung und der Auflösung, zu dem es in anderen Kulturen kein Analogon gebe. Es sind die Vorkämpfer der »alten Kirche«, des Katholizismus, die im Protestantismus ein verhängnisvolles Prinzip bekämpfen, das andere zerstörerische Phänomene wie den Liberalismus und den Sozialismus hervorbringe.

Jacques-Bénigne Bossuet, der große Kanzelredner der Zeit Ludwigs XIV., schreibt um 1680 seine »Histoire des Variations des Eglises protestantes«, welche die Wandelbarkeit und Vielfalt der protestantischen Lehrmeinungen, Kirchen und Sekten der Festigkeit und Dauerhaftigkeit der »katholischen Wahrheit« gegenüberstellt und daraus ein sehr negatives Urteil ableitet.

Joseph de Maistre nennt zu Beginn des 19. Jahrhunderts den Protestantismus »den größten Feind Europas, ein verhängnisvolles Geschwür, den Vater der Anarchie«, weil er die individuelle Vernunft auf den Thron erhebt und einer »Aufklärung« den Weg bereitet, die jeden einzelnen Menschen in die Haltlosigkeit seines einsamen Urteils stürzt und damit einer radikalen Fehleinschätzung der menschlichen Natur zur Existenz verhilft, denn der Mensch habe, um sich richtig verhalten zu können, Glaubensüberzeugungen nötig und nicht Probleme. Die Wissenschaft aber könne solche bindende Überzeugungen nicht vermitteln, und deshalb kämen die Naturwissenschaften die Menschen teuer zu stehen, denn sie nährten die Illusion, daß dasjenige, was in ihrem Bereich sinnvoll sei, nämlich die Diskussion, auf die Politik und das Staatsleben übertragen werden könne.

Juan Donoso Cortés verknüpft die zerstörerische Tendenz zur Diskussion mit einer bestimmten sozialen Klasse, dem Bürgertum, das er geringschätzig, aber auch anklagend als die »clase discutidora« bezeichnet. Als Hauptphasen des historischen Zerstörungsprozesses nennt er die Reformation, die Renaissance, die Aufklärung und den Absolutismus, und er stellt die These auf, die Erde, »über die die philosophische (d.h. protestantisch-aufklärerische) Zivilisation hinweggeschritten« sei, werde verflucht sein, denn es werde die Erde des Verderbens und des Blutvergießens sein; schon jetzt habe sie die Wege »für einen gigantischen, universellen, unmeßbaren Tyrannen bereitet«. Als Rettungsmittel empfiehlt Donoso in seiner berühmten Rede vom Januar 1849 die Diktatur, nämlich die »Diktatur des Säbels«, d. h. des Militärs, zwecks Vermeidung der »Diktatur des Dolches«, d. h. der Machtergreifung der Verschwörer und Agitatoren, aber es besteht kaum ein Zweifel, daß er gegen Ende seines Lebens von tiefem Pessimismus erfüllt war und daß er ganz wie de Maistre hätte sagen können »Ich sterbe mit Europa«.

Handelte es sich bei diesen Denkern nicht offensichtlich um »Reaktionäre«, um Verteidiger einer verlorenen Sache? Aber klingen nicht viele Aussagen der zu Beginn zitierten Kulturkritiker der Gegenwart ganz ähnlich? Hat nicht Donoso Cortés den Totalitarismus des 20. Jahrhunderts mit viel größerer Bestimmtheit vorhergesagt als etwa Herbert Spencer, obwohl dieser große Vorkämpfer von Handelsfreiheit und Pazifismus am Ende seines Lebens von bohrenden Zweifeln nicht frei war. Hat nicht auch Alexis de Tocqueville von der zukünftigen und ganz neuartigen Tyrannei gesprochen, der »Tyrannei der demokratischen Majorität«, die freilich als Konsequenz des Individualismus »sanft« und dennoch eine »pouvoir immense et tutélaire« sein würde, das den jeweils auf sich allein zurückgeworfenen Individuen schließlich »die Anstrengung des Denkens und die Mühe des Lebens abnehmen« könnte, um sie, wie sich hinzufügen ließe, in dasjenige zu verwandeln, was Nietzsche »die letzten Menschen« nannte. Und nicht einmal der Großmeister derjenigen Lehre, die von de Maistre und Donoso sicherlich als die verhängnisvollste von allen bezeichnet worden wäre, wenn sie ihnen bekannt gewesen wäre, nämlich Karl Kautsky, blieb von Sorgen und Bedenken hinsichtlich der Zukunft frei, als er den in Rußland siegreichen Bolschewismus einen »tatarischen Sozialismus« nannte. Und nun ist nochmals die Frage zu stellen:

Brach hier ein fremdes Element ein – das Barbarentum des »zurückgebliebenen« Rußland –, so daß Europa von außen mit der Zerstörung bedroht war, oder war am Ende der Sozialismus selbst, ja schon der Liberalismus und die liberale Demokratie die Selbstzerstörung Europas? Aber müßte dann nicht die unerträgliche Folgerung lauten, daß diejenigen am meisten recht hatten, die am offenkundigsten einem längst vergangenen Geschichtszustand zugehörig waren und daß nahezu alle heute noch lebenden geistigen Mächte – Protestantismus, Liberalismus, Sozialdemokratie, Sozialismus – sich wechselseitig als Faktoren der Selbstzerstörung der europäischen Geschichte und der europäischen Kultur betrachten und anklagen müßten?

Hier scheint ein Rückblick auf Hegel den besten Ausweg zu weisen. Was de Maistre mit negativem Akzent als »Auflösung« und »Zersetzung« versteht, wird von Hegel gerade als »Realisierung«, als »Verwirklichung« aufgefaßt, als ein Sich-Durchsetzen des Neuen, welches das Alte in der Tat aufhebt, aber nicht vernichtet, sondern auf eine höhere Stufe und zu neuen Synthesen gelangen läßt. So nimmt der Protestantismus von der mittelalterlichen Askese Abschied, und er wendet sich »der Welt« zu, aber er macht eben diese Welt »sittlich«, und das konnte er nur, weil die katholische Askese ihm vorhergegangen war und die »heidnische« Unmittelbarkeit der Weltbeziehung aufgehoben hatte. Der Protestantismus ist also eine höhere Stufe als der Katholizismus, aber er bewahrt wesentliche Merkmale dieser früheren Stufe, indem er sie verändert. Mithin ist dasjenige, was in den Augen von de Maistre eine »Selbstzerstörung Europas« war, in Wahrheit die Selbstverwirklichung der europäischen Geschichte mittels der Selbstüberwindung ihrer früheren Stufen.

Aber die höchste Stufe, die Selbstüberwindung des Protestantismus, ist für Hegel nichts anderes als seine eigene Philosophie, in der Gott zum Selbstbewußtsein gelangt und der auf dem politischen Gebiet die konstitutionelle Monarchie entspricht. Es gibt bei Hegel einige Andeutungen, die mit negativem Akzent auf den dogmatischen Liberalismus, das Prinzip der Atome, verweisen, und auf Amerika als Macht einer zukünftigen, auch den Alltag durchdringenden Vernünftigkeit. Aber im ganzen ist Hegels Dialektik eine Vollendungsdialektik, die den Anfang in einer Endstufe zu sich selbst zurückkommen läßt. Noch deutlicher ist dieser Charakter bei Marx, wo die klassenlose Gesellschaft des Sozialismus die Rückkehr auf höherer Stufe zum »Urkommunismus« ist, d. h. zur Gleichheit, Freiheit und Konfliktlosigkeit eines angeblichen Anfangszustandes, der leicht als die älteste aller Utopien der Menschheit zu erkennen ist. Ohne jeden Zweifel würde Hegel den intellektuellen Zustand der Gegenwart nicht als das »Selbstbewußtsein Gottes« anerkennen, und Marx würde die soziale Realität der Zeit vor der Jahrtausendwende einschließlich der Überreste des »realen Sozialismus« wohl seiner klassen-, staat- und konfliktlosen Gesellschaft stärker entgegensetzen als dem noch sehr begrenzten und zahmen »Kapitalismus« des 19. Jahrhunderts.

Ich umreiße abschließend mit freilich allzu knappen Worten einen Denkweg, der es möglich macht, die »Selbstzerstörung« der europäischen Geschichte sowohl als Realität wie als Herausforderung wahrzunehmen,

d. h. als einen Prozeß, dessen Ausgang offen und nicht von menschlichen Entscheidungen unabhängig ist.

Alle Philosophen aller Zeiten und aller Länder stimmen im Grunde darin überein, daß der Mensch sich als solcher dadurch von sämtlichen anderen Lebewesen unterscheidet, daß er eine Beziehung zum Kosmos, zu Gott oder zum Weltgrund hat und daß er aus dieser Beziehung heraus lebt, ob er nun die Welt und sich selbst von übermächtigen Kräften, von Göttern, beherrscht sieht, ob er alles Seiende als Kreaturen eines allmächtigen Schöpfers betrachtet oder ob er das Universum als ein sich selbst verschlingendes Ungeheuer versteht, das von Leiden und Qualen erfüllt ist. Nur deshalb hat er zugleich eine Beziehung zu sich selbst, ist er ein »Selbst« und also eine Person. Aus diesen grundlegenden Konzeptionen leiten sich die Hauptregeln seines Verhaltens ab: ob er die Götter durch die Darbietung von Opfertieren zu besänftigen sucht, ob er sich den Geboten des allmächtigen Schöpfergottes unterwirft, ob er aus dem leiderfüllten Kreislauf der Geburten auszubrechen und im »Nirwana« Erlösung zu erlangen strebt. Dieser den Menschen als Menschen konstituierende Urbezug ist die »theoretische Transzendenz« zu nennen, das keineswegs nachträgliche, sondern vorgängige Hinausgreifen des Menschen über die Alltagsnotwendigkeiten und Alltagswelten von Nahrungserwerb und Schutz gegen physische Unbilder, die denjenigen mancher Tiere so ähnlich sind. »Theoria« heißt in diesem Zusammenhang nicht »wissenschaftliches Erklärungssystem«, sondern »Schau«, etwa in dem Sinne, wie Kant ihn zugrundelegt, wenn er den Menschen als »kosmotheorós« bestimmt. Nichts war für Griechen und Römer selbstverständlicher als ihr Götterglaube; keine Gemeinsamkeit unter Menschen war je stärker und machtvoller als diejenige, die auf einem Glauben beruhte und sich einem anderen Glauben entgegenstellte: christliche Märtyrer überwanden das Römische Weltreich, islamische Glaubenskrieger unterwarfen innerhalb kurzer Zeit den größeren Teil der damals bekannten Welt: buddhistische Mönche und Kaufleute trugen ihre Religion über Tausende Kilometer von Wüsten und Gebirgen hinweg bis nach China.

Gewiß muß man sagen, daß in all dem auch Kämpfe politischer Gebilde um Macht und Einfluß, ja um den Besitz von Land und Reichtümern ausgefochten wurden, und es sticht ins Auge, daß fast überall auf der Erde sich eine Entwicklung vom Einfacheren zum Komplizierteren, ein Aufbrechen von Abgeschlossenheiten, eine Verfeinerung der Lebensführung vollzogen hat, aber die These bleibt trotzdem richtig, daß alle menschlichen Gruppierungen »der Natur« nahe blieben und sich den »Geboten Gottes« unterwarfen, so oft sie dagegen verstoßen mochten, daß trotz aller Verbesserungen und Sublimierungen die Menschheit durch die »theoretische Transzendenz« oder die Religion bestimmt blieb. Noch die Heere Karls V. bewegten sich nicht wesentlich schneller als die Heere Hannibals, und die Zerstörungskraft der Kanonen Wallensteins war nur quantitativ größer als diejenige der Waffen, mit denen die Römer Numantia bestürmten.

Aber die theoretische Transzendenz kann nur praktische Transzendenz werden, wenn der Mensch nicht mehr bloß einzelne Naturkräfte wie das Wasser in seinen Dienst nimmt, sondern wenn er eine Kraft herstellt, die in der Natur nur marginal vorkommt und unbenutzbar bleibt, nämlich den Dampf, wenn er sich mit Hilfe von Maschinen von der Erde in die Luft erhebt oder in die Wasser der Ozeane hinabtaucht, und wenn er sich selbst und die Verhältnisse, in denen er lebt, systematisch zu verändern und zu verbessern bestrebt ist. Und hier kommt die europäische Geschichte ins Spiel, denn dieser Fortgang von der theoretischen zur praktischen Transzendenz hat sich nur in Europa vollzogen, obwohl die Chinesen das Pulver und den Buchdruck eher kannten, und seine Voraussetzung waren Maximen von Denkern wie Bacon und Descartes, daß die Menschen sich zu Herren und Meistern der Natur machen sollten – Maximen, die ihrerseits nicht hätten artikuliert werden können, wenn nicht die rigorose Ethik des Alten Testaments und die im Prinzip unbegrenzte »Neugier« der frühen griechischen Wissenschaft vorangegangen wären. Die Eroberung von Nord- und Südamerika durch die Europäer beruhte großenteils noch auf der Kraft eines missionarischen Glaubens, aber mit der Industriellen Revolution – besser: mit der ersten industriellen Revolution – kam von Europa aus ein Prozeß in Gang, der sich als Weltwirtschaft und Weltpolitik allmählich auf die ganze Welt ausdehnte und nur für kurze Zeit den Charakter eines machtpolitischen Imperialismus trug.

Aber diese »Modernisierung« war nicht bloß auf Bibelsprüche und philosophische Maximen gegründet, sondern sie hatte sehr wesentlich damit zu tun, daß seit der Reformation jene Glaubensgemeinschaften zu »Konfessionen« wurden und in einen Konflikt gerieten, in dem sie, als solche »unmodern«, sich immer weiter zur Modernität forttrieben. Nicht nur »praktische Transzendenz« kennzeichnet das neuzeitliche Europa, sondern in eins damit das »Liberale System« als relativ freie Auseinandersetzung geistig-politischer Mächte, die in ihrem Sich-Weitertreiben den Individuen sowohl im intellektuellen wie auch im wirtschaftlichen Leben einen Spielraum gewährten, wie es in keiner anderen Kultur je der Fall gewesen war. Joseph de Maistre hatte nicht einfach unrecht, als er über »Zersetzung« klagte, während seine Gegner rühmend von »Emanzipation« sprachen. Andere Kulturen, die russisch-orthodoxe, die islamische, die chinesische, sollten später ganz ähnliche Klagen über die Zersetzung ihres Gemeinschaftsgeistes erheben und dann aber nicht »den Protestantismus«, sondern »den Westen« verantwortlich machen. Dieser Individualismus, der sich in Europa allmählich vom Bürgertum auf die Volksmassen ausbreitete, ist die kennzeichnendste Blüte der europäischen Geschichte und zugleich das mächtigste Auflösungsmittel der religiösen Glaubensrichtungen, aus deren Zusammenstoß und Wettbewerb er entstand.

Aber die Individuen werden nicht bloß aus überlieferten Zusammenhängen, insbesondere aus der tief verwurzelten Bodenständigkeit gelöst, sondern sie werden auch zu neuen Kombinationen zusammengefügt, sie werden »flexibel«, und einige Zukunftsforscher entwerfen das Bild eines künftigen Kapitalismus, wo völlig fließende Konfigurationen jenseits aller Unterscheidungen nach Nationen oder Glaubensrichtungen sich zusammenschließen und wieder auflösen, ohne daß eine andere Macht lenkend wäre als »der Markt«, der auch die größten Firmen gnadenlos ausschaltet, sobald sie den Ansprüchen des in ständiger Bewegung befindlichen Ganzen nicht mehr entsprechen. Diesen Individuen würden sich sicherlich die ausgedehntesten Möglichkeiten des Genusses bieten, und eines Tages würde sich für viele von ihnen sogar die Möglichkeit einer Weltraumfahrt ergeben, die sie noch mehr der Unsterblichkeit nahebringen könnte, als es auf der Erde die Fortschritte der Medizin zu tun vermögen, welche das Genom beherrschbar gemacht hat und eine unbegrenzte Anzahl von künstlich gewonnenen Körperteilen bereithält, mit denen die Leiden kranker Menschen behoben werden können. Dies wäre der Zustand, in dem die europäische Geschichte sich selbst zerstört oder besser aufgehoben hätte, um jener Weltgesellschaft und Weltzivilisation den Platz zu räumen, die Turgot und Condorcet in ihren Werken vorweggenommen hatten. Es ist zugleich der Zustand, den – oder dessen Kehrseiten – die Kulturkritiker im Auge hatten, von denen ich im Anfang gesprochen habe.

Und nun komme ich in leider unumgänglicher Kürze zu einigen Thesen, die man, wenn man will, politische nennen mag.

Unter all den Millionen von Gattungen auf der Erde und vermutlich im Weltall gibt es eine einzige, die durch ein Sich-Übersteigen oder durch

Transzendenz gekennzeichnet ist und die sich damit von der Natur so weit entfernen kann, daß heute die Forderung unüberhörbar ist, die irdische Natur vor ihr zu schützen.

Aber auch die Natur im Menschen selbst entzieht sich dem Zugriff nicht mehr. Dieser Fortgang von der theoretischen zur praktischen Transzendenz vollzog sich ursprünglich in der europäischen Geschichte. Heute scheint die einzigartige Blüte dieser Geschichte, der Liberalismus, als Liberismus die Alleinherrschaft gewonnen zu haben und die Individuen sogar von derjenigen Gattungshaftigkeit zu emanzipieren, die in den Wandlungen der Geschichte zwar verändert und geschwächt, aber nie in ihrem Kern angegriffen worden war. Die liberistische Gesellschaft ist höchst komplex, aber sie ist vor allem eine Gesellschaft ohne Kinder, d. h. ohne eine zur Selbsterhaltung ausreichende Zahl von Kindern. Es ist nicht nur das in der amerikanischen Verfassung als Grundrecht verankerte »Streben nach Glück«, das vielen modernen Individuen die Erzeugung und das Aufziehen von Kindern als unzumutbar erscheinen läßt, sondern es ist eine im uralten Egalitätsverlangen erst jetzt hervortretende Tendenz, die immer noch sehr ungleichmäßige Belastung von Frauen und Männern als Ungerechtigkeit zu bekämpfen und möglichst »abzuschaffen«.

Aber es gibt nur zwei konsequente Wege der Bekämpfung: entweder muß diese Ungleichheit, statt als ein Naturzwang für selbstverständlich gehalten oder erlitten zu werden, als bejahtes und glückbringendes Schicksal angenommen werden, oder auch die Fortpflanzung muß der Natur entrissen und in den Bereich der Kunst gerückt, d. h. mittels hochkomplizierter Maschinen vollzogen werden.

Aber diese Alternative existiert faktisch erst in der europäisch-amerikanischen Kultur, von wo die neue Grundtatsache ihren Ausgang genommen hat: daß die Transzendenz im Menschen so praktisch geworden ist, daß sie zahllose Individuen von ihrer Gattungshaftigkeit loslösen und also jene »Zersetzung« bis zu einem Punkt vortreiben kann, der für de Maistre und Donoso Cortés, aber auch für die Progressivisten des 19. Jahrhunderts unfaßbar gewesen wäre. Im nächsten Jahrhundert wird es sich um ein Problem Europas und des europäisch bestimmten Amerika handeln. Wenn die durchschnittliche Kinderzahl pro Ehe weiterhin wie in Deutschland und Italien nur 1,3 beträgt oder noch darunter absinkt, wird die europäische Geschichte in einem ganz buchstäblichen Sinne ein Prozeß der Selbstzerstörung genannt werden müssen. Europa wird dann nach einer turbulenten und schmerzhaften Übergangszeit der Masseneinwanderung aus

Ländern, die der Natur und damit der Religion näher geblieben sind, allenfalls auch noch von einer kleinen Minderheit der Nachkommen der heutigen Bewohner bewohnt sein. Nicht ganz wenige Europäer begrüßen diese Möglichkeit schon heute, weil sie nicht nur die nationalen, sondern sogar die kulturellen Unterschiede als unbedeutend, ja gefährlich betrachten, und dasjenige für richtig halten, was dem von Nationalsozialisten und Faschisten realisierten Extrem am vollständigsten, mithin auf extreme Weise entgegengesetzt ist.

Aber muß man nicht auch sagen, es sei ein Menschenrecht, daß jeder Mensch auf der Erde einen Platz habe, wo er sich »zu Hause« und unter seinesgleichen, d. h. in einem abgegrenzten Sprachraum fühlen dürfe, sofern er nicht den Übergang in einen anderen Sprachraum vorziehe oder zu der gewiß nicht kleinen Anzahl von professionellen Vermittlern gehöre? Letzten Endes handelt es sich eben nicht bloß um ein Problem der europäischen Kultur und Geschichte. Was dort eingesetzt hat, nämlich die Loslösung des Menschen von Natur und Gattungshaftigkeit, kann auf die ganze Menschheit übergreifen, und eine realistische Vorstellung vom »Ende der Zeiten« wäre die einer letzten Generation von langlebigen, lustsuchenden, von ihren Apparaten längst überholten, schließlich aber doch sterbenden Individuen, die sich für »Universalisten« halten und doch bloß Egoisten sind. Was Ludwig Klages einst als den »Untergang der Erde am Geist« beschrieben hat, wäre Wirklichkeit geworden.

Aber müssen wir, wie Klages, eine Unabwendbarkeit annehmen? Ich bin davon überzeugt, daß der Prozeß, den de Maistre »Zersetzung« und Hegel »Realisierung« nannte und der heute meist als »Emanzipation« bezeichnet wird, nicht rückgängig gemacht werden kann. Mit den alten idealistischen Termini kann er als Prozeß der Ausweitung der individuellen Freiheit beschrieben werden, von dem die Männer des Deutschen Idealismus einschließlich ihres Nachfahren Karl Marx allerdings eine allzu idyllische Vorstellung hatten. Aber die Freiheit eröffnet auch die Möglichkeit, sich bewußt zu demjenigen zurückzuwenden, was einstmals bloßer Zwang oder fraglose Sitte war. Eine Rechristianisierung auch nur der europäischen Welt scheint mir ausgeschlossen zu sein. Eine ideologisch begründete »Bevölkerungspolitik« wäre selbst dann nicht vorstellbar, wenn sie sich von biologistischen Gedankengängen fernhielte.

Der Pluralismus muß als Grundgesetz anerkannt werden, so wenig er in triumphalistischer Weise verherrlicht werden sollte, und damit ist das Hauptkonzept der großen totalitären Ideologien des 20. Jahrhundert zu verwerfen, nämlich die zur Hälfte durchaus verstehbare, zur anderen Hälfte aber verdammenswerte Vorstellung, daß eine »Weltkrankheit« durch die Beseitigung einer bestimmten Gruppe, sei es der Kapitalisten als Protagonisten des »weltgeschichtlichen Sündenfalls«, nämlich des Privateigentums, sei es der Juden als Vorkämpfer eines angeblich »reinen« und deshalb verhängnisvollen Universalismus geheilt werden könne. Aber ein geschichtsbewußtes, d. h. nicht auf die soziale Komponente reduziertes und der Tendenz zur Selbstverwerfung widerstehendes Christentum, das nur noch in relativ kleinen Kirchen und Gemeinden gelebt wird, kann zur Mäßigung des schicksalsfeindlichen Überschwangs einen bedeutenden Beitrag leisten, und wenn eine größere Anzahl von jungen, akademisch ausgebildeten Paaren bewußt auf Karrierevorteile verzichtet, um den Vorfahren trotz der radikal veränderten Situation in dem entscheidenden Punkte ähnlich zu bleiben, könnten sie zum Ausgangspunkt einer tiefgreifenden Wandlung werden. In der Spur Hegels das Selbstbewußtsein Gottes zu sein, werden sich diese jungen Menschen freilich nicht vornehmen, und über die Auflösung der religiösen und gemeinschaftsorientierten Bande werden sie nicht, wie de Maistre, bloß klagen. Daß die höchste Auszeichnung des Menschen zugleich die äußerste Gefahr darstellt und zwar keineswegs bekämpft werden darf, wohl aber gemäßigt werden muß, konnte nie zuvor die Einsicht einer ganzen Generation sein, und sie ist heute nur aus einem Blick auf den Prozeß der europäischen Geschichte zu gewinnen, der die Vorstellung der Selbstzerstörung ernst nimmt und dennoch an der eigenen Freiheit nicht verzweifelt.

Anmerkungen

1 Konrad Lorenz: Die acht Todsünden der zivilisierten Menschheit. München 1980, S. 18, 28 (zuerst 1973)
2 Erwin Chargaff: Kritik der Zukunft. Stuttgart 1983, S. 11, 58, 63
3 Hans Jonas: Das Prinzip Verantwortung. Versuch einer Ethik für die technologische Zivilisation, Frankfurt 1984, S. 95 (zuerst 1979)
4 Jung Chang: Wild Swans. Three Daughters of China. London 1992, S. 376 ff.

(Vortrag bei der Jahrestagung des VPM in Zürich am 20.12.1997)

16

Modernität und Transzendenz

Ich verstehe mein Thema nicht so, daß ich darüber referiere, auf welche Weise die Begriffe »Modernität« und »Transzendenz« am Ende des 20. Jahrhunderts von bestimmten Autoren in Beziehung zueinander gesetzt werden; ich versuche vielmehr zu bestimmen, wie ihr Verhältnis nach meiner Auffassung gekennzeichnet werden sollte.

Es dürfte nur wenige Termini geben, deren Anwendungsbereich sich über so lange Zeiten erstreckt wie der Terminus »modern«. In Lehrbüchern der Geologie ist zu lesen, vor 2000 Millionen Jahren habe mit dem Erreichen eines bestimmten Prozentsatzes des Sauerstoffs in der Atmosphäre »die moderne Klimageschichte« begonnen, und die Prähistoriker belehren uns darüber, daß nach dem Aussterben des Neandertalers mit dem Cro Magnon Menschen »der moderne Mensch« auf der Erde erschienen sei. Andererseits ist allgemein bekannt, daß ein moderner Computer schon nach zwei bis drei Jahren »veraltet« und mithin nicht mehr »modern« ist.

Wir wollen uns für ein paar Augenblicke einige der historischen und der heutigen Verwendungsweisen des Terminus vor Augen stellen.

In der griechischen Antike konnte der Begriff, der von lateinisch »modus« zuerst zu »modo« (kürzlich) abgeleitet ist, natürlich noch keine Verwendung finden, aber offensichtlich fühlten sich die Sophisten mit ihrer Herausstellung der Relativität der Wahrheit und mit ihrer Skepsis gegenüber dem überlieferten Götterglauben sowie mit ihrer Kritik an dem Gegensatz von »Hellenen« und »Barbaren« betontermaßen als die Vertreter eines »Neuen«, bisher in der Geschichte so nicht Vorhandenen, und sicherlich hätten sie Männer wie Aischylos und Pindar, die an den überkommenen Vorstellungen und Maximen festhielten, als »unmodern« oder als Gegner der Moderne bezeichnet, wenn ihnen der Terminus geläufig gewesen wäre. Andererseits gibt es heute Historiker, welche die Stätte der modernen Denkweise im Athen des 5. Jahrhunderts in den antidemokratischen Hetärien finden und also dieses »Neue« nicht in den Auffassungen sehen, die den unseren verwandt erscheinen, sondern in einer Rücksichts- und Bedenkenlosigkeit, die in den älteren Zeiten noch nicht zu finden war.

In beiden Fällen ist aber der Gegensatz zu etwas »Altem« kennzeichnend, und das Neue gilt zwar als das Bessere, aber es fehlt die Vorstellung, daß dieses Neue sich unablässig selbst erneuere und daher Teil eines Fortschrittsprozesses sei, der möglicherweise in etwas definitiv Neuem seinen Höhepunkt und sein Ende finden werde. Die Überzeugung, daß die Staatsverfassungen und die menschlichen Dinge überhaupt sich in einem Kreislauf bewegten, war zu stark, und auf den »glücklichen Inseln«, deren Bild nicht selten gezeichnet wurde, lebten Menschen, die sich gerade durch eine einfachere, wenngleich gerechtere Lebensführung von den Zeitgenossen in der zivilisierten Gegenwart unterschieden.

Daß das Alte und Überlieferte, nicht aber das bloß-Einfache, ein Vorbildliches sei, war dagegen der Ausgangspunkt für jene Entgegensetzungen und Streitigkeiten, in denen am Ende des Mittelalters und zu Beginn der Neuzeit der Begriff »modern« als solcher Verwendung findet: in der »devotio moderna« etwa und in der »querelle des anciens et des modernes«. Das Neue wird hier entweder nur beschrieben, etwa als eine bisher wenig gepflegte Art der Innerlichkeit und Versenkung, oder es muß sich angesichts der Klassizität der Überlieferung rechtfertigen. Was uns als weltgeschichtliche Erneuerungsbewegung erscheint, zumal die Reformation, war, wie schon der Name zeigt, für die Zeitgenossen eine Rückkehr zur alten, zur unverfälschten Wahrheit, und es wäre weder Luther noch auch Calvin eingefallen, sich als Vertreter von etwas Neuem und Modernem gegenüber dem Alten und Überholten zu verstehen. Eher zeigen sich heute Historiker geneigt, den Täufern der Reformationszeit moderne Tendenzen zuzuschreiben, denn ein Teil von ihnen ließ das quälende Sündenbewußtsein im Gefühl des Auserwähltseins hinter sich, und sie bekämpften durchweg die »magischen« Sakramentsvorstellungen und das äußerliche Zeremonialgepränge der Kirchen – wer sich allerdings des Zungenredens und der phantastischen Visionen erinnert, die unter den Wiedertäufern zu Münster im Schwange waren, wird eher zu der Meinung neigen, diese Menschen seien sehr unmodern gewesen.

Die Humanisten und die anderen Vorkämpfer der Renaissance scheinen sich dagegen eindeutig einer versinkenden und dunklen Vergangenheit entgegenzustellen, aber gerade sie fanden in dem noch älteren, eben dem Antiken, das Wahre und Vorbildliche. Für Vasari ist das Moderne gerade das »Gotische«, ein Produkt mittelalterlicher Barbarei, das für ihn allerdings nicht durch einen bloßen Rückgriff auf die klassische Antike überwunden werden kann. Immer wieder ist in diesen Zeiten ein merkwürdiges Ineinander von Zügen zu konstatieren, die uns als »modern« und als »unmodern« anmuten: Was könnte moderner sein, was hat tatsächlich die moderne Zeit stärker begründet als die Entdeckungsfahrten der Spanier und Portugiesen um die Wende des 15. zum 16. Jahrhundert – und dennoch glaubte Kolumbus, als er die Mündung des Orinoco erreichte, einen der vier Ströme des Paradieses zu erblicken!

Eindeutigkeit gewinnt der Terminus »modern« erst, als er mit dem Begriff des »Fortschritts« zusammengebracht wird. In Fontenelles »Digression sur les anciens et les modernes« verteidigen sich die Modernen nicht mehr, sondern sie greifen an: Die Erfahrung ist zweifellos in ständiger Vermehrung begriffen, der größeren Erfahrung entspringen alle diejenigen Instrumente, über die Aristoteles noch nicht verfügte – das Mikroskop, das Thermometer, die Luftpumpe – und deren Fortentwicklung behindert werden würde, wenn die Aristoteliker mit ihrer Abneigung gegen Experimente wieder die Oberhand gewännen. Schon für Francis Bacon war die Wahrheit bekanntlich die Tochter der Zeit und nicht der Autorität. Die moderne Zeit ist also der Erfahrung und dem Experiment zugewandt, daher erfindungsreich, kritisch gegenüber der Autorität sowohl der Kirchen wie der alten Philosophen, auf Verbesserung auch der konkreten Lebensumstände der Menschen ausgerichtet, an der Zukunft statt an der Vergangenheit orientiert, von der Perfektibilität des Menschen überzeugt, die Vernunft zum Maßstab erhebend. Modern war auch die Milderung des überkommenen und barbarisch harten Strafrechts, nicht zuletzt durch das Werk von Beccaria, modern war die Bekämpfung der Kindersterblichkeit und der unhygienischen Verhältnisse in den Städten, modern war, mit einem Wort, die »Verbesserung«, die schon in der zweiten Hälfte des 18. Jahrhundert zur Maxime wurde und die dann von Turgot und Condorcet zu der eigentlichen Fortschrittsphilosophie ausgebaut wird, welche in Hegel ihre spirituellste Gestalt gewinnt.

Aber schon bei Hegel tritt eine Kehrseite des Modernen in den Blick, und es ist nicht zufällig, daß er auch das pejorative Wort »Aufklläricht« verwendet, obwohl er sich niemandem stärker verpflichtet weiß als den großen Denkern der Aufklärung: die Moderne kann sich sozusagen in sich selbst verfangen, selbstzufrieden und philisterhaft werden oder auch die Vergangenheit bloß abweisen, statt in ihr, wie zum Beispiel in der mittelalterlichen Askese, ein notwendiges Moment der dialektischen Bewegung zu erkennen. Marx widmet dieser Kehrseite schon ein Höchstmaß an Aufmerksamkeit: der industrielle Kapitalismus der Gegenwart ist die höchste Stufe der Moderne, aber er hat die mittelalterliche und freilich noch »bornierte« Einheit des Menschen mit seiner Lebenswelt zerstört, er hat das Leben in abstrakte Momente auseinandergelegt, er schließt »Entfremdung« und »Verdinglichung« des Menschen in sich, und er würde einen Sturz in den Abgrund herbeiführen, wenn er sich nicht notwendigerweise zum Gegenteil seiner selbst forttriebe, das zugleich seine Erfüllung ist: zum Sozialismus, welcher Staaten und Klassen beseitigt und den Menschen die Konkretheit und Unmittelbarkeit ihres vorgeschichtlichen Lebens zurückgibt, allerdings »auf höherer Stufe«. Für Nietzsche ist diese große Hoffnung zu einem Faktor innerhalb der »Gesamtentartung der Menschheit« geworden, die als verächtliches Verfallsprodukt schließlich den »letzten Menschen« hervorbringt. Aber Marx' Entdeckung des Negativen in der Moderne und Nietzsches Verwerfung der Moderne fanden in der öffentlichen Meinung und im politischen Geschehen des 19. Jahrhunderts wenig an Entsprechungen: Das Thema aller Gespräche unter gebildeten Menschen der dreißiger und vierziger Jahre war nach der Feststellung eines zeitgenössischen Historikers die erstaunliche Überwindung der Entfernungen durch den Bau der Eisenbahnen; die erste industrielle Weltausstellung im Jahre 1851 in London erzeugte einen nahezu ungemischten Enthusiasmus; und daß Nationalsprachen im Okzident längst die einstige Universalsprache des Lateinischen abgelöst hatten, wurde nicht als Widerspruch empfunden. Das 19. Jahrhundert verstand sich als »Zeitalter der Verbesserungen«, als das »age of improvement«, und es hatte Grund zu dieser Selbsteinschätzung. Schon der »code civil« Napoleons begründete sich aus »den wesentlichen Maximen der modernen Gesellschaft«: der persönlichen Freiheit, der Gleichheit vor dem Gesetz, der Gewissensfreiheit, der Gewerbefreiheit und nicht zuletzt der Laizität des Staates; aber ihren Höhepunkt erreichte die uneingeschränkte Affirmation des »Modernen« wohl erst im Selbstverständnis der Dritten Französischen Republik, die sich als Fortsetzung und Verwirklichung all des Modernen verstand, das mit der Revolution von 1789 eingetreten war – nicht zuletzt als Ersetzung der »feudalen Herkunfts-Gesellschaft« durch die Leistungsgesellschaft, allerdings unter Verwerfung der jakobinischen Tradition, die nach Jules Ferry als ein beklagenswerter Rückfall in einen archaischen Fanatismus anzusehen ist.

Aber als 1914 der erste Weltkrieg ausgebrochen war, als die Revolution der Bolschewiki in Rußland stattgefunden hatte, als der Friede von Versailles geschlossen war, welcher sich so sehr von den Friedensschlüssen des 19. Jahrhunderts unterschied, da mochte man in der Mitte der dreißiger Jahre meinen, daß fanatischer Enthusiasmus und rücksichtsloser Vernichtungswille nach dem Muster der Jakobiner die Oberhand gewonnen hätten, sowohl im bolschewistischen Rußland wie im faschistischen Italien wie im nationalsozialistischen Deutschland, den »totalitären« und insofern zweifellos modernen, aber doch anscheinend aus vormodernen, ja archaischen Impulsen erwachsenden Regimen. Und doch hatte dieser Krieg Entwicklungen gefördert, die das Moderne noch viel moderner, das Neue dem Alten weit unähnlicher machten als irgend etwas Vorhergehendes: Flugzeuge stiegen in die Luft empor, und Unterseeboote durchfuhren die Tiefe der Weltmeere; wenn es noch 1813 neun Tage gedauert hatte, bis die Nachricht vom Sieg bei Waterloo nach Berlin gelangt war, so erreichte die Nachricht vom Abschluß des Waffenstillstands in Sekundenschnelle durch den Telegraphen die USA und Japan.

Der Zweite Weltkrieg fand durch die modernste, bis dahin schlechterdings unvorstellbare Waffe im August 1945 sein Ende, und doch war der Abwurf der Atombombe nur der Anfang der Ausbreitung einer völlig neuen Technik, die, wie es schien, die Menschheit von allen Sorgen ob einer möglichen Erschöpfung der Energiequellen befreite. Im Zweiten Weltkrieg nahm auch der Vorstoß in den Weltraum seinen Anfang, der 1969 die ersten Menschen auf den Mond führte. Schließlich zerbrach die Grenze, die zwei politische Welten voneinander getrennt hatte, zwei Welten, die indessen beide die Bezeichnung »modern« mit Nachdruck in Anspruch genommen hatten. Heute ist die moderne Welt die im Prozeß der unwiderstehlichen Globalisierung begriffene Menschheit, innerhalb deren nur marginal einige partiell »vormoderne« Lebensweisen zu finden sind, sie ist die universale Kommunikationsgemeinschaft, in der im Prinzip jeder mit jedem in Sekundenschnelle Kontakt aufnehmen kann, sie ist der grenzenlose Weltmarkt, der in der unüberschaubaren Fülle zahlloser Angebote und zahlloser Nachfragen unablässig gravierende Veränderungen herbeiführt und nichts beim Alten läßt. Als der eigentlich moderne Mensch, die Verkörperung der Modernität, erscheint dann derjenige, welcher dieser universalen Bewegung am besten und bereitwilligsten entspricht, weil er alles hinter sich gelassen hat, was seine Flexibilität einschränkt. Einschränkender Art ist der Ort seiner Geburt, ist die unaufhebbare Bindung an einen anderen Menschen, ist die Kettung an Kinder, ist die Zugehörigkeit zu einem eng begrenzten »Vaterland« und zu dessen Sprache, welche die Kommunikation mit entfernten Menschen behindern: Der Mensch, der die Modernität verkörpert, ist wie ein Atom, das jederzeit bereit wäre, sich im Wandel der Bedingungen mit anderen Atomen zu neuen Molekülen zusammenzuschließen, welche sich wieder auflösen, sobald sie die jeweilige Aufgabe erfüllt haben. Dieser moderne Mensch würde vielleicht nicht einmal zögern, gegen ein gutes Angebot ein Weltraumfahrzeug zu besteigen, das ihn nicht nur für kurze Zeit die Erde umkreisen ließe, sondern das ihn über die Grenzen des Sonnensystems hinausführte, so daß er vielleicht als ein nur wenig gealterter Mensch erst zur Erde zurückkehren würde, wenn seine weniger modernen Mitmenschen längst ins Grab gesunken wären. Wir kommen mithin zu dem Ergebnis: das Moderne in allem Modernen, die Modernität selbst, ist das immer weitergehende Überschreiten vorhandener Grenzen und Schranken. Ein solches Überschreiten heißt Transzendenz. Wir gelangen mithin zu einer Gleichsetzung, die den Eindruck, daß unsere Fragestellung sich auf ein Verhältnis zwischen nicht-identischen Größen bezieht, aufzuheben scheint: Modernität ist Transzendenz.

Ugo Spirito hat in seinem Beitrag von 1971 zur Auseinandersetzung mit Augusto Del Noce den planetarischen Vereinheitlichungsprozeß und die Universalisierung der Werte mit großer Kraft und Entschiedenheit herausgestellt, und er benutzt dabei auch den Terminus »trascendere«: Wir werden jeden Tag in stärkerem Maße Weltbürger; das Fernsehen, die Kernenergie, die Weltraumfahrt bedeuten eine Weltrevolution; das wissenschaftliche Wissen verdrängt als universales das bloß partikulare Wissen der verschiedenen Religionen und Metaphysiken, denn ein ökumenisches Denken erkennt »die Partikularität jedes metaphysischen Glaubens« und ist gewillt, »sie alle in einem Forschungsunternehmen überlegenen Begreifens zu überschreiten«[1]. Diesen Prozeß sieht Spirito mit erstaunlicher Ungebrochenheit als einen ganz und gar positiven: auch die politischen Ideologien schwächen sich dauernd ab, Film und Fernsehen machen allen Menschen die einst auf Wenige beschränkten Kenntnisse zugänglich, die Arbeitszeit wird immer geringer, es wird in Zukunft keinen Dualismus von Regierenden und Regierten mehr geben, für Aversions- und Haßgefühle jeglicher Art gibt es keine Berechtigung mehr; indem der Mensch zum Objekt der Wissenschaft und damit veränderbar wird, eröffnet sich die Perspektive auf den Übermenschen der Zukunft, der die ganze Geschichte als bloße Vorgeschichte betrachten darf. So sind die Werte, die zugrunde gehen (»tramontano«) diejenigen, welche auf mehr oder weniger begrenzte Bezirke beschränkt sind, während die aufsteigenden Werte (»i valori che sorgono«) einen universalen Charakter haben.

Für Spirito ist also die Modernität als die stetige Selbstüberholung des jeweils Modernen, welche sich vornehmlich in den Fortschritten des wissenschaftlichen Wissens und des technischen Vermögens artikuliert, rückhaltlos zu bejahen, und dadurch setzte er sich dem Vorwurf Del Noces aus, er falle selbst einem »Mythos« zum Opfer, dem Mythos vom Fortschritt, genauer gesagt: von der Eindeutigkeit und schrankenlosen Positivität des Fortschritts, und dadurch bilde sein Denken lediglich einen Höhepunkt und Abschluß der Tradition des italienischen Aktualismus und des Comteschen Szientismus.

In der Tat tauchten, wie eben hervorgehoben wurde und wie allgemein bekannt ist, schon bei Hegel, bei Marx und bei Nietzsche Kehrseiten des Fortschritts und damit der Modernität auf.

Seit etwa einem Vierteljahrhundert, also auch seit dem Erscheinen von Spiritos Buch, sind die negativen Züge der Modernität und ihres »Überschreitens« von den verschiedensten Denkern und Schriftstellern, ja von der »öffentlichen Meinung« immer wieder herausgestellt worden. Das begann auf eine noch recht simple Weise mit der Furcht vor einer Selbstvernichtung der Menschheit durch einen atomaren Krieg zwischen den beiden »Supermächten«; es verstärkte sich durch den Glaubensverlust marxistischer Intellektueller, die kein Vertrauen in den künftigen Umschlag des gegenwärtigen Unheils in das vom Sozialismus zu bringende Heil mehr aufbrachten, aber die kapitalistische Gesellschaft nun als das Reich einer bloß instrumentellen Vernunft oder als eine »Gesellschaft des Verschwindens« weiterhin ganz negativ bestimmten; das nahm die Gestalt der Warnungen vor einer Zerstörung der Umwelt an, das gewann auch in Gestalt der Diskussion um die »Postmoderne« eine neue Erscheinungsform. Aber die größte Sorge ließ sich aus einem Höhepunkt des szientistischen Optimismus herleiten, nämlich aus der These amerikanischer Physiker, der Mensch werde imstande sein, das Weltall zu erobern und zu kolonisieren – freilich nicht in der Realität aus Fleisch und Blut, die man bisher allein als »Menschen« bezeichnet hat, sondern in der Form seiner in Gestalt von Computern und Raumfahrzeugen selbständig gewordenen Intelligenz, die das Erdenwesen Mensch weit hinter sich gelassen habe, so daß dessen Existenz oder Nicht-Existenz zu etwas Gleichgültigem werde.

Meines Wissens machen in der Diskussion um Modernität, Fortschritt und Wissenschaft, die sich gutenteils in den harmlosen Bezirken des »postmodernen« Relativismus und der »Beliebigkeit« bewegt, die Hauptbeteiligten – Jürgen Habermas, Gianni Vattimo, Jacques Derrida, Jean François Lyotard, Stefan Breuer und andere – keinen Gebrauch von dem Begriff »Transzendenz«, der ja ein philosophischer ist und durch die bloße Verwendung des Verbums »überschreiten« noch nicht erfüllt wird. Daher läßt sich die These begründen: wenn Modernität Transzendenz ist oder auch nur mit Transzendenz zu tun hat, dann muß sie als »Fortschritt« zu Bacons »regnum hominis«, aber auch als Niedergang zum »letzten Menschen« unzureichend bestimmt sein.

Die Geschichte des Begriffs »Transzendenz« läßt sich ebensoweit zurückverfolgen wie diejenige des Terminus »modern«, auch wenn sich im Anwendungsbereich keine Analogie zu der »modernen Klimageschichte« aufweisen läßt. Altetabliert ist der Begriff jedoch nur in der Form der »Transzendentalien«, jener allgemeinsten Seinsbestimmungen, die der Differenzierung in Kategorien vorausliegen und jedem Seienden als solchem zukommen: ens, res, unum, verum, bonum. Aber das Philosophieren, ja das Nachdenken als solches schloß von jeher ein »Übersteigen« in sich, das seinerseits die Bildung des Begriffs »Transzendentalien« ermöglicht und erst recht die bunte Vielfalt der existierenden Dinge in die Richtung auf ein »Ganzes« überschreitet, das sich von allem Teilhaften unterscheidet. Für das altindische Denken sind »brahman« und »atman«, sind »Welt« und »Seele« identisch, und der zentrale Satz des Parmenides lautet: »Denn dasselbe sind Denken und Sein«. Das philosophische Denken ist in sich selbst ein Übersteigen aller Dinge auf einen Welthorizont hin, der als »kosmos« verstanden werden mag, dessen Unbestimmbarkeit aber besser durch Termini wie »Deus absconditus« oder »Nichts« getroffen wird. Doch ein Bezug zu einem »Jenseits« der konkreten Umwelt liegt auch dann schon vor, wenn der Mensch sich nur einem höheren »Ding«, etwa einer numinos verstandenen Naturkraft, dem Gott des Feuers oder des Wassers, flehend oder verehrend nähert. Kein Tier hebt die Arme zur Sonne empor, um sie anzubeten, kein Tier schlägt sich reuevoll an die Brust, weil es gegen ein göttliches Gebot verstoßen hat.

Ein Überschreiten wird auch in der zweiten Abwandlung von »Transzendenz« gemeint, die in der Philosophie geläufig ist, nämlich im Begriff des »Transzendentalen«, wie Kant ihn ausgebildet hat. »Transzendental« ist der Komplex des Apriorischen, der reinen Anschauungsformen und der reinen Verstandesbegriffe, die alle Dingerkenntnis erst möglich machen. Dieses Überschreiten oder auch Vorwegnehmen, das zum Wesen des Menschen gehört, ja dieses Wesen überhaupt erst konstituiert, nenne ich »theoretische Transzendenz«, wobei »theoria« nicht als wissenschaftliche Theorie, sondern im ursprünglichen Wortsinne als »Schau« oder als »Blick« verstanden werden soll. Der alte Kant nannte den Menschen den »Kosmotheorós«, und die folgende Formulierung dürfte zulässig sein: der Mensch steht als solcher und von Anfang an in einem Weltbezug, selbst wenn er in archaischen Zeiten nur den Geist des nächsten Berges anbetet, er ist ein religiöses und philosophisches Wesen, auch wenn seine Religion primitiv und sein Denken unbeholfen ist. Nur weil er durch Transzendenz bestimmt, »weltoffen« ist, ernährt er sich nicht nur, wie die Tiere es tun, sondern er kann seinen Nahrungsspielraum erweitern; verendet er nicht wie alle Tiere, sondern er wird von seinesgleichen bestattet; bewegt er sich nicht bloß wie alle Lebewesen, sondern er erfindet Mittel, um sich schneller zu bewegen. Schon das tägliche, das praktische Leben der Menschen ist anders als das der Tiere, mag es auch in noch so enge Grenzen eingeschlossen sein. Daß er »Kosmotheorós«, »weltoffen« ist, wirkt sich auch in seinem praktischen Dasein aus, und zwar derart, daß sich dessen Reichweite vergrößert, wenngleich vielleicht nur im Verlauf vieler Generationen. Daher ist von der »theoretischen Transzendenz« die »praktische Transzendenz« zu unterscheiden, obwohl beide eng zusammengehören.

Aber die praktische Transzendenz bleibt hinter der theoretischen Transzendenz für lange Zeiträume weit zurück. Zwar könnte ein Wesen, das ohne Weltbezug wäre, das nicht den Göttern opferte, nicht zu den Sternen aufsähe und nicht von einem letzten Grund der Welt spräche, aus der Existenz der Sammler und Jäger nicht zur Existenzweise der seßhaften Bauern übergehen; zwar könnte ein solches Wesen sich nicht des Pferdes bedienen, um weit größere Strecken zurückzulegen, als die Vorfahren es vermochten, aber faktisch bleibt das Leben doch in enge Grenzen gebannt, so weit der verehrende, der fürchtende oder der denkende Geist sich darüber hinausschwingt. Noch Napoleon konnte seine Heere nicht wesentlich schneller bewegen als Alexander der Große, und die Nachricht vom Fall Trojas gelangte durch Feuerzeichen ebenso schnell nach Griechenland wie die Nachricht von der Niederlage des Korsen nach Berlin. Bei allem Respekt für die Fortschritte der Technik in der Antike, im Mittelalter und in der frühen Neuzeit kann man doch folgendes sagen: eine qualitative Differenz zu allem Vorhergehenden ergab sich erst mit der Industriellen

Revolution, als etwas so schwer Begreifbares, in natürlicher Gestalt kaum Vorhandenes und jedenfalls nicht Verwendbares wie der Dampf in den Dienst des Menschen gestellt wurde, als die Eisenbahn Menschen und Güter mit einer bis dahin unerhörten Geschwindigkeit bewegte, als der Telegraph über die Weltmeere hinweg Verbindungen herstellte, als aber auch der »erste moderne Krieg«, nämlich der amerikanische Bürgerkrieg, eine bis dahin unvorstellbare Zerstörungskraft in Erscheinung treten ließ. Heute ist die praktische Transzendenz schlechterdings unübersehbar geworden: der Mensch hat das Element der Luft erobert, er taucht in die Tiefen des Meeres hinab, ja er hat die Grenzen der Erde überschritten und ist bis auf den Mond gelangt. Erstmals ist nun denkbar geworden, was Tausende von Menschengenerationen als ruchlose Hybris empfunden haben würden: daß der Mensch in seiner praktischen Transzendenz tatsächlich dorthin kommt, wohin alle früheren Menschen auf bloß illusionäre Weise zu gelangen glaubten, zum »Absoluten«, zur »Welt selbst«, zu ihrem Grunde, sei es auch nur durch »Forschung«, die ja eine Weise der Praxis ist.

Es gibt im Buch Genesis des Alten Testaments zwei merkwürdige Aussagen Gottes über den Menschen. Als Adam und Eva erst eben geschaffen sind, sagt Gott zu seinen Engeln – oder zu den anderen Göttern, den elohim: »Seht der Mensch ist geworden wie wir; er erkennt Gut und Böse. Daß er jetzt nicht die Hand ausstreckt, auch vom Baum des Lebens nimmt und davon ißt und ewig lebt.«[2] Deshalb vertreibt er die Menschen aus dem Paradies. Aber als die vertriebenen Menschen den Turm von Babel zu bauen beginnen, da sagt Gott etwas ganz Ähnliches: »Seht nur, ein Volk sind sie, und eine Sprache haben sie alle. Und das ist erst der Anfang ihres Tuns. Jetzt wird ihnen nichts mehr unerreichbar sein, was sie sich auch vornehmen.«[3] Deshalb verwirrt der Herr ihre Sprache, so daß sie einander nicht mehr verstehen und zerstreut in allen Teilen der Welt leben. Aber vom Text her ist nicht auszuschließen, daß ein dritter Versuch gemacht werden könnte. Der Verfasser, wohl der »Jahwist«, ahnt offenbar etwas von der »praktischen Transzendenz«, und vielleicht hätte er Gott folgendes sagen lassen können: »Das Wesen, das Gott denkt, wird einmal in der Praxis Gott gleich sein wollen. Aber ich habe seinen Geist und seinen Willen an seinen Körper gekettet. Wenn er diese seine wesentlichste Begrenzung überschreiten will, dann muß er sich entweder selbst zersprengen oder seine Intelligenz in Form von ingeniösen Apparaten aus sich heraussetzen. So wird er entweder sich selbst ein physisches Ende bereiten, oder er bleibt als gleichgültige Hülse auf der Erde zurück, während seine Intelligenz verselbständigt der Welt zustrebt, der er mit seinen Gedanken schon in Urzeiten nahe war.«

Erst mit der Unterscheidung von »theoretischer« und »praktischer« Transzendenz ist, wie ich meine, die angemessene Dimension für die Bestimmung von »Modernität« erreicht. Es ist nicht richtig zu sagen: Modernität ist Transzendenz. Modernität ist die bisher klarste Erscheinungsform von praktischer Transzendenz, aber Transzendenz als solche und gerade ihre früheste und beständigste Gestalt, die theoretische Transzendenz, liegt der Modernität voraus, macht Modernität überhaupt erst möglich. Mit einfachen Worten: der Mensch ist nicht weltoffen, weil er modern ist, sondern er kann nur modern sein, weil er von jeher schon weltoffen ist. Weltoffenheit, Transzendenz, ist nicht vom Menschen hervorgebracht, sondern sie ist die Bedingung der Möglichkeit allen Hervorbringens; sie ist, so könnte man sagen, das Geschenk der Welt an eins ihrer Wesen, und dieses Geschenk ist als solches nicht erforschbar, weil alles Forschen auf ihm beruht. Es ist dem Menschen übergeben, aber dadurch wird es nicht zu dessen Eigentum. Mit Wendungen wie »Entwicklung der Intelligenz« von den Blaualgen über Dinosaurier und Affen bis zum Menschen ist es bloß äußerlich beschrieben und abgeleitet.

Daher sind die großen Formen der theoretischen Transzendenz oder des Weltbezuges des Menschen von der Entfaltung der praktischen Transzendenz unabhängig, denn sie sind nicht nur älter, sondern sie gehören zu einem anderen Bereich. Daß die Welt im ganzen einem sich selbst verschlingenden, leiderzeugenden Ungeheuer gleicht, dem indessen keine definitive Realität zukommt, so daß für den Menschen eine Erlösung, ein Verlöschen im Nirwana möglich ist, kann vom wissenschaftlichen Denken weder bewiesen noch widerlegt werden. Das gleiche gilt vom Gedanken der Harmonie zwischen Kosmos und Mensch, wie er von den Griechen entwickelt worden ist, und nicht anders steht es um den jüdisch-christlichen Begriff der »Gerechtigkeit«, die in der Gegenwart fehlt, aber in Zukunft auf der Erde oder jenseits der Erde verwirklicht werden wird. Soweit in den religiösen und philosophischen Weltentwürfen Aussagen über dingliche Zusammenhänge wie etwa die Entstehung der Erde gemacht werden, sind sie durch wissenschaftliche Forschung überholbar und sogar falsifizierbar, aber solche Beschreibungen und Erklärungen gehören zur Oberfläche dieser Entwürfe, ihr Kern ist der Zusammenhang von Weltentwurf und menschlicher Lebensführung, den sie allein zu erzeugen vermögen. Wissenschaftliches Denken kann einen solchen Zusammenhang nicht herstellen, denn in der Fülle seiner Spezialisierungen informiert es den Menschen, aber es ergreift ihn nicht, auf originäre Weise bringt es nur das Ethos der Wissenschaftlichkeit selbst hervor.

Das Äußerste, was es im Hinblick auf das menschliche Zusammenleben und auf den Weltbezug schaffen kann, ist so etwas wie die Maxime »Seid nett zueinander«, d. h. »Tragt eure Konflikte maßvoll aus, gönnt jedem Individuum und jeder Gruppe das Bemühen um eine Besserung seiner bzw. ihrer Lage«. Ob diese treffliche Maxime noch haltbar ist, wenn sich als Realität erweisen sollte, daß der Denkansatz von Malthus tiefer greift als diejenigen von Adam Smith und Karl Marx, nämlich daß die natürlichen Ressourcen nicht hinreichen, das zahlenmäßige Übergewicht und die mentale Übermacht der Gattung Mensch zu tragen, ja auszuhalten, ist zweifelhaft. Modernität als Gestalt der praktischen Transzendenz könnte sich selbst den Boden unter den Füßen wegziehen, und unter welchen Erschütterungen und Kämpfen derartiges vor sich gehen würde, ist nicht vorauszusehen. Aber die aus der theoretischen Transzendenz hervorgehenden Weisen des Weltbezugs sind autonom und unüberholbar; wenn sie als »Werte« gefaßt werden, sind sie nicht »partikular«, wie Ugo Spirito meint, und durch den Universalismus der Wissenschaft ersetzbar, denn sie gehören nicht demselben Bereich an. Das buddhistische Weltverhältnis ist nicht auf Inder und Ostasiaten beschränkt und das christliche nicht auf Europäer und Amerikaner. Insofern ist Del Noce recht zu geben. Nicht ein Partikularismus der »religiösen und philosophischen Werte« ist zu überwinden oder zu verwerfen, sondern der militante Missionarismus, der sich mit Einzelinteressen und -wirklichkeiten mannigfaltiger Art verquickt und die Konflikte bis zum Untragbaren verschärft. In Zukunft muß es in weit höherem Maße Sache der Entscheidung des Einzelnen sein, welchen der Weltentwürfe er wählt, um inmitten der direktionslosen und unübersichtlichen Vielfalt des modernen, von der Wissenschaft geprägten Lebens Orientierung, Halt und Gemeinsamkeit zu gewinnen.

Wenn das richtig ist, wird es unumgänglich sein, von dem am meisten charakteristischen Gedanken der Moderne Abschied zu nehmen, dem Gedanken, daß die praktische Transzendenz die theoretische Transzendenz einholen, erfüllen oder mindestens verdrängen könnte. Der Mensch wird nie das Weltall »kolonisieren«, denn als solcher bleibt er an die Erde und deren nächste Umgebung gebunden, und nicht einmal seine zu Apparaten transformierte Intelligenz wird ihm aus den »Tiefen des Weltraums«

Meldungen erstatten, sofern die These zutreffend bleibt, daß die Lichtgeschwindigkeit unüberholbar ist. Nicht auszuschließen ist, daß jene dem wissenschaftlichen Denken benachbarte Maxime für die Lebensführung der Menschen eines Tages Wirklichkeit wird: das bereits von den Stoikern umrissene und von der europäischen Aufklärung übernommene Leitbild einer Menschheit, der alle der theoretischen Transzendenz entspringenden Entwürfe gleichgültig geworden sind, die aber auch allen »Weltraumphantasien« abgeneigt ist und ihr Leben auf der Erde zum Vorteil aller Individuen eingerichtet hat. Dann ließe sich auch jenes »altmoderne« Zukunftsprojekt des 19. Jahrhunderts realisieren, das am Ende des 20. Jahrhunderts noch um keinen Schritt vorwärts gekommen ist: die Verwandlung der Sahara in einen blühenden Garten. Alle Gestalten der theoretischen Transzendenz wären dann nicht universalisiert, wie Spirito verlangte, sondern schlicht verdrängt und dem Streben nach einer letzten Konsequenz der praktischen Transzendenz hätte man sich entschlagen. Aber die Frage ist, ob das durch Transzendenz bestimmte Weltwesen Mensch jemals in einer so bequemen, bloß »humanistischen« Transzendenzlosigkeit wird leben können und wollen, sofern es ihm gelingt, die ungeheuren Schwierigkeiten zu überwinden, die den Weg dahin umstellen.

Wahrscheinlicher dürfte sein, daß aus der Erfahrung der Modernität eine neue Gestalt des Weltbezuges im ganzen erwachsen und neben den älteren Entwürfen der theoretischen Transzendenz einen Platz finden kann: Die Erfahrungen der Moderne haben unter Beweis gestellt, daß der Grundgedanke der platonischen und schon der altindischen Metaphysik realer war als alle vorhandenen Realitäten, die er herabsetzte, nämlich der Grundgedanke, daß der Geist den Körper, daß das Denken die Sinnlichkeit unendlich übersteige. In der praktischen Transzendenz der Modernität haben Geist und Denken den Körper und die Sinnlichkeit so sehr überstiegen, daß der Mensch selbst überholt und zu einer obsoleten Wirklichkeit gemacht werden kann. Daraus mag die behagliche Selbstzufriedenheit des Sich-Einrichtens entstehen oder das verzweifelte Rütteln an den unzerstörbaren Gitterstäben eines kosmischen Gefängnisses, aber auch die liebevolle Zurückwendung zum Überholten und Obsoleten, zur Endlichkeit und Sinnlichkeit des menschlichen Daseins, nicht in der naiven Weise des Sensualismus oder Hedonismus, sondern einschließlich neuer Grenzziehungen und Bindungen gerade aus der Distanz einer höheren Stufe der Reflexion hinaus. Diese antimoderne Modernität würde die theoretische Transzendenz nicht mehr verdrängen, weil sie sich dem Impuls der praktischen Transzendenz nicht mehr widerstandslos und unreflektiert überließe. Das wäre nicht ein Rezept zur Heilung oder Vermeidung von Schäden, sondern es würde sich um die Wahrnehmung einer Möglichkeit handeln, die sich von dieser unserer Epoche an aus dem Verhältnis von Modernität und Transzendenz ergibt.

Anmerkungen

1 Ugo Spirito/Augusto Del Noce: Tramonto o eclissi dei valori tradizionali? Milano 1971, S. 23
2 Genesis 3,22
3 Ebda. 11,6 ff.

(Vortrag bei einer Tagung in Mailand am 17.12.1996, publiziert in »Annali della Fondazione Ugo Spirito« IX, 1997; leicht gekürzt in »Panorama«, Milano XXXIII, 49, S. 197-205)

17

Die Begriffe »Autorität« und »Macht« in der Diskursethik

»Diskursethik« ist ein Neologismus, aber das Neue ist nur eine Erscheinungsform oder eine Fortentwicklung einer seit dem Ende des Zweiten Weltkriegs bekannten Sache, nämlich des Gedankengebäudes der sogenannten Frankfurter Schule, also zunächst der Lehren und der Tätigkeiten von Max Horkheimer und Theodor Adorno. Das Stichwort »Diskursethik« ist in den großen Wörterbüchern der Philosophie nicht zu finden; sogar in der »Enzyklopädie Philosophie« ist es erst in der Neuauflage von 1999 aufgeführt. In den Werken von Horkheimer und Adorno kommt der Begriff meines Wissens nicht vor; einen gewissen Bekanntheitsgrad dürfte er erst seit 1991 durch die »Erläuterungen zur Diskursethik« von Jürgen Habermas erlangt haben. Er ist tatsächlich ein Produkt des jüngeren Zweiges der »Frankfurter Schule«, der vor allem mit den Namen von Habermas und Karl-Otto Apel verknüpft ist. In deren Büchern tauchen die Begriffe »Autorität« und »Macht« relativ selten auf, aber indirekt spielen sie eine große Rolle. Sie im Zusammenhang dieses Kongresses zum Thema zu machen, kann nur den Sinn haben, einen Vergleich mit Augusto Del Noce zu ermöglichen. Daß das Nachdenken über »Autorität« und »Macht« zum Kern des Werkes von Del Noce gehört, wird schon durch das Faktum dieser Zusammenkunft unter Beweis gestellt. Ein Vergleich setzt die Wechselbekanntschaft der verglichenen Phänomene nicht voraus, und ich werde ihn nicht ausdrücklich vornehmen, sondern ich überlasse ihn der Diskussion. Aber Del Noce war mit Horkheimer und Adorno recht gut vertraut, wie schon seine Abhandlung über »Autorità« in den »Scritti su l'Europa« zu erkennen gibt, während auf der anderen Seite keine Kenntnis vorzuliegen scheint. Wenn ich recht sehe, kommt der Begriff »Diskursethik« bei Del Noce nicht vor, und die Bücher von Habermas und Apel hat er wohl nicht zur Kenntnis genommen.

Ich werde folgendermaßen vorgehen: Zunächst will ich in engem Anschluß an die einschlägigen Ausführungen von Habermas und Apel sowie des einen oder anderen ihrer Schüler oder auch Kritiker darlegen, was unter »Diskursethik« zu verstehen ist. Dann werde ich unter Rückgriff auf Horkheimer und Adorno zu zeigen versuchen, von welchen konkreten Erfahrungen und Fragestellungen die spätere »Diskursethik« ihren Ausgang genommen hat. Am Ende will ich zu einem Schlußurteil gelangen.

Lassen Sie mich aber zunächst in wenigen Worten etwas Selbstverständliches formulieren, was als Hintergrund bei allen Überlegungen über »Autorität« und »Macht« gegenwärtig sein sollte, nämlich die Konzeption der christlichen und teilweise schon der antiken Überlieferung, die für zwei Jahrtausende der europäischen Geschichte letzten Endes bestimmend war: Macht im ursprünglichsten Sinne ist für sie die Allmacht Gottes, und die dem Menschen zugewandte Seite dieser Allmacht ist die unantastbare Autorität seines Wortes, wie es in der Bibel offenbart ist. Die christliche Auffassung von Macht und Autorität ist theozentrisch und bibliozentrisch und zugleich identitär, denn die Allmacht ist identisch mit Wahrheit, Vernunft und Güte, weil sie die Alleinheit ist. Nur im menschlichen Leben kann es Unterschiede zwischen Autorität und Vernunft oder Ratio, zwischen Wahrheit und Irrtum, zwischen Einheit und Vielheit geben, aber unter der Leitung der Kirche und ihrer Tradition läßt sich auch in den alltäglichen Dingen des Lebens das richtige Verhältnis zwischen Autorität und Macht finden, das jedenfalls keine Trennung nach dem Muster des Satzes von Hobbes sein darf, daß die Autorität und nicht die Wahrheit das Gesetz, d. h. die legitime Macht hervorbringe.

»Diskurs« heißt nichts anderes als »Gespräch« und setzt mithin mehrere Partner voraus, die eine Sache von verschiedenen Gesichtspunkten aus angehen oder erhellen und insofern »durchlaufen« (discurrere); der Gegenbegriff ist »Intuition«, die einem Einzelnen möglicherweise eine Sache besser und vollständiger zu erschließen vermag als die Diskussion unter zahlreichen Gesprächspartnern. In seinen »Erläuterungen zur Diskursethik« definiert Habermas »Diskurs« nicht etwa als bloße Diskussion, sondern als »anspruchsvollere, über konkrete Lebensformen hinausgreifende Kommunikationsform, in der die Präsuppositionen verständigungsorientierten Handelns verallgemeinert, abstrahiert und entschränkt, nämlich auf eine ideale, alle sprach- und handlungsfähigen Subjekte einbeziehende Kommunikationsgemeinschaft ausgedehnt werden.«[1] Die intensiven Erörterungen, die in allen großen Staaten Europas hinsichtlich der zweckmäßigsten Strategie eines kommenden Krieges während der Jahre vor 1914 geführt wurden, wären also unter den Begriff

»Diskurs« nicht zu subsumieren. Der so verstandene Diskurs ist mithin in sich schon ethisch, da er eine große Anzahl von Erörterungen von vornherein als »bloß strategisch« und damit unethisch ausschließt. Die Diskursethik stellt nach Habermas den Grundsatz »D« auf: »daß nur diejenigen Normen Geltung beanspruchen dürfen, die die Zustimmung aller Betroffenen als Teilnehmer eines praktischen Diskurses finden könnten.«[2] Eine solche Norm oder Regel wäre etwa der Satz: »Salus populi suprema lex esto«. Alle Angehörigen des Volkes können dieser Norm zustimmen, wenn auch die Meinungen darüber, was der beste Weg zu dem »Heil« sei, sehr rasch auseinandergehen dürften. Eine Entscheidung darüber kann offenbar nur gefällt werden, wenn das Mehrheitsprinzip eingeführt und den Abstimmenden eine adäquate Frage vorgelegt wird. Mutatis mutandis gilt das auch für kleinere soziale Realitäten, etwa für ein Dorf, dessen Bewohner die Entscheidung darüber zu treffen haben, ob sie gegen die Gewährung eines großzügigen Ausgleichs bereit sind, die Fläche ihres Dorfes einer Gesellschaft für den Abbau von Braunkohle zu überlassen. Das Prinzip, daß keiner der Bewohner einen materiellen Schaden erleiden darf, ist zustimmungsfähig, aber die konkrete Entscheidung wird mit hoher Wahrscheinlichkeit Unzufriedenheit oder sogar Widerstand bei einigen der Betroffenen hervorrufen. Alle Fälle solcher Art schaltet Habermas indessen aus seinem Diskursbegriff aus, indem er folgendermaßen fortfährt: »Zugleich wird der Kategorische Imperativ zu einem Universalisierungsgrundsatz »U« herabgestuft, der in praktischen Diskursen die Rolle einer Argumentationsregel übernimmt: bei gültigen Normen müssen Ergebnisse und Nebenfolgen, die sich voraussichtlich aus einer allgemeinen Befolgung für die Befriedung der Interessen eines jeden ergeben, von allen zwanglos akzeptiert werden können.«[3] Da Kants Kategorischer Imperativ den Befehl impliziert, so zu handeln, »daß ich auch wollen könne, meine Maxime solle ein allgemeines Gesetz werden«[4] und zwar ein Gesetz »für alle vernünftigen Wesen«, muß er auch in seiner »herabgestuften Form« sich mindestens an alle Menschen wenden. Alles Partikulare ist also von vornherein ohne Relevanz, es sei denn, es könne eine gesetzförmige Gestalt annehmen, wie etwa in dem Satz: »Jedes Volk hat das Recht der Selbstbestimmung«. Jedenfalls ist die Diskursethik von vornherein eine Welt-Ethik und damit anscheinend eine Ethik für Weltbürger, die allerdings möglicherweise in »multikulturellen« Formationen zusammenleben, aber so, daß die Interessen der einen Kultur niemals über die Interessen der anderen Kulturen gestellt werden dürfen. Kant setzte jedoch die »Pflicht« den

»Neigungen« entgegen und konnte daher von jedem Menschen verlangen, daß er die Menschenpflicht des gesetzmäßigen Handelns über die Neigungen, ja über die Glaubensüberzeugungen der jeweils eigenen Kultur stellte, aber »die Interessen« sind im Kantschen Sinne durchweg Neigungen, und da Habermas deren Befriedigung zum Postulat macht, verwickelt er sich in Schwierigkeiten, die für Kant nicht existierten. Darauf ist später zurückzukommen.

Unbestreitbare Überzeugungskraft wohnt den Ausführungen von Habermas und Apel am ehesten dort inne, wo von wissenschaftlichen Diskursen die Rede ist. So liegt eine sehr schöne Formulierung vor, wenn Habermas schreibt: »Der in Diskursen allein zugelassene Zwang ist der des besseren Argumentes; das einzig zugelassene Motiv ist das kooperativer Wahrheitssuche.«[5] Das gleiche gilt für den Satz: »Die Basis der Aufklärung ist eine an das Prinzip herrschaftsfreier Diskussion gebundene Wissenschaft.«[6] Herrschaft und Macht sind also durch einen anderen Zwang als denjenigen des besseren Arguments zu definieren, und legitime Autorität darf nur das Prinzip der Wissenschaftlichkeit als solches beanspruchen. Aber selbst in Wissenschaft und Philosophie hat es Autorität und Macht von anderer Art immer wieder gegeben: die Autorität eines Schulhauptes, des »ipse dixit«, und die Macht von Richtungen, die andere Richtungen nicht zu Wort kommen ließen. Das Prinzip der Diskursethik ließe sich also in bezug auf Wissenschaft folgendermaßen als Imperativ formulieren: »Erkenne nur die Macht des besseren Arguments an und unterwerfe dich ausschließlich der Autorität der Wissenschaftlichkeit, niemals aber derjenigen von einzelnen und noch so berühmten Wissenschaftlern«, oder, Kantisch gesprochen: »Habe den Mut, dich deines eigenen Verstandes zu bedienen!« Aber Kant traf in seiner Schrift »Was ist Aufklärung?« eine strikte Unterscheidung zwischen (wissenschaftlichem) »Räsonieren« und (politischem) Handeln,[7] und auch Habermas will seine »ideale Kommunikationsgemeinschaft« nicht auf die »scientific community«, auf die weltweite Wissenschaftlergemeinschaft, eingeschränkt sehen. So bezeichnet er es schon in einer seiner frühesten Schriften als richtige »Intention: Herrschaft inmitten einer Menschheit der Verkümmerung preiszugeben, die ihrer selbst gewiß geworden ist und darin ihre Gelassenheit gefunden hat.«[8] Es springt ins Auge, daß diese Formulierung eine Version der Marxschen Idee vom »Absterben des Staates« darstellt. Habermas' und Apels »ideale Kommunikationsgemeinschaft« ist also innerhalb einer andersartigen Realität und vorläufig bloß als Wissenschaftlergemeinschaft annähernd verwirklicht, der Ausgangspunkt eines entscheidenden Handelns, das eine fundamentale Änderung des menschlichen Lebens nach sich zieht. So gelangt Habermas zu der freilich hypothetisch formulierten Aussage: »In der Kraft der Selbstreflexion sind Erkenntnis und Interesse eins. Freilich würde sich erst in einer emanzipierten Gesellschaft, die die Mündigkeit ihrer Glieder realisiert hätte, die Kommunikation zu dem herrschaftsfreien Dialog aller mit allen entfaltet haben ...«[9] Herrschaftsfreiheit, d. h. Verschwinden aller den Individuen vorgegebenen Macht und Autorität, ist also nicht nur in der Gemeinschaft der Wissenschaftler möglich, sondern sie soll für die Weltgemeinschaft der »emanzipierten«, d. h. zu Mündigkeit und Selbstbestimmung gelangten Individuen bestimmend sein. Die Klage Kants, daß »wir« zwar zivilisiert, aber bei weitem nicht moralisiert sind, wäre also gegenstandslos geworden, und die Menschen würden, abermals in den Worten Kants, als »vernünftige Weltbürger« einen Zustand errichten, der, »einem bürgerlichen gemeinen Wesen ähnlich, so wie ein Automat sich selbst erhalten kann«, d. h. eine unabsehbare Dauer vor sich hat.[10]

Stärker als Habermas hat Karl-Otto Apel den großen Unterschied zwischen der gegenwärtigen Realität und der »idealen Kommunikationsgemeinschaft« herausgestellt, ja es sieht bei ihm manchmal so aus, als könnten die »realen Kommunikationsgemeinschaften« angesichts der Notwendigkeit ihrer Existenzerhaltung und Selbstbehauptung niemals endgültig durch den »ganz anderen Zustand« abgelöst werden. Deshalb unterscheidet er zwei Stufen der Ethik, von denen die eine der bisherigen »Verantwortungsethik« entspricht und die andere viel Ähnlichkeit mit der bekannten »Gesinnungsethik« besitzt. Da »Selbstbehauptung« sowohl von einzelnen Personen wie von Organisationen oder von Staaten legitim ist und immer von »strategischen«, d. h. auf die Gewinnung von Vorteilen oder die Vermeidung von Nachteilen ausgerichteten Gesichtspunkten bestimmt ist, kann der Kern der Diskursethik nur in der »regulativen Idee« bestehen, »stets an der langfristigen Beseitigung solcher Verhältnisse mitzuarbeiten, die eine strategiefreie Verständigung unter Menschen unmöglich machen.«[11] Nach Analogie des Kategorischen Imperativs formuliert, könnte die Maxime der Diskursethik mithin lauten: »Handle stets so, als ob du Mitglied einer idealen Kommunikationsgemeinschaft wärest.« Das Ziel ist also eindeutig die möglichst weitgehende Moralisierung und Verwissenschaftlichung der Welt im ganzen und das heißt die Beseitigung von vorhandener Autorität und Macht. Allerdings wird eine gewaltsame

Durchsetzung »vernünftiger Verhältnisse« anscheinend ausgeschlossen, denn Zwang und Leiden haben keinen legitimen Platz, wenn tatsächlich »das Hauptprinzip der Diskursethik« darin besteht, »praktische Fragen in fairem Diskurs zwischen möglichst allen Beteiligten und Betroffenen einer vernünftigen konsensuellen Lösung zuzuführen«.[12]

Abkürzend läßt sich also sagen: Die Diskursethik hat als praktisches Programm die nicht-revolutionäre und vermutlich nie zur Vollendung zu bringende Herbeiführung eines an den Prinzipien der Wissenschaft orientierten Zustandes von globalem Anarchismus und Kommunismus. In ihrer Einheit würden sie das Ende aller bisherigen Autoritäten und Machtverhältnisse bedeuten. Vielleicht darf man noch einen Schritt weitergehen und folgendes behaupten: da die Diskursethik sowohl den Nihilismus wie den Relativismus als in sich widersprüchliche Einstellungen ablehnt, realisiert die in ihrem Zeichen geeinigte Menschheit die Qualitäten, die in der Frühgeschichte der Menschheit dem fremden Wesen »Gott« zugeschrieben wurden: grenzenlose Macht und unstrittige Autorität.

Die meisten Vertreter der Diskursethik werden diese Deutung vermutlich für überschwenglich und spekulativ erklären, aber jedenfalls kommt darin eine unverkennbare Tendenz zu Wort, eine Tendenz, die von Condorcet über Marx und Comte bis heute der »progressivistischen« Denkweise immanent ist. Es ist indessen unverkennbar, daß die Diskursethik, so negativ sie sich auch über »Gegenaufklärer« ausspricht, nicht einfach dem aufklärerischen Optimismus zugezählt werden darf, denn sie ist von den düsteren Vorstellungen eines möglichen »Endes der Menschheit« durch entfesseltes Gewinnstreben und unkontrollierte Wissenschaft nicht unberührt geblieben.

Es ist daher angebracht, die Frage nach ihren Anfängen und nach ihren konkreten politischen und intellektuellen Ausgangspunkten zu stellen, wenn der Versuch gemacht werden soll, zu einem abwägenden Schlußurteil zu gelangen.

Horkheimer und Adorno waren diejenigen »westlichen Marxisten«, welche es vorzogen, von »kritischer« und nicht von »marxistischer« Theorie zu sprechen, weil sie sich eines starken Gegensatzes zur angeblich marxistischen KPdSU bewußt waren und darüber auch öffentlich kaum einen Zweifel ließen. Gleichwohl war es nicht inkonsequent, daß Adorno sich in der amerikanischen Emigration nachdrücklich dem »antifaschistischen« Kampf gegen das nationalsozialistische Deutschland anschloß, und sein Beitrag zu dem Sammelband »The Authoritarian Personality«, der 1950 veröffentlicht wurde, war von großer Bedeutung, da er und seine Mitarbeiter zukunftsvolle Methoden zur »Messung« dessen entwickelten, was als unmeßbar galt, nämlich der menschlichen Persönlichkeit und ihrer Charakterstruktur. So wurden einer großen Zahl von Versuchspersonen Fragen und Sätze vorgelegt, die sie zu beantworten bzw. zu beurteilen hatten, und aufgrund der Ergebnisse wurden Skalen gebildet, z. B. die F(aschismus)- und die AS (Antisemitismus)-Skala, sodaß imposante und umfangreiche Zahlenreihen dargeboten werden konnten. Freilich wurde wenig darüber nachgedacht, ob nicht in den Fragen bzw. Sätzen schon Vorentscheidungen, ja möglicherweise Vorurteile enthalten waren, die das Ergebnis zu guten Teilen vorwegnahmen, etwa wenn die Bejahung des Satzes »Sittlichkeitsverbrechen wie Vergewaltigung und Notzucht an Kindern verdienen mehr als bloße Gefängnisstrafe ...«[13] als »autoritäre Aggression« qualifiziert wurde. Aber eine Charakterisierung wie »unkritische Unterwerfung unter idealisierte Autoritäten der Eigengruppe«[14] förderte die »Kritik an etablierten Autoritäten« ungemein, ja es dauerte nicht lange, bis sie unter der akademischen Jugend »modisch« wurde.

Weitaus weniger dem allverbreiteten »Antifaschismus« der frühen Nachkriegszeit einzugliedern war jedoch das gemeinsame Werk über die »Dialektik der Aufklärung«, das nun die aufklärerische »Kritik« selbst einer tiefgreifenden Kritik unterzog, in deren Licht Odysseus als ein früher »Bürger« und »der Faschismus« nicht etwa als Etappe eines deutschen Sonderweges, sondern als die Kulminierung des unbedingten Realismus der zivilisierten Menschheit erschien – eines Realismus aber, der ein »Spezialfall paranoischen Wahns« ist, welcher »die Natur entvölkert und am Ende die Völker selbst.«[15] Wenn hier ein deutlicher Anklang an die Zivilisationskritik von Ludwig Klages und anderen »bürgerlichen« Denkern vernehmbar ist, so ist Marx in der schroffen Wendung gegen die Herrschaft des »Tauschwerts« präsent und Freud in der Beschwörung der »freien Sexualität«, von deren lösender Kraft der Mensch im Gefängnis der Zivilisation ausgeschlossen ist. Die Hoffnung auf die Heraufkunft einer besseren Gesellschaft ließ sich eine Zeitlang mit der »revolutionären Partei« verknüpfen, aber diese ist heute (1942) »ihren antiautoritären Zielen« entfremdet und zu einer »Herrschaft der gerissensten Parteitaktiker« geworden.[16] So sieht Horkheimer schon 1942 mit Entsetzen eine »autoritäre Weltperiode« heraufziehen, aber es ist bemerkenswert, daß er gegen Ende seines Lebens – wie auch Augusto Del Noce unterstrichen hat – eine tiefgreifende Wandlung seines Denkens vollzogen hatte und mit unübersehbarer Nostalgie davon sprach, die Autorität des Vaters gehe zurück und vor allem habe die Liebe der Mutter nicht mehr die gleiche Bedeutung.

Es gibt einigen Grund zu der Annahme, daß Jürgen Habermas, 1929 geboren, in seiner frühen Jugend der Autorität des »Führers« nicht weniger ergeben war als irgendein anderer junger Deutscher. Eben deshalb bedeutete die Einsicht, die er durch die Nürnberger Prozesse gewann, nämlich »daß das ein politisch kriminelles System war«[17] etwas wie ein Damaskus-Erlebnis. Von nun an beschäftigte ihn »der Faschismus« unablässig, aber er nahm keine Differenzierung vor, und weit mehr als eine Interpretation erarbeitete er Gegenbilder. Dazu gehörte der Begriff der »verallgemeinerungsfähigen Interessen der Bevölkerung«, denen Hitler und der Nationalsozialismus mit besonderer Verruchtheit entgegengehandelt hätten, und auch eine unverkennbare Hochachtung vor der kommunistischen Partei, die zum ersten Mal »den Typus einer Parteilichkeit für das vernünftige Allgemeine« verkörpert, aber leider die »Selbstabschaffung« nicht verwirklicht habe.[18] Ein Gegenbild war auch das Prinzip der »herrschaftsfreien Diskussion«, das ihm auf besonders eindrucksvolle Weise in dem Marburger Seminar des marxistischen Politologen Wolfgang Abendroth entgegengetreten sei, wo aus dem Kreis der Teilnehmer ein Seminarleiter gewählt wurde, der selbst dem Professor das Wort entziehen konnte. Auf sein Denken übte ferner, neben Horkheimer und Adorno, Hannah Arendt einen beträchtlichen Einfluß aus, deren Begriff der Kommunikation für ihn der Ausgangspunkt zu einer Interpretation war, welche in den kommunikativen Diskursen einen autoritätsauflösenden und zur Herrschaftsfreiheit führenden Prozeß erblickte.

In seinem ersten und gleich vielbeachteten Zeitungsartikel hatte Habermas als junger Student 1953 eine für die weitaus meisten seiner akademischen Altersgenossen auch damals noch fast unantastbare Autorität kritisiert, und zwar Heidegger, indem er das allgemeinere Problem der »faschistischen Intelligenz« aufwarf. Dazu gab es guten Grund, denn sein eigener Lehrer, Erich Rothacker, hatte dem Nationalsozialismus mindestens zeitweise recht nahegestanden, und er war ohne große Schwierigkeiten wieder in sein Lehramt zurückgelangt. So konnte Habermas feststellen, die deutsche Situation nach 1945 sei »durch das konstante Ausweichen vor diesem Problem« der faschistischen Intelligenz gekennzeichnet gewesen und auch Heideggers Spätphilosophie gehöre in den Zusammenhang einer Denktendenz, die im Kern unverändert geblieben sei, obgleich die

Ausdrucksformen sich geändert hätten. So begründe Heidegger heute seinen eigenen Irrtum und sogar den »Irrtum« der nationalsozialistischen Führung aus einer angeblichen »Seinsgeschichte« heraus. Aber lasse sich tatsächlich »auch der planmäßige Mord an Millionen Menschen«, der heute allen bewußt sei, »als schicksalhafte Irre seinsgeschichtlich verständlich machen«? Sei es nicht »die vornehme Aufgabe der Besinnlichen, die verantwortlichen Taten der Vergangenheit zu klären und das Wissen darum wachzuhalten«? Stattdessen betreibe jedoch die Masse der Bevölkerung, »voran die Verantwortlichen von einst und jetzt«, Heidegger eingeschlossen, die fortgesetzte Rehabilitation. Doch bei aller Kritik ist Habermas in diesem Artikel von dem denunzierenden Ton und der Attitüde des Staatsanwalts, die erst um 1968 voll zum Durchbruch kamen, weit entfernt, und im Schlußsatz erhebt er eine Forderung, die in der Tat richtungweisend hätte sein können: »Es scheint an der Zeit zu sein, mit Heidegger gegen Heidegger zu denken.«[19]

Auch im Jahre 1960 machte Habermas »den Faschismus« so zum Thema, daß er ihn in einen größeren Zusammenhang hineinstellte, und zwar im Ausgang von einer Kritik an zwei eben erschienenen Büchern, deren Autoren – Reinhart Koselleck und Hanno Kesting – die gegenwärtige Weltkrise »als Ausbreitung der mit der Französischen Revolution ausbrechenden Krise des europäischen Bürgerkrieges über den ganzen Erdball« zu begreifen suchten. Die welthistorischen Ereignisse seit 1917 seien als »posthumer Siegeszug« der aufklärerischen Geschichtsphilosophie zu verstehen; und seitdem seien die Positionen der mit 1789 auf den Plan gerufenen europäischen Bürgerkriegsparteien zu Positionen der großen Staaten selbst geworden. Sowohl die Bolschewiki wie die Amerikaner hätten den Anspruch erhoben, die Partei des Menschen gegen die des Unmenschen zu vertreten, und dadurch hätten sie nach dem einen der beiden Autoren die Unterscheidung von Feind und Verbrecher aufgehoben und so die Auseinandersetzung vergiftet. Allerdings wird, so Habermas, »die Gegenpartei, der Faschismus«, von Kesting ausgespart. Sie wird nur »teichoskopisch vorgeführt, dient sozusagen als die Kulisse«, vor der »die antifaschistische Front« als die eigentliche Aktion des Bürgerkriegs sich deutlich – und mit negativer Akzentuierung – abzeichne. Kesting skizziere lediglich die Vorgeschichte des Faschismus, nämlich die Reihe der »gegen-aufklärerischen« Denker von de Maistre und Donoso Cortés bis hin zu Carl Schmitt. So ergreift Habermas die Gelegenheit, sich nachdrücklich für die »antifaschistische« Position zu erklären, von der allein ein positiver Weg hin zu einer künftigen Einheit der Welt und zu einer dauerhaften Friedensordnung führen könne. Nicht der Rekurs auf angebliche anthropologische Konstanten, sondern »historisch-soziologische Argumente« machten deutlich, daß die Idee der »Machbarkeit der Geschichte« keine Utopie, sondern die einzige Praxis des Überlebens sei – eine Idee also, welche (wie man ergänzen darf) den Abschied vom Weltalter der nicht-gemachten, der »naturwüchsigen« Geschichte und damit von deren Autoritäten und Machtverhältnissen bedeutet.[20]

Von hier aus, so scheint es, hätte Habermas als Historiker den Faschismus zum Ausgangspunkt des Begreifens der Gegenwart machen können. Er hätte dann gewiß in die Fülle der historischen Details hinuntersteigen müssen, ohne darin zu versinken, und er würde vermutlich den Begriff »des« Faschismus differenziert und nicht zuletzt eine Unterscheidung zwischen Mussolini und Hitler getroffen haben, die mit deren geradezu gegensätzlichem Verhältnis zum »Marxismus« zusammenhängt. Er würde die gegenrevolutionären Denker kritisch, aber nicht ohne Verständnis untersucht und er würde den Marxismus aus dieser Perspektive heraus zum Thema gemacht haben. Wenn ihm die Gegenwart zwischen 1917 und 1945 zurecht als »europäischer Bürgerkrieg« charakterisiert zu sein schien, hätte er sich vielleicht seiner andersartigen Fortsetzung als »Weltbürgerkrieg« zwischen den beiden der Aufklärung entstammenden Weltmächten zugewandt.

Habermas hat einen anderen Weg eingeschlagen, den Weg der »historisch-soziologischen Argumente«, dessen Schlußetappe die Entwicklung der »Diskursethik« war. Auf diesem Wege hat er ein ungemein breites, kenntnisreiches und eindringendes Werk geschaffen, das ihm mit Recht den Namen des »führenden Sozialphilosophen Deutschlands« eintrug und das ihn zu einer der maßgebenden Figuren einer weltweiten Diskussion gemacht hat. So hat er sich ebensosehr der Rationalisierungstheorie Max Webers wie den Handlungstheorien Meads und Durkheims wie der Systemtheorie von Talcott Parsons und Niklas Luhmann zugewandt; er hat unter Beweis gestellt, daß er mit den Werken von Foucault und Derrida ebenso vertraut ist wie mit denjenigen von Hegel, Marx und Nietzsche. Nicht ganz selten kann man den Eindruck haben, daß er sich in einer selbstgenügsamen Fachsprache bewegt, die für die transatlantischen Diskurse der Soziologen und Philosophen sehr geeignet ist, aber den Rückbezug zu den »lebensweltlichen« Problemen des »Faschismus« und der Antwort darauf vermissen läßt. Ich begnüge mich damit, als Beispiel einen einzigen Satz aus dem zweiten Band seines Hauptwerks, der »Theorie des kommunikativen Handelns«, anzuführen: »Der Macht-Code schematisiert mögliche Stellungnahmen von Alter ((dem Anderen)) in der Weise binär, daß sich dieser Egos Aufforderung unterwerfen oder widersetzen kann; mit der von Ego für den Fall der Nichtausführung in Aussicht gestellten Sanktion für Alter ist in den Code eine Gehorsamspräferenz eingebaut.«[21]

Aber in all der Fülle kluger, gelehrter und durch die Bank »aufklärerischer«, die »Gegenaufklärung« und den »Neukonservativismus« hart kritisierender Texte taucht immer wieder jener Gegner auf, von dem er mit tadelndem Ton gesagt hatte, Hanno Kesting habe ihn nur »teichoskopisch« behandelt. Manchmal wird er mit der Wendung »gefährliches Regressionsphänomen« abgetan, aber dann wird ihm auch wieder eine erstaunliche Fähigkeit zugesprochen, nämlich »die Fähigkeit fortgeschrittener kapitalistischer Gesellschaften, in Krisensituationen auf die Gefahr einer revolutionären Veränderung mit dem Umbau des politischen Systems zu antworten und den Widerstand der organisierten Arbeiterschaft zu absorbieren.«[22] Mit dem sonst eher positiv eingeschätzten Anarchismus wird er insofern auf eine Stufe gestellt, als Tendenzen zur Ästhetisierung, d. h. zu expressiver Selbstdarstellung und Authentizität, »ebensosehr in autoritären (Faschismus) wie in antiautoritären Bewegungen (Anarchismus) überwiegen.«[23] Im Rahmen einer ziemlich freundlichen Darstellung des Denkens von Georges Bataille räumt er ein, daß von dem Sieg der faschistischen Bewegung in Italien und der Machtergreifung des Nationalsozialismus im Deutschen Reich »Wellen nicht nur der Irritation, sondern auch der faszinierenden Erregung ausgegangen sind« und daß dem damaligen Marxisten Bataille »vor dem Hintergrund der interessenorientierten Massendemokratie« Hitler und Mussolini als »das ganz Andere« erschienen.[24]

Damit dürfte die These zur Genüge begründet sein, daß die »Diskursethik« nichts anderes darstellt als den Versuch, eine radikale Gegenposition zum »Faschismus« als der höchsten Aufgipfelung der die bisherige Geschichte bestimmenden Phänomene der Macht und der Autorität zu entwickeln, nachdem die bisher radikalste Gegenposition, der Marxismus, infolge seines Herabsinkens zum autoritären Staatssozialismus seine Kraft verloren hat. Was könnte in der Tat dem gewalttätigen Auftrumpfen und der Machtphilosophie der faschistischen Bewegungen und Regime stärker entgegengesetzt sein als »die Ethik der idealen Kommunikationsgemeinschaft: Konflikte nicht durch Gewalt zu lösen, sondern durch argumentative Diskurse, welche die berechtigten Interessen aller Betroffenen zur Geltung bringen – derart, daß die zu erwartenden Folgen der Konfliktregelung für alle Betroffenen konsensfähig sind.«[25] Und auch die direkten Bezüge zum konkreten Ausgangspunkt werden nicht ganz selten ausdrücklich formuliert: für die Diskursethik sei der eigentliche Gegner der »Moralskeptiker«, denn dieser könne »dem NS-Funktionär nicht objektives Unrecht zuschreiben und nicht den Widerstand grundsätzlich legitimieren.«[26]

Die Diskursethik kann also als das Sprachrohr einer machtvollen Zeittendenz angesehen werden. Zweifellos ist das Projekt der Diskursivität und der gewaltlosen Lösung von Konflikten zu einem überragenden Einfluß gelangt, und es sieht sich oft genug als Gegensatz zu der ganzen, von gewalttätiger Macht und herrschaftssichernder Autorität bestimmten Geschichte, d. h. als letzte Wegstrecke hin zur »Weltzivilisation« und vielleicht sogar zur »Nachgeschichte«. Insofern ist der Diskursethik ein historisches Recht von weitgehender Art zuzuschreiben.

Aber mit ihrer Qualität als realer und anwendungsbezogener Ethik ist es schlecht bestellt. Auch wenn man von den Kriegen, Bürgerkriegen und Völkermorden der Gegenwart absieht, weil es sich dabei sozusagen nur um die letzten Zuckungen der bisherigen Geschichte handle, und wenn man ohne Widerstreben zugibt, daß Verhandlungen zwischen Staaten, Staatenkomplexen und nichtstaatlichen Organisationen heute eine weitaus stärkere Rolle spielen als zu früheren Zeiten, wird man feststellen müssen, daß immer nur ein »strategisches« Reden vorliegt, welches man als die »Fortsetzung des Krieges mit anderen Mitteln« definieren könnte und daß jene »strategiefreien«, nur der Eruierung der Wahrheit gewidmeten Diskurse sogar in einer Wissenschaft längst nicht mehr selbstverständlich sind, die mehr und mehr von kommerziellen Erwägungen oder von politisch-moralischen Zwecksetzungen bestimmt wird.

Und wo läßt sich zu bedrängenden Fragen des Alltagslebens in der Diskursethik eine eindeutige Antwort finden? Wer sind z. B. die »Betroffenen«, deren Interessen konsensuell gewahrt werden sollen, bei der Frage der Abtreibung? Gehört nicht in allererster Linie der Embryo dazu, dessen vielleicht nur mögliches, aber höchstwahrscheinliches Leben durch die »diskursive« Konnivenz von zwei vielleicht höchst egoistischen Personen, nämlich seiner Eltern, vernichtet wird? Was wird das angeblich konsensuelle Resultat eines intensiven Diskurses zwischen den Insassen eines bereits überladenen Rettungsbootes sein, dem sich ein Schwimmer, mithin ein anderer Betroffener, mit der Bitte um Aufnahme nähert, die doch das Leben *aller* Insassen in Gefahr bringt? Zeigt die Diskursethik auf einleuchtende Weise irgendeinen gangbaren Weg, wenn ein Wissenschaftlerteam eines Tages ein Mittel entdeckt, das die Lebensdauer der gegenwärtigen Generation um das dreifache verlängert und eben dadurch eine junge Generation zum Nichtsein oder zur Überflüssigkeit verdammt, so daß einige Anhänger einer »materialen Ethik« das Tun der menschenfreundlichen Forscher als ein »Menschheitsverbrechen« singulärer Art qualifizieren würden?

Und müssen nicht gegen die Diskursethik sogar als solche schwere Einwände erhoben werden? Kann der ganze Aufwand wohlmeinender Intentionen die Tatsache überspielen, daß sich die Diskursethiker bei ihrem Kampf für eine »postkonventionelle« Moral häufig und positiv auf amerikanische Sozialpsychologen beziehen, welche die These aufstellen, höchstens 5% der amerikanischen erwachsenen Bevölkerung seien bis zu der Stufe der eigentlichen Ausbildung dieser Moral gelangt? Ist nicht die Diskursethik die Konzeption einer »wissenden Minderheit«? Und ist es zufällig, daß meines Wissens weder von Habermas noch von Apel jemals die Frage gestellt wurde, ob das Scheitern des Progressivismus in Gestalt des Marxismus-Leninismus nicht auf die »überschießende« Aktivität einer »wissenden Minderheit« zurückzuführen war, die das Überschießen der Gegenkraft, nämlich des reaktionären und dennoch auf seine Weise und in seinen verschiedenen Erscheinungsformen gleichwohl progressiven Faschismus, überhaupt erst hervorrief?

Wer »Interessen« als individuelle oder kollektive Neigungen versteht, wird niemals eine konsensuelle, nicht-strategische und eben dadurch ethische Übereinstimmung auch nur zwischen einer größeren Zahl von Individuen, geschweige denn zwischen »allen« erzeugen. Die einzige Möglichkeit wäre dann gegeben, wenn alle diese Individuen so sehr gleich wären, daß es zwischen ihnen keine Differenzen der Interessen, Neigungen sowie Überzeugungen und damit keine Herausbildung alter oder neuer Erscheinungsformen von Macht und Autorität gäbe. So muß vor dem Auge derjenigen, welche die Konzeption der Diskursethik zu Ende zu denken versuchen, das Schreckbild einer klonierten Menschheit auftauchen. Aber es ist den Diskursethikern zuzugestehen, daß sie immer bloß »das Beste gewollt« haben und weiterhin wollen. Sie pflegen lediglich zu übersehen, daß nicht nur die bisherige Geschichte voller Verkehrungen und Paradoxien war, sondern daß aller Vermutung nach auch die mögliche Nachgeschichte, zu deren Vorkämpfern sie sich machen, davon nicht frei sein wird.

Anmerkungen

1 Jürgen Habermas: Erläuterungen zur Diskursethik, Ffm 1991 (Suhrkamp), S. 18
2 Ebda. S. 12 f.
3 Ebda. S. 12
4 Immanuel Kant: Grundlegung zur Metaphysik der Sitten, S. 20 (Ausgabe Hartenstein, Bd. 4)
5 J. Habermas: Erkenntnis und Interesse, Ffm 1977(4. Aufl.), S. 386
6 Ders.: Protestbewegung und Hochschulreform, 1969, S. 245
7 Kant: Beantwortung der Frage »Was ist Aufklärung?«, S. 112 f. (Hartenstein Bd. 1)
8 J. Habermas: Theorie und Praxis. Sozialphilosophische Studien. Neuwied 1963, S. 137
9 Ders.: Technik und Wissenschaft als Ideologie. Ffm 1968, S. 164
10 Kant: Idee zu einer allgemeinen Geschichte in weltbürgerlicher Absicht, Hartenstein Bd. 4, S. 302
11 Karl Otto Apel/Matthias Kettner (Hrsg.): Zur Anwendung der Diskursethik in Politik, Recht und Wissenschaft, Ffm 1992, S. 36
12 Wolfgang Kuhlmann: Zur Begründung der Diskursethik, in: Sprachphilosophie – Hermeneutik – Ethik. Studien zur Transzendentalpragmatik. Würzburg 1992, S. 243
13 Theodor W. Adorno: Studien zum autoritären Charakter. Ffm 1982, 4. Aufl. (Orig. New York 1950)
14 Ebda. S. 45
15 M. Horkheimer/Th. Adorno: Dialektik der Aufklärung. Philosophische Fragmente. Ffm 1969, S. 202 (Orig. New York 1944)
16 Max Horkheimer: Gesellschaft im Übergang. Aufsätze, Reden und Vorträge 1942–1970, Ffm 1972, S. 28 (aus »Autoritärer Staat« 1942)
17 Detlev Horster: Habermas zur Einführung. Hannover 1980, S. 70 ff. (Interview mit D. Horster und Willem van Reihen v. 23. 3. 1979)
18 J. Habermas: Zur Rekonstruktion des Historischen Materialismus. Ffm 1982, 3. Aufl. (zuerst 1976), S. 111
19 Ders.: Philosophisch-politische Profile. Dritte, erweiterte Auflage 1981. S. 65–72
20 Ebda. S. 444
21 Theorie des kommunikativen Handelns. Ffm. 1981, Bd. II, S. 401

22 Ebda. S. 490
23 Ebda. S. 520
24 Ders.: Der philosophische Diskurs der Moderne. Zwölf Vorlesungen, Ffm 1988, S. 253, 256
25 K.-O. Apel: Diskurs und Verantwortung. Das Problem des Übergangs zur postkonventionellen Moral, Ffm 1997, 3. Auflage, S. 255 f.
26 W. Kuhlmann: Sprachphilosophie …, FN 12, S. 231

(Vortrag bei einer Tagung über Augusto Del Noce in Turin am 15.3.2000)

18

Philosophie und Kunst: Heidegger und Jawlensky

Wer sich dem antiken Griechenland, dem klassischen Ort von Philosophie und Kunst, in der Erwartung nähert, er werde hier eine »Philosophie der Kunst« kennenlernen, welche besonders Tiefsinniges über die Kunst und die Künstler zu sagen habe, wird mindestens zunächst sehr enttäuscht sein. Er wird erfahren, daß die Männer, die den Parthenon erbauten, und sogar die großen Bildhauer wie Praxiteles in der Öffentlichkeit als »Handwerker« betrachtet wurden und längst nicht die Hochschätzung erfuhren, welche den Siegern in Wettläufen und Ringkämpfen der Olympischen Spiele zuteil wurde, und er wird seinen Augen kaum trauen, wenn er Platons »Staat« aufschlägt und dort liest, was der große Philosoph über die Maler und die Dichter sagt.

Der Maler, so heißt es da, ahmt die Naturdinge nach, die doch ihrerseits bloß Abbilder der »Ideen« sind, jener Urbilder, die das jeweils Allgemeine jenseits all des Zufälligen, Wechselhaften, Unbeständigen und mithin der konkreten Dinge sind und die ihre menschliche Entsprechung nur in den Begriffen der Vernunft haben. Das Gemälde des Malers ist mithin ontologisch drittrangig, eine Nachahmung des Abbilds und also zwei Stufen vom eigentlich »Seienden« entfernt. Zumal die perspektivische Malerei bringt nichts anderes als »Blendwerke« hervor, die den Geist an den sinnlichen Eindruck, an das bloße Hier und Jetzt fesseln.

Aber auch die Dichtung ist Nachahmung, Nachahmung der menschlichen Leidenschaften und Gemütsbewegungen, und sie fördert dadurch im Hörer oder Leser ähnliche Leidenschaften oder Gemütsbewegungen, die doch von gerechten und vernünftigen Menschen niedergehalten, ja zum Absterben gebracht werden müßten. Nirgendwo ist ein Staat durch die Dichtung zu einer besseren Verfassung gelangt; Homer stellt auf verlockende Weise dar, was von der Ethik scharf verurteilt werden muß: die wilden Raubzüge seiner Heroen, die schamlose Geschichte von der Fesselung des Ares und der Aphrodite durch den betrogenen Ehemann

Hephaistos, das Jammern eines Helden wie des Aias – er rührt die niederen Seelenteile im Menschen an und erzeugt bloße Stimmungen, statt die Herrschaft der Vernunft zu fördern, die allein dem Menschen die Selbstbeherrschung und damit ein gerechtes Leben sichert.

Platons Philosophie ist also ein extremes Beispiel dessen, was »postmoderne« Denker heute den abendländischen »Logozentrismus« nennen, welcher als Rationalismus und Ethizismus offensichtlich kunstfeindlich ist. Es ist zwar nicht richtig, wie man häufig lesen kann, daß Platon die Dichter und die Maler aus seinem Staat »vertreiben« wolle, denn in seiner »Politeia« wird ja kein realer Staat dargestellt oder auch nur entworfen, aber er läßt diese Künste für seinen »Idealstaat« nicht zu, und er verneint so zwar nicht ihre faktische Existenz, wohl aber ihre ontologische Dignität.

An einer anderen und wenig beachteten Stelle spricht Platon jedoch von einem Maler, der das Bild eines vollkommen schönen Menschen gemalt habe und der nicht nachzuweisen brauche, daß dieser Mensch auch wirklich existiere. Eben das versteht Platon als genaue Parallele zu seinem eigenen Unternehmen, nämlich einen vollkommenen Staat zu entwerfen, der in der Realität nirgends zu finden sei. Offensichtlich kommen also für Platon Kunst und Philosophie darin überein, daß sie sich von der alltäglichen Wirklichkeit der Abbilder und Nachahmungen lösen und einen Weg zu den Urbildern finden können, die ihren ursprünglichen Ort »im Geiste Gottes« haben.

Und das merkwürdigste ist vielleicht, daß Platons großes Werk nicht mit der Fortsetzung der langwierigen und häufig »dialektischen« Erörterungen zu Ende geht, sondern mit der bewegenden, höchst dichterischen Wiedergabe eines Mythos, des Mythos vom Totengericht und dessen Strafen und Belohnungen, welcher einem Mann in den Mund gelegt wird, der angeblich gestorben war und sich einige Tage im Jenseits aufgehalten hatte. Auch und gerade für Platon erschließt sich also die eigentliche Tiefe der Existenz des Menschen nicht jenem »rechnenden, messenden und wägenden« Seelenteil, den er an vielen Stellen für das Beste im Menschen erklärt – nicht dem »Logos«, sondern dem »Mythos«.

Die zwei »trivialen« Grundauffassungen, die Platon artikuliert oder voraussetzt, wiederholen sich während der folgenden zwei Jahrtausende des abendländischen oder europäischen Denkens ständig: die Vorstellung, daß die Künstler eine Art Handwerker seien, ist noch in Zedlers Universal-Lexikon lebendig, wo das Bildermalen zusammen mit dem Lastentragen als Beispiel für die mechanischen Künste genannt wird, und der Satz

»ars imitatur naturam« ist wohl der meist verwendete bei allen Philosophen, die auch die Kunst zu ihrem Thema machen. Aber von Anfang an werden ebenfalls die, wie man sagen könnte, anspruchsvolleren Konzeptionen Platons aufgegriffen oder variiert, nämlich daß die Kunst ein spezifisches, mit der Philosophie verwandtes Verhältnis zu den Urbildern und damit zu Gott habe und daß sie dieses Verhältnis auf andere Weise als diejenige des rechnenden und zur Selbstbeherrschung führenden Verstandes zum Ausdruck bringen müsse.

So hatte ja schon Platons älterer Zeitgenosse Epicharm gesagt, die göttliche Vernunft begleite alle Künste, die ausnahmslos von Gott und nicht vom Menschen erfunden seien. Fünfhundert Jahre später schrieb Cicero, die Idee des Schönen, die der Künstler in seinem Geist erschaue, sei der Grund der Kunst, von ihr, und nicht von einem vorgegebenen Gegenstand, lasse er sich leiten. Augustinus wiederum orientiert sich stärker am Maß- und Zahlhaften der Idee: Gott habe alles nach Zahl und Maß geordnet und daher sei die göttliche Kunst das Gesetz aller Künste; das Streben nach Harmonie, so darf man ergänzen, muß also das oberste Gebot aller Künste sein. Nicht so sehr die Bedeutung der Harmonie als diejenige des Lichtes hebt Johannes Scotus Eriugena hervor: die Schönheit der Welt sei nichts anderes als das universale Durchscheinen der göttlichen Ideen, und daher ist für ihn die höchste Rationalität der Welt in der Glasmalerei künstlerisch darstellbar, weil diese hier im Medium des Lichtes erscheine. Für Thomas von Aquin bedeutet die »Nachahmung der Natur« nicht in erster Linie Nachahmung der vorhandenen Naturdinge, sondern Nachahmung des Produktionsprinzips der Natur; insofern ist der menschliche Intellekt in der Kunstproduktion ein der Natur überlegenes Derivat des göttlichen, und daher vermag er Dinge hervorzubringen, die von der Natur nicht produziert werden können. Offensichtlich ist der kunstproduzierende Intellekt aber nicht mit dem rechnenden und wägenden Verstand identisch, und Ficino lokalisiert ihn in der »Phantasie«.

Die moderne »Kunstphilosophie« oder »Ästhetik« zeichnet sich ab, wenn Alexander Gottlieb Baumgarten schreibt, das Vorbild der Kunst sei nicht die »natura naturata«, sondern die »natura naturans«, d. h. in mittelalterlicher Terminologie, das »Schaffen Gottes«. So kann Baumgarten den Begriff einer eigenständigen »veritas aesthetica« bilden, die sich von der logischen Wahrheit grundsätzlich unterscheidet. Kant stellt die »freie Kunst« in einen Gegensatz zur Handwerkskunst und auch zur Wissenschaft sowie zur Natur. Friedrich Schlegel dagegen hebt wieder den Begriff der »Nachahmung« hervor, aber in einer »kosmischen« Bedeutung: »die heiligen Spiele der Kunst« seien nur »ferne Nachbildungen von dem unendlichen Spiele der Welt.«

Ein ganz neuartiger Gedankengang taucht auf, wenn erstmals die Kunst in eine Beziehung zu der Zeitsituation im ganzen gesetzt wird, d. h. wenn gefragt wird, ob die Kunst unter den Bedingungen der modernen Epoche noch dasselbe sein könne wie in früheren Zeiten. Die Gegenwart wird von Schiller als ein »künstliches Weltalter« aufgefaßt, in dem die naive Dichtung etwa Homers durch eine »sentimentalische«, von der Reflexion bestimmte Dichtung ersetzt werde, und Analoges gilt natürlich für die Malerei. Aber Schiller schließt eine »Rückkehr zur Natur« auf einer höheren, durch die Reflexion vermittelten Stufe nicht aus, und er sieht eine Parallele in der Entwicklung des Staates, der nach seinen Anfängen mehr und mehr zur Entfremdung der Menschen voneinander beigetragen habe, der aber eines Tages die Stufe des »ästhetischen Staates« erreichen und insofern zu seinem Ursprung zurückfinden könne. Schelling führt den Platonismus der Kunstphilosophie mit der These zu einem Höhepunkt, Kunst sei die »Darstellung der Urbilder«; die bildenden Künste, die Malerei sowohl wie die Musik, prägten das Unendliche ins Endliche realiter ein, so daß »die Materie zum Leib oder zum Symbol« werde, während die Poesie Ideen durch ein »an sich Allgemeines«, nämlich die Sprache, realisiert. Zwar repräsentiert sich auch für Hegel im Schönen der Kunst als »gestalteter Geistigkeit« der »absolute Geist, die Wahrheit selbst«, aber er führt den Schillerschen Ansatz zu der These fort, in der Gegenwart hätten Gedanke und Reflexion die schöne Kunst überflügelt, die Kunst könne hinfort nicht mehr die höchste Weise darstellen, »sich des Absoluten bewußt zu sein.« Damit wird die Kunst der Relevanz entkleidet, die sie bis dahin gehabt hatte, und anscheinend wird der Weg hin zu Marx eröffnet, für den nicht nur die Kunst, sondern auch die Philosophie »Widerspiegelungen« einer grundlegenden, ökonomischen und klassenhaften Realität, also Nachahmungen besonderer Art sind, sofern man die korrigierenden Thesen aus der Einleitung zur »Kritik der Politischen Ökonomie« fortläßt, die der Kunst in Analogie zu den menschlichen Lebensaltern so etwas wie eine relative Ewigkeit zusprechen: ebenso wie die Erfahrungen der Kindheit im Erwachsenenalter nicht spurlos verschwinden, vermag die Kunst der Griechen trotz der völlig veränderten Verhältnisse auch moderne Menschen noch anzusprechen.

Aber wie wenig mit dieser »Relativierung« ein letztes Wort gesprochen ist, wird schon am Beispiel Schopenhauers klar, der Friedrich Schlegels »Spiel der Welt« in der Musik unmittelbar dargestellt findet, und auch für den jungen Nietzsche öffnet diese den Zugang zum »innersten Kern der Dinge«, während in den Augen Richard Wagners die Kunst in Gestalt des »Gesamtkunstwerks« sogar imstande ist, eine neue und vollkommene Gestalt des Staates zu begründen.[1]

Nach dem Ersten Weltkrieg werden aus der neuen Situation heraus alte Positionen und alte Gegensätze neu formuliert: Ernst Bloch spitzt die Hegelsche These zu und schränkt sie zugleich ein, indem er die moderne Kunst wegen ihrer Scheu vor der Utopie als »bürgerlich« charakterisiert und dem Untergang geweiht sieht; Max Horkheimer und Theodor Adorno kritisieren die »instrumentelle Vernunft« und die Kulturindustrie auf eine Weise, die den Zweifel erweckt, ob die negative Beschreibung einer Welt, die schon in Odysseus ihre Augen aufschlug, wirklich noch mit dem Terminus »bürgerlich« auskommen kann, und Ernst Cassirer ist dieser Auffassung sowohl nahe wie fern, wenn er darlegt, daß die Wissenschaft die Welt durch Begriffe und Gesetze vereinfache und damit durch Abstraktionen entleere und verarme, daß aber die Kunst den Reichtum von sinnvollen Perspektiven und Formen, die unendlichen Möglichkeiten der Welt offenbare. In den Zusammenhang dieses modernen Philosophierens über die Kunst ist offenbar auch Martin Heidegger hineinzustellen, der bekanntlich 1929 in Davos mit Ernst Cassirer ein öffentliches Gespräch führte, das als Auseinandersetzung zwischen zwei Traditionen bald einen legendären Ruf gewann.

In Heideggers frühem Hauptwerk »Sein und Zeit« von 1927 ist freilich von »Kunst« an keiner Stelle die Rede. Aber es befremdete viele Leser, daß er das »Vorhandensein« der theoretisch und naturwissenschaftlich erfassbaren Welt nicht etwa nur psychologisch aus dem »Zuhandensein« ableitete, d. h. aus den im praktischen Umgang erfahrbaren Bezügen, z. B. aus der »Welt der Handwerker«, sondern daß er diesem Zuhandensein auch einen ontologischen Vorrang zuschrieb. Das wird nur dann verständlich, wenn man sich vor Augen hält, daß Heidegger als Philosoph von der Phänomenologie Husserls und auch von der Transzendentalphilosophie Kants herkam und also zwar nicht »den Menschen«, wohl aber das »Dasein« als das seinsverstehende Wesen zum Ausgangspunkt seines Nachdenkens machte, wie ja für Kant das »transzendentale Bewußtsein« der Ausgangspunkt gewesen war. Damit trennt er sich von vornherein etwa von der »realistischen Ontologie« Nicolai Hartmanns, welche die verschiedenen Schichten der Welt im Sinne von »Universum« beschreibt und analysiert, so daß auch der Mensch als ein durch besondere Merkmale gekennzeichnetes Wesen beschrieben und analysiert werden kann. Für eine transzendentalphilosophische Denkweise bedeutet dieses Vorgehen eine Naivität, da das beschreibende und analysierende Wesen zuerst zum Thema gemacht werden muß und das »Sein« nicht als etwas vom »Dasein« Getrenntes gedacht werden darf. Dann aber können zwei verschiedenartige Begriffe von »Welt« gebildet werden: einmal die Welt als »Lebenswelt« und einmal die Welt als erforschbare Ganzheit der Phänomene, und es wird vorstellbar, daß der im alltäglichen und nicht-alltäglichen Umgang erfahrenen Lebenswelt eines Volkes, ja eines Stammes oder einer Kultur gegenüber der abgeblaßten und eingeebneten »Theoriewelt« der Wissenschaft eine größere Ursprünglichkeit und Dignität zugeschrieben wird. Dann muß es als möglich erscheinen, daß die »Welt der Kunst« gegenüber der Welt der bloßen Betrachtung und weiterhin der Wissenschaft unverwechselbare Selbständigkeit und sogar den höheren Rang aufweist. Den Schritt hin zu einer solchen Philosophie der Kunst hat Heidegger erstmals explizit 1935 in dem Vortrag über den »Ursprung des Kunstwerks« vollzogen.

Ich zitiere zuerst eine Stelle, die den »transzendentalphilosophischen« Charakter von Heideggers Denken besonders deutlich macht, und ich wende mich dann im nächsten Schritt dem zweiten Beispiel zu, mit dessen Hilfe Heidegger erläutert, inwiefern das Kunstwerk für ihn nichts anderes bedeutet als das »Sich-ins Werk-Setzen der Wahrheit des Seienden«.

Auf S. 41 des Abdrucks in den »Holzwegen« heißt es: »Inmitten des Seienden im Ganzen west eine offene Stelle. Eine Lichtung ist. Sie ist, vom Seienden her gedacht, seiender als das Seiende. Diese offene Mitte ist daher nicht vom Seienden umschlossen, sondern die lichtende Mitte selbst umkreist wie das Nichts, das wir kaum kennen, alles Seiende. Das Seiende kann als Seiendes nur sein, wenn es in das Gelichtete dieser Lichtung herein- und hinaussteht. Nur diese Lichtung schenkt und verbürgt uns Menschen einen Durchgang zum Seienden, das wir selbst nicht sind, und den Zugang zu dem Seienden, das wir selbst sind. Dank dieser Lichtung ist das Seiende in gewissen und wechselnden Maßen unverborgen ...«[2]

»Unverborgenheit«, A-letheia, ist nach Heidegger: Wahrheit. Der Prozeß des Entbergens, der doch zugleich verbirgt, ist das Geschehen der

Wahrheit, das sich in verschiedenen Weisen darstellt. Wenn es den Menschen als »das Dasein« nicht gäbe, würde es auch keine Wahrheit geben, sondern alles Seiende würde in der »Seinlosigkeit« verbleiben. Das ist einer von jenen Heideggerschen Begriffen, gegen die »der gewöhnliche Menschenverstand« aufbegehrt, dessen Gehalt er sich aber am ehesten klar macht, wenn er sich Kants Begriff des »transzendentalen Bewußtseins« gegenwärtig hält, das zwar primär, aber nicht exklusiv auf die Welt der Wissenschaft ausgerichtet ist, weil aus ihm heraus auch die Ethik begründet wird. Für Heidegger ist die Kunst eine ausgezeichnete Weise dieses Wahrheitsgeschehens. Als Beispiel wählt er einen griechischen Tempelbezirk, und er schreibt: »Ein Bauwerk, ein griechischer Tempel, bildet nichts ab. ... Das Bauwerk umschließt die Gestalt des Gottes und läßt sie in dieser Verbergung durch die offene Säulenhalle hinausstehen in den heiligen Bezirk. Durch den Tempel west der Gott im Tempel an ... Dastehend hält das Bauwerk dem über es wegrasenden Sturm stand und zeigt so erst den Sturm selbst in seiner Gewalt. Der Glanz und das Leuchten des Gesteins, anscheinend selbst nur von Gnaden der Sonne, bringt doch erst das Lichte des Tages, die Weite des Himmels, die Finsternis der Nacht zum Vorschein ... Der Baum und das Gras, der Adler und der Stier, die Schlange und die Grille gehen erst in ihre abgehobene Gestalt ein und kommen so als das zum Vorschein, was sie sind ...« Und im ganzen wird das Tempelwerk folgendermaßen charakterisiert: »Das Tempelwerk fügt erst und sammelt zugleich um sich die Einheit jener Bahnen und Bezüge, in denen Geburt und Tod, Unheil und Segen, Sieg und Schmach, Ausharren und Verfall die Gestalt und den Lauf des Menschenwesens in seinem Geschick gewinnen. Die waltende Weite dieser offenen Bezüge ist die Welt dieses geschichtlichen Volkes ...«[3] »Welt« bedeutet hier also offensichtlich nicht die Gesamtheit des Vorhandenen und Erforschbaren. Sie ist, wenn man so will, eine sowohl subjektive wie überindividuelle Welt: die »Welt der Azteken«, die »Welt der Römer«, und diese Welt gibt, anders als die Welt der Wissenschaft, dem Menschen zu erkennen, was er ist und was er soll; sie hat mithin den höheren Rang. Kunstwerke sind für Heidegger offenbar hervorgehobene Bestandteile einer solchen Welt, und dieser »Weltcharakter« des Kunstwerks war nie zuvor in der Geschichte der Philosophie so sehr hervorgehoben worden, während die Verbindung von Kunst und Wahrheit für den Deutschen Idealismus evident war. Aber auch hier nimmt der gewöhnliche Menschenverstand Anstoß: Wieso geht die Grille erst angesichts des Tempels in ihre abgehobene Gestalt ein, spricht sich im Begriff des »geschichtlichen Volkes« nicht ein Nationalismus aus? Der zweite Vorwurf läßt sich leicht widerlegen, wenn man sich vor Augen hält, daß Heidegger in seiner Abhandlung über »Bauen, Wohnen, Denken« den Schwarzwaldhof auf eine ganz ähnliche Weise charakterisiert wie den Tempel. An dieser Stelle heißt es nämlich, hier habe die Inständigkeit des Vermögens, Erde und Himmel, die Göttlichen und die Sterblichen *einfältig* in die Dinge einzulassen, das Haus gerichtet. Sie habe dem »Herrgottswinkel« einen Platz eingeräumt und auch den »geheiligten Plätzen für Kindbett und Totenbaum, so heißt dort der Sarg«, und so habe sie »den verschiedenen Lebensaltern unter einem Dach das Gepräge ihres Ganges durch die Zeit vorgezeichnet.«[4]

Offenbar ist für Heidegger eine »weltende« Welt nur diejenige, in welcher der Mensch Bedeutsames, »Existenzerhellendes« erfährt, und er lebt »weltlos«, wenn er sich vor eine schlechthin unüberschaubare Fülle von bloßen und im Grunde gleichgültigen Gegenständen gestellt sieht. Von daher resultiert der äußerst negative Klang, mit dem Heidegger wieder und wieder die moderne Welt kennzeichnet: die moderne Wissenschaft bereite einen »Angriff auf das Leben und auf das Wesen des Menschen vor«, und dieser negative Klang kommt vielleicht am erstaunlichsten in der Feststellung zum Vorschein, der kosmische Raum sei weltlos und der Mond verschwinde als Mond, wenn er von den Astronauten betreten werde, denn er gehe nicht mehr auf noch unter. Ist Heidegger mithin nicht als »Reaktionär«, als »Bauernphilosoph« zu bezeichnen und im besten aller Fälle als Verteidiger der »Menschenwelt« , die auf diese oder jene Weise immer eine »Welt der Kunst« ist, gegen die Wissenschaftswelt der modernen Grenzenlosigkeit und Flächigkeit? Oder spricht nicht doch ein Denker höchsten Ranges, wenn er 1967 in einem Athener Vortrag genau dasselbe sagt, was heute junge Informatiker und Biophysiker mit großer Lautstärke für die nahe Zukunft in Aussicht stellen: daß der Unterschied zwischen den automatischen Maschinen und den Lebewesen verschwindet.[5] Eine »Computerkunst« ist für Heidegger also der schroffste Gegensatz zu der »menschlichen Kunst« und zu den »menschlichen Welten«, in welche diese Kunst hineingehört.

Die innere Bezogenheit von Kunst und geschichtlichen Menschenwelten ist mithin das unterscheidende Kennzeichen von Heideggers »Philosophie der Kunst«, und sie könnte auch dann eine richtige, tiefdringende Einsicht darstellen, wenn diese geschichtlichen Welten vor dem Andrang einer nivellierenden »Weltzivilisation« zum vollständigen Untergang verurteilt wären, denn dann wäre auch die Kunst dem Untergang geweiht und Heidegger hätte nur jene Hegelsche These verschärft.

Aber ich bin über das erste Beispiel hinweggegangen, das Heidegger im Kunstwerkaufsatz anführt, und gerade dieses Beispiel bringt ihn in eine gewisse Nähe zu Jawlensky, der bisher in diesem Vortrag noch keinen Platz gefunden hat. Es handelt sich nämlich um das Gemälde van Goghs, das ein Paar Bauernschuhe darzustellen scheint. Nach Heidegger liegt hier jedoch so wenig eine bloße Abbildung vor wie bei jenem griechischen Tempel. Dieses Paar Bauernschuhe ist nämlich im Werke van Goghs ganz »welthaft«. Ich zitiere: »In der derbgediegenen Schwere des Schuhzeugs ist aufgestaut die Zähigkeit des langsamen Ganges durch die weithin gestreckten und immer gleichen Furchen des Ackers, über dem ein rauher Wind steht. Auf dem Leder liegt das Feuchte und Satte des Bodens … In dem Schuhzeug schwingt der verschwiegene Zuruf der Erde, ihr stilles Verschenken des reifenden Korns und ihr unerklärtes Sichversagen in der öden Brache des winterlichen Feldes …« Innerhalb der Fülle der Bezüge, die das Schuhzeug aufweist, ist die Bäuerin »ihrer Welt gewiß«. Aber das Zeug unterliegt der Abnützung und wird zu einem gewöhnlichen »bloßen Zeug«. Erst das Gemälde van Goghs ist »die Eröffnung dessen, was das Zeug, das Paar Bauernschuhe, in Wahrheit IST. Dieses Seiende tritt in die Unverborgenheit seines Seins heraus … Das Sein des Seienden kommt in das Ständige seines Scheinens.«[6]

Und wieder meldet der gewöhnliche Menschenverstand seine Bedenken an. Wie ist dieses erste Beispiel mit jenem zweiten des Tempels in Übereinstimmung zu bringen? Van Goghs Gemälde hängt ja in einem Museum an der Seite von Gemälden anderer Maler, die ganz andere Gegenstände darstellen, wenngleich vermutlich nicht als isolierte Dinge, sondern ebenfalls in ihren Weltbezügen. Keins dieser Gemälde ist Teil der geschichtlichen Lebenswelt eines Volkes oder einer Kultur wie der griechische Tempel oder der mittelalterliche Dom, zu dem allerdings zahlreiche einzelne Statuen und Gemälde als notwendige Bestandteile gehörten. Aber ein Museum ist kein Tempel und keine Kathedrale, es vereinigt nicht Menschen vielfältiger Art in gemeinsamer Gläubigkeit und zu gemeinsamem Handeln. Nur einzelne Betrachter wenden sich den einzelnen Werken zu, und nur als Einzelne oder im Gespräch kleiner Kreise können und sollten sie sich das »Welthafte« der Gemälde oder der Skulpturen vergegenwärtigen. So wäre Heideggers Philosophie der Kunst in erster Linie auf die offenkundig welthafte Kunst der Tempel, Kathedralen und antiken oder mittelalterlichen Städte bezogen und böte im Hinblick auf die bildende Kunst der Moderne, die ihren Platz in Museen und Privatsammlungen findet, allenfalls erhellende Hinweise zur Erschließung der welthaften Bezüge, die keinem Kunstwerk fehlen.

Es mag uns einen Schritt weiterbringen, wenn wir uns fragen, welche persönlichen Beziehungen Heidegger zu Malern und Bildhauern hatte. Für seine Frühzeit und noch für seine mittlere Lebensperiode sind solche Beziehungen nicht bekannt, aber seine letzten Jahrzehnte sind davon in starkem Maße bestimmt. Eine wesentliche Voraussetzung war die Entstehung eines engen Verhältnisses zu Frankreich und zumal zur Provence, das ihm hauptsächlich durch Jean Beaufret vermittelt wurde. Beaufret selbst erzählt, Heidegger habe 1958 in Aix-en-Provence gesagt: »Hier habe ich den Weg Cézannes gefunden, dem mein eigener Denkweg von Anfang bis Ende auf seine Weise entspricht.«

François Fédier wiederum berichtet von einem späteren Besuch Heideggers in der Provence folgendes: »Heidegger setzt sich auf einen Steinblock. Er schaut ... Er blieb still, der Sainte-Victoire gegenüber, das Gebirge anblickend. Lange saß er so. Wie lange, könnte ich nicht sagen: Diese Zeit ist nicht zu messen. Ich liebe den Gestalteneinklang meines Vaterlandes, sagte Cézanne. Diesen Einklang nahm Heidegger wahr – was am schwersten zu vollziehen ist. Denn es verbirgt sich darin die unscheinbare Einheit der Welt, ihre Innigkeit, das Sein selbst.«[7] Offenbar liebte Heidegger die Gemälde Cézannes vom Bergmassiv der Sainte-Victoire besonders, aber allem Anschein nach war er weit darüber hinaus mit dem Gesamtwerk Cézannes gut bekannt. Georges Braque lernte er persönlich kennen, denn er besuchte ihn in seinem Atelier in Varengeville, und spontan entwickelten sich, wie gegenüber dem Dichter René Char, Verständnis, Sympathie und Freundschaft. Sehr vertraut war Heidegger mit den Werken von Paul Klee, dessen »Silbermondgeläute« zu seinen liebsten Bildern zählte, und ein bekannter Klee-Spezialist äußerte sich dahingehend, niemand könne besser die Bedeutung Klees würdigen als Heidegger. Ein besonders enges und freundschaftliches Verhältnis hatte Heidegger zu dem baskischen Bildhauer Eduard Chillida, und vor einer von dessen Plastiken stellte er als Frage, was er zuvor schon manches Mal durch eine apodiktische Aussage beantwortet hatte: »Kann der physikalisch-technisch entworfene Raum, wie immer auch er sich weiterhin bestimmen mag, als der einzig wahre Raum gelten? Sind, mit ihm verglichen, alle anders gefügten Räume, der künstlerische Raum, der Raum des alltäglichen Handelns und

Verkehrs, nur subjektiv bedingte Vorformen und Abwandlungen des einen objektiven kosmischen Raumes?«[8] Seine Antwort lautet hier, daß die Skulpturen Chillidas, Bernhard Heiligers und anderer zwar keinen Widerstand gegen »die Zerstörung der Dinge und damit des *menschlichen* Welt-Raums« zu leisten vermöchten, wohl aber zu einer Distanzierung gegenüber dem für absolut gesetzten Raum der Naturwissenschaft verhelfen könnten, der diesen »in seiner eigenen Relativität, in seiner eigenen Ortlosigkeit« erfahrbar werden lasse. Und gerade von hier aus kommt ein Grundmotiv Heideggers besonders klar zum Vorschein: die »gewöhnlichen Dinge« – »ein Baum, ein Berg, ein Haus, ein Vogelruf« – ihrer Gewöhnlichkeit zu entkleiden und sie als das Außerordentliche sichtbar zu machen, das sie SIND. Damit aber steht er den Künstlern weitaus näher als den Wissenschaftlern, und man ginge vielleicht nicht in die Irre, wenn man behauptete, Heideggers Philosophie sei nicht nur in einzelnen Kapiteln und Aufsätzen, sondern in ihrem Kern eine Philosophie der Kunst, d. h. eine Philosophie, die das unvergängliche Recht der Kunst begründet und verteidigt. Von der »Kunstgeschichte« freilich ist das weit entfernt, und meines Wissens hat Heidegger Schulbezeichnungen wie »Impressionismus«, »Expressionismus«, »Fauvismus« und »Kubismus« nie in den Mund genommen. Aber schon seine jahrzehntelange Freundschaft mit den Kunsthistorikern Hans Jantzen und Ernst Buschor vermag die Annahme zu stützen, daß er sich auch im Bereich der Malerei besser auskannte, als die relativ wenigen persönlichen Bekanntschaften mit Künstlern erkennen lassen. Der Name Alexej von Jawlensky taucht jedoch, so weit ich sehe, nirgendwo auf.

Aber auch Jawlensky erwähnt Heidegger meines Wissens nirgendwo, jedenfalls nicht in seinen Lebenserinnerungen. Doch ebenso, wie Heidegger enge innere und auch äußere Beziehungen zu Künstlern hatte, die für Jawlensky ebenfalls viel bedeuteten – Cézanne, Braque, Klee –, so gibt es mindestens einen Punkt, wo Jawlensky ganz in die Nähe Heideggers gelangt, und das ist seine Freundschaft mit Jan Verkade, jenem Malermönch aus der Abtei Beuron, der den Ordensnamen Willibrord trug. Verkade hatte 1905 monatelang in Jawlenskys Münchener Atelier gearbeitet, und einige der aufschlußreichsten letzten Briefe Jawlenskys aus dem Jahre 1938 sind an ihn gerichtet. Heidegger stand seinerseits in engen Beziehungen zum Kloster Beuron, das er häufig aufsuchte. So nähern sich die Kreise des Lebens von Heidegger und Jawlensky fast bis zur Berührung, aber zu einem direkten Kontakt kommt es nicht, und das Thema »Heidegger und

Jawlensky« kann nicht so verstanden werden wie die Themen »Heidegger und Braque« oder »Jawlensky und Rudolf Steiner« – Jawlensky hatte Steiner ja in München kennengelernt, und er muß dessen Aussagen über die »befruchtende Kraft der ewigen Urbilder der Dinge« gekannt haben.

Man könnte indessen auf die Suche nach Übereinstimmungen anderer Art gehen, welche die Verwendung des »und« rechtfertigen würden, denn sogar eine die Jahrhunderte übergreifende Fragestellung wie »Platon und Schelling« ist ja legitim. So ließe sich ein gemeinsamer Gegensatz gegen utopistische Konzeptionen herstellen, und im Hinblick auf Jawlensky könnte man die Maler der »Brücke« nennen, mit denen er ja unter einem anderen Gesichtspunkt als ein wichtiger Vorkämpfer der »Moderne« und als Angehöriger der Neuen Künstlervereinigung München sowie des »Blauen Reiters« zusammengehört. Aber jene Vorstellung von der befreiten und harmonischen Natürlichkeit der Zukunft, welche die vielen Akte von Badenden und Tanzenden bei Heckel, Kirchner und Pechstein prägt, fehlt bei Jawlensky, und es fehlen auch die Kontrast- und Gegenbilder wie »Der Mörder« von Ernst Ludwig Kirchner und gar »Der Lustmord« von Otto Dix. Für Heidegger wiederum war die Zukunft der Menschheit nicht wie bei Marx als befreite und konfliktlose schon in der Unterdrückung und Entfremdung der Gegenwart angelegt, sondern sie resultiert aus der »Schickung des Seins« und läßt sich weder durch Entgegensetzung noch durch Verlängerung aus der Gegenwart errechnen. Beide haben ein kritisches Verhältnis zu Modernität und urbaner Zivilisation- wie übrigens auch die Maler der »Brücke« und nicht zuletzt Wassilij Kandinsky und Franz Marc –, und doch sind beide nicht nur Repräsentanten, sondern Vorkämpfer der »modernen Kunst« bzw. der »Philosophie der Gegenwart«, und wenn sie von ihren Gegnern »Reaktionäre« genannt werden, so gelten sie den Kunsthistorikern und den Geschichtsschreibern der Philosophie doch mit Recht als »Revolutionäre«. Zu den politischen Revolutionen der Epoche haben sie ein unklares und widerspruchsvolles Verhältnis, das man nicht selten »unpolitisch« genannt hat: Jawlensky verliert wie Marianne von Werefkin durch die bolschewistische Revolution sein Vermögen, und er erzählt in Randbemerkungen von einzelnen Bekannten, die »von den Bolschewisten erschossen« wurden, aber dann sieht er sich von den Nationalsozialisten als einer der »Kulturbolschewisten« angeprangert, ja der »Entarteten Kunst« zugezählt, und er versichert sich selbst voller Erstaunen, daß er doch weder im Leben noch in der Kunst ein Bolschewist sei. Heidegger wiederum ist in viel stärkerem Maße von Furcht vor dem

Bolschewismus erfüllt, mit dem er 1928 bei einer Vortragsreise im Baltikum in nähere Berührung gekommen war, und er engagiert sich 1933 auf die allbekannte Weise für Hitler und den Nationalsozialismus, aber er distanziert sich schon nach kaum mehr als einem Jahr auf klar erkennbare Art.

Es gibt eine noch tiefere Entsprechung, welche die Verwendung des »und« rechtfertigt, und darauf werde ich zum Schluß zu sprechen kommen. Zunächst ist die Frage aufzuwerfen, ob Heideggers Aussagen über das Wesen der Kunst und weiterhin jene philosophischen Konzepte, die ich zu Beginn umrissen habe, für die Interpretation von Werken Jawlenskys dienlich sein können. Vorgreifend ist festzustellen, daß jene »welthafte« Deutung Heideggers, als deren Beispiel er den griechischen Tempel wählte, für die Malerei nur dann zutreffend sein kann, wenn es sich um Altarbilder und Ähnliches handelt. Aber auch seine Auslegung des Gemäldes von van Gogh war »welthaft«. Für Jawlenskys Selbstverständnis wiederum überschritt die Kunst von Anfang an und notwendigerweise die Sphäre des isolierten Gemäldes und der isolierten Skulptur. Von seinem ersten Besuch in der Tretjakow-Galerie schreibt er: »Das war für mich ein großes Erlebnis. Ich war wie in einem Tempel«, und während der Arbeit an den »mystischen Köpfen« äußerte er sich folgendermaßen: »Meiner Ansicht nach ist das Gesicht nicht bloß das Gesicht, sondern der ganze Kosmos. Im Gesicht offenbart sich das Universum.«

Unter kunsthistorischen Aspekten brauche ich über das Werk Jawlenskys nichts zu sagen – nichts zum Ausgangspunkt der russischen Schule der »Wanderer« um Ilja Repin, nichts über seine Beziehung zu Marianne von Werefkin oder über die Vorgeschichte des Blauen Reiters, nichts über die Entwicklung der abstrakten Malerei in den Spuren von und in Parallele zu Wassilij Kandinsky, nichts über die »Heilandsgesichter« und das Spätwerk, auf das ich im nächsten Schritt allerdings noch näher eingehen werde. All das ist in diesem Kreise offenbar im reichsten Maße geschehen, und ich würde nur Eulen nach Athen tragen. Ich wähle vielmehr einige wenige Werke Jawlenskys aus und suche die Begriffe Heideggers bzw. genereller der Philosophie der Kunst auf sie anzuwenden.[9]

Das frühe Porträt »Anjuta« von 1893 kann noch als »imitatio naturae« gelten; es unterscheidet sich nicht grundsätzlich, wenngleich in der größeren Sparsamkeit des Beiwerks, von Repins Porträts des Grafen Iwan Tarxanow oder der Gräfin Natalia Golowina der Jahre 1892 bzw. 1896. »Helene im spanischen Kostüm« von 1901 betont durch den langen roten Rock und den roten Schal die Farbe in ungewöhnlichem Ausmaße, während die Gesichtszüge ein wenig verschwimmen und die großen Augen besonders hervortreten.

Das Landschaftsbild »Bei Ansbaki« von 1902 ist schon kein Abbild, keine Schilderung mehr, aber der Himmel, die große Wiese und der Rand des Kornfelds im Vordergrund weisen die natürlichen Farben Blau, Grün und Braun auf, es kommt offenbar nicht auf »diese« Landschaft an, sondern auf Landschaft überhaupt in ihrem Anderssein gegenüber allem Menschlichen und insbesondere der Stadt. Das Allgemeine wird im Konkreten wahrnehmbar, platonisch gesprochen: die Idee, das Urbild, zeigt sich mitten im Seienden als ein Seiendes, das ganz anders ist, als die geglückteste Farbfotografie es darzustellen vermöchte.

Im »Gelben Klang (Murnauer Sonnenuntergang)« von 1909 sind Bäume und Dächer höchstens andeutungsweise wahrzunehmen, die Farben stimmen mit den vorstellbaren Dingen der Natur und der Architektur nur teilweise überein, es handelt sich um ein Fest der Farben, so etwa könnte die Murnauer Landschaft, ja die Erde im ganzen für ein Wesen aussehen, das die Farbigkeit der Welt viel besser wahrnehmen würde als ihre Figuration und als die Fülle ihrer Einzelheiten. Gewiß liegt eine Abstraktion vor, aber eine Abstraktion hin zum Wesentlichen, genauer: zu einem Wesentlichen, eben der Farbigkeit.

Völlig anders als das Porträt der »Anjuta« ist das Bild der buckligen Frau von 1911. In dem verbogenen, vollständig in Rot gehaltenen Oberkörper und in der Traurigkeit der großen Augen kommt das ganze Leid der Menschheit zum Vorschein, kein schreiendes und häßliches, sich in den Vordergrund drängendes Leid, sondern die Ergebung in den übermächtigen Lauf der Welt, der das Leid und das Unnormale ebenso hervorbringt wie die Freude und das Gesunde. Man kann dieses Bild lange betrachten, und man erschöpft es nicht, obwohl nur wenig an auffallenden Details aufzuweisen ist, etwa die großen roten Flecken auf dem Gesicht und die unnatürliche Mischung von Blau mit Schwarz in den Haaren.

Noch mehr stilisiert und vereinfacht ist »La Cocotte« von 1912. Nur zwei senkrechte parallele Striche deuten die Nase an, und stärker betont sind die nach unten offenen Dreiecke der Augenbrauen, die dunklen Schlitze der schräg gestellten Augen und vor allem die vollen, aber nicht eigentlich sinnlich wirkenden Lippen. Nicht das Voluptuöse der Dirnenhaftigkeit tritt hervor, sondern die zugleich überlegene und verzweifelte Distanz zu den Liebhabern, die sowohl ausgenützt wie geringgeschätzt werden. EIN

Kennzeichen der runden Realität ist herausgegriffen, aber ein meist wenig beachtetes und gleichwohl wesenhaftes.

Abstraktion und Stilisierung gelangen zu einem frühen Höhepunkt in »Abstrakter Kopf: Urform« von 1918. »Urform« erinnert nicht zufällig an »Urbild«, aber dieses Urbild schließt alles aus, was leicht erkennbar ist, denn das zweite Auge ist nicht, wie das erste, kaum auch nur angedeutet; die Nase ist nichts als ein schwarzer Strich und der Mund ein gelbschwarzer. Wenn Gott nach Augustinus alles »nach Zahl und Maß« angeordnet hat, könnte ihm ein solcher Kopf vorgeschwebt haben, dem alles Schwellende und Blühende fehlt, das bei einer »imitatio naturae« wahrnehmbar sein würde. Aber darf man sagen, in diesem Kunstwerk werde, um Romano Guardini zu zitieren, »das Ganze des Daseins, das sonst nicht erkennbar ist, fühlbar«? Indessen darf man, obwohl die Farben nur sparsam verwendet sind, vielleicht einen Satz von Cézanne anführen, der einmal gesagt hat, weil die Farben »aus den Wurzeln der Welt« aufstiegen, seien sie der Ort, »wo unser Hirn und das Universum sich begegnen«. Noch unmittelbarer zutreffend scheint dieser Satz angesichts der vielfältigen und rätselhaften, dennoch weiterhin geometrisierten Farbigkeit eines Gemäldes von 1933 zu sein, das den Titel »Abstrakter Kopf: Weltherrschaft« trägt.

Ich schließe die Reihe zunächst mit dem »Großen Stilleben« von 1937 ab: »Erinnerung an den Sommer«. In diesen noch zu voller Kraft aufleuchtenden, nach einem Lieblingswort Jawlenskys »glühenden« Farben waltet gleichwohl keine in sich ruhende Gegenwart, sondern das bevorstehende Vergehen ist schon spürbar, und die Erinnerung an den vergangenen Sommer wird wach: die drei Dimensionen der Zeit sind also versammelt, und insofern ist die ganze Welt gegenwärtig.

Das »und« in der Wendung »Heidegger und Jawlensky« kann mithin so verstanden werden, daß die Anwendung Heideggerscher Konzeptionen und Begriffe auf die Kunst Jawlenskys, d.h. ihre Kraft der Erschließung, gemeint ist. Ich glaube, daß die immanente Frage zu bejahen ist, so sehr ich mir des Unzureichenden meines eigenen Vermögens und meiner Kenntnisse bewußt bin. Aber ich glaube, daß diesem »und« noch eine andere und tiefere Bedeutung zugeschrieben werden kann, als sie in der Entsprechung gewisser Lebensumstände und Überzeugungen aufgewiesen worden ist.

In seinen Lebenserinnerungen erzählt Jawlensky von einer Kindheitserfahrung, die ihn tief ergriffen habe. Als er neun Jahre alt war, habe seine

Mutter ihn in eine polnische Kirche nahe der preußischen Grenze mitgenommen, »in der sich eine berühmte Ikone einer wundertätigen Muttergottes befand ... Als wir kamen, war das Bild mit einem goldenen Vorhang verhüllt. Auf dem Boden lagen viele Bauern und Bäuerinnen wie gekreuzigt mit ausgestreckten Armen. Es war sehr still. Plötzlich zerrissen starke Posaunenklänge die Stille. Ich erschrak schrecklich und sah, wie der goldene Vorhang zurückging und die Muttergottes in goldenem Gewand erschien.«[10] Offenbar hat Jawlensky diese frühe Erfahrung nie vergessen und nie verleugnet; Ikonen scheinen ihm während seines ganzen Lebens vorgeschwebt zu haben, und sie waren sicher mitgemeint, als er später schrieb, er habe verstanden, daß Kunst nur mit religiösem Gefühl gemacht werden solle, und von sich selbst sagte, »Meine russische Seele war immer nahe der altrussischen Kunst«.[11] Das großartigste Zeugnis dessen sind seine spätesten Werke, die Reihe der »Meditationen«, im Kampf gegen die voranschreitende Krankheit unter größten Anstrengungen gemalt und von einfachstem Aufbau: mit dem großen dunklen Doppelkreuz als Zentrum und mehrfarbigen Pinselstrichen, welche die Kennzeichen eines Gesichts aufs sparsamste andeuten. Diese Gemälde sind das Gegenteil aller »imitatio«, und wer vor der »Meditation« von 1934, die den Titel trägt »Ikonostase, wo das Ewige Licht leuchtet«, nicht selbst zur Meditation hingezogen wird, ist eines solchen Aktes nicht fähig. Jawlensky malte diese Bilder, wie glaubwürdig berichtet wird, mit der Inbrunst der russischen lkonenmaler. Und dennoch sind sie keine Ikonen, denn nirgendwo ist die Gottesmutter und ist das Jesuskind auch nur in Andeutungen erkennbar. Wenn es erlaubt ist, eine bekannte Definition abzuwandeln, so könnte man sagen: Es ist altrussische Kunst, gesehen und umgestaltet durch ein modernes Temperament.

Martin Heidegger wuchs in der von Schlössern, Domen und Abteien geprägten Umwelt Oberschwabens auf, und in der Sankt Martinskirche zu Messkirch, wo sein Vater der Küster war, konnte er ein Kunstwerk sehen, das in einem durchsichtigen Sarg das Skelett eines vor langer Zeit verstorbenen Ritters zeigte. Noch in seiner Habilitationsschrift wollte er eine »Philosophie der verehrenden Gottinnigkeit« entwickeln. Aber gegen Ende der zwanziger Jahre galt der junge und schon weitbekannte Philosophieprofessor als Verkörperung des nihilistischen Geistes der Weimarer Republik, und in »Sein und Zeit« ist in der Tat an keiner Stelle von »Gott« oder von »Religion« die Rede. Einer seiner Schüler erzählte jedoch, daß Heidegger auch in jenen Jahren bei den gemeinsamen Wanderungen jede Kapelle betrat, auf die man in der Schwarzwaldeinsamkeit traf und daß er sich dort bekreuzigte. Auf die erstaunte Frage, weshalb er das tue, da er sich doch nicht einmal einen »Christen« nenne, habe er geantwortet: in diesen Kapellen sei die jahrhundertealte Frömmigkeit des Volkes so sehr spürbar, daß er sich ihr nicht entziehen oder entgegenstellen wolle. Und in seiner Spätphilosophie stachen bald jedem Leser zahlreiche Wendungen ins Auge, die einen »religiösen« Charakter zu haben schienen, welcher sich manchmal sogar zum unverständlichen »Raunen« steigerte. Freilich war der Ton nicht eigentlich christlich, sondern eher griechisch-heidnisch. Ich führe nur ein einziges Beispiel an, und zwar aus dem Aufsatz »Das Ding«. Hier heißt es: »Im Wasser der Quelle weilt die Hochzeit von Himmel und Erde ... Im Geschenk des Gusses, der ein Trunk ist, weilen nach ihrer Weise die Sterblichen. Im Geschenk des Gusses, der ein Trank ist, weilen nach ihrer Weise die Göttlichen ... Heute ist alles Anwesende gleich nah und gleich fern. Das Abstandlose herrscht. Alles Verkürzen und Beseitigen der Entfernungen bringt jedoch keine Nähe ... Nähe waltet im Nähern als das Dingen des Dinges. Dingend verweilt das Ding die einigen Vier, Erde und Himmel, die Göttlichen und die Sterblichen, in der Einfalt ihres aus sich her einigen Gevierts ... Die Sterblichen sind die Menschen. Sie heißen die Sterblichen, weil sie sterben können ... Der Tod ist als der Schrein des Nichts das Gebirg des Seins ... Die Sterblichen ... sind das wesende Verhältnis zum Sein als Sein.«[12]

Das ist keine christliche Philosophie der verehrenden Gottinnigkeit, und doch stehen ihr diese rätselhaften, vielleicht bloß raunenden, für viele moderne Menschen geradezu abstoßenden Sätze weitaus näher als den schwierigen, aber im Grunde wasserklaren Überlegungen der analytischen Philosophie oder den hypothetischen Erwägungen der Kosmologie.

Jawlensky und Heidegger waren beide Söhne »Alteuropas«: der griechisch-russischen Orthodoxie der eine und des römisch-lateinischen Katholizismus der andere. Beide entfernten sich von ihren Ursprüngen und galten für eine Zeitlang als bedeutende Vorkämpfer der säkularisierten Moderne. Beide näherten sich im Alter diesen Anfängen wieder, ohne zu ihnen zurückzukehren. Aus Nähe und Distanz schufen sie ein unverwechselbares Spätwerk, das für viele Menschen wie kaum etwas anderes erhellend und für viele andere bis zur Erbitterung anstößig ist. Diese ihre Ähnlichkeit schließt bedeutende Unterschiede nicht aus, etwa den Unterschied zwischen dem weltberühmten Philosophen und dem nur im Kreise der Kunstliebhaber bekannten Maler. Sie reicht nicht einmal zur Individuierung aus, denn andere Denker und andere Maler schlugen einen immerhin vergleichbaren Weg ein. Aber sie ruft die Frage hervor, ob die Welt, in der wir leben, nicht in aller Wasserklarheit viel trüber wäre, wenn nur scharfsinnig-fortschrittliche Philosophen und lediglich »gesellschaftlich nützliche« Künstler in ihr lebten oder gelebt hätten. Und sie macht das »und« legitim, das in diesem Vortrag Philosophie und Kunst, Heidegger und Jawlensky sowohl miteinander verbinden wie voneinander trennen sollte.

Anmerkungen

1 Zum Vorhergehenden vgl. den Artikel »Kunst, Kunstwerk« im »Historischen Wörterbuch der Philosophie«, Bd. 4, Sp. 1357–1434
2 Martin Heidegger: Der Ursprung des Kunstwerkes. In »Holzwege«, Frankfurt a. M. 1957, Dritte Auflage, S. 7 – 68, S. 41 f.
3 Ebda. S. 31 ff.
4 Ders.: Bauen, Wohnen, Denken In »Vorträge und Aufsätze«, Pfullingen 1954, S. 161
5 Ders.: Denkerfahrungen 1910–1976, Frankfurt a. M. 1983, S. 142
6 Der Ursprung des Kunstwerkes a.a.O., S. 22 ff.
7 François Fédier: Andenken … In »Erinnerung an Martin Heidegger«, Pfullingen 1977, S. 79–85, S. 85, Zitat Beaufret Ebda. S. 11
8 Dieter Jähnig: Die Kunst und der Raum. Ebda. S. 131–148, S. 145
9 S. den Bildteil von Tayfun Belgin (Hrsg.): Alexej von Jawlensky. Reisen, Freunde, Wandlungen. Dortmund/Heidelberg 1998. Zitate im vorhergehenden Abschnitt ebda., S. 106, 67
10 Alexej von Jawlensky: Lebenserinnerungen. In Ebda., S. 104–119, S. 105
11 Tayfun Belgin: Der Weg des Bildes. Über Kontinuität in der Kunst Alexej von Jawlenskys. In Belgin a.a.O. (Anm. 9) S. 10–33, S. 26
12 Martin Heidegger: Das Ding. In: Vorträge und Aufsätze a.a.O. (Anm. 4), S. 163–181, S. 171 f., 176 f.

(Vortrag auf Einladung des Architekten und Malers Bruno Gutknecht im »Künstlerhof« nahe Buch am Erlbach am 16.9.2000)

Dankreden und Artikel

1

Nationalbewußtsein und Europabewußtsein

Als ich die Nachricht erhielt, mir sei der Preis der Gruppe des Tosón d'oro und der Stadt Vasto verliehen worden, war ich sehr erstaunt, ja befremdet: zwischen einem Preisträger und einem Preis müssen besondere Beziehungen bestehen – aber was verband mich, der ich meine wissenschaftliche Arbeit so gut wie ausschließlich der Interpretation des 20. Jahrhunderts und der totalitären Bewegungen dieses Zeitalters gewidmet hatte, mit den Initiatoren eines Preises, der seinen Namen von einem mittelalterlichen Orden herleitete und der seinen Sitz in einer kleinen Stadt im Küstenvorland der Abruzzen hatte, wo ich nie in meinem Leben gewesen war? Konnte ich diesen Preis guten Gewissens annehmen, konnte ich aufrichtigen Herzens den Initiatoren und der Stadt Vasto meinen Dank aussprechen?

Aber dann stiegen Erinnerungen aus meiner frühen Jugend in mir auf, aus einer Zeit, die nun sechs Jahrzehnte zurückliegt. Zu meiner Lieblingslektüre gehörten damals die Novellen des schweizerischen Dichters Conrad Ferdinand Meyer, und darunter nahm »Die Versuchung des Pescara« einen hervorstechenden Platz ein. Es geht hier um eine gut bekannte Episode aus der italienischen und spanischen Geschichte der Spätrenaissance, nämlich um die Bildung jener »Heiligen Liga«, mit der Papst Clemens VII. Frankreich und einige italienische Staaten dem seit dem Siege von Pavia im Jahre 1525 übermächtig erscheinenden Kaiser Karl V. entgegenwirken wollten, und insbesondere um den Versuch, den Sieger von Pavia zum Seitenwechsel zu bewegen, den Marchese di Pescara. Der Dichter hat diese Geschichte mit großer Anschaulichkeit und einiger dichterischer Freiheit dargestellt und ein höchst lebensvolles Bild der damaligen Zeit entworfen: da ist Girolamo Morone, der ränkevolle Kanzler des Herzogs Carlo Sforza von Mailand, da ist der Florentiner Guicciardini, der im Dienst des Papstes steht und doch mit der Sache Martin Luthers sympathisiert; da sind auf der Gegenseite Karl Bourbon, der frühere Konnetabel von Frankreich, der von seinem König Franz I. abgefallen ist und als »Verräter« sowohl gefürchtet wie verachtet wird, Vittoria Colonna, die »Perle Italiens« und Gattin des Pescara und vor allem Pescara selbst: Ferdinando d' Ávalos, der hervorragendste Feldherr seiner Zeit, Spanier von Herkunft, Italiener seiner Geburt und seinen Besitzungen nach. Da ist aber auch der Ritter Moncada, der Abgesandte des Vizekönigs von Neapel und der »fanatischen spanischen Partei am kaiserlichen Hof«, welcher von tiefem Mißtrauen gegenüber Pescara erfüllt ist, weil dieser trotz des großen Sieges und der Gefangennahme des französischen Königs vom Kaiser Karl V. nicht angemessen belohnt worden ist, sodaß in ganz Italien Gerüchte umherschwirren, der Marchese werde sich vielleicht an die Spitze derjenigen stellen, die Italien von der Herrschaft der Fremden erlösen wollen. Und Morone, dem Pescara eine Unterredung gewährt, ist bei aller seiner Neigung zu Machtspiel und Intrige doch offensichtlich vor allem von »Liebe zu Italien« erfüllt, und er entwirft ein so herrliches Gemälde von der Zukunft eines befreiten Italien, dessen Krone Pescara tragen soll, daß selbst Karl von Bourbon, der als versteckter Zuhörer auf Wunsch Pescaras an der Unterredung teilnimmt, dem verlockenden Bilde für Augenblicke erliegt. Und noch später erliegt Vittoria Colonna der bezaubernden Vorstellung eines unter der Herrschaft ihres geliebten Gatten vereinigten und von der Fremdherrschaft befreiten Italien, mit der Papst Clemens sie persönlich bekannt macht, und sie verläßt den Vatikan so eilig, »als könne sie es nicht erwarten, dem erhöhten Gemahl seine Krone zu bringen«. Pescara selbst gibt zu erkennen, daß er nicht aus ganzem Herzen ein Diener seines Kaisers sein kann, denn er sagt zu Vittoria: »Dieses spanische Weltreich, das in blutroten Wolken aufsteigt, jenseits und diesseits des Meeres, erfüllt mich mit Grauen: Sklaven und Henker … Dein verderbtes Italien aber ist wenigstens menschlich.« Gleichwohl gibt er der Versuchung nicht nach, ja er kann ihr nicht nachgeben, denn nur er und sein Arzt wissen, daß er bei Pavia eine tödliche Wunde empfangen hat, die, für kurze Zeit vor der Öffentlichkeit verborgen, ihm, dem offensichtlich Ungläubigen, den bevorstehenden Tod und nicht etwa Christus als Erlöser erscheinen läßt. Italien sieht er für Jahrhunderte in selbstverschuldete Knechtschaft versinken. Was Conrad Ferdinand Meyer nicht sagt und was auch ich bis vor kurzem nicht wußte, ist dies: daß der volle Titel des Mannes, welcher der Versuchung widerstand, weil er in der nahen Nachbarschaft des Todes unversuchbar war, lautete: Marchese di Pescara e del Vasto.

In dieser Lieblingsnovelle meiner Jugend, deren zentrale Figur der »Feudalherr« von Vasto war, ist also in Gestalt von Personen oder doch von Erwähnungen und Hinweisen fast das ganze damalige Abendland versammelt: der Katholizismus des Mittelalters, das eigentümliche Nebeneinander von christlichen und antik-heidnischen Motiven, wie es in den Gemälden des Palastes der Sforza zum Vorschein kommt, der aufsteigende Protestantismus, das Weltreich Karls V., Cortez und die Eroberung Südamerikas durch die Spanier, die glaubenslose Skepsis der Renaissance als Vorform der Aufklärung und auch die enthusiastische und verzweifelte Liebe gerade von Ungläubigen zu dem zerrissenen Vaterland, zu Italien. Und das Ganze wird durch die Augen eines protestantischen Dichters gesehen, der seine Geringschätzung für den katholischen Dogmatismus und Fanatismus nicht verbirgt.

Meine eigene Parteinahme war damals eine andere. In der intellektuellen Ödnis der während der Jahre von 1933 bis etwa 1938 schon weitgehend vom Nationalsozialismus bestimmten, wenngleich nicht etwa vollständig beherrschten Schule hatte ich mich im Selbststudium der spanischen Sprache und Literatur zugewandt, und meine ganze Sympathie gehörte jenem Kaiser, der sowohl ein Deutscher wie ein Spanier war, der seine schwersten Kämpfe in Italien führte, in dessen Reich »die Sonne nicht unterging« und der sich dann nach dem Scheitern seiner Pläne zum Sterben in das Kloster Yuste zurückzog.

Damals war ich noch weit von der Einsicht entfernt, daß auch der Protestantismus und auch die Aufklärung, daß auch die Säkularisierung und der Nationalstaatsgedanke Bestandteile »Europas« sind und daß der Kampf gegen die Möglichkeit der spanischen Weltherrschaft ein großes historisches Recht auf seiner Seite hatte, nicht minder als der spätere Widerstand gegen die Hegemonie Napoleons und gegen die drohende Dominanz von Hitlers nationalsozialistischem Deutschland. Erst viel später wurde mir der Begriff des »Liberalen Systems« geläufig, welches in seinem Ursprung das »europäische System« des Neben- und Miteinanders geschichtlicher Kräfte ist, die zunächst den Gegner vernichten wollen und sich doch damit begnügen müssen, ihn zu schwächen und zurückzudrängen, um dann an seiner Seite einen Platz einzunehmen, der den eigenen Erwartungen nicht entsprach, der aber das Ganze reicher und vielfältiger sein läßt, als der Teil es mit seinem Absolutheitsanspruch je hätte sein können. So erging es dem Protestantismus, der Aufklärung, dem Positivismus und der Lebensphilosophie, und schon in der Einheit des mittelalterlichen

Katholizismus gab es eine Spaltung oder – besser – eine Differenzierung, zu der in den außereuropäischen Kulturen allenfalls Ansätze aufzuweisen sind: die Differenzierung zwischen Staat und Kirche, zwischen Monarchie und Adel, zwischen Bürgerstädten und Landbevölkerung. Bis in die jüngste Zeit ist keiner dieser Faktoren völlig untergegangen, so sehr er sich verwandelt haben mag; ein relatives Recht ist ihm geblieben, wenn er auf den absoluten Anspruch verzichten mußte, und heute ist die drängendste aller Fragen die, ob man auch im Hinblick auf jene beiden historischen Mächte einen Übergang vom absoluten Anspruch zu einem relativen Recht, einem Teilrecht innerhalb eines Ganzen, sprechen darf, die im 20. Jahrhundert die Weltherrschaft erringen wollten und in einem säkularen Ringen besiegt wurden: der Sozialismus in der Gestalt der kommunistischen Weltbewegung und der Sowjetunion bzw. des »sowjetisch-chinesischen Blocks« auf der einen Seite und der in der Gestalt des Nationalsozialismus zu äußerster Konzentration gelangte und für eine Weile stärkste aller europäischen Nationalstaaten, Deutschland, auf der anderen.

So viel dürfte jetzt schon deutlich geworden sein: es besteht in der Tat ein Zusammenhang zwischen dem 15jährigen Schüler, der auf noch halbkindliche Art ein Liebhaber der spanischen Kultur, ein Verehrer des Weltreichs Karls V. und ein Bewunderer des Marquese di Pescara e del Vasto war, und dem 75jährigen Historiker, der umfangreiche Bücher über den Faschismus in seiner Epoche, über den Europäischen Bürgerkrieg von 1917 bis 1945 und über den Weltbürgerkrieg von 1945/47 bis 1989/91 geschrieben hat. Ich könnte nun zu zeigen versuchen, inwiefern dem katholisch-europäischen Weltreichsbewußtsein Karls V. bereits ein Nationalbewußtsein entgegenstand, das kein Nationalstaatsbewußtsein war und doch auf uralten, antiken und mittelalterlichen, Grundlagen beruhte, und inwiefern heute ein säkularisiertes Europabewußtsein das enge Nationalstaatsbewußtsein schwächt und gerade dadurch die Wiedergewinnung eines umfassenderen, aus älteren Wurzeln hervorgehenden Nationalbewußtseins ermöglicht. Zu erwähnen wäre sicherlich auch das Auseinandertreten von Nationalbewußtsein und Europabewußtsein im 19. Jahrhundert, wie es in der Aussage Bismarcks »Qui parle l'Europe a tort« oder in der Überzeugung vieler Engländer greifbar wird, das beste Ding zwischen England und Europa sei das Meer. Aber ich möchte es Ihnen und mir selbst schwerer machen und durch einen Umweg eine Antwort auf die eben gestellte Frage zu skizzieren suchen. Deshalb bitte ich Sie, mir etwas mehr an Zeit zu gewähren, als eine Dankrede gewöhnlich in Anspruch nehmen darf.

Sie haben einem Deutschen Ihren Preis zuerkannt, und vielleicht haben Sie das gerade deshalb getan, weil kein Nationalbewußtsein in dieser Zeit eine so starke Erschütterung erfahren hat wie das deutsche, so gewiß sich einige Analogien in Italien finden lassen. Diese Erschütterung ist mit einem Angriff verknüpft, der keineswegs nur von außen, sondern auch von innen kommt und der einen zerstörerischen Charakter haben würde, wenn ihm ein unbegrenztes Recht zugesprochen werden müßte.

Aber das gleiche gilt, wenngleich nicht ganz so offenkundig, für das Europabewußtsein. Auch das Selbstbewußtsein Europas oder des Okzidents sieht sich einem Angriff ausgesetzt, der nicht bloß von äußeren Kritikern ausgeht und der zerstörerisch sein muß, wenn er ein uneingeschränktes Recht in Anspruch nehmen darf.

Auf deutsche Befehle hin hat sich im Zweiten Weltkrieg etwas vollzogen, wozu es in der Geschichte des neuzeitlichen Europa bis 1917 und auch des deutschen Nationalstaates der Zeit vor 1933 keine Analogie gibt: der auf quasi-industrielle Weise durchgeführte Massenmord an mehreren Millionen von deutschen und europäischen Juden.

Zu Opfern von intendierten oder kriminell-fahrlässigen Massentötungen wurden aber auch Millionen von sowjetischen Kriegsgefangenen, Hunderttausende von polnischen »Untermenschen«, Zehntausende von Geisteskranken, zahlreiche Sinti und Roma, d. h. Zigeuner.

Als Opfer empfanden sich ebenfalls große Teile der Bevölkerung in den vielen von Deutschland besetzten Ländern Europas, eines Europa, dessen Völker unter der schweren Hand einer ideologisierten Militärherrschaft ihre Selbständigkeit verloren haben würden, und zwar in gewisser Weise unter Einschluß des deutschen Volkes, denn »germanische« oder sogar »arische« und nicht etwa »deutsche« Herrenmenschen würden Europa beherrscht haben, Herrenmenschen, die schon 1933 damit begonnen hatten, zahllosen Deutschen als Angehörigen der »ostischen« Rasse einen minderen Rang zuzuweisen.

Gegen Anklagen, die aus diesen Tatbeständen hervorgehen, hilft es wenig, zu dem naheliegenden Mittel der Gegenanklage zu greifen: zur Hervorhebung der englisch-amerikanischen Luftangriffe auf die Zivilbevölkerung mit ihren Hunderttausenden von Opfern, zu Beschreibungen der Austreibung von 12 Millionen Deutschen aus den Ostgebieten des Deutschen Reiches oder auch zum Hinweis auf die Internierung bzw. Deportation aller »feindlichen Ausländer« oder sogar eigener Staatsbürger in Großbritannien und den USA. Den Juden nun gar konnte überhaupt kein »tu quoque« entgegengehalten werden, daher war keine Überzeugung im Deutschland der Jahre nach 1945 verbreiteter und selbstverständlicher – auch unter der großen Mehrheit der ehemaligen Nationalsozialisten –, als die, daß das Land gründlich in sich gehen, seine Vergangenheit zum guten Teil von sich abtun und einen völlig neuen Weg einschlagen müsse. Dazu gehörte natürlich und unbestrittenermaßen der Wille zur Wiedergutmachung gegenüber den Opfern des Nationalsozialismus, vornehmlich den überlebenden Juden, und auch, weit schwieriger zu vollziehen, die Bereitschaft zum Verzicht auf die von Polen, Rußland und der Tschechoslowakei unter Austreibung der Bevölkerung annektierten Ostgebiete.

Aber es gab Überzeugungen, Parolen, Forderungen, die weit darüber hinausgingen und deren Erfüllung nicht nur eine tiefe Verwandlung, sondern die vollständige Zerstörung des deutschen Nationalbewußtseins bedeutet hätte oder bedeuten würde: der radikale »Europäismus« großer Teile der intellektuellen Schichten; die Parole »Deutschland verrecke«, welche von Teilen der extremen Linken an die Mauern geschrieben oder im Chor skandiert wurde, und auch das nicht von jüdischer, sondern von deutscher Seite mit Energie betriebene Projekt, im Zentrum Berlins ein Monument für die getöteten Juden zu errichten, und zwar in Form einer geneigten Steinplatte von der Größe eines Fußballfeldes, auf der alle einzelnen Namen von sechs Millionen getöteter Opfer eingemeißelt sein würden. Man braucht sich nur einen Augenblick vorzustellen, daß in Prag ein Denkmal mit den Namen aller bei der Vertreibung getöteten Deutschen, in London ein Monument mit den Namen aller Luftkriegsopfer und in Madrid ein gigantisches Denkmal mit den Namen aller von den Konquistadoren getöteten Indios errichtet würden: von einem tschechischen, einem englischen und einem spanischen Nationalbewußtsein könnte dann nicht mehr die Rede sein.

Aber eben diesem Vorschlag müßten alle diejenigen zustimmen, die heute gegen Europa oder den Okzident im ganzen einen ebenso heftigen und leidenschaftlichen Angriff führen, wie viele Deutsche, Europäer und Nicht-Europäer ihn gegen Deutschland richten, einen Angriff, der ein ebenso großes Recht besitzt wie jener andere und der ebensowenig bloß von außen kommt. Der Okzident, so erklären Vorkämpfer der Dritten Welt oder auch des islamischen Fundamentalismus, führe seit Kolumbus, ja seit den Kreuzzügen einen Eroberungskampf gegen den Rest der Welt, die er ausgebeutet habe und heute weiterhin ausbeute; der Fanatismus jüdischer Priester, so kann man bei radikalen Feministinnen und übrigens schon bei Voltaire und den französischen Blanquisten des 19. Jahrhunderts lesen, habe einen Ausrottungskampf gegen die Kanaaniter und deren lebensfreudige, nicht-asketische Religion in Gang gesetzt, die englischen Puritaner hätten die verhängnisvolle Idee des »auserwählten Volkes« aus dem Alten Testament übernommen und die eingeborene Bevölkerung Nordamerikas nicht minder gnadenlos vernichtet, als es die spanischen Konquistadoren in Südamerika getan hätten, am »Megaholocaust« des Sklavenhandels hätten gerade Juden einen großen Anteil gehabt und heute seien die Israelis, größtenteils Osteuropäer ihrer Herkunft nach, wie einst ihre Vorväter unter Josua, die entschlossensten Verfechter von Eroberung und Vertreibung. Spanier, Engländer, Juden – was bleibt von Europa, wenn man ihre Vergangenheit für verbrecherisch erklärt? Antiimperialisten, Feministinnen, »Schwarze Moslems« und Vertreter des »Third Worldism« haben mit ihren Anklagen ja keineswegs durchaus unrecht, und es war die innereuropäische und innerjüdische Bibelkritik der Spinoza und Jules Simon, die den Weg dazu eröffnete, daß die »Heilige Schrift« der gläubigen Juden und Christen sich als die Geschichtserzählung von der zähen und grausamen Selbstbehauptung eines kleinen Volkes inmitten der vorderasiatischen Weltreiche enthüllte. Und hatte irgend jemand die Anklagen gegen den großen Völkermord der Spanier früher und nachdrücklicher vorgebracht als spanische Mönche und unter ihnen Bartolomé de Las Casas?

Dennoch wäre keine größere Ungerechtigkeit, kein schlimmeres Unglück vorstellbar, als wenn tatsächlich in den wichtigsten Städten Europas jene Monumente zu sehen wären, wenn das Europabewußtsein ebenso ausgelöscht wäre wie das deutsche Nationalbewußtsein und wenn überall die Weltzivilisation der »Nachgeschichte« im Hochgefühl ihres Triumphes alles fortstieße, was sie für »antimodern« oder »archaisch« erklärt. Das Alte Testament ist eben auch in den Augen eines gebildeten Ungläubigen sehr viel mehr als die Geschichte von den Eroberungen und Bedrängnissen eines kleinen Volkes oder auch von den Ursprüngen eines monotheistischen Fanatismus; die Römer haben die Welt nicht nur unterdrückt, sondern auch eine Friedensperiode geschaffen, neben der die bisherige Friedensperiode der Moderne sich höchst unvollkommen ausnimmt; die Geschichte des europäischen Adels ist voll von Persönlichkeiten, denen gegenüber die Politiker der Gegenwart als dürftige Figuren erscheinen; das englische Weltreich war für zahlreiche seiner Untertanen in den anderen Kontinenten offensichtlich viel vorteilhafter als die quasi-autonomen Staaten, die aus seinem Untergang hervorgingen: Was für ein völlig verzerrtes Bild der Weltgeschichte würde entstehen, wenn man die Kindesopfer der Kanaaniter und die Schädelpyramiden der rituell Geschlachteten vergäße, auf die Cortez und seine Leute zu ihrem Entsetzen in Tenochtitlán stießen, wenn man die Schrecken von Sklaverei und Sklavenhandel erst in den Häfen Afrikas unter der Ägide englischer und sephardischer Kaufleute beginnen ließe oder wenn man gar den Eindruck erweckte, alle nicht-okzidentalen Völker und Kulturen hätten jenen mythischen Agrippaiern geglichen, die nach der Erzählung Herodots kein Kriegsgerät besitzen und Verbannte freundlich aufnehmen! Und wo wären jene Kritiker, wenn es diesen Okzident im ganzen nicht gegeben hätte, der so etwas wie Kritik und Selbstkritik, ja auch Weltgeschichte überhaupt erst ins Dasein gerufen hat?

Freilich wird durch solche Feststellungen die Kritik nicht widerlegt; sie bleibt gültig, sofern sie ihre Grenzen nicht überschreitet; der Versuch, Grenzen zu überschreiten, war und ist indessen ein Kennzeichen von Europa selbst. Auch das nationalsozialistische Deutschland machte einen solchen Versuch der Grenzüberschreitung zum eigenen Vorteil, und darin ist das Aufbegehren eines Teils gegen das Ganze zu sehen. Dennoch verkörperte auch der Nationalsozialismus insofern ein historisches Recht, als er der wohlmeinenden Wahnidee des Bolschewismus, durch eine staatliche Planwirtschaft die Welt von dem bösen Prinzip des Privateigentums zu reinigen und die »schuldigen Klassen« zu vernichten, 1933 in Deutschland eine nie verwundene Niederlage beibrachte und 1941 vor der Möglichkeit stand, den Menschen und Völkern eines despotischen Imperiums die Freiheit zu verschaffen, die über ein halbes Jahrhundert später immerhin im Ansatz zur Wirklichkeit wurde. Gleichwohl wurde er schon früh und mit Recht als »Aufstand gegen Europa« charakterisiert, und sein begrenztes Recht verkehre sich in ein beinahe unbegrenztes Unrecht. Die Deutschen können so wenig ein ungebrochenes, ein naives Nationalbewußtsein zurückgewinnen, wie die Europäer zu einem Europabewußtsein gelangen können, das die antiokzidentale Kritik nur negiert hätte. Aber sie dürfen und müssen sich dagegen zur Wehr setzen, daß ihr Nationalbewußtsein statt einer tiefgehenden Wandlung der vollständigen Zerstörung unterliegt. Das gleiche gilt, mutatis mutandis, für das Europabewußtsein der Europäer, das vielleicht erst dann wieder an Kraft gewinnen kann, wenn

Europa nicht mehr im Sog einer amerikanischen Weltvorherrschaft mitschwimmt, sondern bedrängt wird und sich unter Anstrengungen behaupten muß.

Aber kann für den Bolschewismus und den faschistischen Nationalsozialismus etwas Ähnliches gelten wie für den Protestantismus, von dem man mit Recht gesagt hat, er sei 1559 eine Häresie gewesen, eine Häresie mit einem totalen Wahrheits- und Herrschaftsanspruch, und nach 1648 sei er ein etablierter Teil des Systems geworden? Zwecks Veranschaulichung gebe ich eine Geschichte wieder, die viele von Ihnen kennen werden, weil sie in einer Anmerkung von Benedetto Croces »Storia d'Italia nel secolo decimonono« zu finden ist. Einer der entschlossensten Kämpfer gegen die Herrschaft der Bourbonen im Regno di Napoli, Luigi Settembrini, sei über die Gleichförmigkeit, welche die siegreichen Piemontesen dem früheren Königreich auferlegt hätten, betrübt und erbittert gewesen und er habe eines Tages auf die Frage eines Schülers voller Zorn geantwortet: »Das ist die Schuld Ferdinands II.« Auf den verwunderten Einwand, da sei doch eine Kausalitätsbeziehung nicht zu erkennen, habe er geantwortet: »Wenn er mich und meinesgleichen hätte aufhängen lassen, wäre es nicht so weit gekommen.« Natürlich wollte Settembrini nicht ernsthaft das Königreich Neapel wiederhergestellt und die Einheit Italiens aufgehoben sehen, aber er hatte im Abstand der Jahre doch ein neues Verhältnis zu einer Vergangenheit gewonnen, die nicht so ausschließlich schwarze und abstoßende Züge aufwies, wie er in der Hitze der politischen Auseinandersetzung gemeint hatte.

Die Gleichförmigkeit, die sich heute ausbreitet und die auch diejenigen zu erschrecken vermag, welche durch ihren Widerstand gegen den Bolschewismus und den Nationalsozialismus mitgeholfen haben, ihr den Weg zu bereiten, trägt den Namen »Globalisierung« und ist eine Wirklichkeit, die aus der europäischen Geschichte hervorgegangen ist und doch für Europa gefährlicher sein könnte als alle Kritik von Antiimperialisten und Feministinnen. Die Göttin dieser neuen Wirklichkeit heißt »der Weltmarkt«, und man könnte sie auch, um einen Ausdruck Piero Gobettis zu verwenden, die »liberale Revolution« nennen. Ihre Tendenz geht dahin, aus Staatsbürgern und Angehörigen bestimmter Kulturen bloße Individuen zu machen, die in dem Streben nach Lust und Wohlergehen miteinander konkurrieren und dabei zu einem hohen Grad von Flexibilität und Loslösung aus naturhaften und moralischen oder auch kulturellen Bindungen gelangen. Unweigerlich gibt es in diesem Ringen »Gewinner« und

»Verlierer«, »winners« und »losers«, um die Termini der Herkunftssprache zu verwenden. Wenn der Kommunismus sich von jener Wahnidee befreit hat, er könne die Masse der Verlierer zu Siegern machen, indem er den Markt abschaffe, wenn er also einsieht, daß ohne Markt und gegen den Markt bloß die Fortschritte einer quasi-militärischen Mobilisierung zu erzielen sind, dann kann er sich von seiner gewalttätigen Realisierung im Jahre 1917 lösen und zum Helfer und Beschützer der »Verlierer« werden, wie es der ursprünglichen Intention jeder »Linken« entspricht. Für eine solche Hilfe ist indessen der Nationalstaat unentbehrlich, und als neue Linkspartei werden die Kommunisten und ihre Verbündeten »National-Sozialisten« sein müssen, aber National-Sozialisten mit einem Bindestrich zur Unterscheidung von dem historischen Phänomen des deutschen Nationalsozialismus, der in Wahrheit ein aggressiver und antijüdischer Nationalexpansionismus und insofern ein Radikalfaschismus war. Dann wäre der National-Sozialismus zum Bestandteil des Systems geworden wie ebenfalls der Kommunismus und wie einst der Protestantismus, und nicht zum Nachteil des Systems.

Aber nicht nur die Nationen und vornehmlich die »Verlierer« innerhalb der Nationen bedürfen des Schutzes gegen die bloß formell regulierte Übermacht des Weltmarktes als des unendlich bewegten Wechselspiels höchst ungleichgewichtiger Egoismen kollektiver und individueller Natur, sondern auch die Kulturen. So gewiß sie über zähe Lebenskräfte verfügen, so gewiß ist ihre Existenz nicht ohne das Engagement von Menschen zu sichern, die von jenem Kulturbewußtsein erfüllt sind, zu dessen Erscheinungsformen auch das Europabewußtsein gehört. Es kann sich nirgendwo *gegen* die Globalisierung und das Bewußtsein der einen Welt und der einen Menschheit behaupten, sondern es gewinnt sein unveräußerliches Recht heute erst dann, wenn es Globalisierung und Weltbewußtsein zu einer selbstverständlichen, aber in sich selbst nicht genügenden Basis macht. Nur jene Gruppen, die jenseits dieser »Basis«, welche eigentlich ein Resultat ist, den »Überbau« einer eigenständigen Kultur aufrechtzuerhalten und fortzuentwickeln mögen, dürfen im vollen Sinne »menschlich« heißen.

Lassen Sie mich mit einer metaphorischen Wendung zum Schluß kommen, die, nachdem so viel an Kritik wiedergegeben worden ist, einen nun wohl erlaubten Schritt in die Gegenrichtung tun: Eine amerikanische Bekannte sagte einmal zu mir: »Ich reise jedes Jahr nach Europa, denn Europa ist das Juwel der Welt«. Wir müssen uns darüber im klaren sein, daß es sich um ein Juwel besonderer Art handelt, nicht um ein leuchtendes Ding, sondern um einen vielfältigen Prozeß, zu dem auch nicht wenig an Tadelnswertem, ja Schrecklichem gehört, der aber eine ganz außerordentliche Fülle von herrlichen und zeitüberdauernden Vergegenständlichungen hervorgebracht hat. Wie sollten wir diesen einzigartigen Vorgang leugnen dürfen zugunsten eines Prozesses, der weiter nichts als ein Prozeß und möglicherweise in letzter Konsequenz todbringend ist, weil er die Natur außerhalb des Menschen und innerhalb des Menschen selbst angreift und tendenziell zerstört. Da das Goldene Vlies als das Symbol für den, wie man sagen könnte, europäischen Juwelprozeß angesehen werden darf, in den wir uns hineinstellen und den wir gegen unberechtigte Angriffe verteidigen wollen, ist es für mich eine große Freude und eine hohe Ehre, diesen Preis entgegenzunehmen.

(Dankrede zur Verleihung des Preises des »Tosón d'oro« in Vasto am 5.7.1997)

2

Konrad-Adenauer-Preis 2000 für Wissenschaft

Wer den Konrad-Adenauer-Preis für Wissenschaft der Deutschland-Stiftung entgegennimmt, muß von Deutschland, mindestens *auch* von Deutschland sprechen, und er sollte ein wissenschaftliches Problem, das damit im Zusammenhang steht, umrißhaft zum Thema machen. Aber ich muß ebenfalls von mir selbst reden, denn nur dann gewinnt der Dank, den ich der Stiftung schulde, sein angemessenes und, wie zu zeigen sein wird, außerordentliches Gewicht.

Einer der berühmtesten und meistgelobten Autoren Deutschlands, Marcel Reich-Ranicki, entschuldigt sich im letzten Kapitel seines Buches »Mein Leben« bei den Lesern dafür, daß er einer »so trüben, ja verächtlichen Figur der deutschen Zeitgeschichte wie Ernst Nolte« so viel Aufmerksamkeit gewidmet habe. Der Grund sei der, daß Nolte in dem FAZ-Artikel vom 6. Juni 1986, der den »Historikerstreit« auslöste, behauptet habe, der »deutsche Mord an den Juden« sei keineswegs einzigartig gewesen und habe »die Folge, wenn nicht die Kopie der bolschewistischen Schreckensherrschaft, eine Art deutsche Schutzmaßnahme« dargestellt, ja Nolte habe sich nicht gescheut, Juden mit Ungeziefer zu vergleichen. So müsse man zwar an der »Zurechnungsfähigkeit dieses Gelehrten« zweifeln, aber das schlimme sei, daß er die Unterstützung der Frankfurter Allgemeinen Zeitung und ihres Herausgebers Joachim Fest gefunden habe, der dadurch »auf dem Tiefpunkt seiner Karriere angelangt« sei.

Wenig später hat sich Reich-Ranicki auf ganz ähnliche Weise geäußert, als er zusammen mit Jürgen Habermas und Siegfried Unseld den »Hessischen Kulturpreis« entgegennahm. Er rühmte seinen Mitpreisträger Jürgen Habermas, weil dieser im Juli 1986 in der »Zeit« gegen Nolte und Andreas Hillgruber zu Felde gezogen sei, jene »revisionistischen« Historiker, die sich nach Habermas die »Entsorgung der deutschen Vergangenheit« zum Ziel gesetzt hätten. In der Tat hatte ich wie Andreas Hillgruber nie zu jener »Suhrkamp-Kultur« gehört, die Siegfried Unseld geschaffen hatte, und die »neue« Frankfurter Allgemeine Zeitung von 1999, der Reich-Ranicki nun lobende Worte zukommen ließ, war vollkommen im Recht, als sie schrieb, »drei große repräsentative Gestalten unserer Kultur« seien mit diesem Preis ausgezeichnet worden.

Die Deutschland-Stiftung gibt mit der Verleihung des Konrad-Adenauer-Preises für Wissenschaft zu erkennen, daß sie die Urteile von Marcel Reich-Ranicki und Jürgen Habermas für falsch und mindestens für einseitig hält. Sie legt mithin den außergewöhnlichen Mut an den Tag, von der Hauptströmung des gegenwärtigen intellektuellen Lebens in Deutschland abzuweichen und denjenigen Historiker zu ehren, der durch das einmütige Zusammenwirken von nahezu allen Trägern dieser Strömung aus dem öffentlichen Leben Deutschlands entfernt und zu einer »Unperson« gemacht worden ist. Dafür gebührt ihr Respekt und Dank. Ich muß aber vor allem begründen, weshalb ich das Urteil der Stiftung für richtig halte, und ich muß darlegen, worin ich den Kern der Differenz sehe, die zu persönlichen Animositäten keinen Anlaß geben sollte.

Mein Gegensatz zu Reich-Ranicki und Habermas datiert nicht von meinen Anfängen her. Als ich mich im Jahre 1956 an der Seite von Hans-Werner Richter und Erich Kuby im »Grünwalder Kreis« zum ersten und letzten Mal in meinem Leben politisch engagierte, da hätten die beiden Herren dazugehören können. Wie wohl die meisten Angehörigen unserer Generation, der in den zwanziger Jahren Geborenen, bin ich von der Frage ausgegangen: »Wie war es möglich?«, und schon damit war der Umstand gegeben, daß wir zu »Deutschland« kein ungebrochenes, kein unreflektiertes Verhältnis haben konnten, daß Deutschland für uns nicht »das Vaterland, das teure« war, dem wir uns in Glück und Unglück anzuschließen hätten, denn der Bruch von 1945 war viel zu tief. Die »Selbstkritik«, das heißt die Kritik an dem nationalsozialistischen Begriff von »Deutschland« und an dessen Ursprüngen, verstand sich deshalb von selbst, und sie war sogar für diejenigen unumgänglich, die gläubige Anhänger Hitlers gewesen waren. Mir lag diese Kritik näher als vielen anderen, denn von meiner Familientradition her stand ich einem abweichenden Konzept von »Deutschland« nahe, nämlich dem katholisch-großdeutschen, wie es etwa im Bismarck-Reich von Constantin Frantz, in der Emigration von Friedrich Wilhelm Foerster und in der Gegenwart der entstehenden Bundesrepublik von Franz Schnabel repräsentiert wurde. Aber ich betrachtete mich in den fünfziger Jahren doch in erster Linie als einen Philosophen der Heidegger-Schule, der in der allmählichen Loslösung von seiner Herkunft begriffen war, und die Distanz gegenüber der Geschichtswissenschaft jener Jahre wurde auch dadurch verstärkt, daß ich durch zufällige Umstände während der Kriegszeit nicht zur Wehrmacht einberufen worden war. In diesem Distanzierungsprozeß spielte das Studium der Werke von Marx eine wichtige Rolle.

Ich müßte nun einiges zur Entstehung und zu dem Charakter meines Buches von 1963 »Der Faschismus in seiner Epoche« sagen, aber aus Zeitgründen werde ich das erst heute nachmittag als Einleitung zu der »Forumsdiskussion« tun, und ich beschränke mich jetzt auf zwei nicht weiter zu erläuternde Thesen. Einerseits war dieses Buch unverkennbar von einer »antifaschistischen« Grundstimmung durchdrungen, und es wich weit von den damals vorherrschenden Auffassungen ab, als es den vielfach so genannten »Ostfeldzug« mit den Worten charakterisierte, es habe sich dabei um »den ungeheuerlichsten Eroberungs-, Versklavungs- und Vernichtungskrieg« gehandelt, den die moderne Geschichte kenne. Und was die »Endlösung der Judenfrage« betrifft, so konnte ein israelischer Historiker noch 1985 in der »Historischen Zeitschrift« sagen, hier sei der nationalsozialistischen »Judenvernichtung« erstmals in der deutschen wissenschaftlichen Literatur der richtige, nämlich der zentrale Platz zugewiesen worden. Aber andererseits ließ das Buch ein schon damals als ungewöhnlich empfundenes Bemühen um Objektivität erkennen, das bis zu der nicht ganz selten als bedenklich angesehenen Wendung führte, bei Hitlers Ideologie handle es sich um ein Gedankengebäude, dessen »Folgerichtigkeit und Konsistenz« den Atem verschlage. Und schon in der Definition des Faschismus als eines Antimarxismus besonderer Art ist die Konzeption impliziert, daß in der sogenannten Weltkriegsepoche auf verschiedenen Ebenen ein ideologischer und übernationaler »Krieg« zwischen dem Bolschewismus als dem militanten Marxismus und dem Radikalfaschismus des Nationalsozialismus geführt worden sei.

Insofern war – nach den Werken über den Kalten Krieg und über den Marxismus – der Weg zu dem Buch von 1987 »Der europäische Bürgerkrieg 1917 – 1945« ganz konsequent – auch insofern, als ich diesmal dem Bolschewismus gegenüber bei aller unverkennbar antibolschewistischen Grundeinstellung mit einiger Ausführlichkeit um dieselbe Objektivität bemüht sein mußte wie zuvor gegenüber dem Nationalsozialismus. Ich habe daher den Enthusiasmus, den die »Oktoberrevolution« in weiten Teilen des vom Kriege gepeinigten Europa erzeugte, mit viel Teilnahme beschrieben, aber im ganzen konnte ich mich nicht mehr, wie noch 1963, der

Einsicht verschließen, daß die KPdSU die früheste und stärkste Vernichtungsorganisation des 20. Jahrhunderts war und daß die nationalsozialistische Partei eine spätere und weniger umfassende Entsprechung darstellte, ja vielleicht nicht mehr als eine »verzerrte Kopie«. Heute kann sich auch der entschiedenste »Linksintellektuelle« aus den Erinnerungen von Lew Kopelew leicht ein Bild davon machen, was die früheste »Säuberungsideologie« des 20. Jahrhunderts war und was für grauenhafte Handlungen die Akteure mit gutem Gewissen begehen mochten. Jedenfalls muß allen, die sich in die frühen Äußerungen Hitlers und seiner nächsten Gefolgsleute über den Bolschewismus vertiefen – über die »Blutdiktatur in Rußland«, die »Schlachthäuser der Tscheka«, die »Ausrottung der nationalen Intelligenz«, den »Massenmörder Lenin« – der Eindruck sich aufdrängen, daß die späteren Massenmörder von Empörung, Angst und Erbitterung im Hinblick auf frühere Massenmorde erfüllt waren und daß darin von der anderen Seite her eine Singularität des »Holocaust« gegenüber allen übrigen Genoziden zu sehen ist, so gewiß die Umsetzung vom Sozialen ins Biologische eine qualitative Differenz ausmacht.

Aber der »heikelste« aller Punkte darf nicht ausgespart werden. Wer das welthistorische Phänomen des Bolschewismus als der gewalttätigen Erscheinungsform des Sozialismus ernst nimmt, der kann die stärkste aller Gegenbewegungen nicht auf »pure Wahnideen« reduzieren. Und dann wird die Frage unumgänglich, ob nicht auch Hitlers »Antisemitismus« einen »rationalen Kern« besaß, das heißt einen verstehbaren, nachvollziehbaren Impuls. Viele ehrenwerte Menschen und angesehene Autoren erregen sich schon über die bloße Frage, aber sie scheinen wenig Empfinden dafür zu haben, wie sehr sie das Judentum – ein welthistorisches Volk wie kaum ein anderes, wenngleich seit zwei Jahrtausenden ohne kriegerische Triumphe oder Niederlagen – herabsetzen, wenn sie meinen, es habe in seinen unterschiedlichen Teilen während einer geschichtlichen Epoche von überragender Bedeutung nur ängstliche Passivität an den Tag gelegt und es habe sich nicht für große »Sachen« und weitgespannte Zielsetzungen engagiert. Zweifellos war die nationalsozialistische Vorstellung vom einheitlich handelnden »Weltjudentum« eine Fiktion. Gewiß war die »kollektivistische Schuldzuschreibung«, welche die Nationalsozialisten vornahmen, ganz verfehlt und die durchsichtige Umkehrung jener dialektischen Schuldzuschreibung, die der Marxismus gegenüber dem »kapitalistischen System« und »den Kapitalisten« vorgenommen hatte.

Aber in meinen Augen verweigert man dem Judentum die Ehre, die ihm zusteht, wenn man nicht wenigstens darüber nachzudenken bereit ist, ob der nationalsozialistische »Antisemitismus« sich in seinem »rationalen«, nachvollziehbaren Kern nicht letzten Endes gegen dasjenige richtete, was für Ludwig Klages »der Geist als Widersacher der Seele« war und was man auch die »Intellektualisierung« als Grundzug der Geschichte nennen könnte. Den heutigen »Philosemiten« wäre zu empfehlen, Autoren wie Emmanuel Lévinas, Franz Rosenzweig und George Steiner zu lesen, um von der uralten Selbsteinschätzung und dem Singularitätsanspruch des genuinen Judentums eine Vorstellung zu gewinnen.

Daß ein Intellektueller sich mit Hitler gegen die »Intellektualisierung« oder die »Herrschaft des Geistes« stellen könnte, ist undenkbar, doch er kann, ja er soll selbstkritisch sein und auch seinem existenziellen Gegner gegenüber nach dessen Untergang den Willen zur Objektivität an den Tag legen. Was daraus am ehesten entsteht, ist nichts anderes als die Konzeption des »europäischen Bürgerkrieges« und des ihn ablösenden »Weltbürgerkrieges« bis 1989/91. Man könnte sie das siebente der Paradigmen zur Interpretation des 20. Jahrhunderts nennen – neben dem positiven und dem negativen »germanozentrischen«, dem marxistischen, dem progressivistischen, dem jüdischen und demjenigen der strukturellen Totalitarismuskonzeption. Durch seine Mehr-Seitigkeit, die im Hinblick auf die Weltkriegsepoche vorwiegend Zwei-Seitigkeit bedeutet, steht dieses Paradigma, die historisch-genetische Version des Totalitarismuskonzepts, dem negativ-germanozentrischen und dessen nachdrücklich bejahter Einseitigkeit am stärksten gegenüber, obwohl eine Ursprungsähnlichkeit nicht zu verkennen ist.

Das negativ-germanozentrische Paradigma entwickelte sich seit etwa 1968 genau in die Gegenrichtung, und es verschmolz weitgehend mit dem jüdischen, für das natürlich von vornherein der »Holocaust« zentral war. Es bezog sich in den Hervorbringungen einer schuldlos-schuldbekennenden Generation unter Vernachlässigung der elementarsten Postulate der Wissenschaft immer exklusiver auf Deutschland bis hin zu jenem Punkt der Vulgarisierung, welcher allerdings kein Paradigma ganz entgehen kann, etwa der Forderung »Deutschland verrecke!«; es erzeugte die »Wehrmachtausstellung« und die triumphale Rundreise Daniel Goldhagens durch die Hörsäle und Sendeanstalten Deutschlands; es tendierte immer mehr dazu, »Einzigartigkeit« als »Einzigkeit« oder als ein Art »Schwarzes Loch« zu verstehen, das allem Begreifenwollen entzogen sei; es bildete sogar eine Quasi-Religion vom »absoluten Bösen« aus, die aber gegenwärtig dabei ist, sich zu universalisieren und den ganzen Okzident, ja »die bisherige Geschichte« statt bloß den Nationalsozialismus zum Angriffsobjekt zu machen. Erst gegen diese umfassende Offensive ließ sich wieder ein positiver Begriff von »Deutschland« gewinnen.

Auch in diesem Angriff gibt es indessen einen »rationalen Kern«, nämlich die Erfahrung des unaufhaltsamen Übergangs zur »Weltzivilisation«, der aber um vieles komplizierter und konfliktreicher ist, als seine Ideologen es sich vorstellen, denn der Mensch ist nicht nur ein entgrenzendes, sondern auch ein Grenzen setzendes Wesen. Gleichwohl ist nicht auszuschließen, daß die Menschheit sich am Ende das 21. Jahrhunderts auf eine Quasi-Religion geeinigt haben wird, in welcher der deutsche Nationalsozialismus den Teufel und sie selbst den Gott oder den Götterhimmel spielt, obwohl es sich dabei um ein Gegenbild zu der Hitlerschen Quasi-Religion handeln würde. Schon aus dem Ansatz hierzu erklären sich alle Emotionen und alle Mißverständnisse bis hin zu schlichten Lesefehlern, die der mehrseitigen Konzeption vom Europäischen Bürgerkrieg entgegengebracht wurden und die zuletzt in den zu Anfang zitierten Äußerungen von Reich-Ranicki einen allerdings exorbitanten Ausdruck fanden. Die Geschichtswissenschaft kann auf das »Verstehbarmachen« nicht verzichten, obwohl es nur allzu verständlich ist, daß die unmittelbar Betroffenen und die Moralisten eben dies als moralische Rechtfertigung betrachten – aber um einen geringeren Preis ist Wissenschaft in »sensiblen« Bereichen nun einmal nicht zu haben. Ich setze indessen genug Vertrauen in die menschliche Vernunft, um es für wahrscheinlicher zu halten, daß die historisch-genetische Version der Totalitarismustheorie sich auf längere Sicht durchsetzen wird, da sie schon heute mit den künftigen Generationen die Distanz teilt, welche die Voraussetzung von Wissenschaft ist.

Ich breche ab, indem ich feststelle, daß die Entwicklung einer neuartigen, ungewohnten und als anstößig empfundenen Interpretationsweise zweifellos in den Bereich der Wissenschaft, wenn auch nicht in denjenigen der fachhistorischen Forschung gehört und daß das gleiche für die Charakterisierung anderer Paradigmen sowie für die Richtigstellung unberechtigter oder überspitzter Vorwürfe zutrifft. Aber es ist nicht unwissenschaftlich, wenn in diesem Zusammenhang auch praktische Postulate formuliert werden. Ich umreiße deren drei:

1. Die »kollektivistische Schuldzuschreibung«, welche ein Hauptkennzeichen des Nationalsozialismus war und dessen dauerhafteste – heute

primär gegen »Deutschland« gerichtete – Erbschaft ist, muß überwunden werden.

2. Wir sollten die Auffassung hinter uns lassen, daß immer das Gegenteil des vom Nationalsozialismus Erstrebten gut und richtig ist, denn auch eine im Ursprung völlig legitime Feindseligkeit kann innere Abhängigkeit zur Folge haben, und innere Abhängigkeit verschließt alle eigenen Wege.

3. Das geplante Holocaust-Mahnmal in Berlin bedeutet nicht nur die Monumentalisierung, sondern tendenziell auch die Äternisierung der Ein-Seitigkeit, welche der negativ-germanozentrischen Interpretation innewohnt. Niemand hat je behauptet, daß sein Bau auf einer Mehrheitsmeinung der deutschen Nation beruht, er ist vielmehr das Werk einer selbsternannten »wissenden Minderheit«. Diese Minderheit hat insofern recht, als in einer Gesellschaft, die sich mehr und mehr als »Spaßgesellschaft« versteht, Stätten eines herausfordernden Ernstes von ganz besonderer, von gegenläufiger Wichtigkeit sind. Daher ist das Mahnmal nicht bloß aus Gründen der Faktizität zu akzeptieren, denn der Begriff der »Einzigartigkeit des Holocaust« ist legitim, so wenig die damit häufig verknüpfte Einschränkung der Meinungs- und Wissenschaftsfreiheit Legitimität beanspruchen darf. Niemand kann aber einzelne Deutsche und möglicherweise sogar eine Mehrzahl von nachdenklichen Deutschen und gleichgesinnten Ausländern daran hindern, gerade in dem Bewußtsein, daß eine »totale« Erinnerung ebenso widermenschlich ist wie ein »totales« Vergessen, die einseitige Erinnerung zu erweitern und das Mahnmal so anzusehen, als wäre es »allen Opfern der Ideologiestaaten des 20. Jahrhunderts« gewidmet und nicht zuletzt jenen Opfern, die am meisten vergessen und ohne Freunde sind.«

(Dankrede zur Verleihung des Konrad-Adenauer-Preises für Wissenschaft der Deutschland-Stiftung am 4.6.2000 in München, publiziert in »Deutschland magazin« 32, Nr. 7/8, S. 9–11)

3

Die Rechte im Zusammenhang

Es gibt keine Rechte ohne eine Linke, und immer läßt sich auch eine Mitte identifizieren. Dagegen ist eine Linke ohne eine Rechte vorstellbar, und das war im Ancien regime des 18. Jahrhunderts tatsächlich der Fall. Aber die Linke bezieht sich stets auf »die Verhältnisse«, »das Bestehende«, »die Mächtigen«, gegen die sie die Sache der Armen, der Unterdrückten und auch der Unterprivilegierten führen will. Schon daraus resultiert die Differenzierung in gemäßigte, radikale und extreme Linke, denn die Unterprivilegierten sind nicht notwendigerweise arm, und der erstrebte Zustand kann von ganz unterschiedlicher Art sein: Verfassungsstaat, Markt ohne Grenzen, Gemeinschaft der Gleichen.

Die Linke ist also älter als die Rechte, und die Differenzierung der Rechten nimmt von derjenigen der Linken ihren Ausgang. Rousseau ist nicht bloß der Zeit nach früher als de Maistre. Die Rechte verteidigt das Bestehende, wenn dieses Bestehende, z. B. der feudale Staat, nicht mehr allein im Stande zu sein scheint, sich der Angriffe der Linken zu erwehren. Dabei muß sie indessen Charakterzüge der Linken in sich aufnehmen: die französische Rechte der Restaurationszeit hob »die Nation« auf den Schild, welche ihre Vorgänger in der Revolutionsepoche noch als Erfindung der Jakobiner bekämpft hatten. Da die Linke auf die Zukunft ausgerichtet ist, ist sie im Blick auf das Kommende gewöhnlich eher im Recht als die Rechte: Die preußische Rechte der frühen sechziger Jahre des 19. Jahrhunderts polemisierte gegen die »Deutschthümelei« und gegen den »Raubstaat Italien«, aber wenig später verbündete sich Bismarck mit Italien und gründete das Deutsche Reich. Dennoch war diese Rechte nicht vollständig im historischen Unrecht, denn das Bismarckreich war ein »Großpreußen«, das freilich immer »deutscher« wurde.

Linke und Rechte blieben auch in Gestalt des Sozialismus und der Alldeutschen aufs klarste voneinander geschieden, und dennoch existierte keine chinesische Mauer zwischen ihnen, wie sich schon vor dem Ausbruch des Ersten Weltkriegs zeigte. Der sowjetische Kommunismus war dann mit seiner strikten Disziplin und klaren Hierarchie die am meisten rechte der linken Parteien, und der deutsche Nationalsozialismus stand zu einem Teil in der Nachfolge des demokratischen Radikalismus der Zeit des Vormärz, so daß er die Rechtspartei mit den meisten linken Zügen war. Beide waren gleichwohl eindeutig in den Traditionen der extremen Linken und der extremen Rechten des europäischen Parteiensystems verwurzelt, und nach ihrer Machtergreifung stellten sie die staatlich verselbständigten und also totalitären Momente dieses Systems dar.

Die Gegenwart der deutschen Rechten beginnt wie diejenige der deutschen Linken im Jahre 1945, d. h. mit der katastrophalen Niederlage, die der nationalsozialistische Staat Hitlers auf sich gezogen hatte. Was die Rechte war und sein konnte, läßt sich in stärkster Verkürzung anhand der Stellungnahmen zu drei Realitäten veranschaulichen, die im Denken und in den politischen Auseinandersetzungen auf unterschiedliche Weise zu Problemen wurden: den Stellungnahmen zum Nationalsozialismus, zur Nation und zur Zuwanderung.

Sich vom Nationalsozialismus und seiner Kriegs- und Ausrottungspolitik zu distanzieren, war die drängendste aller Notwendigkeiten. Für die »antifaschistische« Linke war das leicht, und die Frage bestand nur darin, ob die Schuld einer Kaste wie dem Militär oder einer Klasse, dem Bürgertum, oder gar dem ganzen Volk auferlegt werden sollte. Für die Rechte bot sich nur die Möglichkeit, den Nationalsozialismus als »Hitlerismus« zu interpretieren oder allgemeine Phänomene der Moderne wie die »Vermassung« verantwortlich zu machen. Von 1949 an gewann in der Bundesrepublik im Zuge des anhebenden Kalten Krieges die »schweigende Vergangenheitsbewältigung« die Oberhand, welche eine Anzahl von früheren und gemäßigten Nationalsozialisten zur Zusammenarbeit mit den gemäßigten Antifaschisten gelangen ließ und die Voraussetzung dafür schuf, daß die unter der Bevölkerung zunächst noch weitverbreitete positive Erinnerung an die »guten Jahre« 1933–1939 des Nationalsozialismus dahinschwand. In der DDR dagegen realisierten die Kommunisten jene »große Vergangenheitsbewältigung«, d. h. die soziale Vernichtung des Bürgertums und großer Teile des Kleinbürgertums, die schon immer auf ihrem Programm stand. Seit den sechziger Jahren setzte sich dann in der Bundesrepublik mehr und mehr die Auffassung durch, daß der Nationalsozialismus unzureichend oder gar nicht »bewältigt« worden sei.

Faktisch seit 1945 und explizit seit 1949 lebten die Deutschen inmitten einer fundamentalen antinationalen Realität: der Teilung des Landes. Die sozialdemokratische Linke kämpfte lange Jahre viel direkter dagegen an als die gemäßigte Rechte der Christlichen Demokraten, die auf dem Wege der europäischen Integration zur deutschen Wiedervereinigung gelangen wollte. Eine extreme Rechte des »nationalen Befreiungskampfes« kam über bescheidene Ansätze nicht hinaus; die radikale Rechte der SRP und später der NPD war neutralistisch und stellte die Westintegration in einen unüberbrückbaren Gegensatz zur Wiedervereinigung.

Die Zuwanderung war das größte soziale Problem in der Bundesrepublik Deutschland. Weit über 10 Millionen Vertriebene strömten nach Deutschland, die meisten davon in die Bundesrepublik, und bis 1961 kamen noch einmal fast drei Millionen Flüchtlinge aus der DDR hinzu. Weder die Linke noch die Rechte stellte sich negativ zu diesem Zustrom, der dann wider Erwarten zu einer der Hauptursachen des »Wirtschaftswunders« wurde, doch die Linke gab schon früh Vorbehalte gegen »revisionistische« Tendenzen unter den Vertriebenen zu erkennen. Aber nur die radikale bzw. die extreme Rechte machte sich solche Tendenzen zu eigen und hielt mit Entschiedenheit an dem Ziel fest, die »Grenzen von 1937« zurückzugewinnen.

Die unmittelbare Gegenwart aller Deutschen beginnt mit der von kaum jemandem erwarteten und von fast niemandem noch ernsthaft erstrebten Wiedervereinigung im Jahre 1989/90. Die »antinationale Realität« wurde hinfällig, und nichts schien unausweichlicher zu sein als die Wiedergewinnung des fast schon verlorenen Nationalbewußtseins. Aber nun zeigte sich, daß große Teile der Linken die antinationale Realität interiorisiert hatten und die Wiedervereinigung als Niederlage betrachteten, da dadurch die Westorientierung und der »Verfassungspatriotismus« in Gefahr gebracht würden, welche einen zeitgerechten Zustand jenseits der Nationalstaaten implizierten – allerdings in ganz Europa offenbar nur für die Deutschen, die damit einen avantgardistischen Sonderweg eingeschlagen hätten. Die radikale Linke hatte die Teilung sogar als die angemessene »Sühne für Auschwitz« betrachtet und sah nun am Horizont ein neues Auschwitz auftauchen. Die radikale Rechte tendiert dazu, diesen negativen Nationalismus wieder in einen positiven Nationalismus der Wiedererlangung vollständiger Souveränität und der Anknüpfung an die Macht- und Interessenpolitik des Bismarckreichs umzuwandeln. Die gemäßigte Rechte verlangt nicht mehr als ein »geläutertes« Nationalbewußtsein, das den Irrweg des Nationalsozialismus verneint, aber den rationalen Kern des früheren deutschen Nationalismus als Defensive gegen den abstrakten Universalismus der Linken bejaht. So muß sie Vorbehalte gegen ein »Maastricht-Europa« haben, soweit dadurch die historischen Nationalstaaten zu Provinzen der Brüsseler Zentrale degradiert würden.

Ein besonders wichtiges Erbe der frühen Auseinandersetzung mit dem Nationalsozialismus war der Asylartikel 16 des Grundgesetzes. Seit dem Beginn der achtziger Jahre ermöglichte er eine Zuwanderung ganz anderer Art, als sie nach der Gründung der Bundesrepublik zu verzeichnen war, nämlich das Masseneinströmen von Asylbewerbern aus aller Welt. Schon die radikale Rechte der NPD hatte an den Millionen von »Ausländern« Anstoß genommen, die indessen durch die Sogkraft der Wirtschaft und deren Bedürfnisse ins Land gekommen waren. Nach der Wiedervereinigung wurde die Gewährung von dauerndem oder temporärem Asyl zu einem großen und objektiven Problem, da die von Jahr zu Jahr wachsende Zahl von Hunderttausenden, die Ansprüche auf Versorgung erheben konnten, im Zeichen der ansteigenden Arbeitslosigkeit von beträchtlichen Teilen des Volkes als Konkurrenz um knappe Ressourcen empfunden wurde. Wie kaum anders zu erwarten war, nahm ein verbreitetes und frustriertes Empfinden in Randzonen auch verbrecherische Formen an, und die Linke stellte nach den Brandanschlägen von Kindern und Jugendlichen törichte, aber symptomatische Vergleiche mit 1933 und 1938 an. Daß die Maxime ihres extremen Flügels »Bleiberecht für alle!« innerlich unwahr wäre und daß ihr Postulat der Umwandlung Deutschlands in eine »multikulturelle Gesellschaft« wesentlich zu den Ausschreitungen beigetragen haben könnte, zog sie nicht einmal in Erwägung. Sie fürchtete trotz der völlig veränderten Situation nach wie vor den Nationalsozialismus und instrumentalisierte ihn weiterhin für ihre Zwecke.

Auf der intellektuellen Ebene war seit 1968 von großen Teilen einer jüngeren akademischen Generation der Nationalsozialismus im Kampf mit den Vätern als das »absolute Böse« interpretiert worden, und in der Sache war man auf die »kollektivistische Schuldzuschreibung« der ersten Nachkriegsjahre zurückgekommen. Man vergaß dabei, daß es eine genau entsprechende Schuldzuschreibung von seiten der Nationalsozialisten gegeben hatte und daß darin einer der wichtigsten Anfänge des Unheils zu sehen war. Man geriet aber auch mit sich selbst in Widerspruch, indem man aus dem Eintreten für die Dritte Welt und alle Unterdrückten zu schroff »antiwestlichen« Folgerungen gelangte. Im Felde der Geschichtswissenschaft war die »Sozialgeschichte« seit einiger Zeit immer weiter vorgedrungen, und sie trieb inmitten verdienstvoller Forschungen die Rede vom deutschen Sonderweg und damit die Isolierung Deutschlands auf neue Höhepunkte. Aber durch den Zusammenbruch des Kommunismus in Osteuropa erhielt die Totalitarismustheorie aus der nun endlich offen hervortretenden Erfahrung vieler Hunderttausender von Intellektuellen und einfachen Menschen eine überwältigende Bestätigung. Ihre historisch-genetische Version stellt einen Zusammenhang heraus, der auch die deutsche Geschichte in ein neues Licht rückt, indem sie gleichsam das Schema der strukturanalytischen, der »klassischen« Version in Bewegung bringt. Sie bedeutet keine moralische Relativierung, sondern eine historische Relationierung. Sie ist auch keineswegs revisionistisch, sondern integristisch, d. h. sie kann, mit einigen Maßgaben, die »etablierte« Auffassung einschließlich der »Singularität von Auschwitz« in sich aufnehmen, weil sie ein Bild von dem ideologischen Bürgerkrieg der staatlich verselbständigten Momente des Liberalen Systems zeichnet und dabei weder Unterschiede noch Verwurzelungen noch die Rolle der »westlichen Demokratie« übersieht. Sie legt allerdings die politische Folgerung nahe, daß die einst verselbständigten Extreme nach genuiner Verarbeitung der Erfahrungen des Jahrhunderts wieder in das System eingefügt werden sollten.

Es sollte selbstverständlich sein, daß die Rechte wie jedes historische Phänomen immer im Zusammenhang, und zunächst im Zusammenhang mit der Linken, gesehen werden muß. Heute besteht eine paradoxe Situation indessen darin, daß eine Konzeption, welche transnationale Zusammenhänge herausstellt und im Kern versöhnlich ist, von einer in isolierenden Formeln und längst überholten Ängsten erstarrten Linken der radikalen Rechten zugerechnet und der »Wegbereitung« für Brandstiftungen bezichtigt wird. Es gibt nicht viele Thesen, die für die gegenwärtige Verwirrung kennzeichnender sind.

(Von der FAZ erbetener und angenommener, jedoch nicht gedruckter Artikel vom Sommer 1994)

4

Die Rechte und die Linke im »Liberalen System«

Wer von der Rechten reden will, muß vom Vorrang der Linken ausgehen. In einem ganz weiten Sinne ist schon jenes Aufbegehren eine Linke zu nennen, das in dem Aufruf des Thersites zur Meuterei in der Ilias, in zahlreichen Wendungen der israelischen Propheten und in der Aussage eines altägyptischen Arbeiters zum Vorschein kommt »Der Wesir soll die Bretter selbst tragen«. Über die Sklavenaufstände im Römischen Imperium und mittelalterliche Ketzerbewegungen geht dieses Aufbegehren, oft religiös begründet, bis hin zu den Wiedertäufern, und in der Form der »Kritik« stellt es sich während der Aufklärung, ja *als* Aufklärung dar. Immer bringt es »Unterdrückte« zu Wort, und fast immer richtet es sich auch grundsätzlich gegen »die Verhältnisse«, die für ungerecht oder für gottlos erklärt werden und an deren Stelle ein Zustand gesetzt werden soll, der durch Gleichheit und Friedlichkeit bestimmt ist, also durch die Abwesenheit von Schichten und Staaten. Die Wortführer orientieren sich dabei an den einfachen und durchsichtigen Verhältnissen einer vorgestellten Frühzeit und blicken zugleich auf eine künftige, die ganze Erde umfassende Welt der Harmonie voraus. Wenn man grobe Verkürzungen nicht scheut, darf man sagen: Das Aufbegehren, das durch alle Geschichte hindurchgeht und insofern »ewig« ist, ist egalitär, primitivistisch (an einer fernen Vergangenheit orientiert) und kosmopolitisch; es ist ein anthropologischer Grundcharakter; wenn es nicht existierte, würden die Rang- und Herrschaftsverhältnisse in den menschlichen Gesellschaften so fest und unveränderlich sein wie in Ameisenstaaten. Wer die Linke prinzipiell verwirft, der verwirft zugleich den Menschen und dessen Geschichte. Aber wenn dieses Aufbegehren je sein Ziel zu realisieren vermöchte, würde es diese Geschichte und die dadurch geprägten Menschen ebenfalls nicht mehr geben. Das ist die erste von vielen Paradoxien.

Als politische Gruppierung mit fest umrissenem Programm und damit als Linke im eigentlichen Sinne tritt ein solches Aufbegehren erst mit der

Französischen Revolution ins Dasein, und zwar in Gestalt des radikalen Flügels der Jakobiner. Aber während bis dahin jedes Aufbegehren gegen »die Verhältnisse« von den Repräsentanten dieser Verhältnisse, nämlich »den Herrschenden«, mit großer Energie niedergeschlagen wurde, entstehen nun aus der Gesellschaft selbst Gruppierungen und Tendenzen, die den (Adels-)Staaten Schwäche bei der Bekämpfung der Jakobiner vorwerfen und sich selbst als Anti-Jakobiner oder Antirevolutionäre bezeichnen. Sie bilden die früheste »Rechte«, und sie existieren weiter, als nach der Niederlage Napoleons das Ancien régime der Adelsstaaten sich wieder gefestigt hatte. Aber in Frankreich gab es nun ein Parlament, in dem eine Linke und eine Rechte ihren Sitz hatten, und in fast ganz Europa stellte sich der »Partei der Beharrung« die »Partei der Bewegung« entgegen, die in der Revolution von 1848/49 sogar für Augenblicke zu triumphieren schien. Mithin spielt sich schon seit 1815 ein immer wichtigerer Teil der europäischen Geschichte als Auseinandersetzung zwischen der Linken und der Rechten sowie deren radikalen Flügeln ab, das »Parteiensystem« wird mehr und mehr zum maßgebenden Rahmen der Politik und der Geschichte. Die Parteien bleiben indessen nicht, was sie waren, denn sie beeinflussen und verändern einander: Die französische Rechte macht sich schon bald den Begriff der »Nation« zu eigen, der eine Erfindung der Linken zu sein schien, und der deutschen Sozialdemokratie wurde nicht selten vorgeworfen, sie sei mit ihrer straffen Disziplin ein Spiegelbild des autoritären Staates Bismarcks. Durch das ganze 19. Jahrhundert gehen Erweiterungen des Wahlrechts, Zurückdrängung der Rolle der Kirchen und Emanzipationen verschiedener Art hindurch, und insofern war es ein Jahrhundert der Linken; aber die Verhältnisse wurden auch, den Hoffnungen der Linken entgegen, um vieles komplizierter und undurchsichtiger; insofern mochte es ein Jahrhundert der Rechten genannt werden.

Nun dürften einige zugespitzte Thesen nicht mehr abstrakt sein, so sehr sie die geschichtliche Wirklichkeit verkürzen.

Der ungeheure, zumal für linke Zeitgenossen niederschmetternde Eindruck, den der Nationalsozialismus machte, beruhte nicht zuletzt darauf, daß er die am meisten linksstehende der rechten Parteien war, die revolutionärste Gestalt der Gegenrevolution, welche es bis dahin gegeben hatte: schroff national und doch als Rassenlehre tendenziell international, »Führerstaat« und »Volksgemeinschaft« in einem, von einem »Antisemitismus« geprägt, der fast ebenso viele linke wie rechte Züge aufwies.

Sein Hauptfeind wiederum, der in Rußland siegreiche Kommunismus, war offenbar die am meisten rechte der linken Parteien: internationalistisch, aber in schroff abgeschlossener Staatlichkeit; »demokratisch«, aber schon seit Lenin dem nahezu allmächtigen Parteiführer untergeordnet; marxistisch und antimarxistisch zugleich. Der ideologische, nationenübergreifende Bürgerkrieg zwischen der in Deutschland zur Alleinherrschaft gelangten Rechten, die in den Augen des Fürsten Metternich eine Linkspartei gewesen wäre, und der in Rußland auf totalitäre Weise herrschenden Linken, die nach dem Urteil Bakunins eine Rechtspartei gewesen wäre, war das wichtigste Kennzeichen der Epoche.

Nach dem Zweiten Weltkrieg war die entscheidende Frage die, ob sich nach den entsetzlichen Erfahrungen dieses Krieges das »europäische Liberale System« wiederherstellen ließ, in welchem die wesentlichen Entscheidungen hinsichtlich der sich ständig verändernden »großen Fragen« nicht durch eine vorhandene Autorität, sondern durch die öffentliche Diskussion von Parteien getroffen werden, die einander nicht als vernichtungswillige Feinde, sondern als Gegner gegenüberstehen. Das war nur möglich, wenn die Rechte sich vom Hitlerschen Nationalsozialismus und dessen exorbitanten Zielsetzungen trennte, ohne sich als solche aufzugeben; und das gleiche galt, mutatis mutandis, für die Linke. In der Bundesrepublik wurde die Frage während der fünfziger Jahre durch die Verbote der SRP und der KPD gelöst, jedoch nur vorläufig. Sie stellte sich wieder ab 1968, und sie steht heute mit starker Konzentrierung auf »die Rechte« erneut zur Debatte.

Daß eine genuine und insofern radikale Rechte gegen eine unkontrollierte bzw. illegale Masseneinwanderung von Ausländern und für ein stärkeres Festhalten an nationalen Souveränitätsrechten eintreten muß, springt ins Auge, aber nur für die radikalsten unter den Linken gilt das Gegenteil, welche eine Auffassung vertreten, die ebenso moralisch wie nicht realisierbar ist: es sei geboten, für alle Hilfsbedürftigen die Grenzen zu öffnen und Deutschland schon jetzt als eine Provinz des zu erstrebenden Weltstaates anzusehen. Fragen von so fundamentaler Art aber müssen in einer auf Meinungsfreiheit beruhenden Demokratie umfassend erörtert und letzten Endes von den Wählern entschieden werden. Das ist nur in einem vollständigen Parteiensystem möglich. Die Existenz einer extremistischen, d.h. zu gewalttätiger »Ausländerfeindschaft« neigenden Rechten gibt den Vertretern der beiden großen Parteien, die einen Platz in der »Neuen Mitte« einnehmen möchten, die Gelegenheit, das Problem nach dem Muster jener früheren Parteienverbote zu lösen und die radikale, jede Gewalttätigkeit ablehnende Rechte gleich miteinzubeziehen. Dabei wird die Frage, ob man die »extreme Rechte« der »Skinheads« tatsächlich als »nazistisch« bezeichnen darf oder ob es sich um ein ganz neuartiges Phänomen handelt, nicht einmal gestellt: Die SA kämpfte auf bürgerkriegsartige Weise gegen den »Rotfrontkämpferbund«, einen mächtigen Feind, und nicht gegen kleine Gruppen von Ausländern, und meines Wissens hat niemals ein Nationalsozialist einen Obdachlosen als solchen angegriffen oder gar getötet.

Daß man heute zum »Kampf gegen rechts« aufruft und sich nicht mit der Forderung begnügt, die Schutzpflicht des Staates gegenüber allen Einwohnern und Besuchern mit größerer Energie wahrzunehmen, ist in hohem Grade verdächtig. Die wesentliche Frage ist ja die, ob die komplizierten Probleme der Gegenwart innerhalb des gewiß schwierigen Systems der »freiheitlichen« Demokratie gelöst werden sollen oder auf dem Wege einer »antifaschstischen« Demokratie, die nicht weniger kurios und obsolet wäre als eine Demokratie, die sich immer noch in erster Linie als »antikommunistisch« verstünde. Der allein systemgerechte Lösungsversuch ist das gerade Gegenteil der in Vorschlag gebrachten Verbotsstrategie: das Wirken einer radikalen rechten Partei – wie das in Italien bereits der Fall ist – als einen notwendigen Bestandteil des vollständigen, des nicht-amputierten Parteiensystems anzuerkennen und sie in Darstellung und Auseinandersetzung nicht anders zu behandeln als die radikale Linkspartei. Diese genuine Rechte würde jene rätselhaften Gestalten, die »Glatzköpfe« des sogenannten Rechtsextremismus, zu einem Teil an sich heranziehen und disziplinieren, so daß der andere Teil als dasjenige sichtbar würde, was er ist, nämlich als eine Anhäufung von Chaoten, die zum Aufgabenbereich der Kriminalpolizei gehören.

(Von der »Welt« erbetener und angenommener, jedoch nicht gedruckter Artikel vom Sommer 2000)

5

Erläuterungen zu einem »Spiegel-Gespräch«

Das »Spiegel-Gespräch« (40, 1994) hat so schroff entgegengesetzte Reaktionen hervorgerufen, wie ich sie in meinem Leben kaum je erlebt habe. Es war die Ursache dafür, daß eine von der Stiftung »Weimarer Klassik« seit langem vorbereitete Tagung über »jüdischen Nietzscheanismus« abgesagt wurde, weil mehrere der Teilnehmer sich geweigert hatten, mit mir zusammen aufzutreten, und einige Sätze daraus »erschreckten« die Herausgeber der Frankfurter Allgemeinen Zeitung so sehr, daß sie einer Zusammenarbeit von mehr als 25 Jahren ein Ende machten. Ganz anders war der Tenor der meisten Zuschriften, die ich erhielt: Ich wurde gefragt, wie ich dazu gekommen sei, diese »Journaille« überhaupt zu empfangen, ja es wurde mir vorgehalten, unverschämte Fragen nicht zurückgewiesen, sondern recht zögernd mit der Unbestimmtheit des »einerseits – andererseits« beantwortet zu haben.

Ich glaube, daß ein adäquates Urteil über dieses Gespräch nur möglich ist, wenn die Vorgeschichte in Betracht gezogen wird.

Am 30. Mai 1994 hatte der »Spiegel« ein »Porträt« von mir veröffentlicht, dem u. a. ein Gespräch zugrunde lag, das ein Redaktionsmitglied mit mir geführt hatte. Dieser bereits ältere Herr machte den Eindruck eines Biedermanns, und er erzählte ebenso offenherzig von den eigenen, nicht eben durch »Antifaschismus« geprägten Kinderzeiten, wie er ein »menschliches« Interesse für die Erfahrungen meiner Kindheit und Jugend an den Tag legte. Daraus entstand eine psychoanalytische Analyse, die auch Nebenbemerkungen einbezog, welche nach dem Ende des Gesprächs am Kaffeetisch gefallen waren, und deren Ziel offensichtlich die existentielle und moralische Vernichtung des Gesprächspartners war. Der Autor behauptete, unter der glatten philosophischen Sprache »ein kindliches Emotionsbiotop aus Scham und Schmach, Wut und Ohnmacht« sowie »haßerfüllte Selbstverachtung« entdeckt zu haben, die aus den »Katastrophen und dem Scheitern« meiner jungen Jahre hervorgegangen seien.

Das alles leitete er aus der Tatsache ab, daß ich wegen eines Körperfehlers im Kriege kein Soldat gewesen war und in der Tat gesagt hatte, der Gedanke an das Sterben so vieler meiner Mitschüler bzw. Gleichaltrigen bei Stalingrad und anderswo rufe in mir auch heute noch ein Empfinden tiefer Bedrückung, ja ein Schuldgefühl hervor. Was ich sonst an Bedrückendem in meiner Jugend erfahren hatte, z. B. den Abtransport einer jüdischen Greisin durch SS-Leute, wurde ebensowenig erwähnt wie die Folgerung, die ich aus all dem gezogen hatte: aus der Distanz zum unmittelbaren Geschehen der Kriegszeit sei für mich eine besondere Verpflichtung zu Unparteilichkeit und Wissenschaftlichkeit abzuleiten. Daher schrieb ich dem Journalisten einen Brief, der aus einem einzigen Satz bestand: er habe mir Fairness versprochen und ich wisse nun besser, was Fairness à la Spiegel sei.

Zu meiner großen Überraschung rief mich Ende August ein anderer Journalist des »Spiegel« an und fragte mich, ob ich trotz des »Porträts« bereit sei, ein sogenanntes »Spiegel-Gespräch« mit dem Magazin zu führen. Ich antwortete, ich sei dazu unter der Voraussetzung bereit, daß diesmal »mein Werk« im Mittelpunkt stehen würde und nicht meine Kindheitserfahrungen oder meine politischen Meinungen. Ich leugne nicht, daß ein Motiv besonderer Art in diese Zustimmung hineinspielte: Wenn der »Spiegel« ein solches Vernichtungsporträt veröffentlicht, dann ist in seinen Augen der Betreffende tot und begraben; wenn aber nach drei Monaten die Bitte um ein Gespräch erfolgt, wird dieses Porträt sozusagen zurückgenommen.

Meine Bedingung wurde akzeptiert, und das Gespräch fand am 19. September in meinem Ferienhaus statt. Der gute Wille, diesmal in erster Linie Information zu vermitteln, schien mir auf seiten des »Spiegel« garantiert, denn die drei Herren und ihr Troß begaben sich ja gewissermaßen in meine Hand: wenn ich den Eindruck gewonnen hätte, daß sie nur eine Bestätigung des »Porträts« suchten, hätte ich sie aus dem Hause weisen können, und das wäre sogar für sehr abgebrühte Journalisten eine niederschmetternde Erfahrung gewesen. Aber das Gespräch verlief nicht schlecht, hauptsächlich deshalb, weil die drei Herren mit großer Aufmerksamkeit zuhörten, als ich zu Beginn, etwa eine Stunde lang, einen Überblick über mein historiographisches Werk gab und erklärte, wie es zu verstehen sei. Abschließend betonte ich, dies sei der Kern der Sache und sie könnten meine Darlegungen selbstverständlich durch Einfügung entsprechender Fragen auflockern und kürzen; ich sei nun bereit, auf weitere

Fragen zu antworten. Nun wurde das Gespräch streckenweise scharf, und eben dies scheint ja noch in der veröffentlichten Fassung durch, wo ich sage, manchmal gefalle mir die Art nicht, in der die Frage gestellt werde, oder: man solle nicht versuchen, mich in eine Ecke zu drängen, in die ich nicht gehöre. Aber Rudolf Augstein wußte die Wogen durch ausgleichende Beiträge immer wieder zu glätten. Gleichwohl ließ sich nicht übersehen, daß das stärkste Interesse meiner negativen Stellungnahme zu dem sogenannten Gesetz gegen die »Auschwitz-Lüge« galt, die ich am 23. August in der »Frankfurter Allgemeinen Zeitung« unter dem Titel »Ein Gesetz für das Außergesetzliche?« publiziert hatte, einer Stellungnahme, die zu zeigen versuchte, daß Gefahren für die Wissenschaftsfreiheit unabwendbar seien, wenn bloße, sei es auch ganz verkehrte, nicht mit beleidigender Absicht artikulierte Meinungen mit Strafe bedroht würden. So lag es für die drei Herren nahe, inquisitorische Fragen zu stellen, wie die, ob ich die etablierte Auffassung über den Umfang und die Art der Massentötungen durch das Giftgas Zyklon B akzeptierte. Mein Gewissen ließ keine Antwort zu als die, daß auch in diesem Punkt Unklarheiten existierten und weitere wissenschaftliche Untersuchungen erforderlich seien. Aber nach mehr als vier Stunden endete das Gespräch auf eine Weise, die nach meinem Eindruck von allen Beteiligten als erhellend und bewegend empfunden wurde. Der Abschied erfolgte also in guter Atmosphäre.

Die Atmosphäre änderte sich jedoch rapide, als nach acht Tagen einer der Redakteure zu mir kam, um mir die Fahnen des für die Publikation vorgesehenen Textes vorzulegen und meine Zustimmung einzuholen. Ich traute meinen Augen nicht, als ich sah, was geschehen war: Meine einleitenden Ausführungen, der »Kern der Sache«, waren vollständig fortgelassen worden, und das ganze Gespräch drehte sich nun bloß noch um die »aktuellen« Fragen wie die Einschätzung des Rechtsradikalismus und den Wert oder Unwert des »Revisionismus«. Die Zeit drängte: bis zu dem wegen eines Feiertags vorverlegten Redaktionsschluß waren es nur noch wenige Stunden. Damit stand ich vor einer der schwierigsten Entscheidungen, die ich je zu treffen hatte. Wenn ich die Autorisierung verweigerte, bereitete ich dem Magazin eine Verlegenheit, die nicht leicht zu rechtfertigen war, da ja nichts Einzelnes falsch und nur das Ganze nicht richtig war, und außerdem wäre dann jenes »Porträt« das »letzte Wort« geblieben. Daher begnügte ich mich damit, einige Korrekturen und Streichungen vorzunehmen und einen Abschnitt einzufügen, der in allerknappster Form dasjenige zu Wort brachte, was ich als »Kern der Sache« zu Beginn artikuliert hatte. Dieser Abschnitt findet sich jetzt auf S. 94 des deutschen Textes, und er reicht von »Ich habe, wohl als erster, die Totalitarismustheorie ... historisiert« bis »Deshalb war für ihn (Hitler) die Ausschaltung der vermeintlichen biologischen Wurzel des Judentums logisch und notwendig: darum Auschwitz«. Und auch der folgende Gedanke spielte eine Rolle: Wenn die Herren des »Spiegel« trotz des Risikos, das sie liefen, glaubten, mich abermals und diesmal in einer von mir autorisierten Gestalt »vorführen« zu können, dann mußte in den Augen urteilsfähiger Menschen das genaue Gegenteil resultieren: das Nebeneinander dogmatisch-inquisitorischer Fragen und der zögernden, abwägenden, »wissenschaftlichen« Antworten würde die Mentalität dieses Magazins und des ganzen linksintellektuellen Establishments der Bundesrepublik »vorführen«.

Mit dieser Vermutung scheine ich mich allerdings – mindestens vorläufig – getäuscht zu haben. Das rechtsintellektuelle Establishment, nämlich die Frankfurter Allgemeine Zeitung, war nicht in der Lage, sich einzugestehen, daß ich dem »Spiegel« nichts anderes gesagt hatte, als was auch in dem Artikel vom 23. August ausdrücklich oder dem Sinne nach enthalten gewesen war, und es kündigte mir die Loyalität auf, die während der ganzen Jahre des »Historikerstreits« erhalten geblieben war. Immerhin wurde mir die Gelegenheit gegeben, in der Form eines langen »Leserbriefes« eine Art Schlußwort zu sprechen und dasjenige etwas ausführlicher darzulegen, was ich den Herren des »Spiegel« entwickelt hatte und bloß nachträglich mit sehr wenigen Worten in die gedruckte Fassung hatte hineinbringen können. Da es sich um eine abschließende Zusammenfassung handelt, dürfte sie auch für das italienische Publikum von Interesse sein: »Der Kern meines Lebenswerks ist die Entwicklung einer bis dahin nur in Ansätzen vorhandenen Version der Totalitarismustheorie, die man die historisch-genetische im Unterschied zu der politologisch-strukturellen (Friedrich-Brzezinski) und der sozialreligiösen (Voegelin) Version nennen sollte.«

Es handelt sich dabei nicht um eine Reihe fachwissenschaftlicher Monographien, sondern um die Erarbeitung eines Paradigmas, das künftigen wissenschaftlichen Arbeiten zugrundegelegt werden kann. Wer immer das tut, wird dem keineswegs bloß chronologischen Verhältnis zwischen den bolschewistischen und den nationalsozialistischen Vernichtungsmaßnahmen – zwischen »Gulag« und »Auschwitz« – besondere, wenngleich nicht exklusive Aufmerksamkeit zuwenden müssen. Dieses Paradigma kann selbstverständlich kritisiert werden, zum Beispiel von denen, welche die

Totalitarismustheorie insgesamt wegen der angeblichen oder wirklichen Gleichsetzung von »rot« und »braun« kritisieren, aber jeder Historiker, der es für erhellend hält, wird zu grundsätzlich ähnlichen Ergebnissen kommen wie ich, ob er Deutscher oder Amerikaner, Franzose oder Israeli ist. Das einzige Argument, das ich fürchte und das sich in zwanzig Jahren vermutlich durchgesetzt haben wird, ist das Argument, die Rede vom ideologischen Weltbürgerkrieg des 20. Jahrhunderts sei doch eine Trivialität.

Aber gerade weil »Auschwitz« der Angelpunkt meiner philosophisch-historischen Interpretation ist, muß ich als Wissenschaftler die Thesen und Ergebnisse der argumentierenden »Revisionisten« zur Kenntnis und sogar besonders ernst nehmen, und ich würde mich schämen, wenn ich den leichtesten Weg wählte: den Ruf nach Einführung von Strafbestimmungen in den Bereich der nicht in beleidigender Intention vorgebrachten Meinungen. Eine grundsätzliche Kritik an dieser Auffassung halte ich nicht für möglich, da nichts anderes artikuliert ist als die Essenz des wissenschaftlichen Selbstverständnisses.

(Publiziert in »Behemoth«, Rom, Nr. 16 (1994), S. 11–20)

6

Warnung vor einem Gesetz für das Außergesetzliche

Im modernen Staat ist das Leben aller Einzelnen in ein Netzwerk von Gesetzen und Vorschriften eingespannt, und Verstöße dagegen ziehen juristische Sanktionen nach sich.

Es gibt aber, vor allem in liberaldemokratischen Staaten, Bereiche, die sich außerhalb der Gesetze und Vorschriften befinden. Dazu gehören die erotischen Beziehungen zwischen Menschen, sofern daraus nicht eine gravierende Schädigung eines der Partner hervorgeht. Ein guter Teil der Empörung, die das Apartheid-Regime in Südafrika hervorrief, stammte daher, daß es Eheschließungen zwischen Weißen und Schwarzen verbot.

Durch kein Gesetz läßt sich Achtung bzw. Mißachtung regeln. Der Jugendliche, der in der Straßenbahn vor der Greisin nicht aufsteht, erweist sich als unzivilisiert, aber in die Sphäre des Strafrechts gerät er nur dann, wenn er seine Geringschätzung des Alters durch beleidigende Worte zum Ausdruck bringt.

Freiheitliche Staaten nehmen in ihren Verfassungen ausdrücklich davon Abstand, den Wissenschaftlern bestimmte Verfahren und Ergebnisse vorzuschreiben, selbst wenn einige davon bei vielen Menschen Anstoß erregen oder von anderen Wissenschaftlern für irrig gehalten werden. In totalitären Staaten ist das ganz anders.

In solchen Staaten sind auch die Meinungen strikt reguliert, und die Infragestellung zentraler Dogmen kann für das Individuum den Tod nach sich ziehen. In liberaldemokratischen Staaten gehören Meinungen zum Bereich des Außergesetzlichen, und ihre Freiheit ist verfassungsmäßig gewährleistet. Auch offensichtlich falsche Meinungen unterliegen keiner Strafandrohung, wohl aber sind gesellschaftliche Sanktionen vorhanden, etwa durch allgemeine Geringschätzung oder Verachtung, so etwa, wenn jemand behauptet, Napoleon habe nie gelebt. Nur wenn eine Meinung die Beleidigung anderer Menschen impliziert, tritt das Strafrecht ein.

Das Gesetz gegen die sogenannte Auschwitz-Lüge bedroht eine Meinung mit Strafe, sobald sie geäußert wird, obwohl Äußerung zum Begriff der Meinungsfreiheit hinzugehört.

Wenn dadurch nur diejenigen betroffen sind, welche die Faktizität der nationalsozialistischen Judenverfolgung in Abrede stellen, kann es sich bloß um eine ganz kleine Anzahl von »Unbelehrbaren«, um den »lunatic fringe« handeln. Die rechtliche Diskriminierung der deutschen Juden schon in Friedenszeiten, die Gewalttaten gegen Synagogen und Menschen am 9./10. November 1938, die öffentlichen Drohungen Hitlers, die ausgedehnten Deportationen während des Krieges, die Kennzeichnung durch den gelben Stern waren jedem der zeitgenössischen Deutschen bekannt: sie waren nicht nur eine offenkundige, sondern sogar eine anschauliche Wahrheit. Mit dem Leiden und Sterben in den Ghettos, mit den Massenerschießungen in den Weiten des Ostens kamen zahlreiche Soldaten in Berührung, und sie erzählten davon in der Heimat. Daß der weitaus größte Teil der deportierten Juden nicht zurückkehrte und auch nicht etwa aus den USA oder Israel etwas von sich hören ließ, stand jedem anschaulich vor Augen, der in den Nachkriegsjahren lebte. Alles dies zusammengenommen erfüllt bereits den Begriff des »Genozids«. Zur unmittelbaren und anschaulichen Erfahrung gehörten aber auch die großen Gerichtsverfahren mit den Aussagen der Zeugen und den Geständnissen der Täter über namenlose Greuel in Konzentrations- und Vernichtungslagern. Soweit es sich bei der »Endlösung der Judenfrage« um eine offenkundige und anschauliche, auch den Nachgeborenen durch die Eltern übermittelte Wahrheit handelt, trifft das Gesetz, das »Leugnung« unter Strafe stellt, unzweifelhaft nur eine winzige Randgruppe. Ein solches Gesetz scheint überflüssig, aber harmlos und erst recht für die Wissenschaft unschädlich zu sein.

Bei näherer Betrachtung gewinnen die Dinge indessen ein anderes Aussehen. Wenn das Gesetz nicht ein Schlag ins Wasser sein soll, muß es sich auf mehr beziehen als auf eine idealtypische und faktisch kaum vorhandene Möglichkeit. Es muß die Leugnung der *systematischen* Vernichtung der Juden im Auge haben. Wenn Hitler oder auch nur Himmler die Judenvernichtung befohlen hat, steht das »Systematische« außer Zweifel, und auch heute dürfte die in der Wissenschaft vorherrschende Interpretation die »intentionalistische« sein, die von den Absichten und ideologischen Vorstellungen Hitlers ausgeht. Aber eine andere und bisher durchaus als seriös anerkannte Schule leugnet diesen systematischen Charakter und führt die »Endlösung« auf eine Folge von Einzelentschlüssen untergeordneter Stellen zurück, die eine »kumulative Radikalisierung« zur Folge gehabt hätten. Dabei sind die »Funktionalisten« weit von einem Willen zur »Verharmlosung« entfernt; einige von ihnen sind anscheinend der Überzeugung, die deutschen Eliten oder auch das deutsche Volk würden »exkulpiert«, wenn man in Ideen und Entschlüssen Hitlers die wesentliche Ursache sehe. Man könnte also sagen, die Funktionalisten seien der Intention des Gesetzes, soweit sie sich gegen Verharmlosungen und Apologien richte, ganz nahe, doch sie müßten trotzdem bestraft werden, da sie jenen systematischen Charakter bestritten. Soviel ist jedenfalls sicher, daß das Gesetz schwerwiegende Auswirkungen auf die Wissenschaft haben muß.

Aber das Gesetz fixiert nicht nur das Systematische der Ausrottung, sondern auch das Verfahren der Massentötung durch Gaskammern. Hier nun gibt es keine unter allen Historikern anerkannte Schule, welche eine gegenteilige Auffassung vertritt, denn den sogenannten Revisionisten – besser: den radikalen Revisionisten – werden fast durchweg unlautere Absichten zugeschrieben, und sie werden oft als »Neonazis« bezeichnet. Gegen sie richtet sich das Gesetz in erster Linie; es bedeutet in der Praxis ein Verbot des radikalen Revisionismus, der nicht als wissenschaftliche Richtung, sondern als politische Partei betrachtet wird. Aber man sollte zwischen »Leugnung« und »Infragestellung« unterscheiden, und bei den radikalen Revisionisten findet sich beides. Es gibt ja nicht nur zahllose Berichte von Überlebenden, sondern auch Geständnisse der Täter und zeitgenössische Dokumente, wie zum Beispiel jenes Schreiben der SS-Bauleitung in Auschwitz an die vorgesetzte Dienststelle in Berlin, wo die tägliche Höchstkapazität der Krematorien mit der ungeheuerlichen Zahl von nahezu 5000 angegeben wird, während die Anzahl der »auf natürliche Weise« Gestorbenen sogar auf den Höhepunkten der Typhus-Epidemien nie mehr als 300 betrug. Da nirgendwo von ausgedehnten Massenerschießungen in Auschwitz-Birkenau berichtet wird, sind die Folgerungen zwingend. Die Revisionisten weisen nun darauf hin, daß das erste Geständnis des Auschwitz-Kommandanten Rudolf Höß von der britischen Militärpolizei durch Folterungen erzwungen worden sei. Es ist indessen so gut wie unvorstellbar, daß SS-Offiziere durch Schläge und Quälereien gezwungen werden konnten, etwas zu gestehen, was in der Realität ohne jeden Kern des Richtigen war. Die Leugnung von Massenmorden in Gaskammern ist unhaltbar, aber die Infragestellung von Einzelangaben ist wissenschaftlich geboten. Wenn das Gesetz diese Infragestellung verböte, wäre es schlechterdings wissenschaftsfeindlich. Die Aussage von Höß über seine Behandlung durch die Militärpolizei ist glaubwürdig, und jedermann kann die betreffende Stelle in der von Martin Broszat besorgten Ausgabe »Kommandant in Auschwitz« nachlesen. Es ist wirklich ein bemerkenswerter Umstand, daß die Berichte von genuinen Augenzeugen der Vergasungen »gering an Zahl und unverläßlich« sind, wie ein sehr angesehener amerikanisch-jüdischer Historiker geschrieben hat. Es bedeutet keine Geringschätzung der Leiden der Opfer, wenn von Brandsachverständigen die Glaubwürdigkeit der Aussagen von vielen Zeugen bestritten wird, welche gesehen haben wollen, daß »meterhohe Flammen« aus den Kaminen der Krematorien herausgeschossen seien, denn Derartiges stelle eine technische Unmöglichkeit dar. Es gibt einen Augenzeugenbericht, in dem behauptet wird, in Treblinka seien viele Juden durch vergiftete Bonbons getötet worden. Es wäre in der Tat wohl das erste Mal in der gesamten Weltgeschichte, daß ein so viele Menschen aufs tiefste bewegendes Ereignis nicht phantasievolle Ausschmückungen, Legenden und Mythen nach sich gezogen hätte.

Von Legenden und Phantasien zum Kern des Wirklichen vorzudringen, ist von jeher die Aufgabe der Geschichtswissenschaft gewesen, und sie kann sich von dieser Pflicht nicht freisprechen, weil Mitleid mit den Opfern eine selbstverständliche Voraussetzung auch der wissenschaftlichen Arbeit sein muß. Aber es ist etwas ganz anderes, wenn aus der legitimen Infragestellung einzelner oder sogar vieler Zeugenaussagen und Tätergeständnisse auf die Nicht-Existenz jenes Kerns von Tatsachen geschlossen oder auch nur eine allzu starke Reduzierung vorgenommen wird. Die Leugnung dieses Kerns ist unbegründbar, aber auch sie sollte nicht einem Verbot unterliegen, denn Wissenschaft lebt nicht zuletzt aus der freien Auseinandersetzung mit falschen Auffassungen und Theorien. Viele Experten lehnen es allerdings ausdrücklich ab, die Schriften von radikalen Revisionisten zur Kenntnis zu nehmen und wichtige Erinnerungen einer quellenkritischen Prüfung zu unterziehen, aber damit verneinen sie diesen sonst allgemein anerkannten Grundsatz. Der wesentliche Trennungsstrich muß zwischen rationaler Argumentation auf der einen Seite und kenntnisloser Agitation auf der anderen gezogen werden. Nur die letztere sollte in das Gebiet des Strafrechts fallen.

Aber das Gesetz dürfte sogar so verstanden werden, daß auch die Infragestellung der Zahl von »sechs Millionen« Opfern, die überwiegend in Gaskammern getötet worden seien, unzulässig ist. Indessen kamen schon die jüdischen Verfasser von Standardwerken wie Raul Hilberg und Gerald Reitlinger zu erheblich – wenngleich nicht essentiell – abweichenden Zahlen. Bekanntlich wurde vor kurzem die Anzahl der in Auschwitz Getöteten ganz offiziell von vier Millionen auf etwas mehr als eine Million herabgesetzt, und ein Forscher der »etablierten Schule«, Jean-Claude Pressac, nannte jüngst die Zahl von 630 000 unregistrierten und in Gaskammern getöteten Juden. Martin Broszat sprach von einer »symbolischen Zahl«, und ein anderer Historiker schrieb Auschwitz kürzlich eine »mythische Qualität« zu. Aber eine Wissenschaft, die sich Symbolen und Mythen unterwirft, ist keine Wissenschaft, und daß auch die Tötung einer halben Million von schuldlosen und wehrlosen Menschen, darunter vielen Frauen und Kindern, eine schreckliche, ja unfaßbare Untat darstellt, sollte nicht eigens hervorgehoben werden müssen. Die Frage nach der Zahl der Opfer sollte nun endlich freigegeben und nicht von vornherein einem Verdacht ausgesetzt werden. »Einzigartigkeit« freilich ließe sich nur auf einem Denkweg aufweisen, der – wie der israelische Historiker Yehuda Bauer vor einiger Zeit sagte – die »quasireligiöse Motivation« Hitlers und seiner Leute in den Mittelpunkt stellt und den der Verfasser dieser Zeilen schon vor drei Jahrzehnten beschritten hat, allerdings ohne Verwendung dieses Terminus.

»Leugnung« ist also kein eindeutiger Begriff. Die Tatbestände, die geleugnet werden können, sind nicht identisch, sondern es gibt ein weites Spektrum. Am äußersten Ende dieses Spektrums, das mit der Leugnung der »Judenverfolgung« beginnt, wäre eine Auffassung zu lokalisieren, die der Wortlaut des Gesetzes nicht mehr erfaßt, nämlich die Rechtfertigung der Vernichtung. Dafür gibt es meines Wissens selbst unter den radikalsten Revisionisten kein Beispiel; ein Gesetz kann hier so wenig greifen wie bei der Leugnung des Offenkundigen, der Judenverfolgung.

Doch auch wer dem »Systematischen« der Endlösung, den Massentötungen in Gaskammern und der Zahl von sechs Millionen Opfern zwar nicht den Rang der »offenkundigen Wahrheit« zuschreibt, wohl aber den höchsten Grad der Wahrscheinlichkeit, kann durch das Gesetz betroffen werden, zwar nicht durch den unmittelbaren Wortlaut, wohl aber durch mögliche Auslegungen, denn »Leugnung« kann leicht mit so unklaren und ausdeutbaren Begriffen wie »Normalisierung«, »Verharmlosung« und sogar »Antisemitismus« zusammengebracht werden.

Wer der Auffassung ist, das Unheil der Geschichte des 20. Jahrhunderts habe nicht im Jahre 1933 begonnen, sondern im Jahre 1917, weil zu diesem Zeitpunkt mit der russischen Oktoberrevolution die tief emotionale und legitime Einsicht, daß der moderne Krieg dabei sei, einen für die Existenz der ganzen Menschheit gefährlichen Grad der Zerstörungskraft zu erreichen, von einem großen Staat und einer internationalen Bewegung auf herausfordernde Art interpretiert und monopolisiert wurde, der sieht sich dem Vorwurf ausgesetzt, eine »Normalisierung« des Nationalsozialismus vorzunehmen. Das gleiche kann demjenigen widerfahren, der aus dem Studium der Quellen zu der Überzeugung gelangt ist, daß die Endlösung gar nicht möglich gewesen wäre, wenn die an Zahl schwachen Einsatzgruppen der SS nicht sehr viel Unterstützung von seiten großer Teile der Bevölkerung fast aller osteuropäischen Länder erhalten hätten. Dadurch könnte nämlich der Begriff des »Tätervolkes« fragwürdig werden, und möglicherweise würde den Vorkämpfern dieses Begriffs die Frage gestellt werden, ob sie, die doch so entschieden gegen »das Vergessen« kämpfen, etwa vergessen haben oder vergessen wollen, daß die Nationalsozialisten vor und nach 1933 die Juden dem Sinne nach immer wieder als »Tätervolk« anklagten. Das war eine objektiv falsche und generell unzulässige »kollektivistische Schuldzuschreibung«, aber man bleibt in der Spur des Nationalsozialismus, wenn man bloß die Richtung umkehrt.

Sobald man den Begriff des Totalitarismus für wichtiger hält als den Namen Nationalsozialismus bzw. den Begriff Faschismus, muß man von den Vernichtungsaktionen und Todeslagern beider Regime sprechen und den Gulag neben Auschwitz stellen, wenn auch nicht ohne Unterscheidungen. Für eine Autorin wie Hannah Arendt war das ganz selbstverständlich. Aber eben dies gilt den »Antifaschisten« heute vielfach als »Verharmlosung« des Nationalsozialismus, und man zeigt sich durch die Tatsache wenig bewegt, daß man das meist überaus qualvolle Sterben von vermutlich weit mehr als sechs Millionen Menschen in der Stalinschen Sowjetunion für »harmlos« erklären muß.

Immer noch gilt die Auffassung als anstößig und wohl gar als »antisemitisch«, daß die riesigen Aufwendungen von amerikanischen Juden für Holocaust-Gedenkstätten überwiegend dem Zweck einer Sicherung der eigenen Identität dienten, die sich durch das religiöse Konzept der Auserwähltheit durch Gott nicht mehr begründen lasse. Immerhin wird diese Auffassung inzwischen auch von nicht ganz wenigen Juden vertreten. In der Konsequenz müßten sie für große Wachsamkeit gegenüber der allgemeineren Gefahr einer »Instrumentalisierung des Holocaust« plädieren. Sehr moralisch empfindende Menschen würden wohl noch einen Schritt weitergehen und sagen, nichts sei menschlich verständlicher und berechtigter, als nach der Erfahrung einer großen Verfolgung mit aller Kraft am Wachhalten der Erinnerung und an der Existenzsicherung eines Staates zu arbeiten, der künftige Verfolgung unmöglich mache. Aber eine Leistung von höchstem ethischen Wert liege erst dann vor, wenn die Erinnerung an die Verfolgung in der Vergangenheit in einen Kampf gegen die gegenwärtigen Verfolgungen anderer Völker und Schichten und vor allem gegen die Fortsetzung eigenen Unrechts transformiert würde. Gerade dieses Postulat einer vielleicht weltfremden Ethik kann jedoch von Leuten, die sich auf das Konzept der »Instrumentalisierung« nicht einlassen wollen, als »antisemitisch« oder mindestens als »antizionistisch« angeklagt werden.

Das Gesetz gegen die »Auschwitz-Lüge« ist nicht deshalb gefährlich, weil es dem einfachsten Wortsinn nach etwas Verkehrtes zum Inhalt hätte. Ihm liegt auch sicherlich keine antiwissenschaftliche Intention zugrunde. Wissenschaft wird in Deutschland geschätzt und gepflegt. Aber der Geist der Wissenschaft hat nicht dort seine höchste Bewährungsprobe zu bestehen, wo er sich auf altetablierte Institutionen stützt und nützliche Erkenntnisse hervorbringt, sondern dort, wo machtvolle und legitime oder mindestens verständliche Emotionen vorliegen, denen gegenüber nun eine Distanz gefordert wird, welche nicht wenige Menschen als »Herzlosigkeit« empfinden. Nach 1918 war in Deutschland die Empörung über den Kriegsschuldvorwurf der Alliierten so elementar und nahezu allgemein, daß die wenigen kritischen Geister, die der deutschen Politik einen erheblichen Schuldanteil zumaßen, sich gegen den Haupttrend der öffentlichen Meinung nur unter großen Mühen und unter Aufwendung von viel Mut zu artikulieren vermochten. Natürlich ist die heutige Situation damit nur ganz partiell vergleichbar. Aber diejenigen, die die Singularität der Endlösung in einer Einmaligkeit der Greuel und in der vollständigen Verworfenheit der Urheber – sei es Hitlers, sei es des »Tätervolkes« – sehen wollen, kämpfen in Wahrheit für eine neue Quasi-Religion. Sie brauchen das Absolut-Böse in der Vergangenheit, um anderes Böses in der Vergangenheit und der Gegenwart nicht ernst nehmen zu müssen und doch in bestimmten Erscheinungen ein Wiederauftauchen jenes Absolut-Bösen bekämpfen zu können. Nur dadurch gewinnen sie das Empfinden, selbst die Protagonisten des Absolut-Guten zu sein. Die welthistorisch wichtigste Gestalt eines solchen absoluten Anspruchs ist vor kurzem zerbrochen. Die vornehmlich in Deutschland verbreitete Neben- und Spätform muß in einer Welt immer randständiger werden, die vom »Normalen« eines Ineinander von Gut und Böse geprägt ist. Aber noch ist ein solcher »Antifaschismus« ein gefährlicher Gegner der Wissenschaft und jenes außergesetzlichen Bereichs, dessen freie Existenz die liberaldemokratischen Staaten gegenüber den totalitären und autoritären Staaten kennzeichnet. Zu diesem Bereich gehören verkehrte Meinungen ebensosehr wie falsche Theorien.

Das Gesetz gegen die Auschwitz-Lüge läßt sich von guten Intentionen leiten, und es richtet sich nicht unmittelbar gegen die Wissenschaft. Aber wenn es in Kraft tritt, wird es in seiner praktischen Auswirkung die vorhandenen antiwissenschaftlichen Tendenzen stärken und bei entsprechender Auslegung eine schwere Gefahr für die geistige Freiheit in Deutschland bedeuten. Allerdings ist auch die Möglichkeit nicht völlig auszuschließen, daß das Gesetz gerade erst Verdacht und Mißtrauen in nennenswerten Umfang hervorrufen wird. Dann könnte das Bemühen um abwägende Einsicht von zwei Seiten unter Feuer geraten. Jedenfalls ist nichts angebrachter als eine nachdrückliche Warnung.

(Originalfassung des Artikels »Ein Gesetz für das Außergesetzliche« in der FAZ vom 23.8.1994)

Anhang

Rezensionen

Karl R. Popper: »Die offene Gesellschaft und ihre Feinde«, Tübingen 1992[7]

Von allen Büchern, die während des Zweiten Weltkrieges geschrieben und von ihren Autoren ausdrücklich als »Kriegsbeitrag« verstanden wurden, ist Karl Poppers »Die offene Gesellschaft und ihre Feinde« das bekannteste und einflußreichste geblieben: 1980 ging es in die sechste und bis vor kurzem letzte deutsche Auflage. Dabei trägt es die Spuren seiner Entstehung überaus deutlich an sich: da Popper, aus Österreich nach Neuseeland emigriert, 1938 davon überzeugt war, daß Hegel und die Hegelianer für vieles von dem, was in Deutschland vor sich ging, verantwortlich seien, führte er einen überaus heftigen Angriff gegen die »orakelnde Philosophie« Hegels und ihren Anspruch, aus einer Einsicht in das »Wesen« der Geschichte die Zukunft vorhersagen zu können. Dieses negative Urteil erstreckt sich auf den ganzen Deutschen Idealismus, und Popper schreckt nicht davor zurück, Hegel und Fichte als »Clowns« und ihr Denken als »Farce« zu bezeichnen. In noch stärkerem Maße ist die Zeitsituation mit Händen zu greifen, wenn die Existenzphilosophie von Heidegger und Jaspers als »Philosophie des Gangsters« bezeichnet wird. Aber Popper hat die unmittelbar aus der Zeitsituation hervorgehende Polemik so sehr als Philosoph auf eine höhere Ebene gehoben, daß sie über weite Strecken unerkennbar wird, denn er wählt als Hauptgegner zwei Denker, denen er höchste Achtung entgegenbringt, nämlich Platon und Marx. Zwar steht für ihn der politische Denker und praktische Politiker Platon im Vordergrund, der in seiner »Politeia« das Bild eines totalitären Staates gezeichnet habe, welcher die Freiheit des Individuums grundsätzlich verneine und letztlich nichts anderes als die Rückkehr zu der stammesgebundenen und kollektivistischen Gesellschaft der Frühzeit bedeute, aber die Kritik am »Essentialismus« Platons geht darüber hinaus und ist der Ausgangspunkt für Poppers positive Lehre vom methodologischen Nominalismus und von der »Sozialtechnik der Einzelprobleme«. Weder das praktische Verhalten der Menschen noch die Wissenschaft darf sich auf intuitive Einsichten stützen, sondern der Weg der Erkenntnis führt über Versuch und

Irrtum, über die Aufstellung von Hypothesen und deren mögliche Falsifizierung. Nur diese Methode des Denkens und Handelns entspricht der »offenen Gesellschaft«, welche für Popper schon in der athenischen Demokratie verwirklicht war, der Platon sein totalitäres Konzept einer »geschlossenen«, unveränderlichen, streng geregelten Gesellschaft entgegensetzte. Es waren die Sophisten, und es war vornehmlich Demokrit, die jenen Glauben an die Vernunft, an die Freiheit und an die Brüderlichkeit der Menschen formulierten, der vom echten Christentum aufgenommen und an die Aufklärung, zumal an Kant, weitergegeben wurde.

Aber auch das Denken von Karl Marx ist ein Rückfall in ein »essentialistisches und metaphysisches« Vorgehen, dem Prophezeiungen über eine unvermeidbare Zukunft und auch das Postulat einer gewaltsamen Revolution entspringen. Die Klassenfeindschaft, die Marx predigt, ist nicht besser als die Feindschaft der Nationen, und sie bringt nicht weniger an Haß, Verfolgung und Unterdrückung hervor. Mit ihrer Absicht, den Himmel auf Erden einzurichten, produziert die Marxsche Lehre die Hölle, und damit ist sie trotz aller humanitären Absichten ihres Begründers ebenso wie Platons Staatsauffassung ein Feind der offenen Gesellschaft, die sich allerdings nach Popper erst seit dem Ende des 19. Jahrhunderts voll herausgebildet hat, denn dem Verdammungsurteil von Marx über den Frühkapitalismus stimmt Popper ausdrücklich zu. Letzten Endes handelt es sich jedoch um ein Verdammungsurteil über die bisherige politische Geschichte im ganzen, die eine »Geschichte internationaler Verbrechen und Massenmorde« war, und die Zukunft ständiger Verbesserungen zugunsten der »einfachen Menschen«, die Popper im Auge hat, würde insofern ein »Ende der Geschichte« in sich schließen. Aber nur die westliche Gesellschaft der ständigen Sozialreform und eines kritischen Rationalismus kann diesen Weg bahnen, und Popper bewahrte seine optimistische Zuversicht nicht nur während des Krieges gegenüber dem zeitweise übermächtig erscheinenden Nationalsozialismus, sondern auch in den fünfziger und sechziger Jahren, als der stalinistische und poststalinistische Kommunismus weltweit im Vordringen zu sein schien. Als in den siebziger Jahren die Renaissance des Marxismus die westliche Welt von innen zu überwältigen drohte, standen »Popperianer« in der vordersten Front der Abwehr. Nach dem Zusammenbruch des sowjetischen Kommunismus und dem Triumph der »Marktwirtschaft« darf sich der neunzigjährige Sir Karl Raimund Popper als Sieger fühlen.

Die Neuausgabe seines Hauptwerks in zwei stattlichen und schön gedruckten Leinenbänden, die siebente deutsche Auflage, kommt also zur rechten Zeit. Der Verlag spricht von einer »stark erweiterten Neuausgabe mit einem sprachlich gründlich revidierten Text«. Wer daraus die Erwartung ableitet, Popper habe aus den jüngsten Erfahrungen heraus eine Neubearbeitung des Textes vorgenommen, sieht sich allerdings getäuscht; der Text sowie der gewaltige und sehr gelehrte Anmerkungsteil sind, wie Stichproben zeigen, so gut wie völlig unverändert; die Korrekturen, die Paul K. Feyerabend an seiner Übersetzung vorgenommen hat, sind durchweg bloß von stilistischer Art. Aber der Unterschied zur sechsten Auflage von 1980 ist trotzdem beachtlich: Im ersten Band befinden sich vier, im zweiten Band zwei Anhänge, die aus verschiedenen englischen bzw. amerikanischen Ausgaben stammen, und vor allem ist das Personenregister nun durch ein ausführliches Sachregister und sogar durch ein Register der zitierten Platon-Stellen ergänzt. Besonders aufschlußreich ist die lange »Antwort auf einen Kritiker« von 1961, die in englischer Sprache aus der Originalausgabe übernommen wurde und sich mit der Verteidigung Platons durch Ronald B. Levison auseinandersetzt. Einen ernsten Irrtum gesteht Popper (1965) nur gegenüber dem Marx-Buch von Leopold Schwarzschild ein, welches ihm gezeigt habe, »daß Marx weit weniger menschlich und weniger freiheitsliebend« gewesen sei, als er in seinem Buch erscheine.

Aus der jüngsten Zeit stammt nur das Vorwort zur siebenten deutschen Auflage, das vom 1. Mai 1992 datiert ist. Es ist zum ganz überwiegenden Teil eine Übersetzung des »Briefes an meine russischen Leser«, den Popper der gleichzeitig erscheinenden ersten russischen Ausgabe vorangestellt hat. Hier erklärt er seinen Lesern, daß Marktwirtschaft und Rechtsstaat aufs engste zueinandergehören. Der Aufbau dieser Wirtschafts- und Rechtsordnung sei in Rußland besonders schwierig, aber er sei um so dringender erforderlich, als die Geschichte des Sowjetreichs »die grausame Geschichte einer völlig verfehlten Ideologie« gewesen sei, für die ihr Begründer in Anspruch genommen habe, sie sei eine Wissenschaft, nämlich die Wissenschaft von der historischen Evolution. Offenbar und mit gutem Grund sieht Popper dadurch sich selbst und seine Philosophie aufs vollständigste bestätigt, aber er hält sich von einem Triumphalismus fern und wiederholt lediglich mit großem Nachdruck seine Überzeugung, daß die offene Gesellschaft des Westens »bei weitem die beste, die freieste, die fairste und die gerechteste Gesellschaft (ist), die es jemals in der Geschichte der Menschheit gegeben hat«. Freilich bleibt sie hinter ihren eigenen Idealen – »dem Frieden, der Freiheit, der Gerechtigkeit und der Chancengleichheit« – noch weit zurück, und es gibt sogar Übel, die nicht etwa geringer werden, sondern auf alarmierende Weise zunehmen, z. B. die Kriminalität in ihren vielen Formen, etwa »den großen und kleinen betrügerischen Mißbräuchen der Freiheit des Marktes«. An diese Bemerkung lassen sich einige weiterführende Überlegungen anknüpfen.

Könnte es nicht sein, daß Popper nur deshalb so zuversichtlich von der »freiesten und gerechtesten Gesellschaft, die es je gegeben hat«, sprechen kann, weil ihm die unfreien und ungerechten Gesellschaften des Totalitarismus noch anschaulich gegenwärtig sind, und muß man nicht die Frage stellen, was es für die liberaldemokratische Gesellschaft bedeutet, wenn sie keine ernstzunehmenden Feinde mehr sich gegenüber hat und sozusagen mit sich allein ist? Besteht dann nicht die Möglichkeit, daß sich Entwicklungstendenzen durchsetzen, die bisher durch die Notwendigkeit, sich zu verteidigen und zu behaupten, im Zaum gehalten und ungefährlich gemacht wurden?

Die westliche Gesellschaft ist vor allem die Gesellschaft der individuellen Bewegungsfreiheit. Der Vorzug war unmittelbar einsichtig, als man sich Staaten gegenüber sah, wo die Individuen nur in ihrer jeweiligen Gruppe reisen und Urlaub machen durften, wo es ihnen strikt verwehrt war, die Staatsgrenze in die falsche Richtung zu überschreiten, wo ein umfassendes Sicherheitssystem jeden ihrer Schritte überwachte, wo sogar der Beruf mehr oder weniger zugeteilt wurde. Aber sobald es nach der berühmten Formel der amerikanischen Unabhängigkeitserklärung überall nur das »Streben nach Glück« der Individuen gibt, könnte sich die Gesellschaft in ein Aggregat von Egoismen verwandeln, wo eine Unendlichkeit freier Impulse das gesellschaftliche Ganze in ein undurchschaubares und frustrierendes Ungeheuer verwandelt, so daß wechselseitige Abstumpfung oder Lähmung die Folge sein könnte, ganz wie die Unzahl der frei beweglichen Kraftwagen auf überfüllten Straßen sich selbst zum schlimmsten Hindernis wird. Und da jedes Begehren sich vornehmlich auf Geld als die grundlegende Mittlerinstanz für alle Güter richtet und da sich in dem undurchschaubaren Geflecht zahllose Gelegenheiten ergeben, durch Glück, Zufall oder auch Rücksichtslosigkeit an Geld zu kommen, liegt für viele Menschen nichts näher, als durch Betrug oder Diebstahl das mächtigste der erstrebenswerten Güter zu gewinnen und das Spiel der Zufälligkeiten zu korrigieren. Nach der Lehre Kants und des Deutschen Idealismus, die noch ganz auf dem Erbe theologischer Begründungen für die

»Würde des Menschen« fußte, ist die freieste Gesellschaft diejenige, in der jeder Einzelne das Allgemeine zu seiner Maxime macht. Aber wenn die Individuen als empirische Bündel von Strebungen und Interessen aufgefaßt werden, müßte die freieste Gesellschaft gerade die Gesellschaft mit der höchsten Kriminalität sein, und Karl Popper würde sich nicht mehr einem beklagenswerten Tatbestand, sondern einer unabänderlichen Gesetzlichkeit gegenübersehen.

Das kann nicht heißen, daß die freie Gesellschaft anarchisch ist, wo nur die physische Stärke recht hat. Alle Aktivitäten der Individuen unterstehen den Regeln das Rechtsstaates, und jede Willkür von Richtern oder Machthabern ist ausgeschlossen.

Was war höher zu schätzen als die Sicherheit des Rechtsstaates, solange jenseits der Grenze Menschen wegen ihrer Klassen- oder Volkszugehörigkeit enteignet, verfolgt, ja getötet wurden und die herrschende Partei ihre Feinde ohne ein Verfahren in Gefängnissen und Lagern verschwinden ließ? Aber gerade im ungefährdeten und perfekten Rechtsstaat wird offenbar, daß die Formalität des Verfahrens sogar grobe Ungerechtigkeit nicht ausschließt: Wer sich nur einen durchschnittlichen Rechtsanwalt leisten kann, wird seinen Prozeß mit hoher Wahrscheinlichkeit gegen denjenigen verlieren, der sich die Dienste eines »Staranwalts« zu sichern versteht, und die kleine Firma wagt einen Rechtsstreit gegen die große erst gar nicht zu beginnen, da sie von den unvermeidbaren Kosten erdrückt werden würde. So würde der alleinherrschende Rechtsstaat zum Staat der Ungerechtigkeit werden.

Die freiheitliche Gesellschaft fordert ihre Angehörigen nicht nur zum Streben nach Glück auf, sondern sie schreibt den Individuen durch ihre Naturrechtsphilosophie einen ontologischen Vorrang zu. Nach Hobbes und Locke und allen Philosophen des Gesellschaftsvertrages entsteht der Staat aus der Einsicht der ursprünglich unabhängigen Individuen, daß sie durch ihren Zusammenschluß ihr Eigentum und ihr Leben besser schützen können. Die Zuschreibung vorstaatlicher Rechte sticht aufs stärkste und vorteilhafteste von der Entmächtigung, ja Entwesung des Einzelnen ab, wie sie etwa in dem nationalsozialistischen Satz »Du bist nichts, dein Volk ist alles« zum Vorschein gelangt. Nur solange eine freie Gesellschaft sich einer solchen Bedrohung ausgesetzt sieht, werden die Individuen ohne viel Überlegung gewillt sein, notfalls ihr Leben zur »Verteidigung der Freiheit« einzusetzen. Für denjenigen, der dabei sein Leben verliert, ist indessen diese Freiheit nur die Freiheit der anderen, und aus der grundlegenden Philosophie läßt sich dieser äußerste Altruismus nicht ableiten. Die westliche Gesellschaft ist ihrer Tendenz nach eine todverneinende Gesellschaft, die den Tod als nicht-natürlichen, als Opfertod nicht zu rechtfertigen vermag. Daher paßt der Satz »Soldaten sind potentielle Mörder«, so töricht er ist, aufs beste in ihren Rahmen, und wenn man das moralische Pathos abstreift, sagt er auch »Soldaten, ja Polizisten und Feuerwehrleute sind potentielle Tote«. Trotz aller Fortschritte der Medizin und der sozialen Sicherungen kann keine Frau, die ein Kind gebiert, die Todesfolge ausschließen, und in jedem Falle sieht sie eine Fülle von Opfern vor sich. Eine Gesellschaft aber, die im Interesse des Lebens der Individuen die Opferbereitschaft von Soldaten, Polizisten und Frauen nicht mehr überzeugend begründen kann, ist in all ihrem Individualismus eine anti-individuelle, nämlich sterbende Gesellschaft.

Die Gesellschaft der Individuen, die nach Glück und Selbstverwirklichung streben, darf voller Abscheu auf Systeme blicken, die »lebensunwertes« Leben vernichten oder bereit waren, sogar schwer Kriegsverletzten der eigenen Seite den »Gnadentod« zu gewähren. Aber wenn sie sich gegenüber ihrem Gegenteil nicht mehr zu behaupten braucht, kann sie schwerlich lange die Augen davor verschließen, daß ihr der Begriff des unaufhebbaren Leidens und der Hoffnungslosigkeit so fremd ist wie derjenige des glück- und lebenzerstörenden Opfers. Die nationalsozialistische »Euthanasie« diente dem Zweck der biologischen »Reinigung des Volkskörpers«, aber sie entsprang keineswegs ausschließlich der Ideologie des radikalen Nationalismus. Man kann auch aus Mitleid das Leben von schwerbehinderten, mißgebildeten Kindern und Geisteskranken in Frage stellen und nach einem Verzicht auf die Erinnerung an christliche Gebote sogar einfach deshalb, weil sie nicht zu jenen gesunden und allenfalls bloß temporär erkrankten Individuen gehören, die nach ihrem Glück und nach der Erhaltung oder Vermehrung ihres Eigentums streben. Die Gesellschaft, die sich im Blick auf totalitäre Unmenschlichkeit stolz als die »humane« bezeichnet, könnte sich, vom Feinde befreit, eines Tages paradoxerweise als die tötende Gesellschaft erweisen, wenn auch gewiß mit gänzlich nicht-brutalen, technisch perfekten Methoden.

Es ließen sich noch viele »dialektische« Umschläge oder »unumgängliche Konsequenzen« aufweisen, die infolge der Existenz der totalitären Feinde unvollzogen oder unsichtbar blieben: die Desinformation als Folge der Überfülle der Information; die Kakophonie der Meinungen als Folge der Vielfalt der Ansprüche, die Überwältigung von Mehrheiten durch lautstarke Minderheiten, die Abstumpfung als Konsequenz des Übermaßes an Angeboten. Wenn Karl Popper seine Aufmerksamkeit nicht mehr auf die Ungerechtigkeiten und Unfreiheiten der Totalitarismen und von da aus auf die Gerechtigkeit und Freiheit der westlichen Gesellschaften richtete, sondern die Entwicklungstendenzen der zur Allgemeinherrschaft gelangten »nachgeschichtlichen Gesellschaft« ins Auge faßte, würde er vermutlich weitaus mehr an Sorgen zu artikulieren haben als bloß die Beunruhigung durch wachsende Kriminalität.

Der Einwand liegt nahe, daß alle derartigen Sorgen weiter nichts als Versionen jener Kritik seien, die seit mehr als 150 Jahren von Sozialisten am »Kapitalismus« und von konservativen Nationalisten an der »Weltzivilisation« geübt worden sei. Aber wenn man sich der Entstehungsgeschichte der »freiheitlichen« und »westlichen« Gesellschaftsformation erinnert, dann wird man folgendes feststellen müssen: Sie entstand als »Liberales System« aus dem Mit- und Gegeneinander von Konfessionen und Staaten in Europa, und von daher – aus der nicht-homogenen Homogenität, wie man sagen könnte – erwuchs ihre Dynamik und ihre Expansion, die sich auch als fortschreitende Emanzipation von Individuen und Gruppen, insbesondere von Völkern und Nationen, darstellt. Als sie sich zur tendenziell weltumfassenden »liberaldemokratischen Gesellschaft« fortentwickelte, stieß sie auf die antikapitalistische und auf die anti-kosmopolitische Kritik. Die Wortführer beider Richtungen glaubten ihr etwas »ganz Anderes« entgegensetzen zu können, um sie schließlich vollständig zu besiegen. Im Rahmen historischer und auch zufälliger Umstände ergriff die eine Gestalt der Kritik die Macht in der antikapitalistischen Sowjetunion und die andere Gestalt im anti-kosmopolitischen Deutschland des Nationalsozialismus. So entstanden die modernen Totalitarismen aus der sich entfaltenden liberaldemokratischen Gesellschaft heraus und gegen sie (sowie nicht zuletzt gegeneinander). In der Verselbständigung als Ideologie-Staaten sind die beiden Haupttendenzen der Kritik inzwischen militärisch besiegt worden oder zusammengebrochen. Aber wenn der endgültige Triumph der liberalen Gesellschaft, der im Sommer 1989 statt von Francis Fukuyama auch mit größerer Autorität von Karl Popper hätte verkündet werden können, zur »homogenen Homogenität« führen sollte, d. h. zur Alleinherrschaft des Konzepts der nach Glück, Geld und Erfolg strebenden, aber den Tod, das Leid und das Schicksal fortstoßenden Individuen, dann würde diese Gesellschaft ihre geschichtliche Herkunft völlig verleugnen, und so könnten jene Tendenzen unüberwindbar werden, die aus dem Hinschwinden der anschaubaren Feinde resultieren. Weit adäquater und auch weit wahrscheinlicher ist es aber, daß sie in veränderter Form die Differenzen bewahrt, denen sie ihren Ursprung verdankt, und in sich selbst als Gegengewichte dasjenige ausbildet, was in Gestalt eigenständiger Machtkomplexe zeitweise eine tödliche Gefahr darstellte: die Kritik der Sozialisten als Abstandnahme vom Mammonismus (und nicht mehr als Vernichtungswille gegenüber dem Kapitalismus) und die Kritik der Nationalisten als Nationalbewußtsein (und nicht mehr als Wille zur Selbstbehauptung des vollsouveränen Nationalstaates). Selbst wenn sie auf ihren einfachsten und inhaltsärmsten Begriff gebracht wird, den Begriff der tendenziell egalitären Konkurrenzgesellschaft, bleibt ein Austarieren die elementare Aufgabe, denn der Egalitarismus des globalen Umverteilungsstaates wäre so gut das Ende ihrer Dynamik, wie die Entfesselung einer sozialdarwinistischen Rücksichtslosigkeit das Ende ihres kulturellen Reichtums sein würde. Den langen und mühevollen Prozeß des Austarierens, der dann die nächsten Jahrhunderte bestimmen würde, müßte man weiterhin »Geschichte« nennen. Obwohl Karl Popper nicht selten der Simplizität der Vulgäraufklärung nahe ist, würde er vermutlich zustimmen, denn an anderen Stellen legt er Sympathie und Verständnis für einen »Konservativen« wie Edmund Burke an den Tag, und er nennt seinen Rationalismus einen »selbstkritischen«. Selbstkritik der vormals »westlichen« und in Zukunft vermutlich universalen Gesellschaft anstatt der Selbstverneinung in den Totalitarismen von gestern oder in altneuen Denktendenzen von heute und der Selbstglorifizierung im Fortschrittsoptimismus dürfte das Gebot der Stunde sein, und auch Karl Poppers berühmtes Buch kann in diese Richtung weisen.

(FAZ vom 26. 8. 1992)

François Furet: »Le passé d'une illusion. Essai sur le communisme au XXe siècle«, Paris 1995

In den neunziger Jahren des 20. Jahrhunderts das Scheitern der sowjetkommunistischen Revolution und ihrer Ideologie zu konstatieren, ist eine blanke Trivialität. Aber es handelt sich keineswegs um eine Trivialität, wenn der Ausgangspunkt eine Infragestellung der Französischen Revolution durch einen ihrer besten Kenner ist, der sich im Gegensatz zu Karl Kautsky und Otto Bauer der Faszination durch das großartig-einfache Geschichtsbild des Leninismus nicht hatte entziehen können, d. h. dem Einfluß dessen, was er heute als »le plus enivrant breuvage pour l'homme moderne privé de Dieu« (S. 41) bezeichnet.

Aber als Faktum bleibt für Furet unerschütterter Ausgangspunkt, was als Ideal hinfällig und als »Illusion« sichtbar geworden ist, nämlich daß die russische Revolution das Fundamentalereignis des 20. Jahrhunderts gewesen ist. Die innere Anteilnahme, mit der Furet die Ausstrahlung dieser Revolution auf die ganze Welt und nicht zuletzt auf Frankreich verfolgt, wird schon durch die Überschrift des dritten Kapitels augenfällig: »Le charme universel de l'Octobre«. Furet macht diese »séduction de la révolution d'Octobre«, die nicht zuletzt in ihrer Analogie zur Französischen Revolution begründet war, nicht nur am Beispiel der wichtigsten Geschichtsschreiber der Französischen Revolution, Alphonse Aulard und Albert Mathiez, anschaulich, sondern vornehmlich an dem von drei repräsentativen Persönlichkeiten: des französischen Katholiken Pierre Pascal, des in Rußland geborenen Juden Boris Souvarine und des ungarischen Großbürgersohns Georg Lukács. Auch in den Zeiten, als Stalin den »Aufbau des Sozialismus in einem Lande« proklamierte, verlor der Kommunismus nach Furet keineswegs seinen Rang als universale Bewegung und damit seine Faszination für viele Intellektuelle im Westen. Allerdings spart Furet von Anfang an das schreckenerregende Gesicht der bolschewistischen Revolution nicht aus, und über Stalins Kollektivierung der Landwirtschaft macht er eine außerordentlich weitreichende Aussage: »Jamais Etat au monde ne s'est donné comme but de tuer, de déporter ou d'asservir ses payans« (S. 179). Seine Anteilnahme bleibt gleichwohl auch hier im Bereich der sowjetfreundlichen, insbesondere der französischen Linken, aber seine Sympathie gehört offensichtlich jenen Kommunisten, die angesichts der enttäuschenden Realitäten umdachten, wie es Pierre Pascal, Boris Souvarine und später André Gide und Ignacio Silone taten. Im Grunde führt Furets Buch nur bis zu der Geheimrede Chruschtschows im Jahre 1956, mit der sich der Führer des sowjetischen Kommunismus die Kritik dieser Dissidenten weitgehend zu eigen machte, so daß die Faszinationskraft der Ideologie zerbrochen und die Parallelisierung mit der Französischen Revolution aufgegeben oder sogar tendenziell ins Negative gewendet ist: Von 1956 bis 1991 vollzieht sich für Furet nur ein langsames Hinsterben der Idee, die sich als Illusion erwiesen hat.

Wäre dies der ganze Inhalt des Buches, so würde es eine historiographische Entsprechung zu den vielen Berichten von Exkommunisten sein, für die der Titel »The God that Failed« charakteristisch ist, und es wäre gleichzeitig eine Selbstkritik der europäischen Linken. Es würde aber nichts Neues, Überraschendes und für viele Menschen Anstößiges an sich haben. Dieses Neue, Überraschende und für viele Menschen Anstößige ist Furets Urteil über den Faschismus – ein Urteil, das indessen aus der Prämisse der Selbstkritik mit großer Konsequenz hervorgeht.

Furet hält an der Selbsteinschätzung des Kommunismus als der wichtigsten politischen Kraft des 20. Jahrhunderts fest und ebenso an der Kennzeichnung des Faschismus als spezifischer Reaktion; da er aber nur die historische Wirkungsmacht, nicht jedoch den Wahrheitsanspruch des Kommunismus anerkennt, kann er die vollständige Verwerfung dieser Reaktion nicht übernehmen. Weil der Kommunismus unrecht hatte, das historische Recht zu beanspruchen, muß auch der eigentümlichen Gegenbewegung ein historisches Recht zuzuschreiben sein: das begrenzte Recht »des Partikularen gegen das Universale, des Volkes gegen die Klasse, des Nationalen gegen das Internationale« (S. 43). Da aber der Glaube, daß der Kommunismus den Universalismus in seiner Reinheit verkörpert, nichts anderes als eine Illusion ist, steht der Faschismus, obwohl die zeitliche und inhaltliche »Priorität des Bolschewismus« (S. 38) unbestreitbar ist, doch auf der gleichen Stufe, nämlich als die »Pathologie des Nationalen«, die sich der »Pathologie des Universalen« (S. 43) entgegenstellt. Wer das 20. Jahrhundert begreifen will, der muß »die beiden großen Ideologien« ins Auge fassen und »die Neuartigkeit der Revolutionen« dieser Epoche herausarbeiten; sonst unterwirft er sich weiterhin trotz verbaler Vorbehalte jener Illusion, welche die ältere und stärkere Ideologie des Jahrhunderts und doch nur ein Teil seiner vollständigen Realität war – er bleibt Parteimann und wird nicht zum Historiker, schon gar nicht zum Geschichtsdenker.

Wenn Furets Buch auf seiner ersten und hervorstechendsten Ebene eine von Anteilnahme und Sympathie getragene Selbstkritik der europäischen Linken ist, so stellt es auf der zweiten und eigenartigeren Ebene nichts anderes als die Entfaltung einer historisch-genetischen Version der Totalitarismustheorie dar, d. h. derjenigen Version, die sich nicht wie das »klassische« Konzept auf die Herausstellung struktureller Übereinstimmungen von »Diktaturen« oder »antiliberalen Unrechtsstaaten« konzentriert und auch nicht eine gleichmäßige Subsumtion unter den Begriff der »Sozialreligion« vornimmt, sondern die Priorität des Kommunismus und den Reaktionscharakter des Faschismus herausarbeitet. Daher erscheint die Geschichte des 20. Jahrhunderts diesem Denkversuch nicht als ein Kampf »der Guten« gegen »die Bösen«, sondern als das Ringen zweier ideologisch »überschießender« Mächte und damit als Tragödie.

Es ist hier nicht der Ort, auf die besonderen Schwierigkeiten einzugehen, die mit dieser Version der Totalitarismustheorie verknüpft sind, oder auch auf die Widerstände, die ihr begegnen. Das eine wie das andere hängt mit der unvermeidlichen Konsequenz zusammen, daß auch die Vernichtungsmaßnahmen der beiden Regime in ein Verhältnis gesetzt werden müssen, und Furet scheut sich in der Tat nicht, die Nebeneinanderstellung vorzunehmen, die in Deutschland als »Verharmlosung« gilt: »Staline exterminera des millions d'hommes au nom de la lutte contre la bourgeoisie, Hitler des millions de Juifs au nom de la pureté de la race aryenne« (S. 44). Aber kann es sich um ein bloßes Nebeneinander handeln, wenn das eine Phänomen das ältere ist, zu dem sich das andere in wesentlichen Zügen wie eine Kopie zu dem Original verhält? Es ist schlechthin unumgänglich, die Frage nach dem Verhältnis zwischen »Gulag« und »Auschwitz« aufzuwerfen und eine Gleichsetzung zurückzuweisen. Eine mögliche Antwort wäre die, daß die großenteils physische Vernichtung des »Kulakentums« durch den sowjetischen Kommunismus »rational« und »progressiv«, die weitgehende Vernichtung des europäischen Judentums durch den deutschen Nationalsozialismus hingegen »reaktionär« und »irrational« gewesen sei. Von dieser Antwort distanziert sich Furet mit Entschiedenheit, und wohl gerade deshalb, weil sie einer alten Denktendenz der Linken entspricht.

Wie sollen denn aber die Gleichmäßigkeit der moralischen Verurteilung und die inhaltliche Unterscheidung miteinander vereinbar gemacht werden? Sollte etwa beiden Konzeptionen trotz ihrer moralischen und historischen Verfehltheit ein »rationaler«, d. h. verstehbarer Kern zuzuschreiben sein? Hier gibt Furet keine klare Antwort, doch spricht diese Unklarheit nicht gegen ihn. Es geht ihm um ein Begreifen des 20. Jahrhunderts, und dieser Weg muß lang und schwierig sein. Es mag Jahrzehnte dauern, bis die historisch-genetische Version der Totalitarismustheorie vollständig ausgearbeitet ist und allgemeine Anerkennung gefunden hat – nicht als unantastbare Wahrheit, wohl aber als eins der wenigen und unverzichtbaren Paradigmen. François Furet wird dann als ein Bahnbrecher gelten.

(»Jahrbuch Extremismus & Demokratie« 8. Jg. (1996), S. 287–289)

Eric Hobsbawm: »Das Zeitalter der Extreme. Weltgeschichte des 20. Jahrhunderts«, München/Wien 1997[5]

Eric Hobsbawm war und ist ein marxistischer Historiker, wohl der bekannteste in der westlichen Welt. Aber auch als Mitglied der Kommunistischen Partei war er nie ein dogmatischer Agitator, sondern ein um »Verstehen« bemühter Historiker, und angesichts seines jüngsten Werkes erhebt sich die Frage, ob er am Ende des 20. Jahrhunderts und nach dem Zusammenbruch der Sowjetunion überhaupt noch in einem ausweisbaren Sinne als Marxist gelten darf. In seinen großen Werken zum 19. Jahrhundert – den »Europäischen Revolutionen« von 1962, der »Blütezeit des Kapitals« von 1977 und dem »Imperialen Zeitalter« von 1987 – ist die marxistische Ausrichtung unübersehbar. Im Vordergrund stehen Begriffe wie »Revolution«, »revolutionär«, »reaktionär«, »Arbeiterklasse«, »Bourgeoisie«, »ausgebeutete Massen«, »unterdrückte Schichten«; der Marxismus ist »die umfassendste Synthese der Sozialwissenschaften«, das »Jahrhundert des Bürgertums« ist von der Geschichte selbst zur Vergangenheit gemacht worden, und das Urteil über die »Frühsozialisten«, etwa über die »voreingenommenen und zutiefst unliberalen theoretischen Verlautbarungen« Proudhons, der »sowohl Antifeminist und auch Antisemit war«, ist nicht weniger absprechend als dasjenige von Marx selbst. Aber wenn Hobsbawm ungescheut seinen »Widerwillen«, ja seine »Verachtung« für das bürgerliche Zeitalter zu erkennen gibt, so hebt er zugleich sein »Bemühen um Verständnis dessen, was er nicht leiden mag« hervor, und er läßt es an Respekt für jene Männer in Zylinderhüten nicht fehlen, welche »die Organisatoren und Lenker« der ungeheuren Umwandlung durch die Industrielle Revolution waren – damit macht er den Begriff der »Ausbeutung« problematisch, wie es ja Marx und Engels im Grunde auch schon getan hatten. Folgenreicher ist die These, daß die Übergangskrise des Kapitalismus in England vor 1848 für kurze Zeit wie ein Todeskampf ausgesehen und daß es in Europa nie wieder eine Revolution wie diejenige von 1848 gegeben habe. Wird dadurch der Marxismus nicht zu einem überaus zeitgebundenen Phänomen, das nur noch außerhalb Europas große Umwälzungen herbeizuführen vermochte, weil es bloß im zurückgebliebenen Rußland »seine ursprünglichen revolutionären Implikationen« behielt?

Mit dem vorliegenden Buch, dem weitaus umfangreichsten seiner Werke, stellt sich Hobsbawm der neuen Situation, die durch den Zusammenbruch der Sowjetunion und des osteuropäischen Kommunismus gekennzeichnet ist. Noch 1987 hatte er konstatiert, daß die Prophezeiungen von Marx und Engels über die wirtschaftlichen und gesellschaftlichen Auswirkungen des Kapitalismus offenbar Wirklichkeit geworden seien, abgesehen vom Sturz des Systems durch das Proletariat, obwohl »ein Drittel der Menschheit unter einem marxistischen Regierungssystem lebt« (S. 420). Am Kern der Aussage hält er auch jetzt noch fest, und dennoch ist es für ihn offenbar zur quälenden Zentralfrage geworden, wie »dieser außergewöhnliche und ziemlich unerwartete Siegeszug eines Systems« zu erklären sei, »das ein halbes Leben lang am Rand des Ruins gestanden zu haben schien« (S. 338). Das marxistische Grundempfinden wird in dem positiven Klang der These spürbar, die bolschewistische Revolution sei für dieses Jahrhundert ein ebenso zentrales Ereignis gewesen wie die Französische Revolution für das 19. Jahrhundert, und sie habe »die Folgezeit im wesentlichen dominiert« (S. 79 f.); sogar der Untergang der Sowjetunion gilt ihm als Beweis der Richtigkeit der Marxschen Analyse, und der Sowjetunion wird ein Hauptanteil an der Rettung des westlich-kapitalistischen Systems zugeschrieben. Der gewohnte und sehr einseitige Anklageton wird hörbar, wenn von der »abscheulichen und irrationalen Raserei der antikommunistischen Hexenjagd« (S. 296) des unseligen Senators Joseph R. McCarthy die Rede ist, während Andrej Schdanow und der Schdanowismus nicht einmal erwähnt werden. Und wenn Hobsbawm die Jahrzehnte von 1950 bis 1973 als das »goldene« Zeitalter des Kapitalismus bezeichnet, obwohl nach seinen früheren Büchern die »Blütezeit des Kapitals« schon 1873 ein definitives Ende gefunden hatte, so ist doch die marxistische Untergangsprophetie nicht verlorengegangen, die sich nun freilich auf die ziemlich unbestimmte Aussage beschränkt, der Kapitalismus der Krisenjahrzehnte (nach 1973) könne keine Zukunft haben.

Dennoch tritt der Historiker Hobsbawm hier stärker hervor als in seinen früheren Büchern, und nicht nur wegen seines Bestrebens, möglichst alle Vorgänge von größerer Wichtigkeit in allen Gebieten der Erde mindestens in einem Satz zu erwähnen oder noch mehr als zuvor auf »Paradoxien« und »Schattierungen« zu achten. Der Spanische Bürgerkrieg verliert die ausschließlich positive Bedeutung, wenn die Feststellung nicht ausgespart wird, daß nicht weniger als 7000 Kleriker ermordet wurden, und die europäische Widerstandsbewegung verliert sie, wenn deren Geschichte

»zu großen Teilen Mythologie« war, die »westliche Kulturrevolution« von 1968 nimmt ein unschönes Aussehen an, wenn sie Charakterzüge erhält, die sich leicht vom Radikalen zum Reaktionären wandeln konnten.

Aber vor allem scheint schon der Titel des Buches unter Beweis zu stellen, daß Hobsbawm eine tiefgehende Wandlung hinter sich gebracht hat und zu einem Verfechter des »gesunden Menschenverstandes« (S. 306) geworden ist, der doch wohl am ehesten im Gradualismus des »nichtrevolutionären bürgerlichen Fortschritts« (S. 677 f.) verkörpert ist. Was können die »Extreme«, welche die Geschichte des 20. Jahrhunderts bestimmt haben, anderes sein als die totalitären Bewegungen und Regime, und könnte der Titel nicht ebensogut lauten »Das Zeitalter der Totalitarismen«? In der Tat erfolgt nicht selten eine weitgehende Gleichsetzung von kommunistischen und faschistischen Regimen: Ebenso wie die Dynamik des Kommunismus nach 1933 auf die orientierungslose Linke anziehend wirkte, so ließen die Erfolge des Faschismus ihn »als die Woge hin zur Zukunft« (S. 161) erscheinen, und die Regime des nationalsozialistischen und des kommunistischen Typus waren bei aller Verschiedenheit einig in dem Glauben, daß ihre Bürger einer »wahren Lehre« (S. 658) folgen würden. Die Differenz gegenüber der strukturanalytischen Version der Totalitarismustheorie bestünde lediglich darin, daß dem Kommunismus unzweideutig der Vorrang zukommt, weil letzten Endes das Schema »Revolution – Konterrevolution« leitend bleibt. Im Rückblick werden die faschistischen Ultranationalisten und die Kommunisten auch ausdrücklich als »Extremisten« bzw. als »Extreme« (S. 356) bezeichnet. Aber es ist bereits auffallend, daß das sowjetische System bei aller klaren Verurteilung des »Gulag« mit Nachdruck als »nicht totalitär« charakterisiert wird, und zwar deshalb, weil so viel an Freiwilligkeit sich Stalin zuwendete, der »ein starker und legitimierter Herrscher über die russischen Länder und ihr Modernisierer« (S. 491) war. Obwohl die »Endlösung der Judenfrage« relativ selten erwähnt wird, gilt für Hitler nach Hobsbawm offenbar nichts Vergleichbares – allerdings wird aus dem Versailler Vertrag abgeleitet, daß ein neuer Krieg »praktisch gewiß« (S. 53) war, so daß Hitler doch wohl in gewisser Weise als gerechtfertigt gelten könnte.

Eine ganz eigenartige Bemerkung ist auf S. 718 zu finden, wo im Hinblick auf die Zukunft der europäischen Union gesagt wird, für die von manchen Seiten gewünschte Umgehung demokratischer, aus freien Wahlen sich ergehender Unsicherheiten stehe ein altetabliertes politisches Modell zur Verfügung, nämlich die »plebiszitäre Demokratie« im Sinne des Bonapartismus. Aber war der Bonapartismus des 20. Jahrhunderts nicht der Faschismus, und könnte ein Bonapartismus des 21. Jahrhunderts etwas anderes sein als ein umfassenderer »Faschismus«, der von den allzu nationalen Kennzeichen seines Vorgängers frei wäre? Wäre die höchst überraschende, wenngleich gewiß hypothetische Vorhersage des Marxisten Hobsbawm dann nicht gerade die, daß das eine der beiden Extreme, der »Faschismus«, zukunftsvoller ist als das andere, der Kommunismus?

Aber wer genauer auf die Bedeutungen hinblickt, in denen Hobsbawm von »Extremen« spricht, erkennt schnell, daß der Autor keine inhaltlichen Aussagen über die Zukunft macht und weder ein Totalitarismustheoretiker noch ein »Faschismusforscher« ist. Während des Kalten Krieges trieb der McCarthyismus die Politik Washingtons ins Extrem; das Großbritannien von M. Thatcher war ein Extremfall, und den Exzessen der Theorie von »ultraliberalen Wirtschaftstheologen« entsprach oft eine ebenso extreme Praxis, welche »die Extreme von Armut und Reichtum« (S. 508 f.) aufs äußerste steigerte. »Das Extreme« ist also keineswegs eine Eigentümlichkeit totalitärer Regime außerhalb des Westens, vielmehr das Herz des kapitalistischen Systems und insofern des Westens selbst, denn nach Hobsbawm ist »der Mensch nicht ein brauchbares Design für ein kapitalistisches Produktionssystem« (S. 516). Marx' These, daß der Kapitalismus ein »unmenschliches«, ja widermenschliches System sei, wird also bejaht und noch verschärft, und auch der Triumphalismus der Untergangsprophezeiung fehlt nicht ganz, wenn er sich auch allzusehr am Fehlschlag des »Thatcherismus« orientieren muß, denn Hobsbawm stellt mit dem »Scheitern des sowjetischen Modells« das »Scheitern des ultraliberalen Modells« (S. 695) auf eine Stufe. Da es ihm aber offenbar fernliegt, auf altmarxistische Weise die Aufhebung des Privateigentums in einer weltweiten Planwirtschaft als universales Heilmittel aller Nöte und Probleme zu proklamieren, dürfte die Behauptung gerechtfertigt sein, daß in diesem Buch des Historikers Hobsbawm der Marxismus in stärkerem Maße festgehalten und doch wieder gründlicher aufgegeben ist, als bei einer ersten Lektüre in die Augen springt. Soweit im Blick auf die Zukunft eine konkrete Frage aufgeworfen wird, führt das Buch paradoxerweise zu jenem Hauptthema zurück, das in der Zwischenkriegszeit den Intellektuellen der »heimatlosen Linken« und der »Konservativen Revolution« gemeinsam war, nämlich das Thema des »Dritten Weges«.

(»Jahrbuch Extremismus & Demokratie« 10. Jg. (1998), S. 340–343)

Personenregister

Sachregister

Die Stichwörter »Geschichtswissenschaft« und »Revisionen« werden als die zentralen Begriffe nicht eigens aufgeführt.